온전한 회심

그 7가지 얼굴

온전한 회심 그 7가지 얼굴

지은이_ 고든 스미스 | 옮긴이_ 임종원
초판1쇄 펴낸날_ 2010년 8월 10일 | 초판5쇄 펴낸날_ 2024년 2월 20일
만든이_ 김혜정 | 마케팅_ 윤여근, 정은희 | 디자인_ GnalenDesign

펴낸곳_ 도서출판 CUP 등록번호_ 제2017-000056호(2001.06.21.)
(04549) 서울특별시 중구 을지로 148, 8층 803호 (을지로3가, 드림오피스타운)
전화.(02)745-7231 | 팩스.02)6455-3114
www.cupbooks.com | 이메일_ cupmanse@gmail.com

Originally published by Inter Varsity Press as *Beginning Well* by Gordon T. Smith
Copyright ⓒ 2001 by Gordon T. Smith

All rights reserved.

Translated and printed by permission of Inter Varsity Press,
P.O.Box 1400, Downers grove, IL 60515, U.S.A.
through the arrangement of rMaeng2, Seoul, Republic of Korea.
Korean edition ⓒ 2010 by CUP, Seoul, Republic of Korea.

본 저작물의 한국어판 저작권은 알맹2를 통해 Inter Varsity Press와 독점 계약한 도서출판 CUP에 있습니다.
신저작권법에 의하여 한국 내에서 보호 받는 저작물이므로 무단 전재와 무단 복제를 금합니다.

· 잘못된 책은 언제든지 교환해 드립니다.

ISBN 978-89-88042-59-5 03230 printed in Korea.
값 16,000원

온전한 회심

그 7가지 얼굴

고든 스미스 지음
임종원 옮김

CUP

Beginning Well

Christian Conversion & Authentic Transformation

Gordon T. Smith

추천의 글 1　　　　　　　　　　　이동원 | 지구촌교회 담임목사

　많이 기다려온 책이다.

　오늘 날 회심은 강단에서 조차 간과되고 있는 화두이다. 회심이 돌이킴이라면 우리의 돌이킴은 문자 그대로 온전한 돌이킴이어야 한다. 그것은 우리의 지성과 감성, 그리고 의지의 영역 등 전인격의 영역에 현저한 변화를 나타내야 마땅하다. 고든 스미스의 강조에서 특히 돋보이는 것은 '공동체에로의 영입과 소속'이다. 초대 교회에서 회심은 정말 그러했다.

　이 책이 많이 읽혀져 온전한 회심의 메시지가 부활하고 회심의 부흥이 일어나는 것을 보고 싶다.

추천의 글 2　　　　　　　　박영선 | 남포교회 담임목사

　한 사람이 기독교 신앙에 이르게 되는 일은 몇 마디로 요약하거나 획일적으로 이해할 수 없는 다양한 여정을 통해 이뤄진다. 이렇듯 그리스도인마다 신앙의 독특한 경험을 갖게 마련이지만, 한편으로 그리스도인들에게는 누구에게나 공통된 신앙고백이 있다. 그 고백은 예수 그리스도와 그를 보내신 하나님 아버지에 대한 믿음과 순종을 담고 있다. 기독교 신앙을 받아들일 때, 우리는 영혼의 깊은 곳에서 인격적으로 반응하여 삶 전체를 바꿔 놓는 결단을 하게 된다. 이 놀라운 경험은 평생에 두고두고 되돌아보게 되는 결정적인 사건이다. 회심이 우리를 놀라게 하는 것은 하나님의 위대하심, 예수 안에 있는 은혜의 신비, 그리고 그로 인해 빚어지는, 그리스도인에게 허락된 영광된 삶일 것이다.

　본서는 구원에 나타난 하나님의 경이로운 간섭을 균형 있고 종합적으로 설명하고 있다. 지적 납득, 인격적 항복, 삶으로 드러나는 헌신, 선물로 오시는 성령, 우리의 눈앞에서 생생히 펼쳐지는 성례, 그리고 그리스도인들의 공동체인 교회라는 회심의 요소들은 하나님의 개입이 한 사람의 삶에 얼마나 충만하게 이뤄지는지 가르쳐 주며, 그러한 인생에 어떤 기쁨이 넘칠 수 있는 것인지 조목조목 정돈해 준다.

　그러나 우리가 인식하든 하지 않든, 우리 개개인은 자신이 속해 있는 신앙 전통과 개개인의 경험에 따라, 회심의 이런 여러 요소들 가운데 어느 한두 가지에만 기

울어지게 마련이다. 회심을 확인하는 기점은 분명하고 생생할 수 있지만, 하나님의 일하심에 담긴 다양하고 풍성한 역사를 다 담아낼 수는 없다. 이 점은 같은 신앙고백을 가진 성도들일지라도 그 고백의 과정과 강조점이 다르다는 사실에서 잘 드러난다. 구원을 이루시는 하나님의 섭리는 우리의 안목과 인식을 뛰어넘는 것이다. 그러므로 우리는 우리의 경험과 이해를 넘어서서 믿음으로 하나님의 역사를 바라보아야 한다.

우리는 한국 교회라는 역사와 전통 아래에 있고, 다시 한국 교회는 세계 교회사라는 더 넓은 배경과 흐름 속에 자리하고 있다. 교회의 역사를 돌아보면, 하나님께서 그분의 백성들을 인도해 가시는 과정은 인간의 이해와 기대를 넘어서는 것이었다. 그러기에 경이로운 하나님의 신비를 기억하고 믿음을 갖고 하나님의 일하심을 기다려야 한다는 저자의 주장은 매우 소중하다. 교회의 역사를 돌아볼 때, 아직도 유년기에 있다고 할 한국 교회는 더 자라나 성숙한 모습에 이르러야 할 것이다. 한국 교회의 복된 장점들은 신앙의 표현과 진심어린 열정에서 뿐 아니라 신앙의 내용에서도 더욱 풍성해져야 할 것이다. 한국 교회가 이러한 성숙함에 이르는 데 본서가 귀한 도움이 될 것이라고 기대한다.

이 책을 읽는 이들이 기독교 신앙의 주인이신 하나님의 광대하심과 그분을 따르는 이들에게서 발견되는 그리스도인이라는 존재의 영광스러움을 다시 확인하는 기쁨을 누리시기 바란다.

추천의 글 3　　　　　　　　　장갑덕 | 카이스트교회 담임목사

빨리 빨리 문화의 공기에 오염되어 질식된 것처럼 살아가는 창백한 한국의 그리스도인들, 다양한 미네랄이 함유된 생수보다 증류수 같은 단일 문화에 체질이 약화된 허약한 우리 시대의 그리스도인!

그래서 시대의 골리앗을 감당 못하고 역사의 주변으로 밀리고 있는 이 땅의 그리스도인들에게 「온전한 회심, 그 7가지 얼굴」은 마치 MRI처럼 명확하게 우리의 영적 건강을 진단하는, 영적 전문의의 종합처방전 같은 책이다.

초신자는 자신의 영적 건강을 점검하기 위해, 직분자는 피 흘려 사신 그리스도의 몸인 교회를 올바로 섬기기 위해, 사역자는 잃어버린 영혼의 올바른 전도와 성도들의 건강한 양육을 위해 꼭 읽어야 하는 책으로 강력히 추천하고 싶다!!!

추천의 글 4　　　　　　　　박철수 | 분당두레교회 담임목사

고든 스미스의 「온전한 회심」은 한국 교회에서 매우 중요한 주제이다. 왜냐하면 진정한 의미의 회개를 하는 사람이 드물기 때문이다.성경에서는 '회심'이란 말보다 '회개'란 말을 사용한다. 회개를 단지 종교행위, 종교 행사로 생각하는 사람들이 너무 많은 것이 현실이다. 한국 교회의 시급한 과제는 회개이다. 회개하지 않는 교회는 머지않아 사라질 것이다. 회개에는 실제적 변화가 따라야 한다. 바울은 로마서에서 이렇게 말한다.

"네가 만일 네 입으로 예수를 주로 시인하며 또 하나님께서 그를 죽은 자 가운데서 살리신 것을 네 마음에 믿으면 구원을 받으리라" 로마서 10장 9절

이 구절을 보고 많은 사람들이 구두 선언을 회개하는 것이라 생각하는 사람들이 많다. 그러나 여기서 말하는 '시인'은 법정에서 사용하는 용어이다. 당시 로마 제국은 예수 믿는 사람들을 법정에 넘겼고, 예수님을 주 곧 왕으로 시인하면 사자 밥이 되어야 했다는 사실을 알아야 한다. 평범한 일상적인 상황에서 예수를 시인한 것이 아니라 죽느냐 사느냐의 기로 앞에서 예수를 시인한 것이다. 성경의 여러 구절 중 오해하는 구절이 많은데 이 구절은 그 대표적인 예이다.

회개란 세상에서 살아가던 태도가 조금 변하고 수정하는 것이 아니다. 옛사람에서 새사람이 되는 것이며, 본질적으로 다른 사람이 되는 것이다. 전인적으로 전폭

적으로 하나님 뜻대로 살아야 한다. 여기에는 보수와 진보가 따로 없다. 예수님께서는 지금도 우리를 향해 하나님나라가 가까웠으니 회개하라고 외치고 계신다. 참된 회개는 그에 합당한 열매가 수반 되어야 한다. 구체적 결단과 함께 세계관이 바뀌어야 한다. 삶이 바뀌어야 한다.

  물론 단번에 회개가 다 이루어지는 일은 아니다. 그러나 진정한 회개는 그야말로 세상의 삶의 방식을 청산하고 하나님나라로 들어오는 일생일대의 전향이다.

  많은 목사들이 예수님께서 요구하시는 회개를 아주 쉽게 만들어 버렸다. 아예 설교에서나 성경공부에서 예수님의 회개 말씀을 빼버리거나 회개를 매우 추상화시키고 아주 쉽게 만들어 버렸다. 회개가 두루뭉술 지나간다. 그리고는 모두가 회개한 것처럼 착각하게 한다. 이런 일이 어떻게 일어날 수 있는 일인가. 화인 맞은 양심이다.

  말씀을 가르치는 자는 복음의 원형을 재생시키는 자여야 한다. 오늘날 강단에서 회개를 외친다. 교회는 회개를 말한다. 때로는 목청을 드높이며 회개를 외치기도 한다. 하지만 교회가 외치는 회개를 주의 깊게 살펴보라. 종교적인 잘못을 범할 때만 목청을 높이는 것을 발견할 수 있다.

  예배에 빠진 죄, 열심히 교회 봉사하지 않은 죄, 목사님에게 불순종한 죄, 십일조하지 않는 죄 등에 대해서는 사정없이 정죄의 칼을 들이댄다. 하지만 거짓말한 죄, 정직하게 세금 신고하지 않은 죄, 불의한 상사의 요구에 순응한 죄, 지나치게 사치하고 낭비하는 죄, 사람을 멸시하고 차별한 죄, 내 이익을 위해 이웃을 짓밟은 죄, 가난한 자의 편에 서지 못한 죄, 투표에 빠진 죄, 정의의 편에 서지 못한 죄, 환경을 오염시켜 하나님의 피조세계를 망가뜨리는 죄에 대해서는 회개를 가르치지 않는다. 오늘날 교회는 사람들로 하여금 종교적 인간을 만드는데 급급하다. 회개에의 부름은 추상적인 죄인에게가 아니라 구체적인 사회적 상황 속에서 죄의 노예가 되어 있는 인간을 부르는 것이다. 그것은 역사 속에서 구체화되어지는 태도의 변화다. 그것은 개인의 주관적인 의식 속에서뿐만 아니라 '세상 안에서' 하나님께로 돌아서는 것이다.

그러나 예수님께서는 우리가 아는 대로 종교적 인간이었던 바리새인들을 향하여 얼마나 질타했던가! 우리는 회개를 너무 개인화하고 추상화하고 관념화시키지는 않는가.

목사들이 싸구려 회개를 가르치고 있다. 교인의 마음에 거슬릴까봐 조심하면서 그들의 마음을 편하게 해주기 바쁘다. 행여나 그들이 예수님의 말씀을 직접 들으면 혹시 교회를 떠날까봐 걱정하고 있지는 않은가? 이 얼마나 큰 죄인가!

한국 교회가 빛과 소금이 되지 못하고 손가락질 받으며 이 모양, 이 지경이 된 것은 진정한 회개를 가르치지 않았기 때문이다.

이탈리아의 시인인 지오반니 파피니Giovanni Papini는 "기독교 신앙은 본질적으로 인간성에 반대되는 것이라"고 했고, 자끄 엘륄은 "기독교가 성경대로 바르게 선포된다면 기독교는 많은 수를 얻지 못하고 이 땅에서 누릴 수 있는 대가와 이익을 얻지 못할 것이다. 그럼에도 인간의 동의를 얻으려고 그들의 기호에 맞추고 그들을 매료시켜야 한다니!"「뒤틀려진 기독교」라고 탄식했다.

누가 제자인가! 참으로 회개한 자들이다. 교회란 무엇인가! 회개한 자들의 모임이다. 그런데도 이 땅에 진정한 제자가 없고, 진정한 교회가 없는 것은 무엇 때문인가? 1,000만이 넘는 교회가 왜 이렇게 무기력한가? 회개한 자들이 적기 때문이다. 제자가 없기 때문이다. 하나님나라가 가까웠으니 회개하고 복음을 믿으라!

본서는 10장으로 잘 짜여져 회개와 관련된 거의 모든 주제를 다양한 방면에서 통찰력 있게 탐구하고 있다. 이 책은 회개의 깊이와 넓이를 잘 보여 준다. 많은 독자들이 이 책을 읽음으로 진정한 회개를 경험하는, 살아 있는 그리스도인들이 많이 일어나길 바란다.

추천의 글 5　　　　　　김승욱 | 중앙대 교수, 경제사학회 회장
　　　　　　　　　　　　　　사)기독교세계관학술동역회 실행위원장

　사도 바울은 다메섹으로 가던 길에서 극적인 체험을 한 후에 완전히 변화된 새 삶을 살게 된다. 그런데 왜 많은 그리스도인들은 회심을 통해서 구원의 확신을 가지고 있음에도 불구하고 삶의 변화가 일어나지 않고 있는 것일까? 이러한 질문에 대한 답을 얻고 싶으면 이 책이 도움이 될 것이다.

　저자는 회심을 중요하게 다루어야 하는 이유를 자신의 회심 경험을 제대로 이해하는 것이 성숙한 신앙인이 되는 데 유익하기 때문이며, 또한 전도하는데 도움이 되기 때문이라고 말하고 있다. 우리는 간증을 할 때 후회를 하기도 한다. 그 이유는 너무 사적인 이야기를 한 것이 아닌가 하는 생각이 들기도 하고, 어떤 경우에는 자기 자랑 같기도 하기 때문이다. 그런데 이 책을 읽고 나면 그러한 생각이 잘못이라는 것을 알게 된다. 저자는 이 책에서 영적 경험담, 즉 간증의 중요성을 신학적으로, 교회사적으로 그리고 히포의 어거스틴이나 존 웨슬리 등 영적 거장들의 회심 이야기를 통해서 설명하고 있다.

　회심의 목표는 구원에서 끝나는 것이 아니라 인간의 변화에까지 이르는 것이다. 즉 성화의 단계까지 가는 것이다. 저자는 회심의 목표는 그리스도인으로 하여금 죄의 결박에서 벗어나 궁극적인 자유를 누리며, 예수님의 통치 아래 살아갈 수 있도록 하는 것이라고 말하고 있다. 하나님과 역동적인 교제를 하면, 우리의 인격

이 변하게 되고, 그러면 그 주변 사람, 즉 자녀, 형제, 친척, 이웃에게 영향을 주어, 결국 사회의 변화를 가져온다. 바울은 아담 한 사람의 타락으로 피조 세계가 신음한다고 했다. 그래서 타락의 결과 약육강식의 사회가 되고, 이기심으로 인해서 사회가 피폐해졌다. 그런데 한 개인의 회심으로 인해 그 주변의 사람들이 변화되고 사회가 변화되어 만물이 회복되어야 한다. 이제는 강한 자가 약한 자를 돌보는 그러한 진정한 만물의 회복이 이루어져야 한다. 그러한 점에서 저자는 인격적 변화와 성품의 변화, 즉 성령의 열매가 없는 회심이 진정한 회개인지 돌아볼 필요가 있다고 주장한다. 그리고 그리스도인이 추구해야 할 목표는 성화이며, 온전한 성도가 되지 못하는 것이 비극이라고 주장한다. 로마 가톨릭 전통에는 칭의가 없어서 성화가 인간 노력의 산물에 지나지 않게 되었지만, 반면에 복음주의 전통에서는 칭의를 최종적인 목적인 것처럼 인정하는 바람에 성화를 강조하지 못했다는 점을 지적한다.

저자는 복음주의에서 교회의 목적을 일반적으로 복음 전도라는 관점에서 정의하는 것은 잘못이라고 지적한다. 그리스도인의 성숙도는 교회 활동의 참여 정도에 따라 결정되는 것이 아니며, 그리스도 안에서의 성숙이 더 중요하다고 강조한다. 즉 섬김, 기쁨 충만, 도덕적 변화, 주님과 이웃을 사랑하고 남과 동역하는 능력 등이 성숙의 기준이 되어야 한다고 주장한다.

또한 저자는 회심이 어느 날 갑자기 일어나는 사건이 아니라, 점진적으로 일어난다는 사실을 지적한다. 그리고 신앙은 공동체를 통해서 자라기 때문에 회심은 영적 공동체가 중재자라는 사실을 강조한다. 즉 회심은 성숙과 관련이 있기 때문에 회심에는 상당한 시간이 걸린다. 이 책에서 저자는 회심의 7가지 요소로 지성, 회개, 감정, 의지, 세례와 만찬, 성령, 공동체를 강조하는데, 이 중에 하나라도 보충되지 않거나 제대로 작동되지 않으면, 영적인 불구로 자란다고 주장한다. 특히 이 책에서 강조하는 것은 회심은 진리와의 만남이라는 사실이다. 생각의 근본적인 변화 없이, 또는 복음의 진리에 대한 이해 없이는 회심이란 있을 수 없다는 것이다. 아주 간단한 단 한 번의 복음 제시를 영접했다고 저절로 성숙한 그리스도인이 될 수 있다는 생각은 잘못이라고 주장한다. 기독교 세계관을 이해하고, 과거의 세계관이 변화되지 않으면 복음은 피상적이고 일시적인 것으로 남게 된다. 이런 회심은 개인적인 의미뿐만 아니라 공동체적, 사회적인 의미에서 변화를 이끌어내지 못한다.

모태신앙인들은 초신자의 회심 간증을 들을 때마다 왜 자신은 그런 경험이 없는가 하며 부러워하는 경우가 많다. 그런데 이 책에서는 1세대 신앙인과 모태신앙인의 회심 과정이 다를 수 있다는 사실을 별도의 장으로 설명하고 있다. 바울은 디모데에게 할머니 로이스와 어머니 유니게에게서 어릴 때부터 받은 신앙훈련을 잘 지킬 것을 권면한다. 바울과 달리, 그의 제자 디모데는 특별한 회심의 경험이 없었다는 것을 지적하면서, 모든 그리스도인들에게 회심을 위해서 바울과 같은 극적인 경험이 꼭 필요한 것이 아니라는 사실을 지적한다. 디모데가 바울과 같은 극적인 회심 체험은 없었지만, 훌륭한 신앙인의 삶을 살았던 것처럼 모태신앙인들도 특별한 회심 체험이 없다고 하나님을 만나지 못한 것이 아니라는 것이다. 이제 한국 사회도 1세대 신앙인보다 모태신앙인이라고 부르는 2세대 그리스도인이 많아지고 있는데, 이 책의 지적이 한국의 현 상황에서도 매우 시의적절하다고 생각된다.

이 책을 통해서 회심을 너무 간단하게 생각하거나, 특별한 체험이 꼭 필요하다고 생각했던 잘못된 인식이 교정되기 바란다. 그리고 생각과 세계관의 변화, 그리고 성품의 변화, 인격의 변화까지 수반하는 회심의 과정은 점진적인 성화의 과정이라는 사실에 대해서 깊은 이해가 있기를 바란다.

이러한 이해를 통해 한국 교회가 변화되고, 비그리스도인에게 더욱 사랑과 존경을 받는 그리스도인들이 많이 나타나고 그리하여 사회의 변화를 가져오게 되기를 바라며 강력히 추천한다.

CONTENTS

추천의 글 이동원, 박영선, 장갑덕, 박철수, 김승욱 5
글을 시작하면서 21

1부 왜 다시 회심인가? 회심의 개념을 회복하라

1장| 회심은 역동적 삶의 변화를 가져 온다 31
2장| 예수님과의 인격적 만남이 없다면 회심도 없다 67
3장| 영적 거장들의 회심 이야기 97
　_ 어거스틴, 이그나시우스 로욜라, 존 웨슬리, 도로시 데이
4장| 복음주의에서 말하는 회심_ 역사적인 관점 151

2부 온전한 회심은 능력 있고 풍성한 삶을 선물한다

    5장 | 신약 성경의 회심 모델　203

    6장 | 온전한 회심, 그 7가지 얼굴　257

    7장 | 회심의 내면적 얼굴　301
        _ 지성, 회개, 감정, 의지

    8장 | 무엇이 회심을 가능하게 할까?　343
        - 성례적 의식, 성령의 일하심, 공동체

3부 하나님의 경이로운 손길을 증거하라

    9장 | 모태신앙 자녀들의 회심　395

    10장 | 우리 삶에 일하시는 하나님의 경이로운 손길　415

주　444

글을 시작하면서

회심은 모든 그리스도인들이 지대한 관심을 쏟고 초점을 맞출 만한 주제다. 특히 복음주의 기독교 전통¹⁾에 서 있는 사람들에게는 회심의 신학이 더 중요하다. 베빙턴이 「현대 영국의 복음주의」*Evangelicalism in Modern Britain*에서 모범적인 정의를 제시했는데, 그것이 점차 복음주의의 기준으로 자리 잡게 되었다. 베빙턴은 복음주의 운동을 규정짓는 네 가지 특징을 이렇게 설명한다.

"복음주의에는 삶을 변화시키는 신앙 체험이 필요하다고 믿는 회심주의, 복음을 구체적으로 전파하는 행동주의, 성경에 절대적인 권위를 두는 성경주의, 그리고 그리스도의 십자가 고난을 통한 구속 사역을 유난히 강조하는 소위 십자가 중심주의가 있다."[2]

베빙턴은 회심을 '복음주의자들을 위한 복음'이라고 부른다.[3] 다시 말해, 복음주의 운동의 신앙 체험적인 요소를 가장 명쾌하게 규정하는 게 회심이라는 것이다. 스탠리 그렌즈는 베빙턴의 견해에 맞장구를 치면서 이렇게 말한다. "고전적인 복음주의의 참다운 특징은 회심을 통하여 맛보는 하나님의 은혜를 의식적으로 체험하는 것에 대한 관심이나 강조에 있다. 이런 체험은 도널드 데이턴이 '회심에 따른 신앙심'이라고 부른 것으로 특징지어진다."[4] 그러므로 회심을 복음주의 운동의 기준으로 삼을 만한 표지나 복음주의 운동을 규정짓는 요소로 보고, 그것을 신학적이면서도 비판적으로 생각하라는 요구가 빗발치고 있다. 회심을 적절히 이해해야만 우리에게 전해 내려온 신앙 유산에 담긴 특징과 복음주의자가 된다는 것의 의미를 올바로 인식할 수 있다.

조지 개리 목사는 회심이 복음주의자들에게 아주 중요한 주제임에도 불구하고, '회심에 관한 문헌이 실망스러울 정도로 빈약하다' 는 사실을 주목하였다.[5] 이와 같은 불균형을 바로잡으려는 시도들이 여러 번 있었지만, 지금까지 복음주의 전통 내에서는 일반적인 차원에서 일어나는 종교적인 회심과 특별한 차원에서 일어나는 그리스도인의 회심에 관한 의미심장한 연구는 별로 없었다. 나는 이 책을 통하여 회심이라는 주제에 관하여 새롭고 지극히 중대한 신학적인 관심을 불러일으키고 싶다.

이 책에서 얻을 수 있는 유익

회심을 신중하게 연구하는 일은 자기 자신을 더욱 잘 이해하고, 다른 사람을 효과적으로 그리스도께 인도할 수 있게 하며, 신학적 성찰에 중요한 원동력이 된다.

자기 자신을 이해하는 데 큰 도움이 된다

　회심에 관한 건전한 신학을 정립하면 개인의 자기 이해에 큰 도움이 된다. 자기를 아는 지식에 내포된 한 가지 중요한 요소는 그 사람의 종교적 또는 영적 순례에 관한 인식이다. 어떤 사람들은 자기 자신이 맛본 회심 체험을 제대로 인식하지 못하는 경우도 있다. 왜냐하면 그들은 회심은 당연히 이런 과정을 따라서 일어나야 한다는 대다수 사람들의 선입견과는 전혀 다른 양상으로 회심을 체험하기 때문이다. 이런 사람들은 마치 자기 체험이 기존의 일반적인 개념을 완전히 벗어난 것처럼 느낀다. 또 다른 사람들은 아예 자신의 회심 체험을 이해할 수 있는 신학적인 개념들을 전혀 들어 보지 못한 경우도 있다.

　어떤 의미에서 우리 인생은 온전한 회심의 의미를 알아내려고 발버둥치는 과정이다. 진리를 따라 사는 삶은 회심에 걸맞은 행동 양식으로 살아가는 것이다. 이것은 사도 바울의 삶에서 가장 극적으로 그려진다. 회심은 사도 바울의 삶의 기초인 동시에 초기 선교 운동의 커다란 자극제로 작용한다. 그러므로 누구든지 믿음으로 나아오게 된 이유에 대해 의도적으로, 신학적 성찰을 해 보는 것은 상당히 의미 있는 일이다. 또한 우리의 외적인 체험에 걸맞을 뿐만 아니라 내적인 변화도 잘 설명할 수 있는 개략적인 설명, 곧 회심의 본질과 특성에 관한 개요가 필요하다. 회심을 대략적으로 파악하고 있으면, 우리 자신의 체험을 이해하고 설명할 수 있으며, 동시에 그것을 강화하고 심화할 수 있게 된다. 이와 더불어, 그와 같은 체험이 엄청난 변화로 이끈다는 사실도 깨닫게 된다.

다른 사람을 효과적으로 그리스도께 이끌 수 있다

회심에 관한 비판적, 신학적인 성찰은 또한 다른 사람들의 회심을 촉진시킬 것이다. 개인으로서, 그리고 신앙 공동체의 일원으로서, 우리에게는 예수 그리스도를 믿는 믿음으로 나아오도록 다른 사람들을 권고할 수 있는 특권이 있다. 우리는 이러한 특권을 잘 활용하는 법을 배워야 한다. 그러나 회심에 관한 개념이 일관되지 못하고 결점 투성이어서, 삶의 현장에서 구체적으로 복음을 전하는 일이 방해를 많이 받는다.

복음 전도는 대개 그리스도인의 삶에 필수적인 부분을 차지한다. 회심의 의미와 특성을 점점 더 분명하게 이해할 때, 우리는 훨씬 더 효과적인 복음 전도자로 살아갈 것이다. 회심에 관한 올바른 신학적인 인식이야말로 복음 전도자와 목회자를 비롯하여 다른 사람들어린이, 친구, 직장 동료나 이웃을 조금이라도 회심으로 이끌 수 있는 모든 사람들에게 꼭 필요한 도구다.

복음 전도는 특별한 은사를 받은 몇몇 사람들에게만 한정된 일이 결코 아니다. 복음 전도는 온 교회의 책임이다. 복음 전도를 통하여 온 교회는 사람들이 그리스도를 풍성하게 체험할 수 있는 환경을 더욱 촉진하게 된다. 교회로서 우리는 회심의 복잡한 특성을 올바로 인식할 때라야 비로소 복음을 훨씬 더 잘 전할 수 있게 될 것이다. 이 책에서 다루는 내용은 회심의 본질에 관한 논의를 더욱 활발하게 일으켜, 우리가 다른 사람들을 더욱 효과적으로 그리스도께 인도할 수 있도록 도와 줄 것이다.

회심은 신학적인 과제를 해결하는 출발점이다

셋째로, 회심을 비판적으로 성찰하는 것은 신학적인 과제를 해결하는 데에도 필수적이다. 아마 버나드 로너건은 우리 시대의 다른 어떤 신학자들보다도 더 많이 회심에 관해 의도적이고도 신학적인 성찰을 강조해 온 사람일 것이다. 신학의 부흥은 회심을 분석한 결과로 찾아올 수 있다고 로너건은 언급한다. 다시 말해, 회심 자체가 바로 중대한 신학적인 과제를 해결하는 출발점이 될 수 있다는 뜻이다. 로너건의 주장에 따르면, 회심은 신앙생활과 신앙 체험의 기본적인 여러 요소들 가운데 하나다. "회심에 관한 성찰은 신학의 훌륭한 기초가 될 수 있으며, 실제로 구체적으로, 역동적으로, 개인적으로, 공동체적으로, 역사적으로 튼튼한 기초가 된다고 생각해도 좋다."[6]

복음주의자들은 존 웨슬리와 조나단 에드워드에게 많은 빚을 지고 있기 때문에, 로너건의 분석은 상당히 설득력이 있다. 에드워드와 웨슬리에게 하나님의 은혜, 특히 회심에서 체험하는 은혜는 온갖 신학적인 성찰을 가능하게 해 주는 중요한 원동력이었다. 그들은 추상적이고 신학적인 명제보다 회심 체험이 오히려 교회에 더 많은 생명력을 불어넣기 때문에 공동체 사역에서 꼭 다루어야 할 의제이고 적용이라고 규정하였다. 이것은 회심과 회심에 관한 의도적인 성찰을 통하여, 새롭게 초점을 맞춰서 신학적인 연구를 할 수 있는 역량을 키우게 된다는 것이다.

하나님의 사랑과 은혜에 관한 각 사람의 경험은 모든 피조 세계를 향한 하나님의 사랑하심을 바라보고 인식할 수 있는 창을 열어 준다. 우리는 자신의 경험을 제대로 의식하면서도 자기도취에 빠지지 않도록 조심해야 한다. 그 대신 우리 삶에 은혜를 베푸시는 그 하나님의 역사가 큰 그림, 곧 다른 사람들의 삶과 우주 전체에서 구원과 변화를 일으키시는 하나님의 일하심을 생생히 바라보는 수단이 되도록 해야 한다.

이 책에서 채택한 접근 방법

아마 이 책은 다른 어떤 책보다 더 분명하게, 회심이 얼마나 복잡한 경험인지를 증명할 것이다. 인간은 놀라울 정도로 복잡한 존재다. 그러므로 이 복잡성을 제대로 통합시키고 충분히 고려한 회심 모델이나 접근 방법을 찾아낼 때라야, 비로소 그리스도인의 여정을 멋지게 시작한다는 의미를 올바로 인식하게 될 것이다.

이 책은 모두 10장으로 구성되었는데 크게 세 부분으로 나누면 더욱 유익할 것이다. 1장~4장까지는 주로 회심에 대한 기본 내용을 다루는데, 영적 거장들의 회심 체험을 비롯한 기본적인 개념을 정립하게 된다. 이 첫 부분은 책의 나머지 내용을 위한 토대가 된다. 5장~8장까지 이어지는 장들에서는 회심에 관한 신약 성경의 연구뿐만 아니라 회심을 구성하는 요소들에 관해 균형 있고 종합적인 시각으로 핵심적인 논의로 들어간다. 어떤 독자들은 앞부분을 제쳐놓고 곧바로 이 부분으로 뛰어들고 싶기도 하겠지만, 여기에서 다루는 논의들은 처음 네 장에서 다룬 내용들에 비추어 보면서 읽어야 이상적이다. 9장과 10장에서는 모태신앙 자녀들의 회심에 관한 논의를 포함하여 신앙 자서전과 복음 전도를 화두로 온전한 회심 가운데 우리 삶에 일하시는 하나님의 경이로운 손길에 대해 조명한다.

Beginning Well 1부

왜 다시 회심인가?
회심의 개념을 회복하라

1장 회심은 역동적 삶의 변화를 가져 온다

니노이 아퀴노의 신앙 체험

니노이 아퀴노Ninoy Aquino는 1970, 80년대의 필리핀 반체제 인사 가운데 추방된 지도자로 잘 알려져 있다. 아퀴노는 필리핀으로 돌아오자마자 그때 당시 마닐라 국제공항지금은 니노이 아퀴노 국제공항으로 불린다의 활주로에서 암살당하고 말았다.

그런데 아퀴노가 기독교 신앙으로 회심한 사건은 사람들에게 별로 알려지지 않았다. 독재자 페르디난드 마르코스Ferdinand Marcos는 아퀴노를 정적政敵으로 생각하여, 1972년 군대를 동원하여 반체제 지도자들에 대한 대규모 숙청 작업을 벌이면서 아퀴노도 체포하라고 명령하였다. 그래서 공안 당국은 다른 수많은 사람들과 함께 아퀴노를 체포하였다. 당시에 마르코스는 8년 동안 무시무시한 계엄령을 선포한 채 국가를 다스리는 과정에서 자신에게 반대한다는 이유로 한꺼번에 6천 명이나 되는 많은 사람들을 투옥하였다. 불행히도 미국 상공회의소는 필리핀에 경제적인 안정을 가져왔다는 이유로 마르코스를 칭송하고 지지하기도 하였으며, 필리핀에서 인권이 무참히 유린되는 온갖 만행이 있었음에도 겉으로는 아무런 대응도 하지 않고 그냥 눈감아 주었다. 초기에 체포된 사람들, 곧 계엄령을 선포하던 첫날밤에 붙잡힌 약 800명 가운데, 니노이 아퀴노와 상원의원 호세 디오크노(Jose Diokno)를 제외한 사람들이 3개월 안에 모두 풀려났다.

아퀴노는 마닐라 외곽의 군부대 주둔지인 포트 보니파시오의 한 방갈로의 조그만 방에 붙잡혀 있었다. 얼마 뒤 거기에서 마닐라 북쪽의 라우르 지역에 있는 포트 막사이사이로 이송되었다. 이곳에서는 좁다란 출입문만 달린 조그만 감방에 갇혀 지냈다. 한 달 내내 독방에 감금되어 있으면서, 거의 속옷만 걸치고 지내야 했으며, 매우 제한적으로 배급되는 음식만 먹으면서 버텨내야 했다.

포트 보니파시오로 다시 돌아온 후, 수많은 사람들이 아퀴노에게서 일어난 급격한 변화에 주목했다. 포트 막사이사이에서 아퀴노는 아주 중대한 신앙 체험을 하게 되었다. 아퀴노가 직접 묘사한 바에 따르면, 아퀴노는 자기가 처한 환경에 분통을 터뜨리고 염증을 냈다. 자신에게는 아무런 죄도 없었고,

그토록 열악한 대우를 받아야 할 만한 이유가 전혀 없었기 때문이다. 이처럼 깊은 좌절감에 빠져 있을 때, 아퀴노에게 한 음성이 들렸다.

"왜 울부짖고 있느냐? 난 너희에게 엄청난 위로와 명예와 영화를 선물로 주었건만, 수백만의 네 동족들이 마냥 거부하고 있구나. 내가 잠깐 비참한 지경에 빠뜨렸다고 해서, 너는 마치 버릇없이 떼쓰는 어린아이처럼 울부짖으며 투덜거리는구나."

나중에 아퀴노는 그 음성을 듣고 무릎을 꿇고 용서를 구했으며, 인생을 드려 하나님을 섬기기로 결단했다고 썼다. 그리고는 기꺼이 자기 십자가를 지고 주님을 따르게 되었다. 그 후 오랜 묵상의 시간을 보낸 아퀴노는 내적인 평안을 찾았다. 자신이 교만 때문에 하나님의 임재하심을 제대로 볼 수 없었으며, 바로 그 교만 때문에 일시적인 권력과 명예와 쾌락에 탐닉하게 되었다는 사실을 깨달았다. 결국에는 심지어 독재자의 박해를 받고 있는 상황에서도 하나님의 섭리를 바라볼 수 있게 되었다.

"단지 나 자신의 회심에 관해서만 이야기한다면, 독재자 마르코스에게 영원히 감사하는 마음을 가져야 할지도 모르는 일이지요."

내가 담임목사로 섬기던 중부 온타리오의 한 교회에 첫 주일에 예배를 드리러 온 밥 브루스터에 대한 기억이 아직도 생생하다. 나는 밥의 아내가 지난주에 밥 곁을 떠났다는 사실을 그날 오전이 한참 지난 뒤에야 겨우 눈치 챘다. 밥은 혼자서는 이 상황을 제대로 대처할 수 없겠다는 생각이 들어 친구들이 다니는 우리 교회로 어린 두 딸을 데리고 나왔던 것이다. 밥의 머릿속엔 온통 이 난국을 어떻게 헤쳐 나가야 할지에 대한 생각뿐이었다.

처음에 밥은 주일 예배를 드리는 동안 거의 뒷자리에 있었다. 그러나 두세 달이 지나자 훨씬 더 앞으로 나와서 앉아 있었다. 그리고 어느 정도 시간이 흐른 뒤에는 다양한 방법으로 교회 활동에 참여했는데, 그 중 하나가 바로 주일학교 보조 교사였다.

벌써 여러 달이 흘러가고 있는데도, 나는 밥에게 그리스도인의 믿음에 대하여 아무 말도 하지 않았으며, 신앙적인 헌신에 대해서도 별다른 요청을 하지 않았다. 내가 왜 말 꺼내기를 주저했는지 그 이유마저도 분명하지 않았다. 그냥 자기 나름대로 길을 찾아갈 수 있도록 밥을 내버려두는 게 최선의 선택일 것 같았다. 그런데 일 년이 지난 뒤, 밥이 느닷없이 나를 찾아와서는 세례를 받게 해 달라고 했다.

그제서야 나는 밥의 신앙 여정에 관하여 물었다. 밥은 그리스도를 믿기까지 적어도 일 년 넘게 걸렸다면서 그 과정을 이야기했다. 그 때 나는 밥이 그리스도인 공동체에 들어와서 사랑받을 뿐만 아니라 받아들여진다고 느끼고 나서야 비로소 하나님의 사랑을 받아들이고 하나님께 자기 자신을 드리고 싶은 마음을 품었다는 것을 알게 되었다. 우리 교회 공동체가 도구로 사용되어 밥이 하나님의 사랑을 깨닫고 기꺼이 받아들일 수 있었다는 점에 대하여 하나님께 무척 감사했다. 단 한 사람도 밥에게 복음을 제시하는 전도자 역할을 구체적으로 하지는 않았다. 오히려 교회 공동체를 통하여 밥은 복음을 이해하고 예수님을 따를 결심을 하게 된 것이다. 교회 공동체의 모습이 복음 전도의 수단이 되었던 것이다.

니노이 아퀴노의 회심 이야기는 훨씬 더 주목할 만하고 극적으로 들릴 수 있다. 다른 수많은 그리스도인들도 이처럼 자신에게 그럴싸하게 꺼내놓을 만한 회심 이야기가 있으면 좋겠다고 생각한다. 그러나 대다수 그리스도인들의 회심 이야기는 밥 브루스터의 회심 이야기에 훨씬 더 가깝다.

그런데 그리스도를 믿게 된 밥의 경험은 또 다른 무언가를 시사한다. 우리는 대체로 회심한 후에 교회 활동에 참여한다고 생각한다. 어떤 사람이 그리스도인으로 거듭나야만 교회 활동에 참여하게 된다고 생각하고, 교회를 회심한 사람들이 모인 공동체로 이해한다. 그러나 목회를 하던 중에 밥의 경험을 통해 교회 활동에 열심히 참여하다가 회심이 일어날 수도 있다는 것을 자각하게 되었다. 다시 말해, 어떤 사람이 먼저 그리스도인 공동체에 참여하여 교회 구성원으로 지내면서 기독교 신앙을 배우고, 그 공동체를 통해 예수님을 따르는 자, 곧 예수님의 제자로 얼마든지 태어날 수 있다는 것이다.

그러나 이 생각들의 밑바탕에 또 다른 질문이 있다. 이것은 회심에 대하여 생각할 때마다 마음속을 집요하게 파고드는 질문이다. 회심과 변화 사이에는 어떤 관계가 있는가? 밥으로 하여금 성숙한 그리스도인으로 자라게 했을 뿐만 아니라, 딸들과 함께 사는 집에서, 직장에서, 교회의 다른 그리스도인들과의 관계에서, 예수 그리스도의 왕국 통치라는 찬란한 빛 가운데 완전하고도 철저하게 살아가는 한 사람으로 성장하게 만든 요인은 무엇일까? 밥의 회심은 죽음 이후의 삶뿐만 아니라, 특별히 이 세상에서의 삶에 어떤 차이를 가져올 것인가? 밥이 진정으로 변화된 사람으로 거듭날 것인가? 그렇다면 그것을 가능하게 하는 요인은 무엇일까?

회심을 잘 탐구해 보면, 이러한 질문들에 훌륭하게 대답할 수 있게 된다. 이 말은 회심과 변화에 대하여 진지하게 성찰해야 한다는 뜻이다.

회심은 그리스도와의 인격적 만남이다

성경은 처음부터 끝까지 우리에게 회심이 반드시 필요하다고 강조한다. 왜냐하면 회심이야말로 생명을 아는 지식, 곧 영생을 아는 지식에 이르는 필수적인 수단이기 때문이다. 회심은 누구에게나 필요하다. 모든 사람이 죄를 범하였기 때문에 하나님의 영광에 이르지 못한다. 반역의 결과로 정죄를 당했기에 모든 인간에게 회심이 필요하다. 죄의 결과인 속박과 소외 때문에 회심이 필요하다. 변화에 이를 수 있는 유일한 희망, 곧 하나님의 자녀로서 하나님과 함께 영원한 생명을 누릴 수 있는 단 한 가지 비결은 철저하고도 완전한 회심에 있다.

성경은 그러한 변화와 탈바꿈이 하나님의 자비하심과 선하심으로 말미암아 얼마든지 가능하다고 강조하면서 놀라운 방법으로 소망을 선포한다. 곧 정의와 평화가 도래할 수 있을 뿐만 아니라 이제 곧 도래할 것이며, 하나님의 통치가 실현될 것이다. 사람들의 삶이 변화되어야 하며, 사람들의 삶은 변화될 수 있으며, 사람들의 삶은 변화될 것이다.

회심은 반드시 주 예수 그리스도에 비추어 이야기되어야 한다. 신약 성경에 등장하는 회심의 개념은 삼위일체 중심이며, 그리스도 중심으로 표현된다. 회심은 하나님의 선택과 부르심, 그리고 주도권에 반응하여 일어나는 것으로, 성령께서 가능하게 하신다. 그러므로 이러한 부르심과 성령의 도우심이 없다면 회심이 일어날 수 없다. 회심에서 가장 중요한 부분은 바로 그리스도와의 인격적인 만남이다.

회심은 하나님과의 만남, 곧 하나님의 거룩하심과 진리와 사랑에 반응하여 나타나는 것으로, 하나님의 부르심에 반응하는 행동이다. 그러한 부르심이 아주 다양한 방식으로 제시되고 이해될 수는 있겠지만 말이다.

회심은 그리스도의 일하심으로 가능하게 된다. 회심의 실제적인 초점과 역동성은 한 개인이 예수 그리스도를 믿는 믿음으로 나아온다는 사실에 맞추어진다. 회심은 예수님을 믿으며 예수님을 따르겠다고 결단하는 행동이며, 주님이시고 구세주이신 예수님과 연합하는 몸짓이다. '회심한다' convert 는 말은 '그리스도를 믿는 사람' Christ-ian 으로 바뀐다는 뜻이다. 그리고 회심의 목적은 예수 그리스도의 형상으로 변화되는 것이다. 삼위일체이신 세 분 하나님께서 모두 회심 경험에 적극적으로 가담하시지만, 초점은 그리스도에게 맞춰진다. 회심은 다시 살아나신 그리스도와의 만남으로 맺어지는 열매로서, 그리스도인 공동체 안에서 경험되고 증거된다. 회심은 어떤 진리나 원리나 영적인 법칙과의 만남으로 나타나는 결과가 아니라, 다만 예수님과의 만남을 통해 이루어진다.

예수님과의 만남의 경험을 진지하게 고려하지 않는다면, 회심을 제대로 성찰할 수 없다. 나는 회심이 필수적이며, 마땅히 집중할 만하고 지대한 관심을 받을 만하다는 것을 전하고 싶다.

그러나 우리가 놓치지 말아야 할 것이 있다. 곧 회심은 인간의 활동이라는 사실이다. 회심conversion과 구원salvation은 절대 동의어가 아니다.

회심은 예수 그리스도를 통한 하나님의 구원 사역에 대한 인간의 반응이다. 회심은 하나님께서 베풀어 주시는 구원의 은혜와의 첫 만남이다. 그 만남을 통하여, 우리는 하나님과 맺는 구속적인 관계 안으로 들어간다.

구원은 오로지 하나님의 일하심이다. 이 사실은 너무나 명백하다. 하나님께서 구원하신다. 자기 구원이라는 것은 있을 수 없다. 우리가 추구하는 구원과 변화는 전적으로 하나님의 손에 달린 것이다.

결과적으로 회심은 수단이다. 그것으로 우리는 하나님의 구원하시는 은혜를 내 것으로 삼고 그 은혜를 경험한다. 그러므로 회심에는 인간적인 노력이 포함된다. 회심은 다음 질문을 충족시키기 위한 행위라고 볼 수 있다.

"그렇다면 구원받기 위하여 내가 무엇을 해야 하는가?"

그리고 "내가 어떻게 해야 영원한 생명을 내 것으로 삼을 수 있는가?"

신학적으로 말하자면, 회심은 만물을 새롭게 하시는 하나님의 일하심과 필적할 만한 행위이며, 특히 하나님의 은혜를 가능한 한 충만하게 받는 방법이다.

앞으로 이어지는 내용을 통하여, 때로는 구원하시는 하나님의 은혜와 주도적인 일하심을 찬양하며, 때로는 토론하고 곰곰이 생각하게 될 것이다. 그러나 이 책의 주안점은 구원이라는 하나님의 제안에 대한 인간의 반응, 즉 회심이다.

이 책의 일차적인 질문은 신학적인 영역에 해당될 것이다. 신학적인 관점에서 회심의 의미는 무엇인가, 그리고 우리 자신뿐만 아니라 교회의 생명력과 사역을 위해 회심에는 어떤 함축적인 의미가 뒤따르는가?

이를 위해 우리는 성경의 권위를 가장 우선적으로 고려할 것이다. 회심에 관해 논의하려면 각 사람들의 삶에서 성령의 일하심을 분석하여 정보를 캐내야 한다. 회심의 의미는 성경을 보면 알 수 있지만, 교회를 구성하는 모든 그리스도인들의 신앙 체험특히 회심 경험을 통하여 형성될 것이다.

회심에 관한 진정한 연구는 무엇보다 하나님의 주도권에 우선순위를 둘 뿐만 아니라 하나님의 구원하심에 담긴 일방적인 성격을 강조한다. 그러나 각 사람의 독특성과 각 사람의 체험에 담긴 색다른 특징들을 인정할 때 더 분명하게 고찰할 수 있다. 회심의 경험은 사람들 사이에 유사성을 보이기도 하지만, 각 사람마다 매우 독특하다. 어떤 회심 이야기도 서로 똑같을 수 없다.

우리는 회심의 상황들을 집중적으로 조명하여 진정으로 열심히 기독교적 회심의 특성을 이해하기 위해 노력해야 한다. 이 책을 다 읽고 난 뒤에는 우리 모두 자신의 경험을 해석하고, 그 경험에 담긴 색다른 특징들을 감지하며, 자기 삶에 간직된 독특한 의미를 탐색하고, 전체적인 신앙 여정 속에 내포된 것들을 곰곰이 성찰할 수 있는 능력을 훨씬 더 크게 키울 수 있기를 바란다.

회심은 무척 복잡한 경험이다. 사람은 마음과 생각과 의지와 능력을 가진, 매우 복잡한 존재다. 수많은 그리스도인 공동체에서 회심이 아주 간단하고 격식을 차려야 하며 결정적인 것처럼 보이지만, 실제로 사람들에게서 일어나는 현상을 보면, 회심은 대개 여러 해에 걸쳐 오랫동안 이어진다.

여기에서 한 가지 강조하고 싶은 것은 우리가 회심과 신앙 체험을 진지하게 고려할 때, 또한 직접 그 경험을 한 사람만이 신앙 체험을 올바로 해석할 수 있다는 것이다.[1] 루이스 두프레의 말에 따르면, "신앙에 감정을 전혀 개입하지 않은 철학자는 그 체험의 행위와 의미와 상징들을 성공적으로 분석할 수 없다."[2]

그렇다고 그와 같은 경험이 순전히 주관적이라고만 말하는 것은 아니다. 그리스도인들에게는 무엇을 체험해야 하느냐, 또는 무엇을 체험해 왔느냐에 관한 많은 정보보다는 자기 자신의 경험을 성찰하고 해석할 수 있는 능력을 길러주는 도구가 필요하다.

가장 중요한 도구는 성경을 새롭게 읽는 것이다. 오직 성경이 직접 말하게 할 때라야 회심에 대하여 훨씬 더 분명하게 깨달을 수 있다. 그러나 성경의 목소리를 제대로 들으려면 특별하고도 불가피한 사실을 인정해야 한다. 우리는 의식하든 하지 않든, 우리를 믿음으로 이끈 자기만의 신앙 체험과 자기가 소속된 신앙 전통이라는 여과 장치를 통해 성경 본문을 이해하게 된다. 그러므로 회심에 대해 성경이 아주 새로운 목소리를 내게 하려면, 우리 자신의 경험을 올바로 인식하고 우리의 신앙 전통을 제대로 알아야 한다.

변화를 진지하게 생각하라

우리는 변화의 가능성과 변화를 향한 부르심을 둘 다 진지하게 생각할 때 비로소 회심에 관하여 더욱 효과적이고 성경적으로 생각할 수 있게 된다. 좀 더 적절하게 표현하면, 모든 교회 생활과 신앙적인 성찰의 목표는 변화다. 그러므로 회심은 끝이 아니라 시작일 뿐이다.

회심에 관한 연구의 목표는 변화이다. 이미 앞에서 강조한 것처럼, 회심은 기본적으로 인간의 활동이다. 그 인간의 활동은 하나님의 구원 사역이라는 큰 흐름 속에서 이해되어야 한다. 그러므로 회심이라는 인간의 활동을 어디에다 위치시켜야 하는지를 잘 보여줄 수 있는 큰 그림에 관한 탐구, 곧 구원에 관해 살펴볼 것이다.

인간의 곤란한 처지와 하나님의 해결책

구원은 두 가지로 설명된다. 한 가지는 인간이 놓인 곤란한 처지의 깊이와 복잡성을 설명하는 것이고, 다른 한 가지는 예수 그리스도 안에서, 예수 그리스도를 통하여 해결책을 제시하는 하나님의 섭리를 설명하는 것이다. 우리 앞에 놓인 곤란한 처지의 심각성은 죄에 관한 기독교 교리 안에 고스란히 담겨 있다. 반역을 통하여, 인류는 끔찍한 타락을 경험했으며 지금도 경험하고 있다. 이처럼 죄로 말미암은 인간의 곤란한 처지에는 세 가지 요소가 담겨 있는데, 각 요소마다 어떤 형태로든 죽음을 보여 준다.

첫째, 인류는 하나님을 반역함으로써, 곧 하나님의 거룩한 법을 깨뜨리고 하나님의 완벽한 사랑을 거절함으로써 죄를 짓는다. 둘째, 인류는 단순히 죄를 지을 뿐만 아니라 죄의 노예가 된다. 죄는 하나님의 법과 길을 따르지 않는 것일 뿐만 아니라, 한 걸음 더 나아가 우리를 속박한다. 어떤 사람이 죄를 지을 때, 그로 말미암은 죄책감은 그 사람을 죄인으로 만든 바로 그 죄에 얽매일 수밖에 없게 만든다. 하나님께 맞서서 반역함으로써, 인류는 자신이 저지른 죄의 노예가 되어 있다는 사실을 스스로 깨닫게 되었다. 셋째, 인간이 놓인 곤란한 처지에는 소외가 포함된다. 죄 때문에, 우리는 하나님으로부터, 자기 자신으로부터, 다른 사람들로부터, 온갖 피조물로부터 소외를 당한다.

이러한 죄 된 상태는 매우 널리 퍼져 있을 뿐만 아니라 무척 깊이 파고들어 있어서 인간이 자신을 구원하는 것은 전혀 불가능하다. 더구나 죄는 전 우주적으로 퍼져 있어서 온 인류가 다 같이 죽을 수밖에 없는 처지에 빠져 있다. 그러므로 인류에게 남아 있는 유일한 소망은 하나님의 개입밖에 없다는 것은 어쩌면 당연한 결론이다. 그래서 복음은 이런 현실에 영광스러운 소식을 던져주는데, 곧 하나님께서 예수 그리스도를 통하여 인간의 처지를 타개하려는 행동을 취하실 뿐만 아니라 그러한 개입을 통하여 인간의 속박을 끊어버리기로 작정하셨다는 소식이다.

인간이 놓인 곤란한 처지는 죄책감이다. 그러나 우리는 그리스도 안에서 속죄함을 받는다. 그리스도께서는 인류가 용서와 깨끗함을 경험할 수 있도록 대속적인 희생을 치르셨다.

인간이 놓인 곤란한 처지는 노예 상태다. 그러나 그리스도 안에서 우리는 구속함을 얻는다. 그 결과 우리를 대신하여 능력 있게 행동하사 죄의 권세를 깨뜨리고 노예 상태에서 우리를 해방시키신 그분에게 곧바로 이야기할 수 있게 되었다.

인간이 놓인 곤란한 처지는 소외다. 그러나 그리스도 안에서 우리는 화해를 맛본다. 예수 그리스도를 통하여 우리는 계속하여 하나님의 변화시키는 사랑, 소외를 이기고 평화를 가져오는 사랑을 경험하고 있다.

속죄, 구속, 화해의 주도권은 모두 하나님께서 쥐고 계신다. 우리는 하나님의 은혜로 말미암아 하나님의 생명을 깨닫는다. 그것은 성령으로 말미암아 우리 안에서 효력을 발생한다. 하나님께서 초대하시고, 하나님께서 가능하게 하시고, 하나님께서 변화시키신다. 성경적으로 이해할 때, 회심은 그리스도 안에 있는 하나님의 주도적인 활동과 사랑과 일하심에 대한 인간의 반응이다. 그러나 회심의 목적이 개인의 '변화'에 있다는 사실을 이 시점에서 명확하게 짚고 넘어가야 되겠다. 회심은 마지막이 아니라 구원이라는 목표에 이르도록 우리를 연결해 주는 다리 역할을 한다. 여기서 말하는 구원이란 바로 우리 주 예수 그리스도의 형상으로 변화되는 것이다 롬 8:28~29.

회심 후에 변화가 일어나야 참다운 회심이다

회심의 목표는 단순히 죄의 결과인 지옥이나 정죄나 징벌로부터 벗어나는 것에 있지 않다. 회심의 결과로 죄책감과 속박과 소외에서 벗어나게 되는 것은 틀림없는 사실이지만, 회심의 목표는 죄로 말미암아 곤경에 빠진 상황에서 벗어나게 하는 것이 아니라 변화된 사람으로 자라게 하는 것이다.

여기서 작동하는 기본 원칙은 하나님의 구원이라는 근본적인 통일성에 기초한다. 그것은 칭의와 성화에 대한 이야기이다.

칭의는 그리스도인의 삶에서 하나님께서 최초로 또는 근본적으로 일하시는 모습에 관한 언급이다. 의롭게 된다는 것은 예수 그리스도를 통하여 하나님께 받아들여지고 용서받으며 입양되는 것이다. 대개 우리는 칭의를 오로지 법정 용어로만 언급하면서 너무 좁게 정의한다. 그래서 하나님 앞에서는 선하고 의롭다고 칭함을 얻었을지 모르지만 우리 존재는 구체적으로 또는 실질적으로 변화되지 않는다. 그러나 칭의는 분명히 그리스도인으로서 우리가 경험하게 될 여러 가지 일들을 위한 굳건한 토대를 마련해 준다. 일단 의롭게 된 사람은 하나님과의 관계에 새로운 토대를 마련하게 된다. 이와 같은 의로운 토대가 마련된 사람은 기존의 그릇된 방향에서 돌아서서 하나님과 올바른 관계를 정립할 수 있게 된다. 그러므로 칭의는 그리스도인의 멋진 삶을 살 수 있도록 하는 새롭고 유일한 출발점을 우리에게 제공한다.

의롭게 된 사람일지라도 출발한 곳, 곧 죄책감, 노예 상태, 소외라는 인간의 처지로 다시 돌아갈 때가 있다. 즉 의롭게 된 사람은 죄책감, 노예 상태, 소외의 문제를 모두 제거하거나 해결한, 완전히 변화된 사람은 아닌 것이다. 오히려 의롭게 된 사람은 하나님에게 받아들여지고, 하나님에게 용서받고, 완전한 구원을 구체적으로 경험할 것이라는 소망과 목표를 바탕으로 이제 겨우 하나님을 향하여 올바른 방향과 관계를 설정한 사람일 뿐이다.

이제 우리가 추구해야 할 목표는 성화다. 성화는 그리스도의 형상으로 변화되는 것이다. 이 변화는 오로지 우리 삶 속에서 하나님께서 은혜롭게 일하심으로써 이루어진다. 우리가 성화를 가져올 수는 없다. 오직 하나님만이 할 수 있는 일을 믿음으로 신뢰할 때 성화가 일어난다.

칭의가 멋진 출발에 관한 이야기라면, 성화는 그리스도 안에서 우리의 삶과 정체성에 관한 목표이다. 곧 그리스도 안에서 성숙하고 온전하고 완전해져야 한다는 것이 바로 성화다. 그러므로 칭의와 성화는 둘 다 없어서는 안 될 요소다.

좀 달리 표현하자면, 칭의와 성화는 엄격히 구분되는 개념이긴 하지만, 그렇다고 서로 동떨어진 개념은 아니다. 성화는 칭의 없이는 불가능하다. 그리스도 안에서 받아들여지고, 용서받으며, 올바른 관계를 정립한 사람이라야 인격적인 변화를 기대할 수 있다. 그러나 칭의 뒤에는 반드시 성화가 뒤따라야 한다. 성화는 바로 칭의의 목적 자체다. 우리는 의롭게 되었으므로 성령의 일하심을 통하여 그리스도의 형상으로 변화될 수 있으며, 그분 안에서 성화될 수 있으며, 그리스도 안에서 성숙한 삶을 살 수 있게 된다. 칭의가 성화로 이어지지 못하면, 무언가 심각하게 잘못된 것이다. 왜냐하면 우리가 의롭게 된 목적이 바로 성화에 있기 때문이다.

이러한 큰 그림 안에서 회심은 우리로 하여금 하나님의 의롭게 하시는 은혜를 내 것으로 삼을 수 있게 해 주는 인간의 활동이다. 그러므로 우리가 칭의를 성화로 보완할 수 있을 때에만, 진정한 회심, 곧 신학적으로 건전하고 성경적으로 일관된 회심을 한 것이다. 회심 후에 변화가 일어나야 참다운 회심이다. 회심은 우리로 하여금 그리스도 안에서 궁극적인 변화를 경험할 수 있도록 돕는 멋진 출발점이다.

칭의는 하나님의 자녀들이 하나님의 사랑과 수용을 경험하고 하나님과의 관계 안에서 살아갈 수 있도록 돕는 영광스러운 선물이다. 그러나 아무리 의롭게 된 사람이라도 반드시 삶이 변화되는 것은 아니다. 의롭게 된 사람이라 할지라도, 별다른 변화를 보이지 않은 채 단순히 올바른 방향으로 돌아서기만 한 경우도 얼마든지 있을 수 있다. 그러니까 그것보다 더 나은 것은, 궁극적으로 자신을 인격적인 변화로 이끌어줄 만한 충분한 능력이 있는 관계, 곧 그리스도와 올바른 관계를 정립하는 일이다.

언젠가 나는 인간의 삶에서 정말로 유일한 한 가지 비극이 있다는 이야기를 들었다. 다름이 아니라 성도가 되지 못하는 것이다. 인간의 존재 목적은 바로 하나님께서 거룩하신 것처럼 거룩하게 되고벧전 1:6, 머리이신 예수 그리스도에게 이르기까지 자라서엡 4:15, 결과적으로 그리스도 안에서 성숙할 뿐만 아니라 온전한 성도가 되는 것이다엡 4:13. 슬프게도 수많은 복음주의 그리스도인들이 이런 사실을 순순히 받아들이지 않는다. 그들은 구원 자체가 목적, 즉 우리 삶에서 정말로 중요한 것이라고 생각한다. 그래서 그 사람들의 유일한 비극은 다른 사람들을 그리스도께로 인도할 수 없는 순간이다. 이것은 그만한 가치가 있는 말이기는 하지만, 하나님께서 자기 아들과 성령을 보내신 목적 자체를 제대로 보지 못하게 만든다.

여기에 우리 삶 가운데서 펼치시는 하나님의 구원 사역의 두 가지 측면을 골고루 바라볼 수 있는 단순하면서도 유익한 방법이 있다. 어떤 사람들은 로마 가톨릭 전통이 등식의 둘째 부분인 예수 그리스도 안에서 완전이나 성화로 나아가도록 하는 부르심을 효과적으로 유지해 왔다는 사실에 주목한다. 그러나 불행하게도 로마 가톨릭 전통은 실제로는 훌륭한 기초를 마련해 주지 못했다. 왜냐하면 유일한 합법적인 기초나 출발점은 예수 그리스도 안에서 얻는 칭의와 수용과 용서이기 때문이다. 기초가 되는 칭의를 배제한다면, 성화는 한낱 인간적인 노력의 산물에 지나지 않을 뿐이며, 율법주의나 행위에 따른 칭의로 쉽게 전락하게 된다.[3]

한편 복음주의 전통은 지금까지 정반대의 실수를 저질렀다. 복음주의 전통에서도 칭의를 인정하지만, 역설적이게도 멋진 출발점이기보다는 최종적인 목적으로서 칭의를 인정하였다. 복음주의자들은 명시적으로든 암시적으로든 진정한 변화의 필요성을 거부해 왔다. 두 전통과는 아주 다르게, 구원에는 칭의와 성화가 둘 다 포함되어 있다. 이제 그리스도인들은 자신이 그리스도 안에서 사랑받고 받아들여진 존재라는 사실을 깨닫지 못한다면 진정한 변화를 기대할 수 없다는 사실을 깨닫게 되었다. 이와 마찬가지로 그들은 그리스도의 초기 구원 사역은 궁극적으로 그리스도 안에서의 성숙으로 이끄는 멋진 출발점에 지나지 않는다는 사실을 또한 아주 분명하게 깨닫고 인정하게 되었다.

밑바탕에 잠재된 문제들

회심이라는 말은 종종 복음주의 전통 안에 있는 사람들을 넘어지게 만들었다. 복음주의 안에서 회심을 대신하여 가장 흔히 사용되는 말은 '구원'을 중심으로 맴돌고 있다. 회심한다는 것은 곧 '구원받는다'는 말로 통한다. 거듭난다는 말은 곧 '구원받는다'는 뜻이다. 이러한 말들에 내재된 문제점은 그것들이 이중적인 의미를 담고 있다는 것이다. 첫째, 구원에는 회심을 경험하면서 맛보는 느낌 이상의 의미가 담겨 있다. 그러므로 우리가 흔히 사용하는 말은 부분적으로만 옳을 뿐이다. 그러나 둘째, 이 또한 문제가 아주 많은데, 우리가 쓰는 용법은 신약 성경에 쓰인 낱말의 의미를 정확하게 반영하지 않는다. 성경에 나온 '구원하다' save라는 낱말은 디도서 3장 5절에서처럼 과거 시제로 사용되었다. 거기에는 "우리가 행한 의로운 일 때문이 아니라 그분의 자비하심을 따라" 하나님께서 "우리를 구원하셨습니다" 표준새번역라는 구절이 있다. 그러나 구원이라는 말은 "두렵고 떨리는 마음으로 자기의 구원을 이루어 나가십시오" 빌 2:12, 표준새번역에서처럼 현재 시제로도 사용된다. 흔한 경우는 아니지만, 대체로 바울이 사용한 어휘 가운데 '구원하다'라는 동사는 미래 시제로 사용되었다. 바울은 자신이 구원받을 날을 고대하고 있다. 심지어 과거 시제[aorist, 헬라어에서 부정과거(aorist)는 대개 사건이 과거에 완료된 것으로 기술하기 위해 사용되지만, 현재나 미래 또는 모든 시간에 해당하는 동작을 묘사하기도 한다.(Porter, 36~38) _역주]로 사용된 경우라도, 그것은 대개 미래를 언급하는 내용을 담고 있다. 예를 들면, 로마서 8장 24절은 "우리는 이 소망으로 구원을 얻었습니다"라고 말하고 있다. 다시 말해 구원의 궁극적인 완성은 불가피하게 미래에 일어난다.

그렇다면 회심을 언급하기 위하여 '구원하다'라는 말을 오로지 과거 시제로만 사용하는 것은 구원에 대한 성경의 개념을 교묘하게 약화시킬 뿐만 아니라 회심의 전체적인 의미를 적절히 받아들이지 않는 행위다. 이것은 현재 교회에서 회심을 가리킬 때 사용하는 말들을 얼마나 긴급하게 다시 생각해 보아야 하는지를 보여 주는 한 가지 사례에 불과하다.

우리 시대 그리스도인들은 교회 생활에서 극적이고 급격한 부흥을 열망한다. 부흥revival이라는 낱말은 온갖 신앙 공동체, 교회, 교단, 나라들을 향해 우리 마음속의 가장 깊은 열망을 표현해 내기 위한 일종의 유행어로 사용된다. 교회의 부흥은 부흥을 촉진하기 위한 갖가지 인간적인 노력을 통해서 오는 것이 아니라 회심의 본질에 대한 새로워진 인식과 체계적인 이론화를 통하여 오는 것이다. 부흥은 아래에 소개된 세 가지를 기꺼이 받아들일 때 찾아올 것이다.

- 분명한 목표, 곧 그리스도 안에서 일어나는 변화로서 성화에 대하여 아주 명료하고도 철저한, 성경적으로 적절한 개념을 공유해야 한다. 거기에다 거룩함 가운데 성장하는 사람이 될 뿐만 아니라 점점 자라면서 성도가 되겠다는 우리 마음속의 열망을 잘 담아내야 한다.
- 멋진 출발, 곧 철저하고 온전한 회심이 있어야 한다. 왜냐하면 칭의가 없이는 성화도 있을 수 없고, 온전한 회심이 없이는 어떤 변화도 있을 수 없기 때문이다.
- 개인의 변화에 관한 분명한 목표가 담겨 있고 멋진 출발, 곧 온전한 회심 위에 세워지는 영적 성장을 위한 의도적인 프로그램이 있어야 한다.

앞으로 이어지는 내용은 이 가운데 둘째 부분, 곧 좋은 회심의 본질과 특징을 다룰 것이다. 그러나 멋진 출발로서의 회심을 주로 강조할 것이다.

영적인 삶이 빈약하기 그지없는 그리스도인들이 아주 많다. 그들은 자유를 별로 누리지 못할 뿐만 아니라, 은혜 안에서 별로 성장하지도 않고 순종과 섬김의 삶으로 헌신하지도 않는다. 이런 난감한 상황에 적절하게 대응하려면 교회가 회심에 관한 아주 빈약한 개념을 지니고 있다는 사실을 정직하게 직시해야 한다. 참된 회심은 성장과 헌신과 섬김으로 이끌 수밖에 없다.

복음주의자들은 그리스도인들의 영적인 성숙함이 부족하다는 사실 때문에 고민한다. 목회자와 평신도들은 둘 다 최소한의 자질이라도 갖추고서 효과적으로 지도력을 발휘하는 지도자들이 부족하다고 탄식한다. 우리는 지난

50여 년 동안에 개발된 수많은 창의적인 영적 성장과 제자 훈련 프로그램에 위안을 얻을 수도 있다. 이것들은 깊은 영적인 갈증이 있다는 표징이다. 그럼에도 불구하고 과연 우리는 불완전한 회심 경험에 뿌리를 두고 있는 문제를 바로잡으려고 얼마나 노력하고 있는가? 그릇된 기초 위에서 영적 성장 훈련을 위한 노력을 기울이고 있지는 않은가? 효과적인 영적 성장 훈련도 반드시 필요하기는 하지만, 회심에 관한 이해를 뜯어고치지 않고서는 계속하여 좌절할 수밖에 없지 않겠는가? 그리스도인의 삶을 시작하는 것에 관한 사고방식을 재평가해야 되지 않겠는가?

이러한 딜레마는 부분적으로 복음주의의 행동주의적 속성으로 인해 초래되었다. 그 사람들은 교회의 목적을 일반적으로 복음 전도라는 관점에서 정의한다 또는 복음 전도와 교회 개척. 그런데 복음 전도와 교회 개척이 언제나 그리스도 안에서 성숙이라는 목적지에 도달하기 위한 수단으로 보이는 것은 아니다. 그리스도에 대한 헌신의 깊이가 섬김, 깊은 기쁨, 도덕적인 변화, 다른 사람들을 사랑하고 다른 사람들과 동역할 줄 아는 능력, 그리고 예수님에 대한 사랑과 같은 더욱 포괄적인 기준에 따르는 것이 아니라 교회 활동의 참여 정도에 따라 규정된다.

한 세대 훨씬 전에, 내가 속한 전통에서 잘 알려진 영성가인 토저 A. W. Tozer는 우리가 사용하는 말을 특별히 언급하면서 회심의 개념에 대하여 일침을 놓았다.

오늘날에는 믿음의 초기 행위에 따라 모든 것이 결정되고 있다. 어느 특정한 순간에 그리스도를 향한 '결단'이 이루어지고, 그런 뒤에는 모든 것이 일사천리로 진행된다. … 회심자를 만들어 내려는 열망으로 말미암아, 우리는 단 한 번에 걸친 믿음의 행위를 통하여 전반적인 책임을 다 해결할 수 있다는 생각에 마음을 완전히 빼앗기도록 내버려둔다. 이것은 다소 모호한 방법으로 하나님의 은혜에 공로를 돌리고 하나님께 영광을 돌릴 수밖에 없게 한다. 그런데 실제적으로 그러한 자세는 그리스도를 진리의 성경에 전혀 등장하지 않는 괴상하고도 쓸모없는 체계를 만든 분으로 전락시킨다.[4]

토저는 계속하여 그리스도인이 된다는 것이 의미하는 바를 나름대로 설명하기 위하여 '영접한다' accept는 말을 사용하는 데 대해서도 비난한다. 마치 이것은 초대교회에서 그리스도를 따르기로 결정할 때 지불해야 할 대가가 어느 정도인지를 훤히 꿰뚫고 있었던 것과 비슷한 소리처럼 들리기 때문이다.

토저의 지적을 받은 지 반세기가 훌쩍 지났음에도 불구하고, 수많은 복음주의 공동체에서 벌어지는 상황은 별로 달라진 게 없다. 그러나 개인적으로뿐만 아니라 집단적으로 진정한 영적인 성숙을 경험하는 신앙 공동체로 자라나기 위해서는, 그리스도인이 된다는 사실이 의미하는 바를 다시 생각해 보아야 한다는 것을 이제 막 인식하기 시작했다. 우리는 회심의 의미와 특성을 신학적으로, 비판적으로 생각해 보아야 한다.

우리가 추구하는 변화

우리 그리스도인의 모든 체험의 목표를 변화라고 말할 때, 내가 의미하는 바를 좀 더 구체적으로 설명해야 할 필요를 느낀다. 서로 다른 문화적·사회적 환경에 처해 있는 그리스도인들은 서로 다른 체험이라는 안경을 끼고 성경을 읽는다. 그뿐만 아니라 서로 다른 기질과 성격을 지닌 그리스도인들은 성숙한 또는 변화된 그리스도인이 된다는 사실이 의미하는 바에 대해서도 분명히 서로 다른 측면을 강조할 수밖에 없다. 그러므로 여기서는 소모적인 내용을 개관하지 않고 우리 마음의 갈망을 제대로 포착하려고 한다. 곧 그리스도 안에서 성숙해지는 것, 하나님의 충만한 은혜를 깨달을 뿐만 아니라 성령과 동행하는 충만한 체험을 누리고 싶은 우리 마음의 갈망 말이다.

회심의 목표는 변화된 인간이다. 우리는 원래 창조된 모습, 즉 예수 그리스도의 형상대로 완전히 변화된 인간의 모습을 추구한다. 그리스도께서 보내신 성령은 우리를 그분처럼 되게 해서서 원래의 모습대로 완전한 우리 자신으로 변하도록 만드신다. 그리스도는 하나님의 은혜를 받은 새로운 인간, 참된 인간의 머리이시다. 우리가 그리스도를 닮아가며 그분과의 은혜로운 하나 됨 안에서 살아갈 때, 우리는 원래 창조된 모습을 완전히 되찾게 된다. 우리가 도달하려고 애쓰는 칭의와 변화를 다음과 같이 요약할 수 있다.

첫째, 우리는 창조주이신 하나님과 역동적인 교제를 추구한다. 이것은 성령과 교제하면서 살아갈 때라야 가능한, 예수 그리스도와의 의도적인 하나 됨을 통하여 경험할 수 있다. 예수 그리스도나 성령 가운데 누구를 기준으로 하든지 간에, 성경의 분명한 증거에 따르면 변화된 인간은 하나님과 깊은 교제 또는 친교를 나누면서 참다운 기쁨과 능력과 생명을 누린다. 아주 간단하게 말하자면, 변화된다는 것은 하나님의 사랑을 깨달을 뿐만 아니라 거기에 응답하여 하나님을 사랑하는 것이다.

둘째, 우리가 추구하는 변화에는 사회적인 차원이 있다. 그리스도의 형상대로 완전히 변화된 인간이 된다는 것은 다른 사람에 대한 사랑을 경험하는 것이며, 다른 사람들과 서로 사랑하고 순종하는 삶을 살기 위한 성숙한 역량을 갖추는 것이다. 변화란 공동체 안에서 살아갈 수 있을 만큼 성숙한 역량이 우리에게 있다는 것을 의미하는 표현이기도 하다. 그리스도의 형상대로 변화된 사람은 다른 사람들에게 사랑 받는 법과 다른 사람들을 사랑하는 법을 안다. 적어도 이것은 다른 사람들에게 진정한 따뜻함과 관대함을 보여 주는 일이 용서와 섬김의 능력 안에서 가장 분명해질 수 있다는 뜻이다. 영적으로 성숙한 사람은 잘못했을 때 용서를 구하고, 다른 사람의 연약함을 참아주며, 다른 사람들을 희생적으로 섬기는 법을 이미 배웠다.

셋째, 영적인 변화는 온전한 인격을 통하여 드러난다. 특히 우리의 말씨, 재정, 성(性), 여러 가지 중요한 도덕적 표지를 통해서 잘 나타난다. 영적인 변화는 자기 자신의 새로운 정체성에 익숙해진다는 뜻이기도 하다. 다시 말해, 우리가 누구인지 어떤 사람이 되라고 부르심을 받았는지를 잘 알고 있다는 뜻이다. 자신의 개인적 정체성과 평화를 누리게 된다는 뜻이다. 여기서는 겸손이 지극히 중대한 역할을 한다. 겸손이란 진리 안에서 살아가는 것이다. 또한 온전한 인격은 정서적인 성숙도 포함한다. 하나님과 자기 자신과 평화를 누리는 사람은 깨어진 세상에서도 기뻐하며 살아갈 수 있다. 적절한 상황에서 적절한 감정을 표현하면서, 정서적인 깊이를 간직한 채 마음으로부터 정직하게 살아가는 능력, 곧 정서적인 성숙은 영적인 변화의 중요한 지표다.

넷째, 이와 같은 변화의 징표는 모두 지혜의 원리 안에서 요약될 수 있다. 그런데 이 지혜란 가장 충만한 잠재력을 간직한 상태의 인간을 나타낸다. 잠언 4장에서는 어떤 대가를 지불하더라도 지혜를 구하라고 우리에게 촉구하면서 부르심과 갈망을 색다르게 표현한다. 지혜는 인간 영혼의 지고한 열망으로 묘사되는데, 그와 같은 지혜가 한 사람을 보호해줄 뿐만 아니라 그에게 영광과 존귀를 가져다 줄 것이라고 한다. 지혜는 예수 그리스도 안에서 구현되며, 예수 그리스도 안에서 성숙한 사람이 되게 한다. 참다운 지혜는 예수 그리스도 안에서 구체화되며 그리스도 안에서 성숙한 사람으로 변하게 한다는 말이다.

여기서 가장 핵심적인 사항은 회심을 통하여 멋진 출발이라는 은혜를 경험할 수 있게 되는 것이다. 그러한 멋진 출발은 은혜와 지혜와 능력과 기쁨 안에서 성숙해 가는 삶을 향한 기초가 될 수 있다. 이처럼 회심의 목표는 우리로 하여금 예수 그리스도의 왕국 통치, 곧 죄의 결박에서 벗어나 궁극적인 자유를 누리며 예수님의 형상대로 우리를 변화시키는 통치 아래 살아갈 수 있도록 하는 것이다.

변화는 결단코 우연히 일어나지 않는다. 변화는 성령의 역사이기도 하지만, 앞에서 언급한 것처럼 세 가지 별개의 요소들로 말미암은 열매이기도 하다. 첫째, 변화는 충만하고 온전한 회심의 열매다. 둘째, 변화는 또한 우리의 간절하고도 분명한 영적 열망의 열매다. 우리는 그리스도 안에서 성숙한 사람으로 변화된다는 말의 의미를 분명히 규명해야 한다. 셋째, 변화는 영적 성장을 위한 의도적인 프로그램의 열매다. 앞에서 언급한 것처럼, 이 프로그램은 당연히 그리스도인의 회심에 내포되어 있는 본질과 일치해야 하고, 그리스도인의 삶이 지향하는 목표와 일치해야 한다.

변화_ 연속성과 불연속성

성경은 하나님의 부르심과 성령의 권능에 반응하여 그리스도께로 나아온다는 사실이 의미하는 바를 묘사하기 위하여 아주 극적인 말들을 사용한다. 그것은 존재가 새롭게 된 사람이 하는 행위다. 이처럼 다시 새로워지는 과정renewal은 아주 급진적이고 철저하다. 그리스도인이란 전인적이고 완전하게 변화된 사람이다. 그리스도인은 어둠에서 빛으로 옮겨가고, 죄의 노예에서 의의 종으로 바뀐다. 회심자는 그리스도와 함께 죽었다가 지금은 그리스도와 함께 살아 있다. 전혀 긍휼하심도 맛보지 못한 채 아무 소망도 없이 무기력한 삶을 살다가, 이제 새로운 목적과 의미를 찾게 된다. 그리스도인이 됨으로써 새로운 믿음과 소망과 사랑을 발견하게 된다. 예수님께서 이것을 '중생new birth, 요 3장이라고 부르신 것은 회심의 급진적이고도 철저한 특성을 포착하기 위함이다.

그러나 그리스도인의 회심에 내포된 급진적이고 변혁적인 성격을 인정하기 위해서는 몇 가지 중요한 전제 조건을 인식하는 것이 필요하다. 첫째, 이와 같은 변화를 종말론적인 관점에서 바라보아야 한다. 성경 안에서 회심으로 말미암은 변화를 바라보는 시각은 항상 미래라는 요소를 담고 있다. 변화는 궁극적으로 종말론적이다. 변화는 앞으로 다가올 왕국에서 제대로 일어나 완성될 것이다. 회심 체험으로 이 세상에서 하나님의 변화시키는 은혜를 알 수도 있지만, 그것은 단지 하나님의 은혜라는 최종적이고 궁극적인 체험에 대한 일종의 계약금으로 주어진 것이다. 궁극적인 하나님의 은혜는 하나님 나라가 완성되는 때에 경험할 수 있을 것이다. 그러므로 이 세상에서 은혜를 통하여 누릴 수 있는 여러 가지 가능성들이 미치는 영향력을 지나치게 과장하지 않도록 주의하는 것이 신학적으로 꼭 필요하다. 이미 새로운 피조물이 되기는 했지만, 새로운 피조물로 변한다는 사실이 의미하는 바에 대한 완전한 체험은 아직도 이루어지지 않은 셈이다.

둘째, 이러한 종말론적인 시각을 유지하면서도, 전적으로 사후 세계의 문제를 취급하려는 의도만 회심에 담겨 있는 것은 아니라는 사실을 확실히 이해해야 한다. 성경은 예수 그리스도께로 나온 뒤에는 새로운 윤리를 바탕으로 새로운 '발걸음'이 시작된다는 사실을 분명히 다루고 있다. 회심은 인격적인 변화 과정의 시작인 동시에 그러한 변화를 가능하게 만드는 행동의 시작이기도 하다. 하나님께서 주도하시는 행위를 통하여, 우리는 하나님의 형상대로 변화될 수 있다. 다시 말하지만 회심이 마지막 목적지는 아니다. 다만 그 목적지인 우리의 변화에 도달하기 위한 하나의 수단일 뿐이다.

셋째, 변화는 전인적인 인간을 포함한다. 신약 성경에서 회심은 전인적인 변화로 인식된다. 회심의 결과는 그 사람의 전인적인 변화다. 회심의 목표는 완전히 성화에 이르도록 성숙하는 것이다 살전 5:23~24. 우리는 단순히 영혼이나 현실과 동떨어진 영의 구원만을 추구하는 게 아니라 전인적인 인간이 될 수 있도록 이끌어주는 변화를 추구한다. 이것은 회심의 본질과 특성을 성찰하면서 진정한 인간이 된다는 사실이 의미하는 모든 것, 곧 우리 지성 우리 세계관의 새로운 방향 설정, 정서 감정의 문제, 관계, 신체, 의지, 소명에 세심한 주의를 기울여야 한다는 뜻이다.

넷째, 우리는 변화를 언급하면서도 이와 같은 경험이 연속성과 불연속성을 동시에 보인다는 사실을 인정해야 한다. 아무리 극적이고 급격한 회심이라고 하더라도, 회심의 변화시키는 특성에 대한 성경적인 이해 안에는 항상 불연속성 죽음에서 생명으로, 어둠에서 빛으로, 긍휼이 없는 데서 긍휼이 있는 데로과 연속성이 둘 다 있다.

하나님께서는 그분이 창조한 만물을 구원하신다. 회심을 통한 은혜는 기존에 존재할 뿐만 아니라 이미 창조된 생명에게 부여되고, 은혜의 원리와 가능성이 이미 존재하던 생명에게 전해진다. 이런 까닭에 한 사람의 과거 존재를 무시하거나 더 나아가서는 부인할 만큼 너무나 급격한 변화로 회심을 이야기해서는 안 된다. 회심 이전의 자신과 연속성을 유지해야 한다. 왜냐하면 회심을 통하여 우리 인생은 변화와 새로워짐을 경험하게 되는데, 이 새로워짐은 하나님께서 창조하신 것들의 새로워짐을 뜻한다. 변화는 항상 무엇의of something 변화를 의미한다. 그러니까 회심에서는 우리 인생의 변화를 뜻한다. 또한 변화나 탈바꿈의 가능성이 전혀 없을 만큼 낭비된 인생은 없다.

오스트리아 신학자 칼 라너Karl Rahner는 우리로 하여금 회심한 인생에게 반드시 존재하는 연속성을 언급하면서 '낭비된 시간이란 없다'는 사실을 볼 수 있게 해 준다. 라너가 강조한 것에 따르면, 회심은 절대로 과거를 완전히 지워버리거나 현재와 뒤섞여서 흔적을 찾을 수 없을 만큼 그렇게 급격하게 과거와 단절되지 않는다.

> 당신의 전체 인생은 항상 당신을 위하여 보존된 채로 남아 있다. 지금까지 당신이 행한 모든 일과 받은 고통은 당신의 존재 안에 다함께 고스란히 모여 있다. 비록 당신이 잊어버릴 수는 있으나, 하나도 없어지지 않고 여전히 거기에 존재한다. 그것은 한때 그랬었다고, 한때 그렇게 행동했었다고, 한때 그렇게 생각했었다고 희미하게 기억하고 있을 때조차도, 어슴푸레한 꿈으로 당신에게 나타날 수도 있다. 이러한 모든 것이 여전히 당신의 존재 안에 고스란히 담겨 있다. 이러한 모든 것이 아마 훨씬 더 낫고 더 포괄적인 구조로 변화되고 … 편입되어 왔으며, 하나님을 향하여 훨씬 더 위대한 사랑과 … 은밀한 충성으로 통합되어 왔을 것이다. 그러한 것들은 지금까지

걸어온 인생의 모든 여정을 통하여 당신과 더불어 남아 있을 뿐만 아니라 자라왔을 것이다. 그러나 모든 것이 이런 식으로 고스란히 남아 있다. 끊긴 것은 정말이지 아무 것도 없다. 우리가 자유 안에서 성숙해 가는 순례자라면, 당신에게 일어나는 모든 것은 오늘 당신이 행하는 일 속에 담겨 있는 마음의 행동으로 여전히 되살아나고 변화될 수 있다. … 인생은 이런 것들이 점점 더 많이 쌓이는 과정이다.[5]

그러므로 회심은 무無에서 새로운 무언가를 창조해 내는 것이 아니라, 오히려 그릇된 방향으로 나아가면서 혼란을 겪고 있는 사람들에게 올바른 목적과 방향과 의미를 찾을 수 있도록 도와주는 과정이다. 회심은 잃어버리고 심각하게 훼손된 것을 새롭게 하고 변화시키는 과정이다.

최초의 신앙 체험

이 책은 본질적으로 최초의 신앙 체험에 관한 성찰을 다룬다. '신앙 체험'이라는 표현을 사용하면서 내가 의도하는 바는 결국 회심이 자연스러운 과정을 통해서만 맛볼 수 있는 경험은 아니라는 것이다. 그것은 오로지 초자연적인 실체에 호소함으로써만 설명될 수 있다. 그리스도인들에게 또 다른 이 실체는 이 세상에서 우리와 함께 하시는 부활하신 예수 그리스도와 성령의 임재다. '최초의 신앙 체험'이라는 표현을 쓰면서, 내가 의미한 것은 그리스도와 성령에 관한 이와 같은 경험의 시작이다. 그것은 그리스도인으로서 우리 인생의 새로운 시작이자 초기 단계다.

그런 다음에야 우리는 자기 인생에 관한 하나님의 역사를 논할 수 있게 된다. 그리고 이러한 역사는 기적적이고 놀라운 것이다. 우리가 경험하는 은혜와 삶과 부흥은 이 세상에서 자연스럽게 지각할 수 있는 현상이 아니다. 그러나 회심에서 경이로운 부분이 나타나는 것은 하나님께서 우리를 그분 자신에게로 이끄셨기 때문에, 놀라울 정도로 일상적인 방법으로 그분의 은혜를 우리 것으로 삼을 수 있도록 우리를 변화시키셨기 때문에 가능한 일이다. 다시 말해, 모든 회심은 설명될 수 있다. 비록 모든 회심이 하나님의 은혜에 반응한 간증이기는 하지만, 각각의 회심은 또한 우리 삶을 구성할 뿐만 아니라 우리를 부르시는 하나님을 알 수 있게 해 주는 자연스럽고 인간적이고 일상적인 요소들이 만들어 낸 소산所産이다.

이것은 절대로 기적적인 경험이 아니다. 그와는 전혀 반대다. 인간적이고 일상적인 요소들이 우리 삶에서 하나님의 경이로운 은혜를 쉽게 인식할 수 있도록 돕는다. 모든 신앙 체험은 하나님의 창조 질서라는 맥락 안에서 일어난다. 하나님께서는 언제나 자연스럽고 평범한 사람들과 협력하여 일하신다. 그들은 우리에게 복음을 들려주는 하나님의 도구다. 또한 하나님은 하나님을 향한 우리의 필요를 깊이 인식할 수 있게 해 주는 현실적인 사건들과 협력하여 일하신다. 인간적이고 일상적인 일이 신앙 체험을 완벽하게 다 설명해 주지는 않지만, 회심과 신앙 변화를 세심하게 연구할 때 반드시 고려해야 할 사항이다.

그러므로 우리는 심리학, 인류학, 사회학을 연구하는 사람들의 견해를 아무런 거리낌 없이 얼마든지 사용할 수 있다. 회심에 대한 사회학적인 설명은 그리스도인에게나 신학적인 설명에 전혀 걸림돌이 되지 않는다. 그러한 설명은 오히려 회심에 관한 신학적인 연구에 꼭 필요한 보완 장치다. 더 나아가 사회학자들을 통해서 얻게 되는 인간 경험의 본질에 관한 통찰력을 결여한 신학적인 해석은 불완전한 것이다. 이 책이 일차적으로 회심에 관한 신학적인 연구 결과를 다루기는 하지만, 신앙 체험에 관한 사회-과학적인 분석을 포함하여 인간 경험의 본질을 전문적으로 연구한 사람들의 결과물도 다룬다.

더군다나 최초의 신앙 체험을 다루면서, 지금 우리는 그리스도인으로서 살아가는 삶의 출발점을 이야기하고 있다. 이것은 회심이야말로 중대하고 극적인 사건이며, 한 사람의 생애 전환점이 되는 결정적인 순간임을 암시할 수도 있다. 신앙 부흥 운동revivalism이라는 말은 회심이라는 낱말이 반드시 어떤 한 가지 사건, 또는 어느 한 순간을 지칭하는 것 아닌가 하는 추측을 낳았다.

신앙 부흥 운동에 대한 반작용으로, 어떤 사람들은 회심을 평생에 걸쳐 조금씩 점진적으로 변화되는 실질적인 과정이라는 결론을 내렸다. 이 사람들이 회심이라는 말을 사용할 때에는, 전 인생이 계속적인 전환 과정이며, 죽음을 벗어나 생명으로 나아가는 움직임이며, 하나님의 부르심에 반응하여 점차 진정한 삶을 살 수 있게 해 주는 지속적인 회심이라는 사실을 강조하기 위하여 그렇게 하는 것이다.

그러나 성경과 교회의 증거에 따르면, 세 번째 대안이 일반적으로 사람들이 어떻게 예수 그리스도를 믿게 되는지를 보다 정확하게 표현하지 않나 싶다. 증거의 비중이 크다는 것은 비록 모든 사람들은 아닐지라도, 대다수 사람들이 장기간에 걸친 일련의 사건들을 통하여 그리스도를 믿는 믿음으로 나아온다는 사실을 시사한다. 이러한 사건들은 다 같이 그리스도인의 회심과 그로 말미암은 멋진 출발을 이끌어낸다. 회심은 복잡하고, 장기간에 걸쳐 천천히 일어나는 과정이다. 이와 같은 사실을 올바로 인식함으로써 자기 자신의 경험을 훨씬 더 잘 이해할 수 있게 된다. 더 나아가 그러한 인식은 신앙생활에 담겨 있는 함축적인 의미를 발견할 수 있도록 도와준다. 만약 회심을 장기간에 걸친 과정으로 본다면, 복음 전도는 희망적이고, 사랑스럽고, 동정심 넘치며, 인내할 만한 과정이 될 수 있다. 그 과정에서 대다수 사람들은 자신의 보조에 맞춰 그리스도를 믿는 믿음으로 나아올 수 있다.

왜냐하면 전부는 아니더라도, 회심은 대부분 장기간에 걸친 경험일 뿐만 아니라 여러 달이나 심지어 여러 해에 걸친 일련의 연속적인 사건이기 때문이다. 그럼에도 불구하고 그리스도인의 삶을 시작하는 출발점 최초의 신앙 체험에 관하여 생각해 보는 것은 특별한 가치가 있다. 한편으로 신약 성경은 그리스도를 믿는 믿음으로 나아온다는 사실이 의미하는 바를 집중적으로 조명하면서도, "그리스도인이 되기 위해서 내가 무엇을 해야 하는가?"라는 질문에 어떻게 반응해야 하는지를 우리에게 보여 준다. 이것으로 우리는 그리스도인이 되지 않는 것과 그리스도인이 되는 것 사이의 차이점을 이야기할 수 있으며, 실제로 반드시 필요하지는 않더라도, 출발에 대하여 이야기하는 것이 어느 정도 있을 수 있는 일이라고 추정할 수 있다.

더구나 수많은 그리스도인들은 정당하게 어떤 형태로든 확실성을 갈망하고 있는데, 이것은 과거 복음주의에서 '확신'이라고 부르던 것이다. 곧 자신이 정말로 하나님의 자녀라는 사실에 대하여 마음속 깊은 곳에서 우러나오는 확신을 말한다. 사람들에게는 자신이 하나님의 가족의 한 구성원인지를 확인하고 싶어 하는 정당한 욕망이 있다.

마지막으로, 앞으로 살펴보겠지만, 신약 성경의 저자들, 특히 사도 바울은 영적인 체험에서 더욱 신실한 경지로 나아가기 위한 부르심의 한 부분으로서 독자들의 회심 체험을 되풀이하여 호소한다. 그리하여 이 저자들은 기준점, 출발점, 멋진 출발에 얼마나 커다란 가치가 담겨 있는지를 적나라하게 보여 준다. 결과적으로 이와 같은 멋진 출발이야말로 성숙한 그리스도인의 삶을 살아가는 기초가 된다. 그러므로 최초의 신앙 체험인 그리스도인의 삶을 시작하는 출발점에 관해 곰곰이 생각해 보는 것은 특별한 가치가 있다. 그러나 궁극적으로는 진정한 변화를 언급할 수 있는 토대를 마련하기 위하여 멋진 출발을 이야기하는 것이다.

2장 예수님과의 인격적 만남이 없다면 회심도 없다

그리스도인의 회심을 돌아보기 위해 세 부류의 그리스도인의 회심 경험을 고려하는 것이 유익할 것이다.

- 다른 그리스도인의 인도를 전혀 받지 않은 채 그리스도인이 되어 그리스도를 따르겠다고 결단한 사람들
- 명목상의 그리스도인으로 살다가 그리스도 안에 있는 새롭고 실제적인 믿음을 가지게 되었으며, 이런 체험을 통하여 새로운 삶의 방향을 받아들이게 된 사람들 다시 말해, 비록 표면적인 신앙의 변화는 일어나지 않았지만, 이전에는 전혀 그렇지 않았

다는 측면에서 자기 자신을 '진정한 그리스도인'이 되었다고 보는 사람들이다.¹⁾

🌿 신실한 믿음을 유지한 채 그리스도인 공동체 안에서 자라난 뒤에, 성인이 되었을 때 그리스도인이 되겠다고 다시 결단한 사람들

이 세 부류 그리스도인들의 회심 사이에는 공통적인 요소가 담겨 있기는 하지만, 실제적인 경험은 전혀 다를 수 있다. 공통적인 요소들은 앞으로 이어지는 장들에서 적절히 다루어질 것이다. 그러나 먼저 그리스도인의 회심에서 기본이 되는 몇 가지 요소들을 살펴볼 필요가 있다. 곧 회심의 중재자로서 신앙 공동체의 역할에 관한 것이다. 왜냐하면 회심은 개인적이면서도 공동체적인 사건이나 과정이기 때문이다. 회심은 한 사람의 인격적인 변화라는 측면에서 개인적이다. 우리는 하나님의 은혜에 관한 우리 자신의 반응에 대하여 스스로 책임을 져야 한다. 그리스도께서는 우리 각자를 지명하여 부르시면서 우리를 자기 소유로 선택하신다. 하나님께서 우리 각자를 사랑하시며, 우리를 이름으로 아시며, 우리를 그분의 친구로, 섬김의 대상으로 부르신다는 것과 같은 몇 가지 사실들은 한 사람의 삶에서 놀랄 만한 인식으로서 아주 강하게 자리 잡게 된다.

그런데 그리스도인의 회심은 또한 공동체적이다. 버나드 로너건이 적절히 언급한 것처럼, 회심은 너무나 은밀하여 어떤 사람이 혼자서 경험할 수 있는 것만은 절대로 아니다.²⁾ 그리고 회심에 관한 신학적 성찰에서 가장 중요한 그러면서도 흔히 무시되는 과업은 신앙 체험의 공동체적인 특성을 기꺼이 인정하는

것이다.

그리스도와의 만남을 통한 진정한 회심으로 말미암아, 우리는 부름 받은 사람들과 그 부르심에 반응하여 그리스도를 영접한 사람들로 구성된 공동체_{에클레시아}의 일원이 된다. 신앙 공동체와는 아무런 상관없이 혼자 따로 떨어져서 살아가는 그리스도인이라는 개념은 있을 수 없다. 진정한 그리스도인이 되게 하는 회심은 신앙 공동체와의 연합을 동반한다. 자세한 내용은 앞으로 이어지는 장들에서 좀 더 구체적으로 다룰 것이다.

회심을 이야기할 때, 많은 사람들은 신앙 공동체가 개인의 신앙 체험에서 비롯된 것이라고 생각한다. 먼저 회심이 일어나고, 다음으로 회심한 사람들이 신앙 공동체에 참여한다는 것이다. 어떤 사람이 회심에 이를 때까지는 신앙 공동체에 참여할 만한 아무런 이유가 없을 것이며, 좀 더 정확히 말하자면, 그 공동체의 합법적인 구성원이 되지 않을 것이다. 수많은 사람들이 서구 사상과 신앙심에 뿌리깊이 박혀 있는 철저한 개인주의 때문에 회심의 공동체적인 특성을 제대로 인식하지 못한다. 우리는 회심이 개인의 내면적인 _{그리고 독립적인} 삶에서 일어나는 개인적인 문제라고 쉽게 생각해 버린다. 그러나 아주 심오하고 신비스러운 방식으로 그 반대의 경우도 마찬가지로 사실일 수 있다. 회심은 공동체를 통해 일어날 수 있다. 그것은 공동체가 회심의 중재자 역할을 하기 때문이다.

신앙 공동체는 회심의 중재자이다

로마서 9~11장에서 사도 바울이 가르치는 핵심 내용은 어느 누구도 자기 혼자만이 특별하다고 주장할 수 없으며, 또는 자신만이 어떤 방향성에 대한 특정한 계시를 받았다고 주장할 수 없다는 것이다. 우리는 모두 서로의 증거를 통하여 그리스도의 은혜를 깨달을 수 있기 때문이다. 믿음은 한 세대에서 다른 세대로 전달된다. 또한 그러한 믿음은 어느 특정한 문화나 민족의 경계선을 뛰어넘어 선포되고 공유된다. 복음은 다른 사람들의 말과 행동을 통하여 우리에게 전해진다.

모든 인간은 기본적으로 공동체를 이루고 살아가는 존재이며, 그런 까닭에 자신의 일부인 공동체로 말미암아 빚어진다. 그러므로 우리로 하여금 그리스도를 알고 사랑하고 섬길 수 있도록 도와주는 신앙 공동체와 완전히 동떨어져서는 그리스도인의 신앙을 키울 수 없다. 윌리엄 아브라함^{William J. Abraham}이 말한 것처럼, "새로운 회심자가 하나님의 통치를 독립적으로 혼자서 실현해 보겠다고 하는 것, 말하자면 교회와 어쩌다가 살짝 연결될 수 있는 수도원 독방 같은 곳에 있으면서 그런 종류의 변화를 경험할 수 있다고 생각하는 것은 적절하지 못하다."[3] 아브라함이 강조하는 것처럼, 호세 미구에즈 보니노의 사상을 토대로 한다면, "초기의 필요가 더 커질수록 공동체적인 지원에 대한 필요도 점점 더 커진다."[4]

소그룹과 신앙 공동체는 많은 사람들이 신앙으로 나아오도록 하는 데 언제나 아주 중요한 역할을 해 왔다. 존 웨슬리의 복음 전도 사역에서 절대 없어서는 안 될 '속회'에서든, 아니면 라틴 아메리카의 재복음화를 위하여 중추적인 역할을 하고 있는 '현대적인 기초 공동체'에서든, 그리스도인의 신앙은 공동체에 의해 유지된다. 이것은 기독교 신앙을 키우는 데에도 그대로 적용된다. 또한 각 사람들이 그리스도인으로서 순례를 시작하는 데에도 공동체는 동일하게 필요하다.

성령께서도 그리스도인의 회심에 커다란 영향을 미치신다. 머리의 생각을 조명하시고, 마음의 죄를 깨닫게 하시며, 진리에 반응하여 행동할 수 있는 의지를 일으키게 하시는 분이 바로 성령이시다. 그럼에도 이런 일이 일어나게 만드는 환경은 바로 신앙 공동체다. 사도행전 2장에 묘사된 성령의 폭발적 사역은 교회의 형성과 동시에 일어난다. 그리스도인 공동체를 형성하는 과정에서 성령의 역사만을 따로 떼어서 생각할 수는 없다. 신앙 공동체인 교회는 반드시 신앙 체험의 중재자 역할을 해야 한다. 오직 성령만이 믿음으로 나아오는 사람들이 추구하는 영적인 부흥과 중생을 가져올 수 있다. 그러나 교회는 일종의 산파로서 이러한 새로운 생명이 탄생할 때 꼭 필요할 뿐만 아니라 중요한 수단이 된다.

이것은 회심 체험과 더불어 그리스도인의 덕과 성품의 형성에도 동일하게 적용된다. 영적인 성숙은 하나님의 백성들이 삶을 공유할 때 맺는 열매다. 그것은 예배, 교육, 섬김을 통한 공동체적인 훈련으로 말미암아 가능해진다. 그리하여 우리는 공동체로서 뿐만 아니라 개인으로서 형성된다. 이 말이 교회

밖에서는 전혀 신앙 체험을 할 수 없다는 뜻은 아니다. 그리스도인 공동체야말로 그와 같은 경험을 해석하는 동시에 의미를 부여하고, 궁극적으로는 그것들이 지속적인 변화의 기초로 작용할 수 있게 해 준다.

어떤 사람들은 교회 공동체를 이런 식으로 인정하면 그리스도인의 삶과 회심의 과정에서 예수 그리스도의 중심적인 위치를 훼손시키는 것 아닌가 생각할 수도 있다. 그런 까닭에 그리스도와 교회 사이의 구분을 분명히 해야 한다. 교회 자체나 교회의 가르침이 아니라, 바로 예수 그리스도가 우리 신앙의 대상이다. 존 칼빈은 이처럼 중요한 구분을 개혁주의 신앙의 중심 강령으로 만들었다.[5]

그러나 오직 예수 그리스도만이 우리 신앙의 대상이라는 사실을 인정한다고 해서 전통의 필수 불가결한 위치와 신앙 공동체를 부정해서는 안 된다. 칼빈은 그리스도께서 우리 믿음의 유일한 대상이라는 사실을 주장하면서도, 한편으로는 사마리아 여인의 증거가 결과적으로는 마을 사람들을 믿음으로 인도하였다는 사실[6]과, 이와 같은 방식으로 전통도 그리스도를 믿는 신앙을 중간에서 전달하는 중재자 역할을 할 수 있다는 사실을 지적한다. 우리는 어느 특정한 신앙 전통을 대표하는 다른 사람들의 증거를 '신뢰할' 뿐만 아니라 의지한다. 또한 이러한 신뢰는 궁극적으로 예수 그리스도 자신에 대한 확신을 갖게 만든다. 전통과 공동체가 우리 신앙의 대상은 아니지만, 그 공동체는 신앙을 중간에서 전달할 때 아주 중대한 역할을 한다.

비록 우리 각자가 그리스도를 믿는 믿음으로 부르심을 받았지만, 공동체는 이제 막 그리스도를 믿는 믿음으로 나아오고 있는 사람들을 포함하여 이미 우리 안에 있는 믿음을 더욱 강화시키고 격려한다. 공동체는 하나님의 은혜를 알리고 경험하게 만드는 수단이다. 교회는 하나님의 은혜에 대하여 어떤 권위도 가지고 있지 않지만, 의식하든 의식하지 못하든 간에, 일종의 은혜를 분배하는 수단으로서 교회는 하나님께서 부르시는 사람들에게 직접 은혜를 나눠주는 도구다.

교회의 역할에 대한 해석_ 경계 집단과 중심 집단

오늘날 일부 신학자들은 교회의 역할에 대한 해석을 재조명할 필요가 있다고 말한다. 폴 히버트 Paul G. Hiebert는 집단 이론set theory을 통하여 이 문제에 접근하였다.[7] 먼저 히버트는 경계 집단을 언급하는데, 여기에 속하는 범주들은 명확한 경계선으로 규정할 수 있는 대상이다. 예를 들면, 어떤 과일이 사과냐 사과가 아니냐 하는 식이다. 모든 사과는 100퍼센트 사과다. '어떤 것이 다른 것보다 훨씬 더 사과다울 수는 없다. 어떤 과일이든 사과거나 사과가 아니거나, 둘 중 하나다.' 경계 집단은 본질적으로 고정된 집단으로서, 우리가 거기에 속해 있느냐 또는 속해 있지 않느냐의 문제를 다룬다.

히버트는 이 경계 집단 이론이 그리스도인들을 묘사하는 데에도 사용될 수 있는지를 묻고 있다. 그리스도인들과 비그리스도인들 사이에서 사과와 다른 과일 사이에서와 같은 분명한 구분이 정말로 가능한가? 일부 사람들, 또는 많은 사람들이 그리스도인으로 변화되는 과정에 있다고 보는 게 훨씬 더 적절하지 않은가? 히버트는 만약 그렇다면, '중심 집단' 이론으로 회심을 생각해 보는 것이 훨씬 더 낫다고 조언한다.

중심 집단 이론은 사물들이 집단의 '안'에 있느냐, '밖'에 있느냐로 분류하는 것이 아니라 서로 어떤 식으로 연결되어 있느냐에 따라 분류한다. 여기에서 사물들은 어떤 특별한 실체와 맺고 있는 관계라는 관점에서 규정되고 이해된다. 이 말이 의미하는 바는 절대적이고, 안팎이라는 범주에 따른 분류가 아니라 분류 집단의 중심을 차지하는 실체와 맺고 있는 관계에 따라 사물들을 분류한다는 뜻이다. 초점이 경계선에 있는 것이 아니라 중심에 있다. 그럼에도 어떤 종류에 대한 경계선은 여전히 중요하다. 중심 집단 접근 방법에서도 경계선이 존재하기는 하지만, 관심의 초점은 중심에 있다.

경계선이 가장 중요한 판단 기준으로 남아 있을 경우에는, 그리스도인이 된다는 말의 의미를 생각할 때 독특한 어려움과 장애물을 만나게 된다. 예를 들면, 경계 집단 모델은 하나님의 구원하시는 역사가 교회와 교회의 울타리에 한정되어 있다는 의미를 내포한다. 그러나 그리스도인 공동체는 이와 같은 위치에 있지 않다. 하나님께서는 이 세상 어느 곳에서든지 모든 사람들 사이에서 언제나 일하고 계시기 때문이다. 가령 성령께서는 베드로가 현장에 나타나기 훨씬 전부터 고넬료의 마음과 생각 속에서 분명히 역사하고 계셨다^{행 10장}.

둘째, 경계 집단 모델은 교회나 그리스도인 공동체가 누가 하나님 나라 안에 있으며 누가 그 나라 밖에 있는지를 결정하도록 부르심을 받은 판단자의 위치에 서게 된다는 의미를 내포한다. 그러나 신약 성경은 일관되게 그러한 자세를 경고한다. 이를테면, 예수님은 우리에게 하나님 나라가 임할 때 하나님께서 긍휼을 베풀기로 선택한 사람들을 보면 엄청나게 놀랄 것이라고 말씀하신다. 더 나아가 경계 집단이라는 개념에 전제된 가정은 경계선을 규정하는 역할뿐만 아니라 누가 경계선의 안팎에 서 있는지를 결정하는 거의 불가능에 가까운 지위를 그리스도인 공동체에 부여한다.

셋째, 회심이 '어떤 경계선을 뛰어넘는다는 개념' 보다는 훨씬 더 복잡한 양상을 띠기 때문에, 경계 집단 모델은 부적절하다. 앞으로 다룰 장들에서 말하고 싶은 것인데, 회심은 어떤 사람이 완전히 회심하였는지, 그리고 진정으로 '안에' 또는 밖에 있는지를 단정적으로 말할 수 있는 일회적이고 결정적인 순간으로 보기 힘들다. 혹시 있다고 하더라도 극히 드물기 때문이다.

이것은 믿음 좋은 사람과 믿음이 부족한 사람 사이의 경계가 중요하지 않다거나 존재하지 않는다는 의미는 아니다. 그러한 경계는 아주 중요할 뿐만 아니라 분명히 존재한다. 실제로 교회는 각 사람에게 그리스도에 관한 놀라운 주장들을 선포하고, 예수 그리스도께서 우리 주님이라는 사실을 선포하며, 그리스도와 그분의 왕국에 관한 절대적인 우월성을 인정하도록 사람들을 불러내라고 명령받는다. 경계 집단 접근 방식이 복음 전도와 선교에 던지는 도전은, 단순히 교회가 신앙과 불신앙 사이의 경계선이 어디인지를 정확하게 알고 있다는 가정, 교회가 이 경계선의 관리자라는 가정, 그리고 복음 전도, 선교, 자녀 양육이 이 경계선을 중심으로 정의되어야 한다는 가정에 나름대로 의문을 제기한다는 데 있다. 또한 경계 집단 접근 방식은 복음 전도와 증거에서 그 초점을 원래의 자리인 예수 그리스도께로 되돌려 놓으라고 교회에 주의를 환기시킨다.

중심 집단 모델의 적절성

교회와 회심 사이의 유기적인 관계를 생각할 때, 중심 집단 모델이 훨씬 더 유용하고 적절하다는 데에는 몇 가지 이유가 있다.

첫째, 중심 집단 관점은 변화와 진전을 허용할 수 있는 여지를 준다. 이 관점은 정적이기보다는 동적이기 때문에, 사물들이 중심을 향하여 또는 중심에서 멀어지면서 움직이고 있는 것으로 규정된다. 그러므로 그리스도인들이 과연 누구냐에 대해서도 예수 그리스도와 맺는 관계라는 측면에서 정의될 것이다. 즉 그리스도인은 그리스도께 충성하는지, 하나님을 예배하는지, 예수님을 따르는 자로서 기본적인 삶의 방향이 정해져 있는지로 정의된다. 이러한 관계는 어떤 사람이 신앙적인지 아닌지를 알아볼 수 있도록 미리 정해놓은 기준에 잘 들어맞는지 아닌지, 또는 사람들이 어떤 신앙 공동체의 일원인지 아닌지에 따라 정의되는 게 아니다. 다시 말해, 신앙적이기는 하지만 삶의 방향이 그리스도를 향하고 있지 않은 사람들예를 들면, 바리새인들처럼은 아무리 신앙심이 투철하다 할지라도 그리스도인이라고 부를 수는 없을 것이다.

중심 집단의 관점에서도 분명히 경계선이 존재하기는 하지만, 의도적으로 경계선을 모호하거나 부정확하게 만들 가능성도 얼마든지 있다. 그렇다고 해서 명확한 경계선을 반드시 설정해 놓아야만 한다고 주장할 필요는 없다. 사람은 아마도 그 경계선을 뛰어넘어 그리스도인으로 규정되려고 할 것이다. 히버트는 산악 지대에서 초원 지대로 여행하는 것을 예로 든다. 그 변화 과정은 결정적이고 독특하다. 그러나 이 여정은 너무나 미묘하기 때문에 정확히 언제 여행자가 산악 지대를 벗어나 평원 지대로 들어갔는지를 미처 의식하지도 못한다. 이와 똑같은 방식으로, 히버트는 이렇게 지적한다.

"기독교의 회심은 결정적인 사건이 아닐 수도 있다. 회심은 단지 일련의 사소한 결정들에 기초하여 외부에서 내부로 차츰차츰 움직여 가는 과정일 수도 있다."[8]

그러니까 이런 안목을 가진 그리스도인 공동체는 경계선에 대해서보다는 그리스도와 어떤 사람이 얼마나 신앙적이냐 또는 이교도적이냐에 상관없이, 아니면 지역 교회에서 얼마나 활동적이냐에 상관없이 그리스도를 따른다는 사실이 의미하는 바를 증거하는 책임이 있는 존재로서 개인을 바라본다. 이때 당면한 문제는 한 사람의 신앙적인 열망과 실천의 수준이 어느 정도인가가 아니라 예수 그리스도와 어떤 관계를 맺고 있느냐 하는 것이다.

이와 같은 모델에 따르면, 그리스도인 공동체는 경계선의 관리자라기보다는 중심을 증거하는 증인에 더욱 가깝다. 되도록 많은 사람을 회심시켜야 한다는 부담에서 자유로워지는 대신, 그리스도의 통치에 관한 진정한 증인으로서 섬기는 일에 초점을 맞출 수 있게 된다. 이것은 우리로 하여금 교회와 하나님 나라를 동의어로 생각하려는 유혹에서 벗어나게 하며, 교회를 하나님

나라의 주인이나 관리자로 여기려는 덫에서 벗어나게 한다. 중심 집단 관점은 교회를 자유롭게 하여 자신을 하나님 나라의 징표로, 그리고 말과 행위로 그 나라를 증거하는 책임을 지닌 존재로 생각하게 만든다.

이러한 모든 과정에서 지극히 중대한 요소로서 교회와 회심 사이의 관계를 이해하는 데 중추적인 역할을 하는 것은, 사람들이 그리스도께로 나아오는 과정에서 교회는 관리자가 아닌 산파 역할을 할 뿐이라는 사실에 대한 확신이다. 조지 헌스버거가 레슬리 뉴비긴의 사상을 근거로 적절히 언급하고 있는 것처럼, "교회는 회심을 일으키는 장본인이나 대리자가 아니다. 회심은 성령께서 일으키시는 기적으로 여전히 남아 있다. 그리스도의 몸인 교회가 성령으로부터 생명력을 부여받는 것은 사실이지만, 성령께서 교회 안에서 길들여지는 것은 아니다."[9]

회심 언어, 간증

폴 헴Paul Helm은 다음과 같은 사실을 냉정하게 관찰했다.

"언어와 사고와 체험 사이의 관계는 아주 밀접하기 때문에, 모호하고 부정확한 언어는 반드시 애매하고 부정확한 체험을 동반하게 마련이다."[10]

만약 이것이 정말로 그렇다면, 신앙 공동체 안에서, 특히 종교 지도자들이 사용하는 언어, 특히 신앙 체험과 회심 언어, 즉 간증에 더욱 각별한 주의가 필요하다. 신앙 공동체는 한 사람이 그리스도인으로 바뀌는 환경과 수단을 동시에 제공한다. 신앙 공동체가 영향력을 형성할 수 있는 것은 모든 구성원들이 예수님과 관련해 경험한 이야기가 있기 때문이다.

언어와 신앙 체험

신앙 체험은 언어에 뿌리박고 있다. 루드비히 비트겐쉬타인은 언어가 인간의 이해와 경험을 형성하는 방식에 대한 토론에 불을 지핀 사람이다. 한 사람이 그리스도인이 되도록 돕는 데 사용되는 여러 가지 수단들은 교리를 주입하는 과정이라기보다는 오히려 문화화 과정으로 볼 수 있다.[11] 비트겐쉬타인은 어린 아이가 말을 배우는 것과 아주 흡사한 방식으로, 다른 사람들의 신앙 이야기를 통해 신앙을 배울 수 있다고 했다. 여기에 공감하여, 조지 린드벡은 「교리의 본질」 *The Nature of Doctrine*이라는 책에서 신앙 체험이 신앙적인 상징체계를 통하여 언어적이고 문화적인 형태로 형성된다고 강력히 주장한다. 그러므로 종교적인 회심은 단지 어떤 전제나 가정을 채택하여 무작정 따라간다고 해서 잉태될 수 없다. 린드벡의 주장에 따르면,

"오히려 신앙적이 되기 위해서는, 더 나아가 문화적으로나 언어적으로 충분한 자격을 갖춘 사람이 되기 위해서는, 연습과 훈련을 통하여 일련의 기술들을 내면화해야 한다. 누구든, 명시적으로 표현될 수 있는 것보다 훨씬 더 풍성하고 미묘한 내적 구조를 갖춘 신앙 전통을 따름으로써 느끼고 행동하며 생각하는 법을 배운다."[12]

'사적이고 은밀한' 언어와 같은 것들도 당연히 있게 마련이다. 그런데 모

든 언어는 원래부터 공동체적이다. 우리는 그 언어를 정의하고 유지하는 공동체와 동떨어진 어떤 언어를 알거나 말할 수는 없다. 또한 공동체와 동떨어진 언어와 더불어 살아갈 수는 없다. 그리스도인의 복음 선포는 그리스도인들의 공동체라는 공통적인 삶의 환경에서 구체화될 때에만 중요한 의미를 띠게 되고 능력을 발휘하게 된다.

딘 마틴은 설교만으로는 그리스도인들의 일상적인 삶, 특히 예배라는 공동체적인 행위에서 배우는 것만큼 신앙 언어를 많이 배울 수 없다는 사실에 주목한다. 신앙 공동체 안에서 자라는 동안 한 사람이 어떻게 믿음을 배워가는지를 묘사하면서, 마틴은 이렇게 말한다. "다른 어떤 언어와 마찬가지로 신앙은 주로 어른 그리스도인흔히 자기 부모들만이 아닌이 서로 이야기를 나누고 신앙 밖에 있는 사람들과 대화하는, 자발적이면서 미리 아무 연습도 하지 않은 언어 습관에 장시간 노출됨으로써 습득된다."[13] 그러므로 "신앙 언어를 배우는 것은 세심히 계획된 것이 아니라 때에 따라 조금씩 단편적으로 형성되는 점진적인 과정이다. 언어를 습득하기 위한 지름길은 없다. 즉각적이고 직관적인 이해는 거의 불가능하다.[14]

언어를 배운다는 것은 단순한 두뇌 과정이나 인지 과정이 아니다. 학습자가 사용하는 영역은 지적인 동시에 감정적인 것으로서, 슬픔과 기쁨의 의미와 특징을 비롯하여, 믿음, 소망, 사랑을 따라 살아간다는 사실이 의미하는 바를 다 포함한다. 그러나 이렇게 학습된 내용은 신앙 공동체의 생명력, 예배, 성격을 좌우하는 기본적인 믿음 체계를 결정한다. 마틴은 이런 것들을 신

앙 공동체를 지배하는 믿음 체계라고 부른다.[15]

　이와같이 사람은 이성적으로 잘 준비된 강연이나 설명회가 아니라 우리 생활 주변에서 나누는 대화를 통해서 신앙을 배운다. 믿음과 행위 사이, 고백과 삶 사이에는 밀접한 상호 연관성이 있다. 왜냐하면 사람은 자기들이 고백하는 믿음대로 살아가는 공동체 안에서 신앙적인 확신을 배우기 때문이다. 누구든 그리스도를 향한 예배라는 상황 속에서, 그리스도를 섬기면서 살아가려고 애쓰는 공동체 안에서, 그리스도의 인격과 사역을 배운다.

신앙은 공동체를 통해 자란다

　우리는 설교, 찬송, 기도, 성경 읽기를 통하여, 또한 일상생활 속에서, 열심히 놀고 일하는 분위기 속에서, 날마다 이어지는 대화를 통하여 신앙을 배운다. 이런 공동체적인 언어가 있기에 우리는 인간이 놓인 곤란한 처지, 우리 마음 속 깊은 곳에 자리 잡고 있는 갈망과 열망, 하나님의 실체, 우리 삶 가운데 일하시는 하나님의 역사를 이해하고 정의할 수 있다. 또한 이러한 이야기들은 하나님을 향한 진실되고 삶을 변화시키는 반응이 어떤 것인지 개략적인 그림을 그릴 수 있게 만든다.

　그리하여 공동체의 신앙 언어가 점차 우리 자신의 언어로 자리 잡게 되어, 우리 자신의 경험을 이해할 수 있을 뿐만 아니라 그 경험의 깊이와 넓이를 키울 수 있게 된다.

　어떤 공동체의 일원으로 들어가지 않으면, 거기에서 사용되는 신앙 언어를 배울 수 없다는 사실은 매우 아이러니하다. 먼저 어떤 신앙 공동체의 일원이 되어서 우리 자신의 회심을 가능하게 하고 해석하게끔 도와주는 언어를 배울 수 없다면, 진정한 회심에 이를 수 없다. 다시 말해, 신앙 공동체는 그리스도인들에게 신앙 언어를 배울 수 있도록 도와줌으로써 회심의 중재자 역할을 한다.

한 회심자는 개인적인 회심 간증, 곧 하나님의 은혜를 경험한 이야기를 발전시킬 수도 있다. 복음주의자들 사이에서 사용되는 회심 언어는 전통적으로 회심 간증 속에서 일관된 모습으로 자기 위치를 차지해 왔다. 회심 간증은 인기 있는 장르로서 18세기 복음주의 부흥 운동보다 적어도 100년 이상 오래되기는 했지만, 복음주의 부흥 운동의 등장과 함께 영적 자서전을 위한 하나의 표준 양식이 되었다.[16] 비록 회심 경험담이 19세기와 20세기에는 대세를 이루지는 못했지만, 수많은 사람들이 '간증'이라고 불렀던 것이 20세기 중반을 훨씬 넘길 때까지 복음주의 신앙생활에서 중요한 요소로 계속 자리매김했다.

일반적으로 많은 사람들이 간증을 다소 진부하고 별로 가치가 없는 것으로 여긴다. 왜냐하면 이러한 간증들이 대체로 신학적으로 균형 잡힌 내용을 담아내지 못하고, 영적인 경험에 대한 불안감과 모호함을 구체적으로 해결하지 못했기 때문이다. 전통적인 '간증'은 지나치게 흑백 논리에 빠져 있으며, 지나치게 극적인 이야기만으로 채워졌다. 결과적으로 그러한 체험을 겪은 사람들조차도 점차 자기 이야기에 별다른 가치나 의미가 없다는 쪽으로 기울어졌다.

그러나 우리가 진정한 회심 언어를 찾고자 애쓰려는 마음이 있다면, 먼저 회심 간증을 되찾기 위하여 노력해야 한다. 브루스 힌드마쉬에 따르면, 17세기와 18세기에는 복음주의 증거와 회심에 관하여 다른 시기와 비교해 볼 때, 영적 자서전을 쓸 수 있는 비옥한 토양이 마련되어 있었다. 힌드마쉬는 회심 간증을 태동시킨 이 시기의 특징으로 자기 반성과 독특한 자의식또는 자아에 관한 특별한 의식에 관한 감각이 고조되어 있었다고 강조한다. 이런 현상들은 '자기 결단이 중요한 영역을 차지하는'[17] 사회에서 일어난다. 힌드마쉬의 말에 따르면, 복음주의의 회심 간증은 "기독교계 또는 기독교 시민 사회가 관용, 의견 충돌, 실험, 명목상 진지한 형태의 신앙을 고수하려는 태도 표명 등과 같은 것들을 허용할 만큼 제 모습을 많이 상실했으나, 기독교적인 도덕 규범과 기본적인 세상 법칙들에 관한 전통적인 인식을 완전히 내던질 만큼 쇠퇴하지는 않았을 때, 번성하였다."[18]

21세기 초의 상황들은 분명히 매우 다르지만, 회심 간증을 회복하기 위한 분위기는 그런대로 괜찮은 것 같다. 포스트모던 사회라는 상황에 담긴 중요한 의미를 제대로 인식하기만 한다면, 이런 상황에서 특히 회심 간증이 살아날 가능성은 아주 크다. 회심에 관한 사려 깊은 연구 결과들 가운데 하나는 신앙 자서전을 스스로 쓰도록 격려할 수 있다는 것이다. 여기에는 자신의 신앙 여정에 대한 느낌이라든지, 과거에 대한 인식이 자신에게 미친 영향이라든지, 미래의 목적과 소망에 관한 감상을 적게 된다. 만약 우리가 영적인 자서전을 쓰라고 권장하려 한다면, 그 목적은 영적 체험의 힘과 중요성을 인정하는 것뿐만 아니라 성경에서 알아내고 우리 경험과 일치하는 언어, 곧 우리로 하여금 그 이야기를 잘할 수 있도록 도와주는 언어를 발전시키는 데 있어야 한다.

학문적인 영역에서 뿐 아니라 그리스도인들의 삶에서 회심에 관하여 가르쳐 본 경험으로 미루어볼 때, 가장 많은 열매를 거두는 연습 방법은 참석자들로 하여금 회심 경험담을 명확히 말하도록 하는 것이었다. 그 회심 경험담은 자기 체험과 일치하고, 그 체험이 믿을 만하다는 사실을 증명하며(그 체험에 중요성과 가치를 부여하며), 그러한 체험을 통하여 미래를 긍정적으로 보고 강화시키는 동시에 지속적인 변화를 일으킬 수 있다.

힌드마쉬에 따르면, 초기의 복음주의자들은 회심 간증을 자신을 뛰어넘어 좀 더 원대한 무언가를 향하여 나아갈 수 있는 기회로 보았다.[19] 다시 말해, 회심 간증 자체는 자기중심적인 것으로 보일 수도 있지만, 실제에 있어서는 사람들로 하여금 자신의 이야기가 하나님과 하나님의 구원 활동에 관한 이야기에서 얼마나 자그마한 부분을 차지하는가를 똑바로 바라보고 인정할 수 있도록 하였다. 오늘날 자기표현의 한 가지 수단으로서 회심 간증을 회복하려고 할 때, 다음과 같은 목적을 마음속에 깊이 새겨야만 한다. 곧 우리 개인의 삶뿐만 아니라 공동체에서도 하나님의 일하심을 바라보고 기꺼이 받아들이는 것이다. 그러나 이와 같은 일을 잘 해내기 위해서는 의미 있고 진정한 회심 언어를 발견해야만 한다.

회심을 촉진하고 가능하게 만드는 언어

먼저 우리는 "회심을 가능하게 할 뿐만 아니라 촉진시키는 언어를 어떻게 사용할 수 있을까?" 하고 자신에게 물어 보아야 한다. 특히 종교 지도자들은 신앙과 회심 언어를 사용하는 데 있어 각별한 책임감을 느껴야 한다. 교회 안에서 목회자와 교사들은 신앙을 공유하는 언어를 발전시키는 데 핵심적인 역할을 감당할 수밖에 없기 때문이다.

우리는 신중하면서도 의도적으로 접근해야 한다. 언어는 사상과 행동을 빚는다. 언어의 기능이 약화되고 의미를 잃는다면, 진리와 은혜를 효과적으로 전달할 수 없게 된다. 또한 언어가 역동적이고 진리에 걸맞으면, 그 언어에는 이해와 행동을 빚어내는 심오한 능력이 담기게 된다. 그것은 큰 변화를 일으킨다.

1950년대 말에, 토저 A. W. Tozer는 '영접하다' accept와 '받아들이다' receive라는 말이 회심과 관련한 표현에서 오랫동안 계속하여 그 유용성을 상실해 왔다는 사실을 지적하였다. 토저는 이 말들이 더는 회심에 관하여 성경에서 가르치는 것과 같은 의미를 효과적으로 전달하지 못하고 있다고 주장하였다. 토저가 지적한 것처럼, 만약 이러한 말들이 제 능력을 잃어버렸다면, 실제로 우리에게는 두 가지 설명을 제대로 해내지 못할 위험성이 있다. 곧 신약 성경의 교리를 충실하게 드러내지 못하게 될 뿐만 아니라, 그리스도인의 경험에 담긴 지극히 중대한 차원을 명료하게 표현하고 묘사하는 역동적인 방법을 잃게 된다.

토저의 관찰은 복음주의 공동체 내에서 사용되는 회심 언어가 유동적인 상황에 처해 있다는 사실을 우리에게 상기시켜 준다. 우리는 한 발은 1950년대에 사용되던 전후 세대의 언어에 담가놓고, 다른 한 발은 자신의 신앙 체험을 이해하는 데 필요한 새로운 언어를 찾아내기 위하여 쭉 뻗고 있다.

 버지니아 리에슨 브레레톤은 19세기와 20세기에 살던 여성들의 회심 이야기를 연구하여 몇 가지 확실한 사실을 파악했다.[20] 예를 들어, 브레레톤은 20세기에 "회심을 설명하기 위하여 가장 지속적으로 사용된 한 문장은 '내가 그리스도를 개인적인 주님과 구세주로 영접하였다' 또는 좀 드문 표현으로는 '내 인생의 주님'는 것"이었으며, 그 다음으로 가장 흔한 표현은 삶을 그리스도께 굴복시킨다거나 복종시킨다는 것이었다. '그리스도를 발견한다'고 말하거나, '구원 받는다'고 표현하거나, '거듭난다'고 언급하는 경우도 꽤 많았다. 또한 브레레톤은 복음 전도에 상응하는 언어로서 '어떤 사람을 그리스도께로 이끈다' 또는 '어떤 사람을 그리스도께로 얻는다' 또는 '어떤 사람을 그리스도께로 데려온다'라는 표현을 집중적으로 조명한다.[21]

 브레레톤이 지적하는 바에 따르면, 20세기의 회심 간증에서는 그리스도를 마음속으로 받아들이는 것을 가장 먼저 언급한다.[22] 의미심장하게도, 20세기의 회심 간증의 초점은 그리스도에 의해서 받아들여지는 것보다는 우리가 그리스도를 영접하는 데 있다. 하나님의 은혜를 체험하는 일도 결단의 열매로 묘사된다. 곧 근본적으로 인간적인 차원에서 일어나는 일로 그려진다. 이전의 19세기에서는 사람들을 확신시키고 설득해서서 하나님께로 이끄시는 성령의 사역을 훨씬 더 많이 강조했다. 더 나아가, 브레레톤이 관찰한 사실에 따르면, 20세기에서는 '예수님과의 인격적인 관계'에 관한 강조나 한 사람의 개인적인 구세주로서 그리스도에 관한 언급이 훨씬 더 많았다.[23] 이 때는 회심 언어에서 성부와 성령은 무시하면서도 그리스도는 엄청나게 강조하던 시기였다.

이러한 브레레톤의 관찰은 특히 회심과 신앙 체험의 본질에 대해 고려할 때, 언어의 의미와 발전적인 영향력에 관심을 기울여야 할 필요를 분명히 보여준다.

「인간의 변화: 회심과 공동체에 관한 연구」 *The Transformation of Man: A Study of Conversion and community*에서 로즈마리 하우톤은 진정한 회심 언어가 회심과 변화 사이의 필연적인 관계를 더 분명하게 하고 강화시킴을 강조한다. 하우톤은 특정한 공동체의 경험, 느낌, 소망, 욕망의 전 영역을 상징적으로 포괄하는 언어를 '총체적 언어' total language라고 부른다. 여기에는 단어, 의식, 몸짓이 포함된다.[24] 비록 궁극적인 변화와 완전한 탈바꿈은 '죽은 뒤에나' 가능하겠지만, 회심을 표현하는 진정한 회심 언어에는 실질적인 변화를 촉진하는 능력이 담겨 있다.

> 회심 언어는 아주 중요하다. 왜냐하면 그것은 회심을 일으키는 방식과 회심으로 말미암아 영향을 받게 되는 삶의 영역을 결정하기 때문이다. 회심은 한 사람에게 전인적인 영향을 미치지만, 인간은 구원또는 저주으로 이끈

만남에서 발전된, 자기 인식의 정도에 따라서 이런 사람이 되기도 하고 저런 사람이 되기도 한다. 또한 회심의 영향력은 자기 이해라는 언어로 전환되어, 결과적으로 일상적인 삶의 전 영역에서 새로운 형태의 자기 인식을 갖게 된다.[25]

"회심 언어는 … 회심을 일으키는 방식을 결정한다." 만약 우리가 회심 언어를 사용하는 데 무관심하거나 부주의하다면, 회심 체험을 통하여 진정한 변화로 나아갈 가능성이 줄어든다.

우리는 그리스도인이 된다는 간단한 사실과, 그리스도인이 되는 경험은 복잡하며 때로는 모호함으로 가득하다는 현실을 함께 표현해 낼 수 있는 언어를 찾아내야 한다. 우리에게는 그러한 신앙 체험에 전인적인 영역이 포함된다는 사실을 확실하게 보여주는 언어가 필요하다. 복음주의자들은 '구원받은 영혼들'이 쏟아내는 언어에 다양한 감동을 받았지만, 우리는 여전히 전인적인 인간의 회심 언어를 찾아내기 위해 열심히 노력해야 한다. 여기서 전인적인 인간이란, 하나님께 반응하고 다른 사람들과 관계하는 데 있어서 지성, 감정, 의지를 다 동원하는 사람을 말한다. 마지막으로, 우리에게는 하나님의 주도하시는 역할이라는 실체와, 거기에 반응하여 인간의 책임을 향한 하나님의 부르심을 적절히 포착할 수 있는 신앙 체험에 관한 언어가 필요하다. 그리스도인의 겸손은 회심 언어의 형성에 아주 중요한 역할을 감당할 것이다.

신앙과 회심 언어의 원천들

만약 언어를 사용하는 데 있어서 의도적인 접근이 가능하다면, 그 원천에 주의를 기울임으로써 시작할 수 있다.

첫째, 아마도 가장 명백하게, 진정한 신앙과 회심 언어는 성경을 제일의 원천으로 삼을 것이다. 이것은 우리가 번역된 언어를 사용하지 않는다는 의미도 아니고, 우리 자신의 사회 문화적 상황에 근거한 언어와 개념들을 사용하지 않는다는 의미도 아니다. 우리가 살고 있는 시대의 상황과 언어 습관 speech을 통해 성경적 개념과 '용어들' words을 융합하고 완성시킬 수 있다. 하지만 고대에 쓰여진 성경 본문은 하나님의 자기 계시에 대한 영구적 기록이라는 단순한 이유로 인해 우선권을 가진다. 겸손하고 수용적인 태도로 성경을 읽을 때, 그것은 진정 우리에게 새로운 단어가 되기 때문에, 우리의 신앙과 회심 언어를 계속해서 만들고 또 다시 만든다.

둘째, 우리 자신의 영적 유산과 신앙 전통이 회심 언어의 원천이 될 것이다. 한편으로 이것은 필연적인 사실이다. 왜냐하면 우리는 신앙적 성장 배경이 주는 영향력을 부인하거나 무시할 수 없기 때문이다. 사실상 모든 신학적 성찰은 필연적으로 특정한 신학적, 영적 전통과 결부된다. 신학적 성찰은 그것이 특정한 신앙 공동체 안에서 구체화되어, 그 공동체에 의해 생생하게 유지되는 것을 우리가 인식할 때 의미가 있다. 신앙 전통의 위치는 본래 신학 연구 안에 존재한다. 그러나 우리는 또한 어떤 특정한 공동체의 언어가 고립된 특성을 띠고, 자신들에게만 의미 있는 언어로 전락할 위험성이 있다는 사실도 인정해야만 한다. 많은 사람들이 한 교회를 떠나 다른 공동체에서 올바른 믿음을 발견하기도 하는데, 이는 두 번째 교회가 자기들의 경험에 더 어울리는 신앙의 언어를 제공해 준다는 단순한 이유 때문이다. 그들이 속해 있던 기존의 신앙 전통은 그들에게 별로 이해가 되지 않거나, 실제로 진정한 기독교 신앙에 장애가 될 언어를 가지고 있을 수 있다. 또한 어떤 전통에서는 거룩한 성경이 우리에게 항상 새롭게 말씀하시도록 겸손하고 수용적인 자세를 갖게 하는 능력을 상실하고 있을 가능성도 있다.

따라서 우리 자신의 신앙적 유산에 내포된 한계를 모두 인식하기 위해서는 지혜가 필요하다. 비판적인 평가를 통하여, 우리 신앙 전통의 한계를 인정하는 한편, 우리 전통의 장점을 찬양할 수 있다. 어떤 공동체든 자신의 신앙 언어를 성경 본문에 되풀이하여 비춰봄으로써 새롭게 도전 받을 수 있도록 해야 한다. 또한 그 전통에 담긴 언어도 지극히 중요하고 꼭 필요한 자원이다. 우리 가운데 어느 누구도 언어의 진공 상태에서 신앙에 이르지는 않는다. 필연적으로 신앙은 어떤 특정한 전통의 흐름 속에서 성장한다.

우리의 신앙 전통과 공동체 안에 담겨 있는 생명력의 진수眞髓는 언제나 성경을 새롭게 읽을 때 드러난다. 그러나 또한 회심과 변화에 대하여 이야기하는 방식을 발전시키고, 정보를 알려주고, 도전을 던질 수 있도록 다른 기독교 전통에 대해서도 허용할 때, 살아있는 생생한 신앙 언어를 유지할 수 있다. 역동적인 회심 언어를 유지할 능력을 잃어버린 신앙 공동체는 대체로 성경이 자신들에게 살아있는 의미로 다가오도록 하는 데 실패할 뿐만 아니라 편협해지며, 다른 전통에서 배우는 것의 가치를 인정할 수도 없게 된다.

회심에 대한 이 글에서 나는 모든 범위의 기독교 전통들을 이용한다. 비록 내가 속한 복음주의 전통에서 말할지라도, 나는 다른 전통 출신자들의 통찰력과 관점을 크게 의지하고 있으며, 또한 이 글을 통해 다른 전통 안에 있는 이들이 그들의 상황 안에서 회심의 의미를 좀 더 온전하게 인식할 수 있기를 바란다.

셋째, 신앙과 회심의 언어는 사회적·문화적 상황 속에서 필요한 원천을 발견할 수 있다. 회심은 결코 역사적 진공 상태에서 발생하지 않고, 언제나 심리적·사회적·문화적인 영향을 받으면서 성장한 사람들의 삶 속에서 일어난다. 그러므로 회심은 어떤 특별한 상황 속에서 일어날 수밖에 없다. 여기에는 문화적이고 언어적인 환경이라는 거시적 상황macro context, 가족, 신앙 공동체, 직장, 이웃이라는 미시적 상황micro context, 그리고 한 사람의 인격, 기질, 경험이라는 개인적 상황personal context이 있다.[26]

회심은 변화나 탈바꿈을 위한 개인적인 갈망에서 생겨난다. 종종 회심은 약간의 스트레스나 혼란, 또는 해답을 찾으려는 내적 갈등을 통해서도 일어난다. 이런 심리적 위기는 갈등의 해결책이나 갈등을 뛰어넘어 어떤 형태의 자아실현을 위한 가능성을 나타낸다.

회심 체험은 집요하게 계속되는 죄책감을 해결하거나, 한 개인이 두려움과 염려로 가득한 삶의 환경에서 평화를 발견하는 수단으로 작용할 수도 있다. 그러나 궁극적으로 회심 체험은 중요성, 의미, 통합, 그리고 목적을 향한 인간의 갈망으로 다가가게 한다.

어떤 사람에게는 회심이 인지적인 일관성 또는 지적인 해답이나 의미를 발견하는 수단이 될 수 있다. 다른 사람에게는 그와 같은 해결책이 삶의 의미와 목적창조적인 의미을 찾기 위한 탐색의 일부기도 하기 때문에, 회심은 정서적으로, 도덕적으로, 지적으로 성숙할 수 있는 수단이 된다. 이것이 대부분의 성인발달 이론가들이 가진 입장일 것이다. 또 다른 사람에게는 신앙의 변화와 회심은 사랑하고 사랑 받을 필요성에서 생겨나기도 한다.

내적 갈등이나 위기는 병적일 수도 있는어떤 사람이 깊은 침체에 빠지거나 죄책감과 두려움으로 압도당할 수 있는 반면, 꼭 그렇지는 않다는 점이 강조되어야 한다. 그 대신에 이런 긴장감은 정서적이고 심리적인 건강을 나타내는 신호일 수도 있고, 일반적인 인간의 삶에서뿐만 아니라 한 개인의 삶에서 삶의 본질과 의미를 이해하려는 갈망일 수도 있다.

회심에 대한 일부 심리학적인 연구는 가장 결정적인 한 가지 주제나 동기를 파악하려고 노력하지만, 거의 대다수의 사람들의 회심 체험과 과정에는 다양하고 복잡한 요소들이 작용할 가능성이 훨씬 더 높다. 하지만 결과는 동일하다. 즉 회심은 심리적 평정psychological equilibrium, 인격의 통합, 의미와 목적을 찾는 과정이라는 것이다.

그러나 기독교적인 회심을 통해 해결책을 찾기를 바라는 깊은 갈망과 열망은 결코 단순한 개인적인 문제가 아니다. 모든 사람들은 문화와 사회에 적응하는 과정을 거치게 된다. 우리는 사회적인 존재다. 사회의 구성원으로서 우리 정체성은 사회적인 현실에 따라 깊은 영향을 받으면서 형성된다.

크리스토퍼 라쉬Christopher Lasch는 그의 책 「자아도취의 문화」The Culture of Narcissism [27]에서 우리 시대의 '자아도취적인 경향'을 설명한다. 라쉬의 통렬한 비판을 생각한다면, 서구 문화에서 명백하게 드러나는 그러한 갈망들에 대해 아무런 진지한 관심을 보이지 않아서야 되겠는가? 웨이드 클락 루프Wade Clark Roof는 그런 결론에 이의를 제기한다. 「구도자의 세대」A Generation of Seekers에서 루프는 미국인들이 방향과 목적과 의미를 추구하는 민족이라고 말한다. 또한 그와 같은 추구는 점차 영적인 열망이나 갈망으로 향하면서, 자기 자신과 다른 사람들을 향한 헌신을 통하여 분출시킬 곳을 찾는다.[28] 루프는 실제적으로 이러한 탐색을 서구 사회의 급격한 개인주의에 대한 잠재적인 해독제라고 본다. 자기중심성이라는 주제가 지나치게 과대평가되었으며, 특히 베이비 붐 세대에 태어난 수많은 사람들은 자신들이 믿는 것에 기꺼이 헌신할 태세를 갖추고 있다고 루프는 생각한다.[29]

만약 루프의 말이 맞다면, 교회는 어느 누구에게도 영합할 필요가 없다. 왜냐하면 신앙 공동체는 아무런 타협 없이도 진리를 섬기면서 살라는 부르심과 복음에서 요구하는 내용들을 개략적으로 제시할 수 있기 때문이다. 다시 말해, 교회는 성경의 권위에 대한 헌신과 근본적인 신앙 관습을 전혀 타협하지 않고서도 사회적, 문화적인 상황 속에서 그러한 갈망들을 진지하게 취급할 수 있다. 그와 같은 문화에 내재된 깊은 갈망은 실제로 성경에 나타난 하나님의 자기 계시를 통하여 얼마든지 충족될 것이며, 공동체 안에서 충분히 실현될 것이다. 신앙 공동체는 신앙 관습을 통하여 이러한 성경 말씀을 알 뿐만 아니라 살아내는 능력을 유지하기 때문이다.

서구 사회에는 진정한 공동체, 자아실현, 영적인 초월성과 지혜에 관한 깊은 갈망들이 존재한다. 실제로 서구 사회 안에서 그 문화와 사회에 적응된 모든 사람들은 어떤 형태로든 이러한 갈망들(그 자체로 타당한 열망들)을 밖으로 드러낼 것이다.

그런 관점에서 우리의 회심 언어는 우리와 더불어 살아가며 함께 일하는 사람들에게 내재된 깊은 갈망에 걸맞게 울려 퍼져야 한다. 왜냐하면 인도에서 "당신은 거듭나야 합니다!"라고 적힌 광고 게시판을 세우는 것과 같은 방식의 복음주의 선교는, 대다수 사람들이 윤회나 환생을 생각하면서 현실에서 벗어나기를 갈망하는 문화에서는 별다른 의미를 던져 주지 못하기 때문이다. 다시 말하자면, 회심 언어는 거룩한 성경의 본문과 우리 신앙 전통에 충실해야 할 뿐만 아니라, 문화적인 상황에 내재된 갈망들에 가까이 다가가야 한다. 물론 이런 생각의 바탕에는 그러한 갈망들이 원래부터 악하지는 않다는 게 깔려 있다. 비록 그러한 갈망들이 여러 가지 파괴적인 방식으로 표출될 수 있을지라도 말이다. 복음은 예수 그리스도 안에서 가장 깊은 내면에 있는 우리 갈망을 성취하겠다고 약속한다.

결론

 그런 측면에서 이 글은 그리스도인의 회심 경험이 어떤 것인지를 알게 해주는 신앙 공동체 안에서 회심 언어를 다시 생각해 보라는 부르심이다. 우리에게는 자기 자신의 경험을 이해할 뿐만 아니라 다른 사람들에게 하나님의 구원하시는 은혜라는 진정한 경험을 촉진시킬 수 있도록 도와주는 언어가 필요하다. 그렇게 할 때 우리는 모두 하나님의 변화시키는 은혜를 훨씬 더 깊이 깨달을 수 있게 된다.

3장 영적 거장들의 회심 이야기

어거스틴, 이냐시오 로욜라, 존 웨슬리, 도로시 데이

찬송가 204장 "예수로 나의 구주 삼고"에는 이런 후렴구가 등장한다.

　　이것이 나의 간증이요

　　이것이 나의 찬송일세

　　나 사는 동안 끊임없이

　　구주를 찬송하리로다

그다지 멋진 시구는 아니지만, 엄청난 감흥을 불러일으키는 내용이다. 수많은 복음주의자들이 오랫동안 이 찬송가를 주제가처럼 불렀다. 오늘날에는 그렇게 자주 불려지는 편은 아니지만, 이 찬송가는 이야기, 특히 한 사람의 신앙 간증이 복음주의의 이해에서 매우 중요하다는 사실을 잘 반영한다.

복음주의 전통에서 회심 언어는 간증을 통해 형성된다. 이야기나 간증을 긍정하는 것은 기독교 신학에서 체험이 중요하다는 것을 암묵적으로 시인하는 것이다. 또 다른 복음송가 "주님은 살아 계신다네"He Lives에서도 똑같은 감흥이 전해진다.

> 주님께서 살아 계신지
> 어떻게 알 수 있느냐고 묻는가?
> 주님은 바로
> 내 마음속에 살아 계신다네.

누군가 분명한 증거의 필요성, 곧 우리 마음속에서 전혀 반박할 수 없는 확실하고, 구체적이며, 확고한 사실의 필요성을 강조하면서 이성적인 주장을 했을 때, 흔히 나는 우리 마음의 감정만 앞세운다고 부활을 증명할 수 있겠느냐고 반문하면서 상대방이 쉽게 감당하기 어려운 회의론으로 응수하였다! 그런데 내 신앙 여정의 후반기에 이르러서야, 체험의 능력, 특히 간증의 역할을 깊이 인식하면서 성경 읽기의 중요성을 깨닫게 되었다.

실제로, 회심에 대한 총체적인 신학을 전개하기 위해서는 회심 간증을 세심하게 살펴볼 필요가 있다. 회심 간증이란 교회 역사에서 나타난 실제 회심 경험을 어렴풋하나마 엿볼 수 있는 자서전적인 이야기를 가리킨다. 회심 간증은 단순히 성경 본문을 설명하는 게 아니다. 또한 그것은 단순히 성경을 보충하거나 집중적으로 조명하게 해 주는 자원도 아니다. 오히려 교회의 회심 간증은 우리가 읽는 성경을 비판적으로 볼 수 있게 해 주는 안경이다. 실제로 이와 같은 간증을 들을 때마다 신약 성경의 신학에 관한 나 자신의 이해를 다시 한 번 생각하게 된다. 더구나 그것은 하나님의 백성들이 살아낸 삶 속에서 성령의 역사를 생생하게 보여 주기 때문에, 이 시대를 살아가는 그리스도인들에게 중요한 교훈을 들려줄 가능성이 높다. 그것은 성경을 해석할 수 있도록 도와주는 중요한 수단일 뿐만 아니라, 우리 자신의 경험을 나름대로의 관점으로 바라볼 수 있게 해 주는 창문이다.

경험은 신학을 구체화시킨다

그리스도인의 간증은 우리의 신학이 상황적이라는 사실을 기억나게 한다. 간증은 우리에게 회심을 이해하는 일이 단지 어떤 성경 본문이나 성경적인 교리를 근거로 옳고 그른 것을 판단하는 문제가 아니라는 점을 잘 보여 준다. 모든 신학은 삶을 근거로 한 신학이며, 구체적인 공동체에서 특정 개인들이 살아낸 삶의 이야기다. 그러므로 개인들과 공동체의 이 간증은 신학을 구체적으로 구현하는 구성 요소다. 우리는 이 신학에 따라 삶을 살아간다.

나의 신앙 경험은 내가 어떤 성경 본문을 읽을 때 새로운 관점을 제공하며, 번갈아 성경은 내 경험을 새롭게 깨닫게 해 준다. 성경을 읽을 때마다 어떤 형태로든 이런 저런 경험을 통하여 깨닫게 된다. 이상적인 경로는 하나님의 은혜를 계속하여 경험할 때마다 계속하여 성경 말씀이 우리에게 깨달음을 주고, 연이어 그 결과로서 우리 경험을 재형성하도록 만드는 것이다.

경험은 하나님이 삶에 임하시는 방법을 깨닫게 한다

그리스도인의 간증, 특히 회심 간증은 일반적인 인간의 삶과 우리 자신의 삶을 자세히 이해할 수 있는 중심 수단이다. 하나님께서 우리 삶 가운데 특별한 방법을 통하여 어떻게 일하셨는지를 분명히 알게 될 때라야, 우리는 자기 자신을 제대로 알게 된다. 그러므로 우리의 신앙 체험에 관한 이야기는 특별한 환경에서 하나님께서 우리에게 행하신 은혜로운 일하심에 관한 이야기다. 그것은 우리로 하여금 자신이 누구인지, 어디로부터 왔는지, 어디로 가고 있는지를 깨달을 수 있도록 도와준다.

그레고리 존스가 주목한 것처럼, 어떤 사람들은 기독교 신학에서 신앙 자서전을 언급하는 것에 반발한다. 왜냐하면 그들은 신학은 인간보다는 하나님께 관심을 두어야 한다고 생각하기 때문이다. 다시 말하면, 우리는 자신의 이야기가 아니라 하나님의 이야기를 해야 한다는 것이다. 그러나 그렇게 되면, "자서전이 하나님의 이야기에 우리 삶을 위치시키는 수단으로서 중요한 것이 될 수 있다"[1]는 사실을 이해할 수 없게 된다고 존스는 지적한다. 그는 어거스틴은 권위 있는 저서인 「고백록」기독교문서선교회에서 하나님의 이야기에 자기의 삶을 위치시킨다고 말한다. 어거스틴은 자신의 삶에 하나님의 일하심과 하나님의 이야기가 어떤 식으로 나타났는지, 자신의 삶에 나타난 하나님의 일하심이 자신으로 하여금 어떻게 하나님을 믿는 믿음을 고백할 수 있도록 이끌었는지에 관한 이야기를 「고백록」에 담아내고 있다. 어거스틴의 간증은 하나님의 은혜에 관한 이야기를 들려주기 위하여 그 방향을 분명하게 내면으로 향하고 있다. 그러나 "어거스틴이 자신의 신앙 이야기를 하면서 자기 내면으로 향하고 있는 움직임은 동시에 자신을 살아 움직이게 할 뿐만 아니라 존재할 수 있게 하시는 하나님을 향하여 바깥쪽으로 방향을 돌리는 것이다."[2]

어떤 사람들은 개인적인 체험을 진지하게 성찰하는 일이 자기중심적이며 자기도취적이라고 거부감을 느낄 수도 있겠지만, 우리가 회심 이야기를 전하는 것은 그와 정반대다. 왜냐하면 자기 자신의 체험은 우리로 하여금 하나님의 일하심이라는 거대한 그림을 보는 동시에 그 안으로 들어갈 수 있도록 하기 때문이다. 바울이 자기 자신의 체험을 반복적으로 이야기하는 것은 자기도취에 빠져 넋을 잃고 있다는 의미가 절대로 아니다. 그것은 오히려 바울로 하여금 하나님의 자비로우신 일하심을 훤히 볼 수 있게 하는 창문이었다.

나 또한 존 웨슬리의 신앙 체험에서 큰 영향을 받아 나 자신을 이해하였다. 하나님께서 웨슬리를 돌보시는 방식을 제대로 인식함으로써 나는 나 자신의 신앙을 이해하고 하나님께서 내 삶에 임하시는 방법들을 깨달았다. 이 때 자기 지식과 하나님에 관한 지식이 통합된다.

경험은 우리 삶을 격려해 준다

교회사에서 일어난 회심을 연구하다 보면, 필연적으로 극적이고, 결정적이며, 결단력 있는 사람들이 특별한 관심을 끌게 된다. 그러나 그 연구물들을 이상적인 회심의 본보기로서 규범을 삼을 만한 것으로 볼 수는 없다. 다시 말하면, 그것들을 일종의 실험 자료로 생각하는 것이 훨씬 더 유용하다. 극적인 회심은 회심의 본질과 성격을 뚜렷하게 드러내는데, 이것은 우리로 하여금 다른 사람이 분명하게 그려놓은 회심의 윤곽을 세심하게 성찰함으로써 우리 자신의 경험의 성격을 훨씬 더 온전하게 인식할 수 있게 만든다. 그런데 그와 같은 회심에서 우리 주의를 끄는 것은 단순한 드라마가 아니다. 오히려 깊고 순전하며 진실하고 철저한 회심이 결과적으로 이 개인들이 교회 생활에서 중요한 역할을 감당할 수 있게 해 주었다.

위대한 영적 거장들의 삶은 우리를 크게 격려해 준다. 그들이 그리스도를 본받고 따른 것처럼 우리도 믿음이 자라고 그들을 본받게 될 것이다. 이와 같은 목적을 달성하기 위하여, 교회사에서 네 번의 다른 시기를 대표하는 네 명의 영적 거장들에 관한 이야기를 자세히 살펴보도록 하자.

히포의 어거스틴
Augustine of Hippo: 주후 354~430

아마 어거스틴은 사도 바울 이후로 교회사에서 가장 위대한 의사요 신학자라고 말해도 지나치지 않을 것이다. 더군다나 어거스틴의 여러 저서 가운데 「고백록」기독교문서선교회은 서구 문화와 사상에 지대한 영향을 끼쳤다. 자신의 체험을 다룬 이 이야기는 경건할 뿐만 아니라 중대한 사상이 담긴 걸작품으로서 현대적인 의미에서 최초의 자서전이다. 바로 이 「고백록」 때문에, 우리는 동시대의 다른 어떤 사람들보다도 어거스틴을 더 많이 알 수 있다.

말콤 머거릿지는 다음과 같은 이유로 어거스틴의 간증이 우리 시대의 그리스도인들에게 특별한 의미를 지닌다고 주장하였다. 곧 어거스틴의 간증은 오늘날의 교회가 맞닥뜨린 수많은 문제들을 제대로 다루고 있다는 것이다. 그와 같은 문제들이란 다름 아닌 도덕적인 공백 상태, 정의에 관한 무관심, 새로운 감흥과 체험을 향한 만족할 줄 모르는 열망 등이다.[3]

「고백록」의 제 1권부터 9권까지는 어거스틴의 회심 간증을 엿볼 수 있는 가장 중요하고 일차적인 자료다. 이 이야기들의 밑바탕에 깔린 중심 주제는 하나님의 사랑이 얼마나 위대한지, 우리가 얼마나 긴급하게 하나님의 사랑을 알고 경험해야 하는지, 하나님의 은혜에 얼마나 많은 능력이 담겨 있는지에 관한 것이다. 스스로 강조하는 것처럼, 캄캄한 어둠에서 밝은 빛으로 나아온 자신의 경험을 들려줌으로써 어거스틴은 훨씬 더 하나님을 사랑하게 되었고

하나님의 사랑 안에서 살아가게 되었다.[2,1,4)]

초기 시절

어거스틴은 주후 354년에, 북아프리카에 있는 로마령의 한 자유 마을인 타가스테에서, 그다지 부유하지는 않지만 다소 유명한 집안에서 태어났다. 어거스틴의 아버지는 로마의 행정관으로서 이교도였다. 한편 어머니 모니카는 어거스틴의 인생에 지대한 영향을 끼쳤다. 어린 어거스틴으로 하여금 기독교 교육을 받게 하여 일찍부터 기독교 사상과 관습에 노출되도록 확실하게 양육한 사람은 바로 어머니 모니카였다.

재능 많고 유능한 청년이었지만, 한때 어거스틴은 게으름을 피우고 빈둥거리면서 살았다. 자기 안에 커다란 잠재력이 있음에도 불구하고, 공부에 열중해야 할 학창 시절에 게으름을 피우며 시간을 헛되이 보냈다. 학업에 열중하기보다는 육체적인 쾌락에 빠져서 세월을 보냈다.

17세에 카르타고Carthage로 나와서는[370년] 도시 생활, 곧 젊은 혈기, 호색, 쾌락을 좇는 삶에 흠뻑 빠졌다. 마침내 자기 어머니에게 함께 동거하던 여자에게서 난 아들이 있다는 사실을 털어놓기도 하였다[372년]. 어거스틴은 이 여자와 그 뒤로 15년 정도를 같이 살았던 것으로 보인다.

또한 젊은 어거스틴은 지적인 유희를 즐기느라 세월을 허비하였다. 19세쯤에 이르렀을 때에 벌써 키케로Cicero의 작품을 읽고 있었으며, 그런 사람들의 영향을 받아 진리를 향한 갈망이 마음속에서 끓어올랐기 때문에, 과학과 점성학을 비롯하여 다양한 철학들을 몸소 익히느라 12년 동안이나 찾아 헤맸다. 여러 사람들이 주목해 온 것처럼, 어거스틴의 지식 추구는 지혜를 향한 감각적인 욕망을 반영하는 것이었으며, 그러한 진리를 향한 갈망은 어거스틴이 지닌 열정에서 커다란 영역을 차지하였다.

이와 같은 지적 호기심 때문에, 어거스틴은 마니교에 쉽게 빠져들 수밖에 없었다. 마니교는 우주적인 이원론을 인정하는 종교 운동인데, '빛'과 '어둠'이 둘 다 영원하며, 악도 영원한 존재를 취하고 있다고 보았다. 어거스틴은 악의 성격과 기원에 관한 마니교의 이해를 쉽게 받아들였다._{어거스틴은 악의 문제에 관한 기독교의 반응이 적절하지 않다고 생각하면서 항상 악의 존재에 대해 고민하고 있었다.} 그래서 카르타고에서 학생으로 있으면서 마니교에 흠뻑 빠지게 되었다. 이 때는 악에 관한 마니교의 관점뿐만 아니라 마니교의 금욕 생활에 대해서도 마음이 한껏 끌렸다. 여기에는 아주 혹독한 절제 훈련과 금욕 훈련이 포함되는데, 이런 훈련을 통하여 어거스틴은 자신의 기질을 극복하고 싶어 했다.

진리를 향한 추구와 악의 문제

한 동안 고향인 타가스테에서 '문법'을 가르친 뒤에, 어거스틴은 학생이자 강사로서 카르타고로 돌아갔다. 이제 20대 중반에 이른 어거스틴은 지적인 탐색을 계속하였다. 그럼에도 여전히 악의 문제로 인한 고민이 사라지지 않았기 때문에, 마니교의 해결책에 대해서도 만족스럽지 못한 마음이 점점 커졌다. 그러다가 드디어 마니교의 철학도 공허한 것이라는 결론에 이르렀다. 결국 마니교는 만물을 통합하고 세우기보다는 분열하고 파괴하였다. 더 나아가 성경을 왜곡하며, 진정한 사랑이라는 미덕을 더욱 키우지도 않았다.

29세383년에, 어거스틴은 로마로 가서 수사학을 가르치는 학교를 시작하였다. 거기에서 밀라노를 방문했다가 우연히 암브로스 주교의 설교를 듣게 되었다. 그런데 이 설교가 어거스틴의 마음과 생각에 아주 의미심장한 씨앗을 뿌렸다는 사실을 나중에야 발견할 수 있었다[5,14]. 비록 그 당시에는 어거스틴이 기독교 신앙을 기꺼이 받아들이지는 않았지만, 암브로스의 설교는 어거스틴으로 하여금 마니교를 버리고 또 다른 지적인 탐구를 계속하게 만드는 원동력이 되었다. 이제 어거스틴은 기독교 신앙을 탐구의 기준으로 삼았다. 그리하여 죄, 은혜, 구원의 문제를 다룬 바울의 가르침에 관한 예비지식을 어느 정도 갖추게 되었다.

마침내 386년 9월, 33세의 나이에, 어거스틴은 기독교 신앙의 진실성과 지혜를 분명히 확신하게 되었다. 그럼에도 불구하고 악의 문제와는 계속하여 씨름할 수밖에 없었다. 그 문제는 어거스틴으로 하여금 어느 한 가지 종교나 철학 체계를 쉽게 받아들이지 못하도록 가로막고도 남을 만큼 커다란 내적인 장애물이었음이 드러났다.

"나 역시 하나님의 독생자이신 우리 주 예수 그리스도 안에서, 그리고 거룩한 성경 안에서 하나님께서 인간을 향한 구원의 길을 예비하신다고 믿지만, … 여전히 나는 악의 기원을 찾아내려는 열망으로 불타고 있다"[7,7].

신플라톤주의의 작품을 읽으면서, 어거스틴은 사실상 악이 본래부터 그 자체로는 아무런 실제적인 존재도 아니라는 사실을 깨달을 수 있게 되었다. 오직 하나님 한 분만이 영원히 참으로 실재하는 존재며, 악은 단지 하나님에게서 돌아선 결과일 뿐이다. 그러나 이와 같은 '장애물'이 깨끗이 사라지고 기독교 신앙의 진리에 관하여 지적인 확신을 얻게 되었더라도, 어거스틴은 자신이 주저할 수밖에 없었을 것이라는 사실을 인정하였다. 결국에는 정신적인 동의와 수용에 이르게 되었으며, 이제 지적으로는 아무 것도 그의 앞길을 가로막고 있지 않았다. 그럼에도 아직도 본향에 다 이른 것은 아니었다.

나중에 어거스틴이 신플라톤주의에서 배운 지식들을 커다란 선물로 여기면서 지난 일들을 되돌아보고 있다는 점은 여기에서 다시 언급할 만한 일이다. 어거스틴이 「고백록」에서 밝히는 바에 따르면, 비록 신플라톤주의자들의 작품에서는 십자가에 달린 그리스도의 성육신과 복음에 관한 통찰을 발견하지는 못했지만, 하나님, 피조 세계, 하나님의 말씀에 관한 근본적인 기독교 교리를 찾아낼 수는 있었다.

죄의 성향을 청산함

기독교 신앙의 진리를 인정했음에도, 어거스틴은 그 진리를 전심으로 받아들이지 못했다. 「고백록」의 내용은 구구절절 자신의 죄스런 기질에 맞서 싸우는 싸움을 언급한다. 물론 궁극적인 기쁨이 하나님을 즐거워하는 데서 온다는 것을 잘 알았지만, 어거스틴은 죄에 관한, 육체적인 쾌락에 관한 애착을 담담하게 인정한다.

이와 같은 사실을 아는 것과 실제로 경험하는 것은 전혀 다른 문제다. 어거스틴은 로마서 7장에서 울려 퍼지는 "곧 내가 원하는 것은 행하지 아니하고 도리어 미워하는 것을 행함이라"는 말로 성적인 유혹과 욕망을 향한 자신의 계속되는 싸움과 좌절을 묘사한다. 돌이켜 보았을 때, 자기 의지만으로는 결코 진리 안에서 살아갈 수 없었다.

어느 날인가, 어거스틴은 어디에선가 한 어린 아이가
"집어 들고 읽으세요. 어서 집어 들고 읽으세요."
하고 소리치는 소리를 들었다. 그래서 성경을 집어 들고 아무데나 폈더니 로마서 13장 13~14절이 나왔다. 거기에는 이렇게 적혀 있었다.

"낮에와 같이 단정히 행하고 방탕하거나 술 취하지 말며 음란하거나 호색하지 말며 다투거나 시기하지 말고 오직 주 예수 그리스도로 옷 입고 정욕을 위하여 육신의 일을 도모하지 말라."

성경 본문에서 받은 충격은 즉각적이었다.

"나에게는 좀 더 읽어봐야겠다는 마음도 들지 않았고, 더 읽어야 할 필요도 없었다. 왜냐하면 그 문장의 마지막 부분에 눈이 가는 순간, 마치 한 줄기 광선 같은 확신이 갑자기 내 마음 속으로 밀려들어와 온갖 어둠과 의심을 내쫓아버렸다."[8.12]

죄의 권세를 몰아내자 어거스틴에게는 기쁨이 넘쳐흘렀다. 그 경험은 어거스틴의 은혜의 신학에 엄청난 영향을 끼쳤으며, 어거스틴으로 하여금 은혜가 중요하다는 것과 우리에게 있는 모든 것이 바로 하나님의 선물이라는 사실을 깨닫게 해 주었다.

그런데 어거스틴의 즉흥적인 기질은 오히려 금욕주의와 엄격한 율법주의를 받아들이게 했다. 이런 길을 선택한 다른 사람들과 마찬가지로, 어거스틴은 의식적으로 교회를 멀리했다. 이는 교회의 신앙이 명목적으로 보였을 뿐만 아니라 교회의 도덕성이 손상을 입은 것으로 보였기 때문이다. 그럼에도, 아마 암브로스의 초기 영향력으로 말미암아, 오래지 않아 어거스틴은 스스로 세례의 필요성을 깨닫게 되었다 이것은 교회와 교회의 권위를 받아들이겠다는 의미였다. 여전히 로마에 머무르던 387년 사순절 기간에, 어거스틴은 세례를 받을 수 있는 후보자에 올랐고, 드디어 387년 4월 24일 부활절에 암브로스에게 세례를 받았다.

비록 초기에는 교회에 참여하는 것을 별로 탐탁하지 않게 생각했지만, 어거스틴은 자신이 진정으로 회개하여 정말 용서받았는지 확신이 없어서 마음에 큰 부담을 안고 살았었다. 물론 그 문제는 교회에서 세례를 받고나서 해결되었다. "그럼에도 내 신앙은 나로 하여금 과거에 저지른 죄악들 때문에 편안하게 지낼 수 없게 했다. 왜냐하면 그와 같은 죄악들이 하나님께서 베풀어주신 세례로도 완전히 용서되지 않았기 때문이다. … 그런데 일단 우리가 세례를 받으면, … 과거로 말미암은 온갖 불안한 마음은 눈 녹듯이 사라지게 된다"[9.4, 6]. 어거스틴은 성례전 행위 자체를 하나님께서 구원의 은혜를 베푸시는 수단으로 보지는 않았다. 그래서 13권에서는 성례전을 필수적이고 필연적인 것이라고 말하고는 있지만, 영적으로 이해하고 실행하지 않으면 부적절한 의식이라고 덧붙인다. 그러나 어거스틴에게 세례는 용서의 확신에 이르게 한 중요한 사건이었다.

히포의 주교

1년 뒤에 고향 타가스테로 돌아간 어거스틴은 당시에 흔히 유행하던 풍습을 따라서, 가난 속에서 기도하면서 성경을 연구하는 삶을 살겠다는 결심으로 전 재산을 팔았다.

어거스틴은 사제직에는 별다른 관심이 없었으며, 자신에게 부담을 줄 수 있는 상황이라면 웬만하면 무엇이든 다 피했다. 그런데 친구를 만나려고 히포를 방문했을 때, 사람들이 어거스틴에게 하나님께서 사제로 부르고 계실지도 모른다는 사실을 인정하라고 하자, 그 자리에서 다함께 기도하였다. 그러다가 결국에는 그 요청을 받아들였다. 이 일은 37세 때 일어났으며, 드디어 391년에 사제로 안수를 받았다.

타가스테에서 신학을 가르치면서 보낸 중년 시절에, 어거스틴은 학자와 교사로 성장하면서 아주 중요한 시기를 맞이하였다. 396년, 마흔세 살의 나이에 히포의 주교로 임명되었던 것이다.

어거스틴의 회심과 신앙 체험을 나름대로 설명하는 다양한 해설가들이 있다. 예를 들면, 데이빗 웰즈David Wells는 어거스틴이 신앙에 이르게 된 과정에는 세 가지 뚜렷한 단계가 있다고 주장한다. (1)지적인 회심. 이것은 마니교의 이원론에서 플라톤주의의 회의론으로, 그리고 암브로스의 설교를 통하여 다시 기독교 신앙으로 순례를 거듭하면서 얻은 열매였다. (2)도덕적인 회심. 이 단계에서는 로마서 13장을 읽으면서 죄의 권세에서 벗어나 자유를 경험하였다. (3)교회와 관련된 회심. 마지막 단계에서는 어거스틴이 세례를 받았을 뿐만 아니라 교회의 권위를 받아들이게 되었다.[5] 이런 설명은 지나치게 단순하고 간결하게 보일 수도 있겠지만, 어거스틴의 회심을 특정한 시간이나 장소로 못 박을 수 없다는 사실을 분명하게 보여 준다. 그 회심은 오랜 탐색의 열매였으며, 여러 번의 특징적인 순간들이 모여서 형성된 경험이었다. 각각의 순간들은 철저한 회심으로 나아가는 데 본질적인 역할을 했지만, 이 가운데 어느 것도 그 자체만으로는 성 어거스틴의 회심으로 볼 수 없다.

이냐시오 로욜라
1491~1556

이냐시오 로욜라는 예수회Jesuits의 창설자로 가장 잘 알려져 있다. 예수회는 기독교 교육과 선교에 지대한 영향을 미친 수도회다. 어떤 전통에 속한 그리스도인이든 관상기도 입문서인 이냐시오의 「영성 훈련」Spiritual Exercises을 소중하게 생각할 것이다. 그러나 로욜라의 헌신은 그의 개인적인 체험과 동떨어져서는 도저히 상상할 수 없다. 예수회의 창설자, 관리자, 영적인 감독으로서 로욜라가 사역에 정통할 뿐만 아니라 지속적으로 사역할 수 있었던 것은 자기 자신의 체험 때문이었다. 이냐시오의 회심 이야기에 대한 일차적인 자료는 그가 직접 쓴 「자서전」*Autobiography*이다6).

초기 시절

이니고 로페즈 드 로욜라Inigo Lopez de Loyola라는 이름을 갖고 태어난 이냐시오는, 고향 마을에서 교회의 적극적인 후원자인 카스티야 왕국the crown of Castile: 스페인 중부의 옛 왕국 - 역주에 충성하는 바스크 가문Basque family: 스페인의 서부 파이레니스 산맥 지방에 사는 사람들 - 역주 사람으로 자라났다. 바스크 가문은 왕궁과 연줄을 맺은 부유하고 걸출한 가문이었다.7)

로욜라의 인생 유전流轉과 배경은 매우 봉건적이었다. 로욜라 가문의 사람들은 혈통과 충성심에 관한 남다른 열정을 보였다. 가장에 대한 순종을 굉장히 강조하였으며, 이 가장은 한 가문을 대표하는 우두머리로서 권위를 가지고 다스렸다. 생활 무대가 주로 시골이었고, 명령과 훈련을 아주 강조하였다.8)

바스크 가문 사람들의 종교적인 믿음에 대한 단순성과 확고함은 이냐시오에게도 언제나 살아 있었다. 페드로 드 레투리아Pedro de Leturia의 말에 따르면, 바스크 가문의 영향력은 이냐시오의 사려 깊은 내면 세계, 개인적인 집중력, 확고한 결정력을 포함하여 언어 · 생활양식 · 기질 등에서 분명하게 드러난다.9) 그는 또한 로욜라의 의지적인 결단력은 바스크 가문의 유산 가운데 가장 지속적인 효과를 발휘하였다고 말했다.

새로운 삶의 방향

이냐시오의 삶의 두 번째 양상은, 16세나 17세 무렵에 돈 주앙 벨라끄 드 꾸엘라Don Juan Velásques de Cuella를 섬기기 위하여 왕실 사환으로 보내졌을 때 펼쳐졌다. 이냐시오는 이런 귀족적인 환경에서 10년 이상을 지내면서 공식적인 왕실 관리로서 훈련을 받았다. 주변 환경은 지극히 공식적이었다. 왕실에서 추구하는 가치가 점차 이냐시오의 성품과 삶의 방향의 한 부분으로 자리 잡았다. 왕실 생활은 명성과 개인적인 영광에 대한 갈망을 키웠고 낭만적이고 웅대한 이상들을 활활 타오르게 하였다. 또한 왕실 생활로 인해 스페인 신사에게서 전형적으로 드러나는 예의범절과 공손함이라는 자질이 이냐시오에게 자연스럽게 스며들었다. 이런 자질들은 인생의 후반기에 이르러 내면에서 인격적인 균형을 잡게 될 때 아주 중요한 의미를 띠게 되었다. 왕실 예식의 심상과 모티브들이 이냐시오의 영성을 지배하게 되었다.[10]

페르디난드 왕이 죽은 뒤에, 그 당시에는 이니고로 불리던 이냐시오는 나바레로 간 다음, 거기에서 총독으로 섬기면서 1521년에 팜플로나 전투에 참전하여 프랑스와 맞서 싸웠다. 그러나 이 요새의 방어력이 허술해서 부상을 당했다. 포탄이 떨어져 한 쪽 다리에 커다란 상처를 입었고, 다른 한 쪽 다리는 거의 못쓰게 되었다. 전투가 막바지에 이르자, 오히려 프랑스 사람들이 심각한 부상을 입은 이냐시오에게 의사의 치료가 필요하다는 것을 알고, 로욜라에 있는 자기 집으로 돌아갈 수 있도록 조치해 주었다. 불행히도 이 때 의사의 치료가 적절히 이루어지지 않아서, 부상 입은 다리를 제대로 못 고쳤다.

부분적으로는 외모에 대한 염려 때문에, 이냐시오는 다시 한 번 고통스러운 수술을 감행하기로 결단했다. 끔찍하게도 이 수술은 자기 다리를 다시 부러뜨려 새롭게 맞추는 것이었다. 그 결과 회복 기간이 훨씬 길어졌고, 그 기간에 그는 꼼짝없이 자리에 누워 있을 수밖에 없었다.[11]

긴 요양 기간을 보내면서 이냐시오는 처음으로 영적 성장의 중요한 전환점을 맞이하였다. 자기가 직접 쓴 자서전에서, 이냐시오는 초기 시절에는 어떤 것이 영적인 열정인지 제대로 몰랐다고 고백한다. 이냐시오는 3인칭으로 이렇게 말한다. "26세의 나이에 이르기까지, 이냐시오는 세상적인 허영심에 몰두한 사람이었으며, 명성을 얻으려는 굉장하고도 무모한 욕망 때문에 군사훈련을 하면서도 무척 기뻐하였다."[12] 그런데 억지로 요양을 할 수밖에 없던 시절이 급격한 변화를 몰고 왔다. 꼼짝 못하고 병상에 누워 있는 동안, 이냐시오의 평소 기질대로 하자면, 그 시대에 한창 인기 있는 낭만적인 공상 문학 작품들이나 읽으면서 자신의 상상력에 불을 질렀을 것이다. 그러나 몇 가지 이유로, 이러한 일들이 이냐시오에게 일어나지 않았다. 오히려 이냐시오의 손에 들린 작품들은 진지한 경건 서적들이었다. 자신도 스스로 놀랄 정도로, 이러한 고전들을 읽다가 거기에 푹 빠져들었다. 여기에는 나중에 이냐시오가 언급하기도 하는 두 책이 포함되어 있었다. 곧 색소니의 루돌프Ludolph of Saxony가 쓴 「그리스도의 생애」*The Life of Christ*와 여러 성인들의 삶의 이야기를 수집해 놓은 「황금빛 전설」*The Golden Legend*이다. 이처럼 경건 서적에 몰두한 결과는 아주 급격하게 나타났다. 청년기를 보내면서 이냐시오는 군대에 들어가 온갖 영예와 명성을 쌓으려는 꿈을 꾸기도 하였다. 그러나 독서의 영향으로, 이제는 순례와 참회의 삶을 살면서 전혀 다른 종류의 기사도에 자신을 헌신하기로 했다.[13]

이와 같은 요양 기간에 관한 이야기를 들으면서, 우리는 여기에서 시작되어 궁극적으로 이냐시오 식의 분별 개념이 발전했다는 것을 알 수 있다. 그것은 위로와 고독을 깨닫는 가운데 우리 삶에서 일어나는 하나님의 임재와 활동을 의식하는 원리를 말한다. 이 기간에 이냐시오는 궁극적으로 「영성 훈련」의 기초가 될 초기 체험과 언젠가 다른 사람들에게 전해줄 영적인 방향성을 찾았다.

경건 서적을 탐독한 이냐시오는 자신의 과거 생활을 속죄하기로 결심하였다. 이냐시오에게 이것은 예루살렘으로 순례를 떠나는 것을 의미했다.그 시대에는 이것이 전형적인 신앙 행위였다.

성인들을 본받고 싶다는 욕구가 이냐시오에게 일어난 것은 바로 이 시기였다. 그래서 자신이 처한 현재 상황을 전혀 고려하지 않은 채, 이냐시오는 성인들이 했던 일을 하나님의 은혜로 해 보겠다고 약속하였다. 건강을 회복한 뒤로 엄청난 갈망이 솟아오르자, 이미 앞에서 언급한 대로 예루살렘으로 떠날 수밖에 없었고, 여러 차례 금식을 단행했으며, 하나님을 향한 불타는 마음을 품은 관대한 영혼이라면 누구나 익숙하게 행하는 훈련들을 구체적으로 실행하였다.[14]

이냐시오는 처음엔 예루살렘까지 완벽한 순례 여정을 떠날 수 있도록 자기 영혼을 준비하기 위해서 바르셀로나 인근의 동부 스페인에 있는 몬트세라트까지 가 보기로 결심했다. 거기로 가는 도중에, 아란자주^{Aranzazu}에서 금욕 서원을 하였다. 그 뒤 몬트세라트에 이르러서는 한 베네딕트 수도사에게 고해성사를 하였으며, 그 사람에게 3일 동안 영적인 조언을 받았다. 이렇게 여러 날을 보낸 후에, 이냐시오는 그리스도를 상징하는 제복과 휘장을 착용하고 의식적이고 공식적으로 기사도 결의를 한 뒤에 그리스도의 기사가 되었다. 이것은 주님의 충성스런 군사로서 자신을 드리겠다는 뜻이었다.[15]

이냐시오는 그 수도원에서 금식과 묵상으로 시간을 보내면서, 기사도 정신을 바탕으로 그리스도를 향한 온전한 헌신을 추구하였다. 이냐시오가 하나님과 맺는 관계를 묘사할 때 군인의 이미지를 선택할 수밖에 없었던 것은 별로 놀라운 일이 아니다. 그것은 성경에 등장하는 영적인 삶의 이미지일 뿐만 아니라 중세 시대의 수많은 수도원 영성의 지배적인 경향이기도 하였다. 물론 그것은 왕궁에서 왕실 관리로 일한 경험과 16세기 스페인에서 군인으로 복무한 경험을 반영한 것이기도 하였다. 이냐시오는 기사 작위 수여에 필요한 절차와 의식을 훤히 꿰뚫고 있었다. 이와 같은 형식을 좇아, 수도원 예배당에서 하룻밤을 지새우면서 기사도 방식으로 그리스도께 자신을 철저하게 드렸다.[16]

그러므로 이 두 가지 주제, 곧 순례 여행과 섬기는 종의 모습을 띤 기사도가 이냐시오의 초기 영성을 지배하였다. 첫 번째는 부정적인 방식으로, 참회를 위하여 순례 여행을 떠나는 것이었다. 두 번째는 긍정적인 방식으로, 하나님을 향한 섬김을 강조한 기사도 방식을 택한 것이었다.

만레사

몬트세라트에서 사흘을 지낸 후에도 여전히 예루살렘으로 순례 여행을 떠나기를 갈망했지만, 바르셀로나에 있는 항구가 폐쇄되는 바람에 자연히 연기될 수밖에 없었다. 그래서 이냐시오는 만레사라는 마을로 옮겨왔는데, 여기에서 결국 총 10개월을 지냈다. 이냐시오의 영성의 두드러진 특징은 바로 만레사의 체험을 바탕으로 한 것이다.

만레사에서 이냐시오가 보인 삶의 모습은 몬트세라트에 있는 수도사들이 전해준 것 같다. 매주 성만찬을 거행하였으며 16세기에는 이것이 아주 드문 일이었다, 경청기도를 실행하면서 하루에 예닐곱 시간을 보내기도 하였다. 이것은 토마스 아 켐피스가 저술한 「그리스도를 본받아」 *The Imitation of Christ*를 통하여 가장 널리 알려진 영성 운동인 '새로운 경건' devotio moderna에서 전형적인 영성 훈련 방식으로 사용하는 것이었다. 「그리스도를 본받아」는 이냐시오가 아주 즐겨 읽는 경건 서적 가운데 하나였다. 대개 하루에 한 장씩 읽으면서, 자신이 상담하는 사람들에게 일일이 이 책을 추천하기도 하였다.[17] 더 나아가 지역 병원에서 아픈 사람들을 도와주거나 어린이와 거지들에게 기독교 교리를 가르치는 데에도 매우 적극적이었다.

그러나 이렇게 여러 달을 보냈지만, 그 기간은 감정적인 혼란으로 가득한 시간들이었다. 이냐시오의 내면생활을 혼란스럽게 한 것이 정확히 무엇이었는지 확실하지는 않지만, 이 때는 유혹이 심각했고 삶이 불안정했던 시기였다. 이런 문제들은 카르도너 강둑에 앉아 있는 동안에 이냐시오가 스스로 '조명하심'이라고 부른 것을 체험했을 때 해결되었다. 이 경험은 이냐시오의 자서전에서 다음과 같이 나타난다.

> 여기에 앉아 있는 동안, 이냐시오에게서 깊은 통찰의 눈이 열리기 시작하였다. 비록 어떤 환상을 본 것은 아니지만, 영적인 문제들뿐만 아니라 신앙과 배움의 문제에 이르기까지 두루 많은 것들을 이해하고 깨닫게 되었다. 또한 이것은 매우 엄청난 깨달음이었기 때문에, 이냐시오에게는 모든 게 새로워 보였다. 비록 많은 일들이 일어났지만, 그 당시에 이해한 것들을 자세하게 다 설명할 수는 없었다. 자신의 이해 영역이 엄청나게 명료해지는 경험을 했다는 사실을 제외하고는 말이다.[18]

환상을 연구하는 사람들은 이냐시오의 환상을 성격상 '지적인' 것으로 설명한다. 왜냐하면 거기에는 시각적인 이미지가 없기 때문이다. 이 경험을 통하여 이냐시오는 새로운 이해 방식뿐만 아니라, 온 세상을 비롯하여 이 세상에 계신 하나님을 바라보는 새로운 방식을 터득했다. 이냐시오 자신뿐만 아니라 그와 관련한 영적인 전통을 설명하기 위하여 흔히 사용되는 한 가지 간단한 문구가 있다. 곧 "모든 일에 먼저 하나님을 추구하라."

이 환상을 통하여 이냐시오는 삼위일체 하나님에 비추어 만물을 바라보는 경지에 도달하게 되었다. 모든 진리를 하나님의 진리와 관련시켜서 바라볼 수 있게 되었다. 그러나 그것은 단순히 지성적인 만남만은 아니었다. 이냐시오는 전 인생을 통틀어서 이 사건을 삼위일체 하나님과의 만남으로 설명했는데, 특히 예수 그리스도와의 인격적이고 개인적인 만남으로 설명하였다. 예수 그리스도는 자신이 충성을 맹세한 존재일 뿐만 아니라 인격적으로 교통하는 분이라고 설명하였다.

이와 같은 설명으로 곧바로 분명해진 것은 아니지만, 이냐시오의 인생 행로를 통하여 점점 더 확실해진 것은, 이 체험으로 말미암아 이냐시오는 자기 인생과 사역에서 가장 중요한 차원인 내면의 겸손에 더욱 가까이 다가가게 되었다는 점이다. 이 만남은 이냐시오의 관점을 송두리째 바꾸어 놓았다. 이냐시오의 내면에 자리 잡고 있는 동기와 성품, 영적인 체험의 초점이 완전히 바뀌었다. 이제 괴팍한 신앙인에서 사도들과 같은 영적인 거장으로 완전히 거듭나게 되었다. 카르도너 강둑에서 받은 환상은 이냐시오의 인생에 일관성을 갖게 한 영적인 사건이었다. 이 사건으로 그는 하나님의 은혜를 깊이 체험했고, 자기 자신의 신앙을 확신하게 되었다.

이냐시오의 회심에 대한 해부

이냐시오 로욜라의 완전한 회심은 요양 기간에 단행한 여러 가지 초기의 결단보다 훨씬 더 획기적인 것으로 보아야 한다. 비록 그런 결단들이 아주 의미심장한 전환점으로 작용한 것은 분명했지만, 이냐시오의 영적인 체험의 기초를 형성한, 적어도 세 가지 뚜렷한 시기를 고려할 때에야 비로소 이냐시오를 철저하게 회심한 사람으로 언급할 수 있다. 곧 로욜라에서 보낸 요양 기간, 몬트세라트에서 지낸 3일, 카르도너 강둑에서의 체험을 포함한 만세라에서 보낸 시기를 살펴봐야 한다.

흔히 이냐시오가 회심한 시기라고 규정되는 요양 기간은 분명히 중추적인 역할을 감당했다. 이냐시오는 영적이거나 경건한 고전들을 읽음으로써, 여러 성인들의 본보기를 따랐을 뿐만 아니라 그리스도를 철저하게 섬기기 위하여 자기 자신을 드릴 수 있도록 영감을 불어넣은, 그리스도인의 삶에 진정으로 필요한 한 가지 모델에 열중하게 되었다. 아마 이냐시오는 자신의 급격한 회심을 여러 성인들의 본보기를 따르려는 열망에서 샘솟는 것으로 이야기하려고 할 것이다.

이냐시오 안에서 일어난 변화는 분명히 매우 중대한 것이었다. 나중에 이냐시오는 초기 시절을 언급하면서 '이 세상의 덧없는 허영심을 내다버린' 사람이 보낸 세월, 칭찬을 받으려는 열망으로 불타올라 영웅적인 행위를 좇던 시기라고 말했다.[19] 경건 서적들을 읽음으로써, 이냐시오의 관점이 급격하게 변했으며, 특히 성 프란시스와 성 도미니크에 관한 이야기에 더욱 커다란 영향을 받았다. 그와 같은 사람들의 영향을 받으면서 세상적인 칭찬과 인정을 받으려는 갈망은 겸손한 삶의 방식을 좇는 강력한 열망으로 대체되었다.

몬트세라트에서 지낸 3일 동안은 훌륭한 영적인 조언을 한꺼번에 들을 수 있는 여지를 마련해 주었다. 이냐시오는 그런 조언을 특히 잘 받아들였다. 또한 그는 기사도를 벤치마킹했다. 곧 예수 그리스도를 섬기기 위하여 종의 모습을 지닌 기사가 되겠다고 굳게 결단한 것이었다. 기도하는 법, 곧 적절한 때가 이르면 자신의 회심을 구체화할 중요한 기술을 배운 것도 바로 몬트세라트에서였다.

만레사에서, 특히 카르도너 강둑의 체험을 통하여, 이냐시오는 내면의 사람으로 완전히 탈바꿈하였다. 스스로 '행동하는 관상가'라고 부른 그런 사람으로 변했다. 이런 일은 이냐시오가 다른 두 번의 중요한 순간을 거치지 않았다면 일어날 수 없었을 것이다. 그는 과거와 단절해야 했으며, 몬트세라트에서 받은 초점, 결단력, 가르침, 훈련이 필요했다. 그러나 요양 기간에 결단한 것들이 완전히 성취되려면 몬트세라트와 만레사라는 과정이 다 필요했다. 만레사에서의 경험이 없었다면, 이냐시오는 신앙적인 돈키호테에 지나지 않았을 것이다.

초기에 읽은 경건 서적들은 이냐시오에게 영적인 삶의 모델을 보여 주었다. 만레사에서는 이것을 구체화했다. 이냐시오는 자신의 초기 회심을 그리스도의 기준을 따라 살겠다는 결단으로 규정하였다. 카르도너 강둑에서의 체험은 훨씬 더 깊은 곳으로 나아가게 하였다. 다시 말해 그것은 근본적으로 '그리스도 안에' 있는 존재가 되는 경험이었다. 이냐시오에게 그리스도는 왕 같은 통치자일 뿐만 아니라 충분히 신뢰할 만한 살아 계신 인격체로서 온갖 진리를 통합시키는 존재가 되었다.

그러므로 이냐시오 로욜라가 「영성 훈련」을 쓴 것은, 그 책이 특별히 그리스도를 만나는 촉매제로 기여할 뿐만 아니라 그리스도와 친밀하게 살아가는 삶을 촉진하기 위함이었다는 사실은 전혀 놀랄 만한 일이 아니다. 이냐시오에게, 그리스도인의 삶의 궁극적인 목표는 그리스도를 알고 사랑하고 섬기는 것으로 정의되는 겸손함, 그리스도 안에서 그분과 함께 있는 존재로서 보여 주는 겸손함이다.

존 웨슬리
1703~1791

존 웨슬리는 감리교 창시자로 가장 잘 알려져 있다. 웨슬리는 특출한 전도자로서 18세기에 영어를 사용하는 세계에 놀랄 만한 영향을 끼친 인물이었다. 또한 웨슬리의 영향력은 주류 감리교 교단의 삶과 증거, 그리고 19세기 성결 운동the Holiness Movement에 뿌리를 둔 전통을 통하여 오늘날에도 생생하게 살아있다. 어거스틴과 이냐시오의 경우와 마찬가지로, 웨슬리가 끼친 영향력은 결코 그 자신의 체험과 동떨어져서 생각할 수 없다. 웨슬리의 자서전적인 성찰을 위한 일차 자료는 웨슬리의 「신앙 일기」Journal와 다른 저서에 수록된 일부 자서전적인 내용이다.

초기 시절

존 웨슬리는 1703년에 영국 영지인 엡워스Epworth에서 사무엘 웨슬리와 수잔나 웨슬리 부부에게서 태어났다. 전기 권위자들은 모두 웨슬리의 영적 성장에서 부모의 영향, 특히 어머니 수잔나의 영향을 주저 없이 높이 평가한다. 어머니의 영향은 웨슬리의 성인기에도 이어져, 두 사람은 웨슬리가 대학을 다니던 시절에도 서로 긴밀하게 서신 왕래를 지속하였다.

수잔나는 엄격하고 훈련된 집안을 꾸리면서 규칙적인 생활과 질서의 필요성을 강조하였다. 이것은 부분적으로 참된 경건에는 의지를 다스리는 일이 포함될 뿐만 아니라 오직 거기에서만 참된 경건을 찾을 수 있다는 확신에서 비롯되었다. 지적인 가르침은 의지를 복종시키는 일보다는 덜 중요한 것으로 간주하였다. 왜냐하면 수잔나는 악의 본질이 자기 의지에 뿌리를 두고 있다고 보았으며, 순종이 참된 신앙의 본질이요 진정한 기쁨의 근본이라고 보았기 때문이다.

비록 어머니 수잔나의 영향이 가장 중요하긴 했지만, 웨슬리의 부모는 둘 다 고교회High Church* 전통을 지켜온 영국 성공회에 헌신한 사람들이었다. 더구나 두 사람은 오랫동안 청교도이자 국교 반대자로서 신앙생활을 했기 때문에, 청교도의 영향력은 계속 남아 있었다. 특히 그들은 청교도 출신의 성직자인 리처드 백스터와 존 번연의 작품을 비롯하여 다양한 책을 읽었다. 청교도의 영향력은 웨슬리 가족이 광범위하게 읽은 경건 서적에 분명히 드러났다. 그러므로 웨슬리는 질서와 훈육의 가치를 높이 평가하면서도 성경의 권위와

영국 교회의 권위를 존중하는 분위기에서 자라났다.[20]

또한 웨슬리 가족은 청교도들의 경건 서적을 뛰어넘어, 스쿠폴리-카스타니자와 헨리 스쿠갈을 비롯한 신비주의자들의 경건 서적도 읽었다. 따라서 어린 웨슬리는 또 다른 차원의 영향을 받아 영적으로 성장했다. 이와 같은 책을 쓴 저자들은 꼭 필요한 자기 부인과 하나님을 전심으로 사랑하는 일을 집중적으로 조명하면서, 하나님의 감동적인 사랑, 다시 말해 하나님의 사랑에 담긴 변화시키는 능력에 대한 인식을 덧붙였다.[21]

웨슬리에게 영향을 끼친 세 부류, 곧 영국 성공회·청교도·신비주의는 한결같이 자기 부인과 자기 훈련이 반드시 필요하다는 점을 강조하였다. 웨슬리는 그것을 고스란히 받아들이면서, 그리스도인의 삶에서 매우 방법적이고 질서정연한 양식으로 발전시켰다.

청년 시절

청년으로서 웨슬리는 차터하우스 Charterhouse: 런던의 카르투지오회 수도원 자리에 세워졌다가 서레이주로 이전한 명문 공립학교_역주에서 교육을 받은 뒤, 결국에는 옥스퍼드대학교로 진학하였다. 22세가 되자, 웨슬리의 부모는 웨슬리에게 성직자가 되라고 재촉했다. 성직자로 안수를 받아야 하는지 고민하는 동안, 웨슬리는 자신의 삶과 사상에서 거룩함을 추구하려는 열망에 사로잡혔다. 그래서 웨슬리는 자신의 생각, 애정, 태도, 결심을 지키는 일을 중대하고 세밀한 관심을 가지고 찬찬히 살펴보기로 했다.

아주 의미심장하게도, 옥스퍼드에 다니던 시기에, 웨슬리는 제레미 테일러의 「거룩한 삶과 거룩한 죽음을 위한 계율과 훈련」*The Rules and Exercises of Holy Living and Holy Dying*이라는 책을 읽어보라는 권유를 받았다. 이 책에서 테일러는 겸손함을 강조하고 완전함을 향한 부르심을 명확하게 설명했다. 그러나 아마 테일러에게 가장 중요한 것은 우리를 먼저 사랑하신 그 하나님에게 우리가 줄 수 있는 최고의 헌신인 사랑을 강조하는 것이었으리라. 테일러에게 사랑은 율법의 완성이며, 그런 까닭에 우리의 완전함은 곧 사랑의 완성이다.

웨슬리는 1725년에 테일러의 글을 읽었다. 알버트 오틀러가 관찰한 바에 따르면, 1725년 이전까지 웨슬리의 신앙적인 헌신과 관심은 두드러질 정도로 미숙했지만, 바로 그 해를 거치는 동안 부분적으로는 테일러의 책에 대한 반응으로, 개인적인 신앙과 헌신이 급격하게 예리해졌다.[22] 웨슬리 자신은 이와 같은 변화를 「그리스도인의 완전에 관한 명료한 설명」*Plain Account of Christian Perfection*이라는 책에서 다음과 같이 묘사하고 있다.

> 이 책에서 다루는 여러 가지 내용을 읽으면서, 나는 특히 의지의 순수성과 관련된 부분에 엄청난 영향을 받았다. 그래서 즉각적으로 내 모든 삶, 내 모든 생각과 말과 행동을 하나님께 헌신하기로 결단하였다. 철저한 확신을 가지고 있었기 때문에, 중간 지대란 있을 수 없었다. 오직 내 삶의 모든 부분극히 일부만이 아니라을 하나님께 희생 제물로 다 바치든지, 아니면 나 자신을 사실상 마귀에게 내어 주는 것이 있을 뿐이다.[23]

연이어 웨슬리는 1726년에 「그리스도인의 양식」*Christian Pattern*, 오늘날에는 「그리스도를 본받아」로 더 잘 알려진이라는 책을 접하고 나서 어떻게 신비적인 신앙의 온전한 의미에 온통 관심을 기울이게 되었는지를 자세히 설명한다. 여러 해 뒤에 웨슬리는 이 작품을 읽으면서 우리 신앙에서 근본적으로 중요한 것은 마음의 문제라는 사실을 깨닫게 되었다고 신앙 일기에서 밝히고 있다.

그 이듬해에는 윌리엄 로의 「그리스도인의 완전」*Christian Perfection*과 「거룩하고 신실한 삶을 향한 진지한 부르심」*A Serious Call to a Holy and Devout Life*을 읽었다. 후에 이 책을 읽은 뒤에, '어중간한 그리스도인이 되는 것은 절대로 불가능하다는 사실'을 철저히 확신하게 되었다고 기록하였다.[24]

성경은 언제나 웨슬리의 삶에 가장 중요하고 일차적인 영향을 끼쳤다. 그리고 경건 서적은 웨슬리에게 아주 근본적인 것들을 가르쳐 주었다. 오틀러의 말을 빌자면, "그리스도인의 삶은 '경건'devotio, 곧 목숨을 다하여 하나님과 이웃을 사랑하면서 전인적으로 헌신하는 것이다."[25]

이렇게 전폭적으로 헌신한 결과 웨슬리는 영적인 훈련과 섬김에 자신을 드린 사람들의 집단에 적극적으로 참여하게 되었다. 그 사람들은 자신들을 신성 클럽Holy Club이라고 불렀는데, 이 모임의 구성원들은 자기 훈련, 상호 책임과 섬김의 삶을 살 수 있도록 서로 격려하였다. 나중에, 여기에 참여한 사람들은 그 모임에서 드러나는 질서정연하고 방법론적인 특성 때문에 '감리교도' 방법론자, methodists라고 알려졌다.

알더스게이트 거리

1738년의 체험에 주의를 기울이지 않고서는 웨슬리의 신앙 체험에 담긴 중요한 의미를 제대로 감지할 수 없다. 1725년에 다짐한 헌신은 대단히 중요한 의미를 띠는데, 그 헌신이 신성 클럽의 특성으로 자리 잡은 삶의 양식과 거룩함의 추구로 이끌었기 때문이다. 그러나 거기에는 무엇인가가 빠져 있었다. 삶의 공허감을 느낀 웨슬리는 어쩔 수 없이 여러 해 동안 관심을 쏟은 끝에 1738년의 사건에 이르렀다.

1735년 10월에, 웨슬리는 '기독교 지식을 전파하는 모임' SPCK, the Society for the Propagation of Christian Knowledge에 참여하자는 권유를 받았다. 웨슬리가 긍정적으로 반응하자, 조지아주에 있는 사바나에서 선교와 목회 사역을 해 보라는 제안이 들어왔다. 웨슬리는 이것이 다른 사람들에게 거룩함을 촉진시키는 기회이자 자기 자신의 거룩함을 키우는 수단이 될 수 있을 것으로 판단하였다. 그러나 앞으로 조지아에서 겪을 일이 자기 삶을 어떻게 형성할지 짐작할 수가 없었다.

초기의 학생 시절과 목회 사역 내내, 웨슬리는 죽음의 문제에 집착해 있었다. 죽음에 대한 염려는 새로운 사역지로 향하는 도중에 더욱 분명하게 드러났다. 맹렬한 폭풍이 몰아치는 와중에, 혹시 목숨을 잃지나 않을까 걱정에 빠진 웨슬리는 함께 배를 타고 여행하던 독일 모라비아교도들의 침착하고 평온한 모습을 보고 깊은 인상을 받았다. 조지아에 도착해서는 자기 자신의 내면의 부족함을 더 깊이 인식하였다.

조지아에 머무는 동안 웨슬리는 자신의 한계에 점점 더 많이 부딪쳤다. 그곳에서의 삶은 결과적으로 실망과 패배의 시간이었다. 2년 뒤에는 일상적인 삶과 대인 관계에서 드러나는 일반적인 긴장, 그리고 목회 사역에 대한 도전을 제대로 다루지 못한 자신의 명백한 무능력 때문에 실패감만 잔뜩 안고서 결국 영국으로 돌아올 수밖에 없었다. 교구민들은 웨슬리의 영적인 지도력에 긍정적으로 반응하지도 않았으며, 한 여인과의 관계가 완전히 깨어져 교구를 빨리 떠날 수밖에 없었고 전체 교구에서 철저히 소외당했다.

그러나 이 시기에도 웨슬리는 영적인 독서를 계속하였다. 이 시기에 웨슬리에게 가장 중요한 의미를 던져준 경건 지침서는 프랑스 백작인 가스통 장-뱁티스트 드 렌티Gaston Jean-Baptist de Renty, 1611~1649의 전기였다. 그것은 렌티의 예수회 서원을 담당한 신부가 저술하여 예수회에서 출판한 책이었다. 웨슬리는 렌티가 이 세상에서 적극적이고 활동적인 삶을 살면서도 관상적인 경건의 삶과 일치를 추구하려고 했다는 점에 깊은 인상을 받았다. 말하자면, 렌티는 웨슬리가 그렇게 갈망하던 관상적인 삶과 활동적인 삶을 통합시키고 있었던 것이다. 또한 이 시기에 웨슬리는 사막 교부와 교회 교부들, 특히 성 에프라엠St. Ephraem의 작품을 광범위하게 읽었다. 이런 책들을 읽으면서 내면적인 삶과 외적인 삶의 조화를 향한 갈망이 더욱 깊어졌다.

웨슬리는 이런 책들을 읽으면서 한 가지 목표를 갖게 되었다. 곧 영적인 삶에 관한 이상이었다. 웨슬리는 조지아에서의 경험을 통해 얼마나 자기 자신이 이러한 이상에 미치지 못하는가를 절감했다. 웨슬리는 자신의 영적인 필요를 정확히 인식하고 있었다. 그것은 자신에게 죽음에 대한 두려움이 끊임없이 있을 뿐만 아니라, 정상적인 인간관계와 교구 관계를 제대로 다룰 줄 아는 능력이 없다는 사실이 분명하게 드러났기 때문이다. 웨슬리는 자기 삶에 참된 영적인 중심이 결여되어 있다는 사실을 깨달은 채 조지아에서 돌아왔다.

영국으로 돌아와서, 웨슬리는 모라비아교도들과 훨씬 더 친밀한 관계를 맺기 시작하였다. 왜냐하면 배를 타고 조지아로 가던 도중에 선상에서 그 사람들의 모습, 특히 모라비아교도의 지도자인 피터 볼러의 모습을 분명히 보았기 때문이다. 독일 경건주의 전통에 선 모라비아교도들은 하나님의 즉각적인 임재를 비롯하여 이신칭의라는 루터의 가르침을 감상적으로 인식할 것을 강조하였다. 또한 이 사람들은 즉각적인 회심 체험의 정당성을 가르쳤다. 이 사람들과 사귀면서, 웨슬리는 '오직 믿음으로 얻는 구원'이라는 개념을 확신했으며, 자기 자신의 신앙 체험에서 이와 같은 신뢰나 믿음이 빠져 있었다는 것을 깨달았다.

이런 확신을 얻은 지 몇 주 뒤인 1738년 5월 24일에, 웨슬리는 런던의 알더스게이트 거리에서 모이는 한 종교 단체의 모임에 우연히 참석했다. 웨슬리는 자신의 신앙 일기에서 그 때 일어난 일을 이렇게 기록하고 있다.

> 그 날 저녁에, 나는 별로 달갑지 않은 마음으로 알더스게이트 거리에 있는 단체에 참석했는데, 거기에서 어떤 사람이 루터가 쓴 「로마인들에게 보내

는 서신」*the Epistle to the Romans*의 서문을 읽고 있었다. 대략 8시 45분경에, 그 사람은 그리스도를 믿는 믿음을 통하여 하나님께서 자기 마음속에서 일으키신 변화를 찬찬히 말했는데, 오히려 내 마음이 이상하게 뜨거워지는 것을 느꼈다. 나는 구원을 받기 위해서 그리스도를, 오직 그리스도만을 정말로 믿는다고 느꼈다. 바로 그 그리스도께서 내 죄를 모두 가져가셨을 뿐만 아니라 죄와 죽음의 법에서 나를 구해주셨다는 확신이 내게 찾아왔다.[26]

그것은 그리스도 안에서 하나님의 사랑을 새롭게 깨달은 강력한 경험이었다. 아주 뚜렷하게, 웨슬리는 자신에게 일어난 일이 모두 하나님의 선물이라는 확신을 갖게 되었다.

더는 별다른 감정적인 해방감, 곧 더욱 커다란 기쁨을 맛볼 수 없었기 때문에 실망감을 느끼기도 하였다. 그러나 그 뒤로 별로 오래지 지나지 않아, 비록 알더스게이트 사건을 겪은 직후 몇 달 동안 쉽지는 않았지만, 웨슬리는 자신이 전혀 다른 사람으로 변해 있다는 사실을 깨달았다. 다른 사람들에게 새로운 관심을 가지게 되었으며, 유혹을 이겨낼 만큼 훨씬 더 커다란 역량을 키우게 되었다는 사실을 발견하였다. 그리고 머지않아 기쁨이 웨슬리의 영적인 경험과 가르침에서 필수적인 부분으로 자리 잡게 되었다.

웨슬리의 회심에 대한 해부

웨슬리의 체험과 특히 알더스게이트 거리의 사건에 대하여 사람들이 저마다 다양한 해석을 내놓고 있다. 그러나 분명히 이냐시오의 회심을 요양 기간에 하게 된 초기의 여러 가지 결단을 뛰어넘는 어떤 과정으로 생각할 필요가 있는 것과 꼭 마찬가지로, 웨슬리의 회심도 단 한 가지의 결단이나 경험을 뛰어넘는 여러 과정으로 이루어져 있다. 비록 알더스게이트 거리의 체험이 중요한 의미를 띠기는 하지만, 그것은 1724년과 1725년의 여러 가지 중요한 결단을 포함하여, 웨슬리의 영적인 성장이라는 전체적인 흐름 속에서만 인식되고 이해될 수 있는 것이다. 웨슬리는 1724년에 성직자가 되어야겠다고 결심했다. 이 결정은 웨슬리의 영적 성장을 위한 발걸음에 중요한 초점을 제공하여, 1725년의 결단을 이끌어냈을 뿐만 아니라 열정적으로 거룩함을 추구하는 삶을 살겠다고 결심하게 되는 원동력이 되었다.

어떤 사람들은, 웨슬리가 1738년과 알더스게이트 거리의 체험 이전까지는 심지어 그리스도인이 아니었다고 주장한다. 그 이전에 웨슬리가 한 경험은 구원하시는 하나님의 은혜를 찾아다니는 방랑자의 경험이었다는 것이다. 다른 사람들은 1738년의 체험과 함께, 1725년의 결단이 웨슬리의 회심에서 본질적인 부분이라고 본다. 그런데 1738년의 체험은 웨슬리로 하여금 1725년에 일어난 일에 내포된 완벽한 의미를 제대로 살아낼 수 있도록 또는 완성할 수 있도록 도와주는 것이었다. 심지어 어떤 사람들은 두 번째 체험을 단지 '신앙적인 불꽃'에 불과하다고 말한다. 이러한 관점들은 1725년이나 1738년의 체험을 웨슬리 자신이 쉽게 동의할 수 없는 내용으로 의미를 축소시키는 행위다. 일평생 웨슬리는 그리스도를 따르는 사람이 되겠다고 확실하게 결단한 때가 1725년이라고 자주 언급하곤 했다. 그러나 알더스게이트 거리의 체험은 자신을 완전히 탈바꿈시키는 경험이었다고 말하는 데 전혀 주저함이 없었다.

그러나 웨슬리는 머지않아 알더스게이트 거리의 체험을 자신의 신앙 체험 가운데 여러 가지 초기 양상들이라는 흐름 속에서 보기 시작하였다. 비록 알더스게이트 거리의 체험이 웨슬리에게 중요한 전환점이 되기는 했지만, 1725년의 급진적인 결정이 없었다면 일어나지 않았을 것이다. 그것은 이냐시오처럼 하나님의 거룩함을 추구하기로 결정했을 뿐만 아니라 무엇이든 전심을 다하지 않으면 만족하지 않았던 한 젊은이의 선택이었다. 그럼에도 더 많은 일이 일어나야만 했다. 왜냐하면 1725년의 결단은 초기 결단이며 이성에 기초한 것이고 엄격한 금욕 생활로 표현되었기 때문이다.[27] 알더스게이트가 없었다면, 웨슬리는 자신이 그토록 갈구한 기쁨, 그토록 열망한 하나님과의 친밀함을 발견할 수 없었을 것이다. 더구나 오늘날 모든 사람들에게 널리 알려진 것과 같은 영향력을 기독교 사역에서 발휘할 수도 없었을 것이다. 1725년이라는 해는 말 그대로 진정한 전환점이 되기는 했지만, 13년 후의 알더스게이트는 웨슬리에게 새로운 초점을 제공하여 전혀 다른 방향성과 영적인 중심을 잡게 하였다. 그리하여 오직 믿음으로 살아갈 수 있게 되었다.

도로시 데이
1897~1980

가톨릭 노동자 운동의 지도자로서, 그 곳에 있는 가난한 사람들을 향하여 지칠 줄 모르는 섬김으로 20세기의 대부분을 보낸 한 여인을 떠올리지 않고서는, 뉴욕 시에 있는 맨해튼의 동부 저지대를 생각하기는 힘들다. 도로시 데이Dorothy Day는 종종 교회 성직자 계급과 행정 당국자들 사이에서 긴장 관계를 연출하였기 때문에 다소 논란의 여지가 있는 인물이기는 했지만, 그리스도를 향한 그녀의 헌신과 온 마음을 다하여 희생적으로 그분을 섬기려는 열정적인 소망에 대해서는 아무도 이의를 달지 못했다.

그런데 회심과 동떨어져서는 데이의 영향력을 간파할 수 없을 것이다. 데이의 이야기가 들어 있는 자료는 주로 자서전적인 것으로 「열한 번째 처녀」 *The Eleventh Virgin*, 1924, 「유니언 광장에서 로마까지」 *From Union Square to Rome*, 1938; 재판 1978, 「고백 : 가난한 자들의 친구, 도로시 데이의 영적순례기」 복있는사람, 「오병이어」 *Loaves and Fishes*, 1963 등이 있다. 「유니언 광장에서 로마까지」는 데이의 경험을 가장 명쾌하게 들려준다. 데이가 말하는 것처럼, 이것은 그녀가 믿기로 '항상 자기 마음속에'[28] 자리 잡고 있던 '신앙을 받아들이게 된 단계들을 … 추적하려는' 시도다. 「유니언 광장에서 로마까지」는 자서전이라기보다는 일종의 고백록에 가까우며, 인생 이야기라기보다는 오히려 그리스도를 믿는 신앙에 이르게 된 과정을 포함하여 자기 삶을 대충 훑어보는 일련의 스케치다.

초기 시절

도로시 데이의 어린 시절과 초기 청소년 시절은 겉으로 봐서는 긍정적이고 행복했다. 또한 데이는 젊은 사람이었지만 신앙적인 감수성은 깊었던 게 분명하다. 「유니언 광장에서 로마까지」에서는 자신에게 중대한 영적인 영향을 끼친 몇몇 사람들과 광범위한 성경 읽기에 관하여 이렇게 언급한다. "나는 성경을 상당히 많이 읽었음에 틀림없다. 왜냐하면 수많은 성경 구절이 어린 시절부터 내 마음에 남아 있어서 머리에서 떠나지 않고 자꾸 떠올랐기 때문이다."[29] 데이는 청년 시절에 감옥의 독방에서 시편에 빠져들었던 시절을 '마음속의 메아리'를 듣던 시기라고 묘사한다. 지붕 밑에 있는 다락방에서 주일 오후에 성경을 읽던 어린 시절의 기억은 하나님께서 자신에게 임재해 계신다는 인상을 지속적으로 남겨 주었다. 비록 데이가 기독교 가정에서 자라나지는 않았지만 말이다.[30]

데이는 이웃 감리교 가정의 딸과 함께 교회에 다니면서, 찬송가를 부르는 걸 무척 좋아하게 되었다.비록 십대 후반에 이르러서는 이런 열정을 모두 잃어버리기는 했지만. 또한 이 가정과 가족들의 신앙에 크게 감명을 받았다. 아마 존 웨슬리에 대한 이야기를 처음으로 들었던 것도 이 가정을 통해서였을 것이다. 왜냐하면, 다른 곳에서 데이는 이렇게 기록하고 있기 때문이다. "그런데 내 인생에 자리 잡고 있는 다른 신앙적인 영향력은 도대체 어떤 것일까? 열세 살에 어쩌다가 존 웨슬리의 설교를 많이 듣게 되었으며, 웨슬리의 복음주의적인 신앙심에 강하게 빨려들었던 것을 기억한다."[31]

또한 데이는 「그리스도를 본받아」를 '일평생 내 뒤를 쫓아다녔던' [32] 책이라고 말한다. 20대 초반에는 도스토예프스키Fyodor Dostoyevsky의 소설을 읽었고 나중에 이렇게 말했다. "나는 도스토예프스키를 자주 인용했다. 왜냐하면 도스토예프스키가 내 삶과 내 사고 방식에 지대한 영향을 끼쳤기 때문이다."[33] 비록 데이가 자신의 신앙을 '고독한' 것으로 규정하고, 신앙을 잃어버린 시기를 십대 후반으로 꼽고 있기는 하지만, 적어도 도스토예프스키와 마찬가지로 톨스토이도 데이가 신앙을 어느 정도 유지할 수 있도록 늘 도움을 주었다. 노년에 데이는 "한 평생 살아가는 동안 나는 끊임없이 하나님께 괴롭힘을 당했다"[34]고 말한 도스토예프스키라는 인물과 자신을 동일시해 왔던 것으로 기억했다. 그런데 데이도 그런 생각을 하면서 살았다.

또한 두 여인이 데이에게 커다란 영향을 미쳤는데, 그들은 매우 치밀하고 강력한 방법으로 신앙을 갖도록 권유했다. 한 사람은 젊은 유대인 여성인데, 그리스도를 믿는 신앙심이 부족함에도 불구하고, 데이의 마음속에 진리와 기쁨을 사랑하는 마음을 불러일으킴으로써 데이에게 지속적인 영향을 미쳤다. 또 다른 사람은 뉴욕 병원에서 함께 일하던 동료인 아담스Miss Adams라는 여성이었는데, 데이가 가톨릭 신앙과 관련을 맺을 수 있도록 기쁨과 열정을 비롯하여 여러 가지 훌륭한 자질들을 널리 퍼뜨리면서 자기 일을 감당했다.

데이는 언제나 소망과 기대감을 버리지 않고 살았다. 데이의 말에 따르면, 자신을 하나님께로 몰고 간 것은 고독이 아니라, 오히려 기쁨과 감사와 하나님의 선하심에 대한 심오한 느낌이었다.[35]

공산주의에 대한 관심

열여덟 살이 되었을 때, 데이는 미사를 드리는 동안 일종의 메시아적인 부담을 갖게 되었다. 다시 말해, 동부 저지대의 빈민가에 사는 사람들을 향한 불쌍한 마음이 데이를 짓눌렀다. 결국 거기로 이사를 가서 방을 얻은 뒤에, 사회주의 계열의 신문인 〈소명〉The Call의 작가로 일했다. 나중에는 또 다른 두 개의 정기 간행물인 〈미사〉Masses와 〈해방자〉Liberator의 작가로 일했다. 그 후엔 그린위치 빌리지Greenwich Village로 이사하여, 급진주의자, 작가, 예술가들과 어울려 지내면서 전통에 얽매이지 않는 자유분방한 보헤미아 사람들의 생활 방식을 따라서 살았다.

이렇게 가난한 사람들의 어려운 처지를 가까이에서 지켜보면서 지내다 보니 어느덧 여러 날, 여러 주, 여러 달이 지났다. 데이는 하루에 12시간 이상씩 직장에서 일하고, 나머지 시간에는 글을 쓰거나, 뉴욕과 다른 도시들에서 시위를 계속했다. 그녀는 공개적으로 시위를 일삼았다는 이유로 자주 투옥되기도 하였다. 그러는 가운데서도 데이는 규칙적으로 하나님을 의식하게 되었다. 어느 날인가 친구들과 함께 술집에 있는데, 프란시스 탐슨Francis Thomson이 쓴 "천국의 사냥개"The Hound of Heaven라는 시가 들려왔다. 그 시를 듣고 무언가를 추구해야 한다는 생각이 데이를 사로잡았다. 데이가 말하는 것처럼,

"하나님께서 궁극적인 목적지라는 사실이 내 영혼 깊은 곳에서 새롭게 떠올랐다."

이것이 바로 '하나님께 괴롭힘을 당한' 고 데이가 느낀 여러 경우 가운

데 하나다. 데이는 뉴욕 병원의 동료인 아담스의 권유로 가끔씩 미사에도 참여하였다.

그러나 이 시기에 데이는 의식적으로 공산주의와 자기 자신을 동일시하였다. 자기 인생을 되돌아보면서, 데이는 공산주의에 대해 이렇게 썼다. 공산주의는 '이단과 같아질 수 있는데, 이단이란 진리를 왜곡하는 가르침이기 때문'이다. 공산주의를 통하여, 데이는 자기 신앙의 중심에 자리 잡게 될 몇 가지 주제를 인식하게 되었다. 곧 공동체적인 이상, 노동의 철학, 노동자이신 그리스도이다.

"나는 공산주의자들 덕분에, 그 사람들과 함께 일하는 과정을 통해서 하나님께로 돌아왔다."[36]

비록 공산주의가 인간의 고독이라는 근본적인 실체를 이해할 수 있도록 도와주기는 했지만, 오래지 않아 데이는 "하나님 아버지의 부성애가 없다면 결코 다른 형제애도 있을 수 없다"는 사실을 깨달았다.[37] 또한 데이는 압제받는 노동자들이 앞으로 전진할 수 있는 유일한 길은 비폭력, 곧 어떤 폭력도 일체 사용하지 않는 것이라고 결론을 내렸다.[38] 그러나 이와 같은 통찰력이 데이를 반드시 교회로 인도한 것은 아니었다. 십대 후반부터 데이는 교회 안에서 대다수 사람들이 따르는 종교가 이 세상의 거리에 있는 사람들에게는 아무런 효력도 미치지 못할 뿐만 아니라 아무런 관련도 없다고 확신하고 있었다. 가난한 사람들을 향한 관심은 데이의 기본적인 헌신이자 유일한 판단 기준이었다.

데이의 인생의 전환은 두 사람과의 고통스런 관계로 말미암아 일어났다. 그 시절에 데이가 중요한 관계를 맺고 있던 사람들은 라이오넬 모이스Lionel Moise를 포함한 좌파 공산주의 작가와 편집자들이었다. 모이스와는 연애를 하다가 급기야 임신까지 했지만 낙태했으며, 이런 일이 일어난 직후에 모이스와 데이는 결혼을 했지만, 그 관계는 겨우 1년밖에 지속되지 않았다.

스테이턴 섬

환멸과 실망에 빠진 데이는 1918년 1월에 제1차 세계대전이라는 위기를 당하자 한 병원에 자원 봉사를 신청하기로 결심하였다. 한동안은 데이에게 꼭 필요한 일이었다. 곧이어 규율과 질서가 엄격한 환경에서 힘겨운 육체노동을 감수해야 했다. 그러나 궁극적으로 "글을 쓰고 싶은 마음이 간절해지자 병원에서 하던 일을 포기할 수밖에 없었다."[39) 20대에는 여러 해 동안 단편 소설, 간단한 촌극, 연극, 신문 기사 등을 쓰면서 시간을 보냈다. 시카고와 뉴올리언스에서 잠깐 지낸 뒤에는 스테이턴 섬에다 집과 부동산을 구입하였고, 거기에서 혼자 생활하면서 글을 썼다. 그러다가 후에 주일 아침 미사에 정기적으로 참여하기 시작하였다.

이 시기에는 해안선에 있는 조그맣고 소박한 시골집에서 살았고, 생물학자인 포스터 배터햄Forster Batterham과 사실혼 관계에 있었다. 포스터의 아이를 임신했는데, 아이 이름을 타마르 테레사Tamar Teresa라고 지었다. 데이는 그 때까지도 과거의 낙태 사건 때문에 커다란 죄책감에 짓눌려 살고 있었다. 그래서인지 하나님께서 두 번째 기회를 주신다는 표시라고 생각하고 타마르를 빨리 보고 싶어 하였다.

또한 데이는 스테이턴 섬에서 남다른 삶을 살아가는, 자애 수녀회Sisters of Charity의 지부에 소속된 알로이시아라는 수녀를 만났다. 그래서 이 수녀와 서로를 양육하는 강한 우정을 키워갔다. 이 수녀를 통하여 데이는 가난한 사람들을 돌보고 있는 한 교회를 알게 되었다. 이를 계기로 점차 '신앙과 하나님'의 필요성을 깨닫게 되었으며, 관대한 마음으로 가난한 사람들을 돌보며 섬기고 있는 사람들의 간증을 듣고 점점 더 많은 것들을 확신하게 되었다. 그리스도 자신께서 가난한 사람들의 편이셨던 것처럼, 가톨릭 교회도 실제로 가난한 사람들의 교회가 될 수 있다는 사실을 깨닫게 되었다.[40]

데이는 아이의 출산을 기다리면서 어느 겨울을 보냈다. 주로 책을 읽거나 글을 썼다. 나중에서야 알아차리게 되었지만, "「그리스도를 본받아」를 상당히 많이 읽었다."[41] 데이는 기다리는 시간들을 무척 즐겼다. 알로이시아 수녀는 어거스틴의 작품들과 「그리스도를 본받아」와 성경 읽기를 보완하기 위하여 데이에게 아빌라의 성 테레사와 십자가의 성 요한을 더불어 소개해 주었다. 그리고 "알로이시아 수녀는 일주일에 세 번씩 나를 찾아와 교리 공부를 시켜 주었다."[42] 아이를 낳기 오래 전부터, 데이는 자기 아이를 가톨릭에서 세례 받도록 해야겠다고 결심하였다.

그러나 포스터는 이 부분에서 아무런 역할도 하지 못했다. 포스터는 무신론자인데다 무정부주의자로서 데이와 공식적으로 결혼하기를 거부했을 뿐만 아니라, 점차 자라나고 있는 데이의 신앙도 전혀 받아들이려고 하지 않았다. 포스터는 교회와 국가 둘 다를 인정할 수 없었다. 점차적으로 데이에게는, 새롭게 발견한 그리스도를 믿는 신앙과 포스터를 향한 사랑 사이에서 어느 하나를 선택해야만 한다는 사실이 명백해졌다. 데이의 말에 따르면, 포스터가 아이를 보고 기뻐하는 모습은 "내가 가톨릭 신자가 되어 포스터에게 무자비한 일격을 가해야겠다고 생각하는 것을 점점 더 힘들게" 만들었다.[43]

아이의 탄생은 그 자체로 데이에게 커다란 기쁨이었으며, 아이를 돌보면서 스테이튼 섬에서 계속 사는 동안에는 그와 같은 기쁨의 나날들이 이어지고 있었다. 그러나 그 뒤로는 여러 달 동안 내적인 혼란을 겪었다. 가톨릭 신자가 되고 싶은 갈망과 더불어 노동자 운동에 지속적으로 충성하고 싶은 열정과 싸워야 했다. 즉 그녀는 기독교 신앙을 받아들이면 너무나도 자신과 동일시해 온 세상의 가난한 사람들을 혹시 배반하지 않을까 두려워하였다. 그것은 몹시 강렬하고 기다란 싸움이었다. 1년도 더 지난 뒤인 1927년 12월에, 마침내 데이는 영세를 받기로 결단하기에 이르렀다. 나중에 데이는 이것이 자기 인생에서 매우 중요한 이정표였다고 기록하였다. "1년 뒤의 견진 성사는 아주 즐거운 과정이었으며, 오순절은 전혀 새로운 의미의 행복과 감사로 넘쳐났다. 불확실한 느낌이 나를 떠나 다시는 찾아오지 않았으며 오직 하나님만을 찬양할 수 있게 된 것은 바로 그 때였다."[44]

포스터는 단호했으며, 결국 데이는 그와의 관계를 정리할 수밖에 없었다. 이것이 데이에게는 쉽지 않은 선택이었지만, 캘리포니아로 거처를 옮겼다가 나중에 멕시코로 갔다. 그 이유는 부분적으로 포스터에게 돌아가고 싶은 자신의 욕망을 두려워했기 때문이다. 그러니까 그와 같은 결정은 기독교 신앙의 진리에 관한 확신이 점점 강해져 더는 피할 수 없다는 이해에 바탕을 둔 것이었다. 그런 까닭에 포스터와 맺은 관계는 계속될 수 없었다. 데이의 회심은 적어도 당분간 혼자 지내야 한다는 의미였으며, 장기적으로는 남편 없이 타마르를 길러야 한다는 의미였다.

도시로 다시 돌아오다

   데이는 타마르와 함께 뉴욕으로 돌아와 가난한 사람들, 특히 맨해튼 동부 저지대의 빈민가에 사는 사람들을 돌보려고 적극적이고 희생적인 싸움에 뛰어들었다. 이때부터 관대한 마음으로 다른 사람들을 섬기는 일을 오랫동안 계속했다. 여러 번의 위기와 문제가 있었지만, 그럴 때마다 주 예수 그리스도와 가난한 사람들을 섬기겠다는 원래의 헌신으로 돌아갈 필요가 있다는 사실을 깨닫게 되었다.

   뉴욕으로 돌아와서 오래지 않아, 데이는 프랑스인 순회 사제인 피터 마우린Peter Maurin과 만나서 그 사람과 함께 가톨릭 노동자 운동Catholic Worker Movement을 창설하였다. 데이가 활동가라면, 마우린은 철학자에 좀 더 가까웠다. 물론 데이가 도스토예프스키, 톨스토이를 비롯하여 다른 사람들의 책을 읽기는 했지만, 일차적으로는 마우린의 영향을 받아, 자기 인생을 새롭게 이해하고 신학적인 일치를 보이면서 사역할 수 있는 신앙 전통을 받아들이게 되었다. 데이는 신학적이면서 추상적인 개념에 자신을 던질 만한 인물이 아니었다. 왜냐하면 그녀는 스스로 학자가 아니라고 주장했기 때문이다. 데이는 아주 날카로운 지성과 예리한 사상을 겸비한 여성이기는 했지만, 이와 같은 중대한 시점에서 차분하게 자기 생각을 정립하기 위해서는 마우린처럼 가난한 사람들을 향한 지적인 열정과 깊은 헌신을 지닌 누군가가 필요했다. 바로 마우린 덕분에 데이는 자기의 소명이 교회 안에서, 교회를 통하여 성취될 수 있을 뿐만 아니라 성취되어야 한다는 것을 알 수 있었다. 그리고 비록 교회가 가난한 사람들을 향한 데이의 관심에 적대적인 태도를 보일 때도 있었지만, 그녀가 온전한 신앙을 간직한 채 그 사역을 계속할 수 있었던 것도 마우린 덕분이었다. 마우린은 교회가 하나님의 구속적인 목적을 달성하는 데에 반드시 필요한 부분이기 때문에 데이로 하여금 절대로 교회를 포기할 수 없다는 사실을 깨닫게 해 주었다.[45]

이전에 데이는 교회 성직자들과 결코 좋은 관계가 아니었다. 왜냐하면 가난한 사람들에 대한 교회의 헌신 부족으로 말미암아, 가난한 사람과 집 없는 사람들을 돌보는 사역이 자주 교회와 충돌을 일으켰기 때문이다. 그러나 이때부터, 비록 교회 성직자들이 자기에게 인내심을 별로 보여 주지 않고 자신의 위치를 인정해 주지 않아도, 데이는 언제나 교회에 대한 충성심을 확실히 보여 주었다. 역설적이게도, 데이는 신학적으로 매우 보수적인 태도를 취했다. 교회를 향한 데이의 비난은 교회의 가르침에 있는 것이 아니라 그 가르침에 따라 일관성 있게 살지 못하는 데 있었다.

데이의 회심에 대한 해부

준 오코너June O'Conner가 관찰한 바에 따르면, "데이의 성인기 회심에 나타난 정의적 차원은 차례로 지적인 회심에도 영향을 미쳤을 가능성이 크다."[46] 오코너는 어린 시절의 몇 가지 경험도 강력한 영향력을 발휘했다는 사실에 주목한다. 곧 지진 희생자들에 대하여 기독교가 연합하여 대처하는 모습을 목격한 뒤에 느꼈던 감흥, 무릎 꿇고 기도하던 이웃집 여자와 마주쳤을 때의 경이감, 다락방에서 여동생에게 큰 소리로 성경을 읽어주면서 느낀 경외심과 더불어, 젊은 여성으로서 포스터 배터햄과의 낭만적인 만남과 자기 아이인 타마르의 출생 등이 바로 그런 것들이다. 이 모든 경험들이 마음을 움직여 데이는 하나님의 사랑을 받아들일 수 있었다.[47] 인간적인 사랑으로 인해 하나님의 신적인 사랑의 속성도 이해할 수 있었던 것이다.

"우정, 동정, 사랑, 친밀감, 공동체에서 진하게 맛본 정서적인 경험은 회심을 향한 긴 여정으로 조금씩 나아갈 수 있도록 데이를 자극하였다."[48]

그러므로 어린 시절과 청년 시절에 맛본 사랑과 친밀감의 경험은 데이의 내면세계에 깊은 인상을 남겨서 가난한 사람들을 섬기는 일에 자신을 드리고 싶은 마음이 생기게 했다. 나중에 가서야 신학적인 진리 안에서 이 갈망을 새롭게 이해할 수 있었다.

교회와의 관계에서, 도로시는 의도적으로 순종하는 자세를 보였지만, 교회의 권위를 받아들일 때 전혀 불평이 없거나 좋지 않은 생각이 아주 없었던 것은 아니었다. 그럼에도 일단 데이는 교회에 관한 신학적이고 교리적인 가르침을 비판하지 않고 순종하기로 결정한 것처럼 보였다. 그러나 우리는 데이가 아무런 생각이 없는 사람이었다고 섣불리 결론을 내려서는 안 된다. 오히려 데이는 자기 자신의 성장 배경을 가장 잘 반영하여 오랫동안 익숙한 것과 가난한 사람들의 필요라는 관점에서 자신에게 가장 의미 있게 다가오는 것을 받아들이기로 결정하였다. 데이는 엄청난 희생을 치르면서 그런 결단을 내렸다. 가령, 포스터와의 관계라든가, 무정부주의자와 공산주의자 친구들 모두, 심지어 자기 여동생과의 관계마저도 끊겼다. 여동생은 데이의 회심을 전혀 이해할 수 없다는 태도를 보였다. 데이는 사려 깊은 사람이었기 때문에 겸손한 순종의 자세를 취했으며, 이런 태도는 아마 어떻게 데이가 신앙으로 나아갈 수밖에 없었는지를 가장 잘 반영하는 것 같았다. 오코너는 데이를 '강렬한 실천가'라고 부르는데,[49] 이것은 교회의 교리와 가르침을 기꺼이 받아들이는 데이의 결단력을 반영하는 말이다.

오코너는 그리스도인의 회심에서 가장 중요한 특징 가운데 하나가 도덕적인 변화 뿐만 아니라 인식의 변화라고 말하는 월터 콘Walter Conn의 주장을 바탕으로 삼고 있다. 콘에게 인식의 회심은 지적인 방향 전환을 초월하는 것이었다. 그것은 정서에 뿌리를 두고 있으며, 도덕적인 재조정으로 표현된다. 인식의 회심은 어떤 사람이 진리에 관한 자기 이해를 비롯하여 자신의 도덕적인 삶에 대하여 기꺼이 책임을 감당하려는 시점에 일어난다. 사람은 누구나 자기 자신의 삶과 일에 대하여 인격적인 책임을 진다.

도로시 데이의 체험에서 두드러진 것은, 데이의 회심에는 결과적으로 가난한 사람들과 사회적으로 무시당하는 사람들과 철저하고도 피할 수 없는 동일시가 들어 있다는 사실이다. 데이의 회심은 다른 사람들을 위하여 자신을 내어주면서 이웃을 돌보는 동시에, 그와 같은 일을 하도록 다른 사람들을 불러내는 것을 의미했다. 데이의 영성에서 가장 근본적인 요소는 정서적인 부분과 함께 고해성사였다. 이런 것들이 데이로 하여금 궁극적으로 기독교 신앙의 진리를 받아들일 뿐만 아니라 스스로 세례를 받겠다고 교회에 순종하게 만들었다. 차례로, 이것은 그리스도의 이름으로 가난한 사람들을 섬기기 위하여 자신의 모든 열정과 정력을 쏟을 수 있도록, 그와 동시에 이러한 섬김이 교회에 대한 순종과 교회를 통한 순종으로 표현되어야 한다는 사실을 깨달을 수 있는 자유를 허락해 주었다.

자신의 경험을 이해해 보려고 애썼을 때, 데이는 많은 사람들이 경험한 한 가지 실체에 사로잡혔다.

"회심은 고독한 경험이다. 우리는 마음과 영혼의 깊은 곳에서 서로 어떤 일이 일어나고 있는지 모른다. 자기 자신을 거의 알지 못한다."[50]

그러나 데이는 그리스도인의 회심이라는 경험을 통하여 우리를 단단히 묶어주는 소망을 이렇게 묘사하기도 하였다.

"감사하는 태도는 나를 교회 안으로 인도하였다. 또한 그러한 감사는 점점 자라나, 내가 하나님의 얼굴을 뵐 때 내 마음 속에 가장 먼저 떠오르는 첫 마디는 아마도 '감사합니다' 일 것이다."[51]

영적인 깊이와 열정이 회심의 열매이다

어거스틴, 이냐시오, 웨슬리, 데이는 다 자기들의 회심 과정을 민감하게 의식하고 있었다. 또한 이 영적 거장들은 회심이 어떻게 영적인 성숙을 향한 발걸음이 될 뿐 아니라 그리스도를 향한 섬김에로 부르시는 소명으로 연결되는지에 대해서도 나름대로 깨닫고 있었다.

영적인 깊이와 열정은 바로 각자가 이런 회심을 거친 결과로 얻어진 것이었다. 이 사람들은 철저히 회심한 개인들이다. 그러나 이 사람들의 회심은 단 한 번의 극적인 순간을 통하여 일어나지 않았다. 각각의 회심은 일련의 사건들과 복잡한 경험의 열매였지만, 바로 그 복잡한 과정이야말로 완벽한 회심 체험에 이르는 지름길이다.

이어지는 장들에서는 단번의 결단을 통한 회심을 정의하고 규명하기 위하여 부흥 운동가의 경향을 면밀히 검토할 것이다. 그러므로 복음주의는 '단번의 결단'을 촉구하는 설교로서 그려질 것이다. 비록 우리가 네 가지 회심 이야기를 통하여 아주 많은 내용을 파악하기는 힘들지만, 이번 장에서 설명한 네 가지 경우는 전형적인 양상을 벗어난 전혀 엉뚱한 이야기는 아닐 것이다. 또한 이 네 가지 회심 가운데 어느 경우도 결단을 촉구하는 설교를 들은 뒤에 일어난 것은 아니다. 비록 그리스도를 향한 단번의 결단이 분명 포함되기는 하지만, 네 가지 회심 가운데 어느 경우도 그와 같은 일회적 결단이 그러한 체험을 일으키는 데 실질적인 핵심은 아니었다.

더구나 우리는 너무나 많은 개인들이 이 네 사람 각자의 삶에 지대한 영향을 끼쳤다는 것을 경축해야만 한다. 생각건대, 어느 누구도 이 사람들 가운데 한 사람을 기독교 신앙으로 이끈 유일한 한 사람이라고 주장하지는 못할 것이다. 부흥 운동가들의 말을 사용하자면, 어느 누구도 그 사람들에게 그리스도를 '영접하도록' 만들지는 못했다. 오히려 각자 다른 많은 사람들의 영향을 받아 그리스도께로 나아오게 되었다. 그 사람들 가운데 일부가령 어거스틴에게 암브로스 같은 사람는 자신들의 영향력에 얼마나 중요한 의미가 담겨있는지조차 전혀 알지 못했다.

오직 성령만이 한 사람을 신앙으로 이끌 수 있는 유일하고도 명백한 영향력이다. 또한 성령의 증거와 역사하심은 중간에 위치한 상당수의 사람들을 통하여 전달된다. 여기에는 부모, 동료나 또래, 종교 지도자, 경건 서적의 저자, 때로는 심지어 기독교 신앙을 공개적으로 드러내지 않는 사람들조차 포함된다.

우리는 자기 인식의 문제를 잘 고려해 보았을 것이다. 자서전을 분석하는 이 과정에서, 나는 신앙 체험에 대한 권위 있는 해설가라면 당연히 그와 같은 체험을 맛본 사람이라는 가정을 은연중에 계속 깔고 있었다. 그러한 해설이 때때로 잘못 인도되거나 잘못 알려질 수도 있지만, 우리가 조사한 전기에 나오는 이야기는 전체적으로 밑바탕에 깔린 불굴의 진실성과 변화된 삶이라는 실체를 주목해 볼 때 아주 완성도가 높은 것들이다. 이러한 경험들을 거쳐 네 명의 위인들은 새로운 사람으로 거듭나게 되었다. 다른 사람들의 자기 해설에 동참하려는 훈련은 하나님의 은혜에 대한 자기 자신의 경험을 해석할 수 있는 역량을 강화한다는 뜻이다. 또한 그것은 우리에게 자신의 경험에서 얻은 은혜와 격려를 어떤 식으로 이어가는지를 보여줄 수도 있다.

우리 자신의 회심에 대한 자기 인식은 아마 오랜 시간에 걸쳐 변화될 것이다. 마치 인생의 후반기에 알더스게이트 거리의 경험이 다른 것들과 동떨어진 개별적인 사건이 아니라 전체의 한 부분이라는 사실을 깨닫게 된 웨슬리처럼 말이다. 그와 같은 성숙한 자기 성찰을 위해서, 우리는 때로 적당한 거리를 두고 자신의 경험을 올바로 해석할 필요가 있다. 그러나 우리의 신앙과 경험이 성숙해감에 따라 자신의 해석을 다시 생각해 볼 준비를 갖추고 있는 한, 언제든지 그와 같은 과정을 시작할 수 있다.

결론적으로, 우리가 지금까지 고려해 온 어떤 회심도 한 순간에 일어난 것이라고 축소시킬 수 없다. 각각의 회심은 일순간에 일어난 것이 아니라 장기간에 걸쳐 일어났다. 각각의 회심은 그 안에서 한 부분을 차지하는 연속되는 일련의 사건, 순간, 위기들을 다함께 모아놓은 결정체다. 마틴 루터의 경우도 마찬가지였다. 루터의 '탑 속 경험' tower experience 을 회심의 순간으로 생각하려는 사람들이 많다. 그러나 루터의 전기를 쓴 필립 멜랑크톤 Philipp Melancthon 은 그것을 일련의 위기, 돌파, 다양한 양상을 거친 경험으로 묘사하고 있다.[52]

모든 그리스도인들은 아니겠지만, 대다수 그리스도인들의 회심 경험은 비슷하다. 일련의 사건, 위기, 돌파, 기쁨의 순간뿐만 아니라 당혹스런 순간들도 이어진다. 대개 회심은 한 순간 또는 심지어 단 며칠 만에 일어나지 않는다. 오히려 회심은 여러 해는 아니더라도 여러 달 동안의 과정을 거치는 장기간의 경험이다.

4장 복음주의에서 말하는 회심 : 역사적인 관점

전체를 다 아우르는 기독교 신학 같은 것은 없다. 모든 신학적인 성찰은 주로 특정한 신앙 공동체의 배경 안에서 이루어지기 때문에, 불가피하게 특정한 신앙 전통의 영향을 받게 된다. 어떤 사람이 아무런 전통도 따르지 않는다고 스스로 주장할 때마다, 그 사람은 실제로 자기 자신의 전통을 시작하거나 찾고 있는 셈이다.

회심에 대해 이런 식으로 서론을 전개하는 데에는 복음주의 기독교 전통에서부터 해석적인 연구를 시작하겠다는 의도가 담겨 있다. 나는 회심을 훨씬 총체적으로 이해하기 위하여 다른 여러 가지 기독교 자료를 많이 참조하게 되겠지만, 내 출발점은 어쩔 수 없이 내가 물려받은 기독교 전통이 될 것이다.

그리스도인의 회심에 관하여 총괄적으로 이해하기 위해서는, 20세기 후반부에 미국 복음주의 안에서 회심이 어떻게 이해되었는지를 고려해 보는 것이 아주 유익하다. 미국 복음주의자들은 회심에 대해 어떻게 생각하는가? 이 질문은 두 가지 이유로 아주 중요하다. 북아메리카 대륙은 나 자신이 활동하고 있는 직접적인 터전인 동시에, 대다수의 그리스도인들이 대부분 속해 있는 배경이기도 하다. 미국 복음주의는 주로 매체와 해외 선교 단체들의 영향력을 통하여 좋게든 나쁘게든 여러 가지 다른 흐름의 복음주의를 형성하는 데 지대한 영향을 미쳤다. 특히 회심에 있어서는 더욱 그렇다.

이제 21세기에 이르자, 대다수 복음주의 그리스도인들의 활동 반경이 넓어졌다. 나는 라틴 아메리카에서 자랐고, 필리핀에서 신학 교수와 목사로 섬겼으며, 영국과 유럽과 중동에서 가르친 경험이 있기 때문에, 복음주의가 아주 다양한 형태로 표현된다는 사실을 잘 알고 있다. 그럼에도 우리가 사용하는 회심 언어를 다시 생각하려고 할 때, 미국 복음주의라는 흐름의 영향력을 인정하지 않을 수 없게 된다.

다른 배경을 가진 독자들이라면 앞으로 이어지는 내용을 일종의 사례 연구라고 생각하면서 읽을 수도 있다. 본 연구가 모든 독자들에게 널리 퍼져 있는 신앙과 회심 언어를 비판적으로 생각해볼 기회를 제공할 수 있기를 희망한다. 회심에 관한 미국적인 개념은 주로 신앙 부흥 운동과 복음주의 개혁 운동에서 정립되었다. 이런 관점에서 회심 언어를 사용하는 사람들은, 인격적이고 감정적이고 결정적인 형태의 의식적인 회심을 경험하지 않으면, '구원받지' 못한다는 생각에 사로잡혀 있다. 미국 복음주의에서 회심은 하나의 사건 곧 명확한 순간이기 때문에, 회심 언어는 '예수 그리스도를 내 마음 속에 받아들이는 것'과 같은 구절들에 사로잡혀 있다. 흔히 회심은 '결단'으로 언급되며, 대체로 순간적인 사건으로 본다.

우리는 여러 가지 변화를 거치면서 과도기를 겪고 있다. 수많은 복음주의자들은 신앙 부흥 운동과 대집회 전도 운동에서 물려받은 회심 언어로부터 의도적으로 거리를 두려고 한다. 그러나 일단 우리가 물려받은 것들을 비판적일 뿐만 아니라 감사하는 마음으로 받아들이지 않는다면, 회심의 신학을 재정립하는 일은 불가능할 것이다.

세 가지 고전적인 관점

교회사에는 회심과 변화 사이의 상호 관계를 바라보는 세 가지 고전적인 모델이 있다. 영국의 평신도 가톨릭 신학자인 로즈마리 하우톤의 설명은 특별히 교훈이 될 만하다.[1]

베네딕트 수도회 전통_ 행함을 강조

먼저 하우톤은 베네딕트 수도회의 회심을 밝히 설명한다. 이 모델은 로마 가톨릭 전통과 아주 쉽게 연결된다.[2] 여기서 회심은 구원을 추구하는 공동체에 동참하겠다는 결단이다. 초점이 미래에 있기는 하지만, 회심에 관한 표현은 그리스도를 순종하여 따르겠다는 급진적인 선택과 근본적인 결단이다. 수백 년에 걸쳐 수많은 그리스도인들에게, 이러한 이해 방식을 가장 분명하게 지지하는 성경 본문은 예수님께서 다음과 같이 명령하면서 청년을 부르시는 장면이었다.

"네게 있는 것을 다 팔아 가난한 자들에게 나눠 주라 … 그리고 와서 나를 따르라" 눅 18:22.

이런 관점에서 회심은 특정한 순간이나 사건과는 별다른 연관이 없다. 오히려 회심은 전체적인 그리스도인의 경험과 훨씬 더 쉽게 연결된다. 그러므로 회심은 급진적인 변화의 순간이라기보다는 성장과 변화로 이어지는 일생의 과정이다. 베네딕트 수도회 전통에서 사용하는 언어의 범위 안에서는, 사람들이 수도적인 삶의 형태와 구조, 즉 공동체적인 동시에 의식적인 양상을 띤 계율에 일생 동안 동참하는 과정을 거쳐 변화와 회심에 이른다.

이것이 로마 가톨릭 신자들의 삶으로 번역될 때에는, 회심 언어가 종종 영적 성장을 위한 프로그램이나 그 프로그램으로 말미암은 결과에 적용된다. 즉 어떤 사람이 지적이거나 인지적인 발전, 감정의 성장과 성숙, 도덕적이거나 행동적인 변화로 이끄는 프로그램을 기꺼이 받아들이고 끝까지 마칠 때 회심에 이르게 된다.[3]

여기서 회심은 본질적으로 거룩한 삶의 방식을 따르겠다는, 궁극적으로 칭의와 성화로 이끄는 여정을 따랐을 때 나타나는 결과를 받아들이겠다는 결단이다. 이를 위해서는 필요한 대가를 기꺼이 지불하겠다는 마음, 가난과 겸손과 순종에 대한 서원이 필요하다.

이것은 명백히 미래 지향적인 회심 모델이다. 그리스도인이 살아가는 역동적인 삶의 중심에는 바로 소망이 있는데, 이것은 그리스도인으로 하여금 삶을 살아내고 어떤 일이든 해 내게 하는 원동력이다. 그것은 다름 아닌 변화된 삶에 관한 소망이다.

수많은 사람들이 로마 가톨릭 전통에 널리 퍼져 있다고 말하는 이 모델의 위험성은 행위로 의롭게 된다는 것이다. 어떤 사람이 그리스도의 사랑을 받고 있을 뿐 아니라 그리스도에 의해 받아들여졌다는 것을 의심이라도 한다면, 사랑받기 위해 뭔가를 행해야 한다는 생각을 쉽게 떠올린다. 결국 16세기 개신교 개혁주의자들은 이 모델을 거부하였다. 왜냐하면 실제 경험에서 이러한 회심의 목표는 영적인 삶에 대한 염려와 그릇된 토대 때문에 흔히 도달할 수 없기 때문이었다.

성경적으로 신학적으로 이 모델의 단점을 극복하기 위한 유일한 해결책은 칭의의 경험이다. 칭의는 하나님께서 우리를 용서하고, 받아들이고, 사랑하신다는 확신을 가지고 그리스도인의 삶을 살아갈 수 있도록 만드는 유일하고도 가능한 토대다.

개혁주의 전통_ 즉각적 구원을 강조

하우톤이 설명하는 두 번째 모델은 대다수 복음주의 그리스도인들을 형성해 온 이해 방식이다. 로마 가톨릭 교회 안에서 가장 중요한 표현으로 보이는 베네딕트 수도회의 관점과 분명한 대조를 이루면서 어떤 사람들은 거기에 대한 반작용이라고 말할 것이다. '개혁주의' 전통은 회심을 과거 시제인 단번의 경험으로 본다. 첫 번째 모델에서는 '자신의 구원을 이룰 수 있도록 열심히 노력하는' 대상으로서 하나님의 칭의를 바라보는 미래의 소망에 초점을 두는 반면에, 이 모델에서는 두드러질 정도로 과거에 초점을 둔다. 그와 마찬가지로, 강조점도 어떤 사람이 이미 구원받았다는 확신을 가질 수 있다는 것에 있다. 이런 의미에서 영원한 생명도 보장된다. 우리는 단지 그것을 기다리기만 하면 된다. 이러한 회심 경험은 교회 생활에 동참하기 위한 기초다.

개혁주의 전통의 그리스도인들은 자신의 회심을 구성하는 과거 사건에 대한 확신을 가지려고 노력하고, 그 사건을 토대로 자신이 '구원받았다'는 사실을 확신하게 된다. 개혁주의 초기에는 칭의와 성화 사이를 뚜렷이 구분하였다. 칭의는 즉각적으로 이루어지는 것이지만 성화는 점진적으로 경험된다는 이해가 바탕에 깔려 있었다. 그러므로 칭의는 그리스도인의 일차적인 판단 기준이 되었다.

이 모델의 장점은 하나님의 사랑과 수용에 대한 명백한 인정이다. 그러나 여기에서도 역시 위험성은 있다. 실제적으로 이 모델은 영적인 생명력과 성숙을 너무나 당연한 것으로 생각하였다. 그러나 실제적으로 회심의 목표가 달성되지 않았으며, 사람들이 다 상당한 수준의 영적인 생명력을 갖추도록 성장하는 것은 아니었다.

로마 가톨릭 기독교가 항상 행위로 의롭게 되는 것의 위협과 싸워왔다면, 개혁주의 개신교는 언제나 값싼 은혜의 문제와 씨름해 왔다. 대다수 그리스도인들은 아닐지라도, 수많은 사람들의 경우, 하나님의 사랑과 수용이 자동적으로 인격적인 변화로 이어지지는 않는다. 복음주의자들의 영적 성장은 한 사람의 회심에 반드시 통합되어야 하는, 성숙한 행동 양식을 재정립하려고 몸부림치는 과정을 포함한다. 그러므로 두 전통은 회심과 변화 사이를 이어주는 진정으로 유용한 연결 고리가 있는지 도전을 받을 수 있다. 궁극적으로 변화를 일으킬 수 있는 멋진 출발이 정말로 있는가?

성결-오순절 전통_ 성령 세례에 의한 변화를 강조

하우톤은 세 번째로 두드러진 접근 방식이 있다고 제안한다. 두 번째 관점에서 감지된 문제점들, 곧 진술하고 폭넓은 성화의 경험이 부족하다는 점은 우리를 회심과 성화에 대한 세 번째 사고방식으로 이끌어갔다. 그것을 성결-오순절 전통이라는 관점으로 부를 수 있을 것이다.

이 전통도 회심을 개혁주의 모델과 아주 동일한 방식으로 생각한다. 단지 첫 번째 성화를 보충하기 위하여 두 번째 순간 또는 위기가 필요하다고 주장하는 것을 제외하고는 말이다. 이 모델에서 회심은 과거에 일어난 사건이지만, 더 중요한 판단 기준은 실제로 '성령 세례'라는 용어로 불리는 과정이다.

이 주장에 따르면, 성령 세례는 그리스도인으로 하여금 '구원받을' 뿐만 아니라 '성화될' 수 있도록 한다.

나중에 이 세 번째 모델의 장점, 특히 다른 것들과 뚜렷이 구분되는 '성령 세례'에 관한 성경적인 기초를 다시 생각해 볼 것이다. 이 시점에서 주목해야 할 부분은 이 모델에서는 그리스도인들을 두 가지 부류로 나누었다는 점이다. 이 모델이 널리 퍼져있는 전통들 안에서도, 그리스도인들이 믿음과 회개를 통하여 그리스도께로 나아온다는 사실은 잘 이해하고 있었다. 그러나 이 모델에서는 그 뒤에 저절로 변화로 이어진다고 보지는 않는다. 이 전통에서는 그리스도인들을 '승리하는 삶'으로 인도하기 위해서는 성령의 특별한 임재가 필요하다는 주장으로 연결 고리를 삼는다. 어떤 사람들은 이것을 '성령 세례'라고 부르고, 다른 사람들은 이것을 '성령 충만'이라고 부른다.

이러한 접근 방식의 장점은 그리스도인의 경험을 통하여 성숙함으로 나아가도록 하는 분명한 부르심, 곧 모든 그리스도인은 거룩한 사람이 될 수 있을 뿐만 아니라 하나님의 은혜를 충만하게 받아들일 책임이 있다는 변치 않는 가정에 있다. 어떤 사람들은 누군가 성령에 관한 특별한 체험을 경험했는데도 결과적으로 성화에 대한 그릇된 확신이 나타나는 것을 이 모델의 약점으로 본다. 반면에 일부 사람들은 다른 사람들에게는 정상적인 것처럼 보이는 경험을 전혀 맛보지 못하기 때문에 계속되는 불안 속에서 살아야 한다. 나중에 강조하겠지만, 또 다른 위험성은 진정한 영적 성장은 점진적인 특성이 있다는 것을 인정하지 않는다는 점이다.

성경적인 통합을 향하여_ 회심의 목표는 변화!

나는 이러한 관점들에서 드러난 장점들이 그대로 유지될 뿐만 아니라, 잠재적인 약점들이 완벽하고 참된 성경적인 회심의 신학을 통하여 최소화될 수 있기를 소망한다. 각각의 접근 방식이 나름대로는 합당한 것일 수 있지만, 다른 두 가지 모델의 장점이 인정되고 적절히 받아들여질 때에만 더욱 온전한 것이 될 수 있다. 진정한 성경적인 회심의 신학은 회심의 궁극적인 목표가 미래에 있으며, 회심의 목표가 바로 변화임을 인정해야 한다.

변화를 향한 우리의 유일한 소망은 하나님의 무한하신 은혜에 근거한 회심의 신학을 지켜내고 받아들이는 것이다. 그러한 은혜는 칭의, 곧 죄의 용서, 그럴 만한 자격이 전혀 없는데도 하나님에게 받아들여진 것, 그리스도를 통하여 의롭다고 선포된 것에서 분명해진다. 그리스도인으로 하여금 "나 같은 죄인 살리신 주 은혜 놀라와 잃었던 생명 찾았고 광명을 얻었네" 하고 찬양을 부르도록 이끄는 것보다 더 든든한 기초는 없다. 우리는 하나님의 구원을 경험할 때 이와 같은 과거 시제의 역동성이 들어 있는 회심의 신학을 확고히 붙잡고 있어야 한다.

비록 다소간의 약점이나 흠이 있다고 하더라도, 성결-오순절 전통을 언급하는 사람들에게는 우리 모두에게 필요한 무엇인가가 있다. 하나님의 성결을 경험하기 위하여 개인적이고 공동체적인 변화를 향한 열정을 품고 성령께 철저히 의뢰하는 자세가 바로 그것이다.

나는 복음주의의 회심 이해와 경험 뒤에 깔린 배경에 맞서 폭넓은 신학을 전개하려고 시도할 것이다.

회심 언어와 경험에 관한 좀 더 포괄적인 연구를 위해서는 윌리엄 제임스의 견해를 따라야 할 것 같다. 제임스는 17세기의 모라비안 교도들을 자세히 살펴보았다. 왜냐하면 모라비안 교도들이 구원을 순간적인 사건이라고 최초로 주장했기 때문이다. 그러나 우리의 목적을 위하여, 미국 복음주의의 회심 이해에 영향을 미친 세 가지 주요 요소를 고려해 보는 것이 좋겠다.[4] 먼저 청교도들의 공헌을 면밀히 조사해 본 뒤에, 웨슬리와 성결 운동을 주의 깊게 살펴볼 것이며, 마지막으로 부흥 운동이 기여한 부분을 개관해 보려고 한다.

회심에 관한 복음주의 신학의 장점은, 청교도의 회심 개념과 웨슬리주의의 개념에서 나타나는 장점을 전폭적으로 지지한다는 데 있다. 나 역시 다른 사람들과 마찬가지로 양대 흐름에 커다란 빚을 지고 있으며, 복음주의는 양쪽의 유산을 가장 잘 받아들였다고 확신한다.

회심에 관한 청교도의 견해

청교도 운동은 엘리자베스 여왕 시대인 16세기에 영국에서 시작되었다. 영국 종교개혁 운동의 속도와 그 수준에 크게 실망한 청교도들은 종교개혁 운동의 내부에서 또 다른 개혁 운동을 추구하였다. 비록 로마 가톨릭과 공식적인 분리를 선언하는 동시에 루터와 칼빈의 개혁주의 신학과 자신들을 동일시한다고 하더라도, 실제적인 의미에서 개혁주의 신학이 영국 교회에 별다른 영향을 끼치지 못했다고 청교도들은 확신하였다. 영국 교회에 속한 수많은 사람들은 교회의 신앙, 의식, 행정 조직이 여전히 '로마 가톨릭'을 무척 많이 닮았다고 생각하였다. 이 사람들은 공동 기도문에 등장하는 의식들이 로마 가톨릭의 흔적을 절반밖에 뿌리 뽑지 못했다고 여겼다. 왜냐하면 성직자의 예복, 의식을 위한 절기, 공식적으로 읽는 기도문, 로마 가톨릭의 관점을 그대로 드러내고 있는 듯한 여러 가지 성례전 절차가 계속 사용되고 있었기 때문이다.

상징적으로 취한 조치들에 깊은 회의를 품은 청교도들은, 기록되고 선포된 말씀만이 그리스도인의 신앙을 위하여 서로 통용할 수 있는 유일하고도 적절한 수단이라고 생각하였다. 더구나 청교도들은 영국 국교회가 도덕적인 변화에서 모호한 태도를 취해 왔다고 확신하면서 높은 윤리적인 기준을 요구하였다. 또한 대부분의 청교도들은 감독 교회의 정치 체제가 그리스도인 공동체를 파괴하는 것이라고 보았기 때문에 거부하였다.

이 모든 것들은 신앙 체험에 관한 명시적인 신학이나 이해에 근거하고 있었다. 청교도들은 여러 면에서 자신들의 신학적인 확신이 다양하게 갈라졌지만, 단 한 가지 문제에서는 의견 일치를 보였다. 곧 모든 그리스도인들에게 회심 체험이 반드시 필요하다는 것이었다. 청교도들의 위치와 중요성은 바로 깊은 회심 체험에 있었다. 청교도들은 극적인 회심 이야기를 하기 좋아하여, 설교를 통해서도 즉각적인 회심을 요청한다. 청교도들은 어떤 그리스도인이 스스로 회심 이야기를 할 수 있는지 없는지에 따라 그 신앙을 인정하기도 하였다. 다시 말해, 회심 경험을 말할 수 있는 능력이야말로 진정한 기독교 신앙을 검증하는 기준이 되었다.[5] 청교도들의 근본적인 신념은 교회를 위한 유일하고도 진실한 기초가 회심에 있으며, 사회와 세상의 변화를 위한 소망도 회심을 통해서 가능하다는 것이었다.

청교도들은 온통 회심에만 마음을 빼앗겼기 때문에, 회심이 모든 신학과 설교의 중심이 되었다. 이런 점에 있어서, 제럴드 브라우어Jerald C. Brauer는 이전 개혁가들의 신학과는 두드러지게 대조되는 양상에 주목하고 있다.

> 개인적인 회심 경험과 '경험적인' 거룩에 초점을 맞추었기 때문에, 청교도들은 칭의를 자연스럽게 받아들이는 것보다 개인적으로 차지하는 것을 강조하였다. … 청교도들은 회심의 개인적인 체험을 미리 연습하기도 하였다. … 청교도들이 구원을 개인적으로 차지하는 것을 강조한 것은 전통적인 개혁주의자들이 하나님의 구원 활동에 담긴 목적을 자연스럽게 받아들이는 것을 강조한 것보다 훨씬 더 중요하게 생각하는 경향이 있었다.[6]

주관적인 체험에 대한 이러한 열정이 있었기에, 청교도들은 가톨릭과 성공회가 회심을 성례전적으로 이해한 것에서 아주 의도적으로 돌아섰다. 청교도들은 내면화된 신앙을 강조했는데, 그것은 성령의 역사를 통한 하나님의 선택하시는 은혜를 기초로 경험하는 것이었다. 그러므로 한 사람의 세례침례는 부수적으로 일어나는, 또는 기껏해야 이차적으로 일어나는 일이었다. 오히려 청교도들에게 중요한 것은 개인적인 신앙이었다.

 북미에서, 회심 체험이 한 사람의 구원으로 이어져야만 규범적인 것으로 자리 잡을 수 있다고 인정하는 사람들이 바로 청교도들이었다. 어떤 사람이 기독교 신앙을 가졌을 뿐만 아니라 그리스도인 공동체의 일원이라고 주장하려면 특별한 종류의 회심 체험을 구체적으로 입증할 수 있어야 했다. 이런 것들은 두드러지고 극적인 회심을 말하는 것이며, 그리스도인의 경험에 대한 규범적인 모델로서 사도 바울과 히포의 어거스틴이 경험한 회심에 깊이 의존하고 있을 뿐만 아니라 거기에서 지대한 영향을 받았다. 심지어 어린아이들은 세례를 받았더라도 '회심한' 것으로 인정되지 않았으며, 스스로 회심 경험을 입증할 때까지 주의 만찬에 참여할 수 없었다. 의식적인 회심 체험은 한 개인이 하나님의 은혜를 받을 때 꼭 필요한 표징일뿐만 아니라 교회의 일원이 되기 위한 전제 조건이었다.

 청교도들은 찰스 피니와 나중의 부흥 운동에서 매우 좋아한 회심 형태인 단회적인 자기 복종을 그다지 강조하지 않았다. 오히려 청교도들의 회심 간증은 일반적으로 깊은 내면의 혼란과 씨름 후에 일어난 하나의 사건을 지향하였다. 한 걸음씩, 점차적으로, 한 사람이 하나님의 거룩한 법 앞에서 개인적인 죄악의 공포와 맞닥뜨렸다. 그리고 그 사람은 영원히 도달할 수 없는 하나님의 기준과 거룩하라는 명령에 깊은 좌절감을 맛보았다. 이 때문에 결국 그 사람은 모든 것을 포괄하시는 하나님의 긍휼하심을 깊이 깨달을 수밖에 없으며, 전적으로 새로운 삶의 방향 전환을 통하여 삶과 죽음을 모두 경험하

게 될 것이다.[7]

청교도의 회심 개념과 관련하여 두 가지 중요한 요소를 주목해야 한다. 첫째, 청교도들은 회심이 성화에 앞서는 것이라고 강조하였다. 다시 말해, 회심의 결과는 급진적이고 새로운 삶의 방향 전환이며 오직 죽음에 이르러야만 완성될 성화의 과정이다. 청교도들은 회심에 이르는 경험과 그 이후에 회심을 뛰어넘어 믿음대로 살아가는 경험을 묘사하기 위하여 순례와 성전聖戰의 이미지를 두드러지게 사용했다. 회심 자체는 단지 시작일 뿐이었다. 회심의 목적은 한 사람이 그리스도를 믿는 신앙 안에서 성숙해지는 것이었다.

둘째, 청교도들은 성령과 동떨어진 회심이란 있을 수 없다고 말하면서 성령의 역할을 강조하였다. 청교도들은 성령께서 회심을 주도하고 가능하게 하신다는 것을 될 수 있는 한 아주 강하게 강조하는 경향이 있었다.

회심과 회심 간증을 크게 강조한 청교도들은 오히려 고민에 빠지고 말았다. 다시 말해 모태신앙의 문제, 곧 믿는 부모에게서 자란 자녀들의 회심 체험을 어떻게 결정할 것이냐 하는 문제였다.[9장에서 이 문제를 더 자세하게 다룰 것이다.]

조나단 에드워즈는 청교도들에게, 특히 미국 경건주의에 중대한 영향을 끼친 동시에 나름대로 독특한 해석학적인 목소리를 냈다. 에드워즈는 일반적인 신앙 체험과, 특별히 회심에 관한 신학적인 분석에 의도적이고 폭넓은 관심을 기울인 최초의 신학자였다. 에드워즈는 나중에 대각성 운동으로 알려지게 된 1700년대 중반의 신앙 부흥 운동에 적극적으로 참여하였으며, 이러한 사건들을 열심히 해석하려고 노력하였다. 에드워즈가 쓴 「놀라운 회심의 이야기」크리스챤다이제스트는 자신이 직접 목격한 회심 이야기들을 묘사한 것이다. 그로부터 9년 뒤인 1746년에는 「신앙과 정서」지평서원를 출판하게 되는데, 이 책은 진정한 그리스도인의 회심에는 분명한 '징표'가 있어야 한다고 힘차게 주장하는, 신앙 체험에 관한 종합적인 조사 보고서다.

전반적으로 청교도 전통에 서 있는 에드워즈는 회심의 목표가 영적인 변화라고 주장하였다. 진정한 회심은 지속적이고 영속적인 변화로 이끈다. 에드워즈는 도덕적이고 영적인 참다운 변화가 동반되지 않으면 아무리 강력한 감정적인 경험을 했더라도 그것에 대해 아주 회의적인 시각을 보였다. 어떤 회심도 한 사람을 즉각적으로 성숙하게 만들지 않는다. 그와 반대로 에드워즈는 성숙에는 상당한 시간이 걸린다고 생각하였다. 그러나 진정한 회심은 어떤 사람이든 성숙을 향해 나아가도록 방향을 정해줄 것이다.

회심은 한 사람의 삶에 질서, 즉 성숙한 그리스도인의 경험을 향하여 나아가는 질서를 가져온다. 그러나 회심은 단지 시작일 뿐이며, 그 열매는 한 사람으로 하여금 성숙의 길로 나아갈 수 있도록 방향을 정해주는 것이다. 에드워즈가 말한 것처럼, "성경은 회심 이후의 주요 관심사로서 한 그리스도인의 구도求道 · 분투 · 수고를 적절히 묘사하고 있으며, 한 그리스도인이 보여 주는 노력의 출발점으로서 회심을 그리고 있다."[8] 회심을 신학적으로 분석하는 일은 에드워즈에게 일종의 목회 과업으로, 그것은 궁극적으로 그의 독자들이 자신들의 경험을 이해하고, 자신들의 영적인 상태를 파악하며, 자신들의 경험이 제대로 된 것인지를 분별할 수 있게 해 주는 것이었다.

다른 청교도들과 마찬가지로, 에드워즈는 회심을 오랜 기간 동안 지속되어야 하는 과정으로 생각했다. 물론 어떤 사람들에게는 상당히 신속하게 이루어질 수 있다는 점도 인정하였다. 시간의 길이와 상관없이, 에드워즈는 회심이 질서정연한 경험이며 다음과 같은 요소들을 내포하고 있다는 사실에 주목하였다.

- 하나님의 권능에 의존하려는 마음
- 죄에 대한 깊은 확신과, 하나님의 공의 앞에서 죄에 대하여 아무것도 할 수 없다는 무기력한 마음인간의 곤란한 처지와 운명에 대한 절망감
- 하나님은 은혜롭고 용서하시는 분이며, 각 개인들은 이 은혜를 깨달을 수 있다는 인식[9]

비록 개별적인 그리스도인의 회심에 이와 같은 요소들이 동일하게 담겨 있을지라도, 에드워즈는 각각의 회심이 독특하다는 사실을 깨달았다. 어떤 규범을 만드는 것이 싫어서, 에드워즈는 회심에서 마땅히 일어나야 할 일들을 미리 규정하기보다는 이미 일어난 일들을 묘사하는 쪽으로 점점 더 관심을 기울이게 되었다. 그러나 불행히도 에드워즈를 따른 수많은 사람들은 에드워즈의 표현을 규범적인 것으로 사용하였다. 에드워즈가 보인 가장 적절한 목회적인 반응은 단지 회심의 징표들을 표현하고 규명하여, 각 개인들이 자기 자신의 경험을 깨닫고 해석할 수 있도록 도와주는 것이었다. 에드워즈에

게 가장 중요한 기준은 성령의 일하심이었다. 에드워즈는 회심의 특정한 순서를 미리 예측할 수 없다는 사실에 주목하면서 이사야 40장 13절에서 "누가 주님의 영을 헤아릴 수 있겠으며, 주님의 조언자가 되어 그를 가르칠 수 있겠느냐?"는 말씀을 인용한다.

> 어떤 사람들에게는 주님의 영을 지도하고, 그분의 발걸음을 미리 정하며, 특정한 단계와 방법으로 그분을 제한하는 자세를 취할 정도로 지나치게 도를 넘어서서 행동하지 않았을까 하는 두려움이 있다. 우리의 경험에 따르면, 하나님의 성령은 아무리 뛰어난 그리스도인들일지라도, 아무리 고상한 방법을 사용하더라도, 어떤 회심을 통해서라도, 발견하거나 추적할 수 없다는 사실이 아주 분명해진다. 또한 하나님의 성령은 미리 특별하게 세워 놓은 계획에 맞춰 어떤 단계를 따라 분별할 수 있게 움직이시는 분이 전혀 아니다.[10]

이와 같은 기본적인 요소들을 뛰어넘어 이러한 다양성을 인정하더라도, 에드워즈의 회심 신학에는 두 가지 중요한 요소가 있었다. 첫째, 에드워즈의 회심 신학은 머리와 가슴, 지성과 감성을 통합시킨다. 지적인 부분과 감정적인 부분을 둘 다 인정했을 뿐만 아니라 회심에 관한 총체적인 이해를 한결같이 유지했다는 것에 대해서는 에드워즈의 공로를 인정해야 할 것이다. 다시 말하지만, 슬프게도, 에드워즈를 따라서 여러 가지 주장을 펼쳤던 수많은 사람들은 낭만적인 감상주의를 좇았다고 아주 쉽게 비난을 받았다. 그러나 에드워즈 자신은 진리에 기반을 두지 않고 감정에 진정한 신앙의 자리를 내준다면 참된 신앙이란 있을 수 없다는 사실을 인정하였다.

더구나 에드워즈와 청교도들은 회심을 무슨 일을 시작할 수 있도록 해 달라고 기도하는 문제라기보다는 무슨 일이 일어나고 있는지를 분별하는 문제라고 보았다. 다시 말해, 하나님을 죄인이나 고해자가 행동하기를 기다리고만 계시는 수동적인 분으로만 바라본 후기의 신앙 부흥 운동과는 대조적으로, 청교도들은 하나님을 오히려 '죄인'이 수동적일 때 창조자와 대리자로서 일하시는 분으로 보았다. 이와 같은 구분은 아주 중요하고 심오한 의미를 내포한다. 신앙 부흥 운동과 대다수 현대적인 복음주의의 영향을 받은 사람은 누구든지 하나님의 일하심이 '영접 기도'를 시작하거나 우리에게 믿음이 생긴 뒤에야 비로소 구체적인 실행으로 옮겨지거나 효력을 발생한다고 쉽게 생각할 수 있다. 즉 일단 우리가 믿고 기도를 시작하면, 하나님께서 구원을 시작하신다는 것이다. 그러나 청교도들은 회심을 통하여 하나님의 일하심이 시작되지는 않는다는 것을 근본적으로 가정하였다. 곧 회심은 하나님께서 행하시는 일에 대한 반응으로 일어난다. 하나님은 우리보다 먼저 일하시는 분이시다. 그리고 하나님께서 앞서서 일하신다는 것을 인식하고 그에 따라 살아갈 때에만 회심이 일어난다.

그런 까닭에, 회심이란 극적이고 결정적인 순간이라기보다는 사람이 분별하는 어떤 것이다. 회심은 흔히 하나님께서 우리 삶 가운데 임재하셔서 일하시는 아주 미묘한 방법을 인식하는 것이다. 기도든 '제단 초청'altar call에 대한 반응이든, 다른 어떤 결정적인 순간에 대한 반응이든, 하나님의 구원 사역의 중심을 우리의 행동에 두기보다, 하나님과 하나님의 행하심에 초점을 맞추어야 한다. 다른 말로 표현하자면, 회심은 분별에 관한 것이다. 내 삶에 하나님께서 무슨 일을, 어떤 방법으로 행하고 계시는가? 사실상 청교도들에게 은혜는 어떤 사람이 구체적으로 그것을 인식하기도 훨씬 전에, 그 사람에게 허락될 수도 있다.

물론 우리는 회심에 담긴 인간적인 요소를 진지하게 고려해야만 한다. 그러나 에드워즈와 청교도들은 우리의 신학적인 성찰에 본질적인 지향점을 제시한다. 하나님의 주권과 주도적인 역할을 강조하지 않은 회심은 감정적인 설득을 통하여 회심을 조종하려고 시도하는 불행한 양상을 초래할 수 있다.

결론적으로, 조나단 에드워즈와 청교도들은 회심의 신학에 세 가지 특별한 공헌을 하였다. 첫째, 그리스도인의 회심에 대해 분별할 수 있는 양상이 있다는 점을 인정하였다. 비록 사람들마다 다양한 형태로 나타나기는 하겠지만, 모든 회심에는 약간의 공통적인 요소가 있다. 둘째, 회심 경험을 가슴과 머리, 지성과 감성이 어우러지는 통합적인 것으로 이해해야 한다고 믿었다. 셋째, 회심은 하나님의 은혜를 시작하게 만드는 요인이 아니라 하나님의 은혜에 대한 반응이라고 이해하는 것이 가장 적절하다. 그러므로 회심은 하나님의 주도적인 일하심을 분별하고 거기에 반응하는 행동이다. 회심은 성령께서 주도적으로 일하시고 다스리시는 사역에 대한 반응이다.

존 웨슬리와 성결 전통

이미 존 웨슬리의 개인적인 회심 체험을 앞에서 자세하게 다루었다. 이제 웨슬리의 신학과 실천이 이후의 회심에 관한 관점을 어떤 식으로 형성시켰는지를 살펴볼 것이다. 웨슬리의 사상에 담긴 몇 가지 요소들은 이런 측면에서 주목할 만한 가치가 있다.

첫째, 개신교 개혁주의 전통 안에 반듯이 서 있으면서도, 웨슬리는 엄격한 칼빈주의자 또는 개혁주의 유산에 젖어 있는 사람들보다 인간의 행동에 담긴 중요한 의미를 훨씬 더 폭넓게 인정하려고 노력한다. 웨슬리는 자유 의지와 인간의 반응을 엄청나게 강조한 알미니안주의자였다. 그러나 이것이 인간의 노력으로 구원을 얻을 수 있다는 의미는 아니었다. 웨슬리는 어떤 사람들에게는 구원이 예정되어 있으며, 어떤 사람들에게는 저주가 예정되어 있다는 조지 휫필드의 이중 예정설을 받아들이지 않았다. 웨슬리는 그리스도께서 모든 사람들을 위하여 돌아가셨으며, 모든 사람들이 하나님의 구원을 경험하도록 부르심을 받고 있는 동시에 그와 같은 부르심을 받을 수 있다고 주장하였다. 그럼에도 웨슬리는 어떤 사람이 자유 의지를 활용하여 구원받을 수 있다는 생각에 동의하지 않았다. 웨슬리에 따르면, 구원은 전적으로 하나님의 역사다. 웨슬리는 개인적인 확신을 경험하였으며, 하나님의 구원에 관한 확신은 자기 의지를 활용함으로써 오는 것이 아니라는 사실을 깨달았다. 그럼에도 불구하고, 웨슬리는 하나님의 사랑과 주도하심에 반응하여 하나님의 은혜를 자기 것으로 만드는 인간의 책임과 필요를 강조했다.

둘째, 웨슬리는 개인적인 변화뿐만 아니라 공동체적인 변화도 노골적으로 요청했다. 웨슬리는 각 사람들이 그리스도 안에서 거룩하고 완전해지도록 돕는 것이 자신의 사명이라고 생각했다. 웨슬리는 전도자였으나, 아주 색다른 전도자였다. 웨슬리의 궁극적인 목표는 각 사람들을 완전한 데로 이끄는 것이었다. 여기에서 우리는 회심의 목적이 영적인 변화와 성숙이라는 사실을 인정한 청교도들의 메아리를 듣게 된다.

웨슬리는 청교도 전통 안에 서 있었지만 그의 신학과 실천은 주류에 속하는 루터교와 개혁주의 개신교의 약점에 반응하는 가운데, 어떤 면에서는 반발하는 가운데 이루어졌다. 루터에게 있어서 성화는 단순히 칭의의 자연스런 결과였다. 그렇다고 성화가 칭의에 뒤따라야 할 이차적인 양상은 아니었다. 구원은 오직 믿음으로 말미암은 칭의의 결과였기 때문에, 성화는 구원에 포함된 두 번째 요소가 아니었다. 성화는 우리의 칭의를 인정하고 그 속에서 살아가는 삶에 지나지 않았다. 이것이 바로 영적인 성장을 꼭 이루어가야 한다는 생각, 즉 우리의 칭의에다 무언가를 '덧붙여야' 한다는 생각에 대해 흔히 루터교 사람들이 보이는 불편한 반응 뒤에 숨어 있는 주장이다.

그런데 이런 생각에 내재된 문제점은, 칭의가 루터교 사상에서 지나칠 정도로 중심을 차지하여 그 사상을 한정하기 때문에(어떤 사람들은 심지어 예수 그리스도의 중심성을 대체할 정도라고까지 말했다), 영적인 변화에 대한 개념은 부차적인 것으로 자리 잡게 되었다는 것이다. 성화를 열심히 강조하지 않았기 때문에, 루터교 신학은 그리스도인의 변화가 기독교의 구원 개념에 본질적이라는 사실을 암묵적으로 부정하였다.

그러나 웨슬리의 기본적인 관심사는 루터교와 개혁주의의 사상과 실천이 도덕적이고 영적인 변화를 위한 기초를 적절히 언급하거나 제공하지 못하고 있다는 것이었다.

부분적으로, 웨슬리의 천재적이고 지속적인 영향력은 단순히 누군가를 회심에 이르도록 권면하는 정도에 결코 만족하지 않았던 결단력에 있었다. 영적인 성숙을 위해 마련된 그리스도인들의 소그룹 모임에 회심자들이 즉각 참여하지 않았다면 웨슬리는 좌절감을 맛보았을 것이다. 회심의 목적은 웨슬리의 표현을 빌자면, '완전'을 향한 발걸음을 떼는 것이었기 때문이다.

셋째, 웨슬리는 마음을 강조하였다. 조나단 에드워즈와 마찬가지로, 웨슬리도 그리스도인의 체험에서 감정이나 정서의 우선성을 인정하였다. 개인적인 책임에 대한 웨슬리의 이중 강조는 은혜의 탁월한 능력에 대한 깊은 깨달음으로 균형을 이루었다. 영적인 성장이란 곧 은혜 안에서 자라 가는 것에 지나지 않았다. 또한 이와 같은 은혜에 대한 깨달음은 마음속 깊은 곳에서 느껴지는 것이다. 웨슬리 자신의 결정적인 순간을 묘사하기 위하여 사용한 언어를 빌자면, 그것은 '뜨거워진' 마음을 통하여 경험된다. 그리고 웨슬리에게 있어서, 이와 같은 은혜의 지속적인 징표는 기쁨이 계속 퍼져 나가는 것이다. 우리는 성령의 내적인 증거를 통하여 이와 같은 은혜와 기쁨을 경험한다. 수많은 사람들이 참된 신앙적인 체험을 거치지 않고서도 이와 같은 내적인 증거를 얻을 수 있다고 생각하지만, 웨슬리는 성령에 대한 경험은 오직 내적인 기쁨과 더불어 도덕적인 변화로 인도될 때에만 참되다고 주장하였다.

북미의 복음주의를 다룬다는 것은 필연적으로 웨슬리의 제자들이 가르친 성화에 대한 가르침을 살펴본다는 것을 의미한다. 웨슬리의 동료 가운데 한 사람인 존 플레처John Fletcher는 성화에 대하여 웨슬리가 주장한 것과는 조금 다른 견해를 제시하였다. 플레처는 모든 그리스도인들이 저마다 분명한 성령 세례를 받을 수 있으며, 받아야 한다고 확신하였다. 웨슬리는 다른 견해를 가지고 있었지만, 플레처를 비난하지는 않았다. 그 이유는 웨슬리 자신이 신앙 체험의 복잡한 양상을 올바로 인식하고 있었기 때문일 가능성이 컸다. 웨슬리는 「그리스도인의 완전에 관한 명료한 설명」Plain Account of Christian Perfection이라는 책에서 이렇게 선포한다.

"그러나 우리는 어떤 사람이 어느 장소에서든 단 한 번의 동일한 순간에 죄악의 용서와 성령의 지속적인 증거와 새롭고 깨끗한 마음을 받았다는 사례를 알지 못한다."[11]

이 말은 부분적으로 플레처가 짓게 될 구분에 대한 사전 준비였을 수도 있다. 그럼에도 불구하고, 바로 이어지는 세기에, 플레처의 소인이 찍힌 웨슬리 사상이 북미에서 점차 영향력이 커졌다. 특히 찰스 피니의 부흥 운동에 커다란 영향을 미쳤다. 이런 견해를 지지하는 사람들은 '은혜에 대한 두 번째 일하심' 또는 '회심에 이어지는 위기'를 주장하였다. 그것은 '훨씬 더 깊이 있는 삶' 또는 어떤 경우에 '더욱 고차원적인 그리스도인의 삶'을 살게 하는데, 모두 성화와 깊은 관련을 맺고 있는 것들이었다.

수많은 교회와 교단들이 이 '성결' 운동Holiness Movement의 영향을 받았다. 그 이유는 주로 성결 운동 자체가 초교파적인 성격을 띠었기 때문이다. 성결 운동은 감리교 평신도 설교자인 푀베 팔머와 드와이트 무디 같은 사람들의 설교를 통하여 더욱 널리 전파되었다. 나사렛 교단, 기독교 선교 연맹, 자유 감리교를 비롯한 여러 다른 단체들은 모두 크든 작든 19세기 성결 운동의 유산을 특징으로 드러내고 있다. 이와 같은 성결 운동의 유산을 물려받은, 20세기의 가장 두드러진 신앙 전통은 오순절 전통이다.

웨슬리와 성결 운동에 전적으로 빚을 지고 있지는 않다고 하더라도, 오순절 운동의 초기 양상은 웨슬리-성결 운동의 두 번째 축복이라는 교리에 커다란 영향을 받았다. 오순절 운동과 성결 운동을 뚜렷이 구별해 주는 것은, 방언의 은사가 성령 세례에 필수적인 초기 증거이며 예배와 섬김에 커다란 능력을 부여한다는 가정과 전제 조건이었다. 초기 웨슬리주의에 기초한 오순절 운동은 성화를 향한 두 번째 명확한 은혜 사역이라는 개념을 강조하였지만, 머지않아 오순절주의자들은 세 번째 경험, 곧 방언을 할 때에 분명하게 예배에 능력이 부여된다는 것을 덧붙였다. 20세기 초에 윌리엄 더햄William Durham의 영향을 받은 후기 오순절 운동은 개혁주의 침례교회를 출현시키는 등 다양한 양상으로 전개되었다. 더햄은 두 가지 연속적인 경험을 하나로 통합시

컸다. 곧 사역을 위한 능력 부여와 성령 세례였다.

현재 웨슬리-성결 운동의 수많은 상속자들은 '성령 세례'라는 용어를 사용하는 것을 주저하며, 이 경험을 직접적으로 성화와 연결시키는 것을 조심스러워하고 있다. 비록 대다수 사람들은 계속 그것을 사역에 대한 능력 부여로 연결시키고 있기는 하지만 말이다. 좀 더 노골적으로 말하자면, 수많은 사람들이 편안한 마음으로 '두 번째 은혜의 역사'에 대한 필요성을 말하고 있지 못하다는 것이다. 그 이유는 주로 그것이 해석의 기초로 정당화될 수 없다는 사실을 깨달았을 뿐만 아니라 더는 자신들의 경험과 일치하지 않기 때문이었다. 이 사람들도 역시 신실한 그리스도인이었지만, 회심으로 이어지는 특별한 종류의 '세례'나 '충만함'을 억지로 추구하는 것은 아주 인위적인 시도라는 것을 발견하게 된다. 이러한 고민에 대해서는 나중에 다시 다루도록 하겠다.

그럼에도 불구하고, 웨슬리주의와 후기 성결 운동은 회심을 신학적으로 이해하는 데 몇 가지 의미심장한 기여를 하였다.

🌿 하나님의 은혜에 반응하여 삶을 살아가야 하는 우리의 개인적인 책임을 인정하였다.

🌿 회심의 궁극적인 목적은 성화다. 회심은 칭의와 마찬가지로 단지 출발점일 뿐이다. 왜냐하면 믿음을 통하여 추구하고 받아들인 성결이 회심의 근본적인 목적이기 때문이다.

❧ 조나단 에드워즈가 그랬던 것처럼 감정을 진지하게 받아들여, 감정과 지성을 통합함에 있어 감정에 우선순위를 두었다.

❧ 회심과 성화에 대한 2단계 접근 방법을 강조하였고, 특히 후기 웨슬리-성결 운동에서처럼 '성령 세례'를 포함한 성령의 은사와 임재에 대한 의식적인 깨달음을 강조하였다.

찰스 피니와 부흥 운동

이제 찰스 피니의 영향과 부흥 운동의 출현을 살펴보기 위하여 19세기 초반으로 잠시 되돌아가 보자. 다양한 색깔의 복음주의 교단을 통틀어 부흥 운동의 영향력을 고려하지 않고서 21세기 초반의 회심 언어를 이해하기란 쉽지 않다.

부흥 운동가에게서 나타나는 복음주의 신앙은 다양한 영적인 운동과 영향력의 열매였다. 그 운동은 어떤 의미에서 어쩌면 전혀 의식하지 못한 사이에 청교도의 유산을 물려받은 것이다. 왜냐하면 그리스도인이 될 때 가장 중요한 요소로서, 실제로 한 사람의 삶에서 그리고 미래의 삶에서 결정적인 사건으로서 회심에 초점을 맞추고 있기 때문이다.

그러나 훨씬 더 중요한 의미를 띠는 것은 찰스 피니의 영향력이었다. 피니는 개혁주의와 칼빈의 뿌리를 버리고, 자유 의지와 인간의 책임을 훨씬 더 많이 강조하는 알미니안주의를 받아들였다. 피니는 인간의 책임을 강조한 전형적인 19세기 전도자였다. 피니는 설교자-전도자의 대리자 역할과 '죄인'에 대한 대리자 역할을 모두 강조하였다. 실제로 피니는 회심이 하나님의 역사라는 개념에 반대한다는 말을 했고, 결과적으로 회심은 하나님의 손을 떠날 수밖에 없다고 말하기까지 하였다.

둘째, 피니는 즉각적인 위기의 순간에 직면했을 때 회심의 필요성과 가능성을 강조하였다. 여기에서 피니는 죄를 확신하는 데 상당한 기간이 걸리는 것처럼 회심을 위해서도 상당한 기간이 꼭 필요하다는 청교도적인 가정을 거부하였다. 결과적으로 회심에 필요한 온갖 요소가 한 순간에 일어나는 것을 한 번도 보지 못했다는 웨슬리의 관찰에 도전하였다.

피니의 세 번째 특징과 그가 시작한 운동은 기술적인 측면을 강조하였다. 피니는 기적으로서의 회심이 아니라 올바른 접근 방법을 적용한 결과로 나타나는 회심을 이야기하였다. 이것은 사람들을 회심시키는 데 목적을 둔 기술을 강조하게 했으며, 결과적으로 회심을 촉진하거나 격려하기 위하여 '영혼을 얻는다'는 말을 사용하기에 이르렀다. 적절한 방법을 따르기만 하면, 회심이 이어질 것이며 영혼을 '얻을' 수 있을 것으로 추측하였다.

미국 복음주의 진영에는 분명히 다른 목소리들도 있었지만, 피니의 영향력은 아주 광범위하였다. 신앙 부흥 운동이 미국인들의 신앙을 형성하는 데서 지배적인 종교 세력의 하나로 자리 잡게 되었다. 신앙 부흥 운동은 여러 교단 안에서 조직화되었다. 대다수는 아니지만, 수많은 복음주의자들이 자기도 모르는 사이에 이 운동의 계승자로 변하여 신앙 부흥 운동의 언어와 신앙을 신약 성경에 연결시키기까지 했다.

  부분적으로 신앙 부흥 운동의 장점은 전혀 타협하지 않는 자세로 예수 그리스도께로 나아가도록 회심을 요청하는 데 있었다. 또한 수많은 사람들이 이 운동의 영향으로 그리스도인으로 탈바꿈하였다. 그러나 이러한 긍정적인 공헌을 기꺼이 인정한다 하더라도, 신앙 부흥 운동이 우리의 언어와 행동에 끼친 영향에 대해 세심하게 살펴볼 필요가 있다.

  그 영향력은 여러 가지 방식으로 체감할 수 있다. 가장 우선적이고 아마 최고로 중요한 의미를 띠는 부분은 인간의 의지에 관한 강조다. 신앙 부흥 운동은 인간의 책임이 중요하다는 것과 인간의 행동에 중요한 의미가 담겼다는 것을 적절히 강조하였다. 그러나 몹시 일방적으로 이것들을 강조하였다. 신앙 부흥 운동에 깊이 영향을 받은 교단에서 자라난 나도 끊임없이 다음과 같은 인상을 받았다. 가령 우리에게 변화되기를 원하는 마음이 있다면, 그 해결책은 간단하였다. 곧 "예수 그리스도의 주권에 순종하라." 만약 우리가 어떤 문제와 싸우고 있다면, 우리에게 젊은이로서 변해야 할 행동이나 생각이 있다면, 그 해답은 간단하였다. 곧 "그 문제를 제단 위에다 올려놓아라." 모든 삶의 문제의 뿌리는 순종의 부족에 있다고 믿게 되었다. 그래서 찬송가 "내게 있는 모든 것을"I Surrender All, 71장이 우리의 영적인 삶을 고치시키려는 설교자들의 마음을 사로잡는다. 전심으로 복종함으로써, 우리는 마음의 갈망에 도달할 것이기 때문이었다.

  이런 개념에 담긴 문제는 오직 반쪽짜리 진리만을 드러낼 뿐이라는 점이다. 로마서 12장 1~2절은 이렇게 말한다.

"그러므로 형제들아 내가 하나님의 모든 자비하심으로 너희를 권하노니 너희 몸을 하나님이 기뻐하시는 거룩한 산 제물로 드리라 이는 너희가 드릴 영적 예배니라 너희는 이 세대를 본받지 말고 오직 마음을 새롭게 함으로 변화를 받아 하나님의 선하시고 기뻐하시고 온전하신 뜻이 무엇인지 분별하도록 하라."

신앙 부흥 운동은 이 본문의 전반부에서 말하는 우선순위, 곧 '살아있는 제물'로 자기를 하나님께 아무런 조건 없이 드려야 한다는 필요성에만 마음을 빼앗긴다. 그러나 의지의 복종을 일차원적으로 자주 강조하다 보니, 우리가 자기 자신의 행위를 통하여 변화될 수 있다는 생각, 우리의 회심과 변화가 근본적으로 자기 자신의 결정에 따른 열매라는 생각을 조장하게 되었다.

로마서 12장 2절에서 바울은 우리에게 나타나는 전반적인 변화가 마음의 새로워짐the renewal of the mind을 통하여 일어난다는 사실을 강조한다. 신앙 부흥 운동의 치명적인 결점은 두 가지 차원으로 나타났다. 곧 우리가 구원받는 수단으로서 인간적인 의지를 지나칠 정도로 그릇되게 강조했을 뿐만 아니라 나중에 이 책에서 다룰 중심 주제인 회심과 변화 둘 다에 결정적인 요소로서 작용하는 지성을 무시했다는 것이다.

신앙 부흥 운동은 인간의 의지를 일방적으로 강조했을 뿐만 아니라 멋진 회심의 본질로서 즉각적이고 극적인 위기를 집중적으로 조명하였다. 이것은 회심을 위하여 장기간의 준비가 필요하다는 청교도의 예상을 거부한다는 뜻이다. 신앙 부흥 운동에 영향을 받은 사람들은 극적인 회심을 추구하면서 그와 같은 회심과 더불어 구원이 일순간에 일어난다고 믿었다. 물론 그 순간은 한 사람의 '결단'과 직접적으로 연결되어 있었다. 회심은 누구라도 가리킬 수 있는 뚜렷하게 구별된 사건, 즉 결정적인 순간, 이상적인 절정의 순간이 되었다. 그러나 현실에서 나타나는 대다수 사람들의 경험은 훨씬 더 복잡한 것이었다. 너무나 많은 사람들이 단순하고 결정적인 회심이라는, 신앙 부흥 운동에서 널리 퍼뜨린 개념으로 자기 자신의 경험을 비춰보면서 소외감과 당혹스러움을 느낄 수밖에 없었다.

이러한 강조는 더 심각하고 불행한 결과를 낳았다. 반복적이고 일상적인 것들을 무시하게 된 것이다. 신앙 부흥 운동의 현대적인 표현은 극적이고 즉각적인 변화를 향한 뚜렷한 갈망으로 가득하다. 설교자들이 지극히 감정적인 사건을 열망할 때는 사람들이 상처를 받아 '깨어진 마음'으로 있을 때, 개인적이면서 공동체적인 온갖 영적인 문제들이 수면 위로 떠올라 급작스럽게 해결될 때이다. 그리고 어떤 경험이 더욱 극적이고 즉각적인 것처럼 보일수록, 그 회심은 훨씬 더 '기적적'으로 보이거나 그런 의미를 훨씬 더 함축적으로 나타낸다. 이런 접근 방식은 그리스도인들이 매주 예배에 참석한다든지, 영적인 삶을 위한 훈련을 한다든지, 서로를 사랑할 수 있는 능력을 천천히 점진적으로 키워가는 것과 같은 일상적이고 반복적인 것을 통하여, 마음의 부흥을 통하여 하나님께서 느리게 일하실 수 있다는 가능성을 무시한다. 또한 즉각적이고 극적인 것을 강조하게 되면, 세례와 성만찬과 같은 성례전적인 행위에 담긴 실질적인 가치들을 부정하게 된다.

우리는 신앙 부흥 운동으로부터 전수 받은 미국 복음주의의 또 다른 가정을 놓치지 말아야 한다. 곧 회심이 쉽고, 아무런 고통도 없으며, 별다른 대가를 지불하지 않아도 된다는 신념이 바로 그것이다. 부흥 운동가들은 '구원'은 누구든지 단지 마음의 결단을 내린 뒤에 '영접 기도'를 따라하고 '주 예수 그리스도를 마음으로 받아들이기만 하면' 얻을 수 있는 공짜 선물이라고 강조한다.

그다지 놀라운 일도 아니지만, 손쉽고 편안한 회심에 대한 그와 같은 가정을 따랐는데도, 수많은 사람들의 삶이 그러한 '결단'의 결과로서 정말로 변화되거나 탈바꿈하지는 않았다. 성결 전통 안에 있는 사람들도 역시 회심에 뒤이어 '성령 세례'와 '완전한 성화'가 따라온다는 찰스 피니의 견해가 반드시 옳지는 않다는 사실을 발견하였다. 어쩌면 피니가 회심을 너무 '쉽거나' 값싼 것으로 전락시키기는 했지만, 성화를 강조함으로써 이것을 보충했다고 주장할 수도 있다.

게다가 신앙 부흥 운동은 근본적으로 사적이고 개인적인 신앙이라는 개념을 키웠다. 인간의 의지에 대한 강조는 개인에 대한 강조를 함축하고 있었다. 청교도들과 마찬가지로, 부흥주의자들에게도 '믿음 안에서 자라나는' 것과 같은 일은 있을 수 없었다. 한 사람은 오로지 하나님 앞에서 한 개인으로서 인격적으로 그리스도를 '받아들이기'로 결단해야만 그리스도인으로 인정되었다. 또한 그리스도인 공동체가 그러한 결단을 격려하고 촉진시킬 수도 있었지만, 관심의 초점은 개인에게 있었으며 지금도 계속 개인에게 집중되고 있다.

이와 대조적으로, 청교도들에게 있어서 회심은 교회 안에서 육성되는 것이었다. 청교도들에게 회심은 혼자만의 개인적인 문제이기는 했지만, 교회와 지도자들이 조심스럽게 감독하였다. "회심은 언약 공동체라는 배경 안에서 일어나는 아주 강렬한 개인의 주관적인 경험이었으며, 동시에 그것은 즉각적으로 해당 공동체 안에서 어떤 일을 할 수 있도록 그 사람의 자리를 찾게 하였다."[12] 그러므로 주관성과 객관성 사이, 개인과 공동체 사이에 조심스런 균형이 자리 잡고 있었다.

그러나 청교도가 회심을 강조한 것은 교회가 양육 공동체에서 회심 공동체로 탈바꿈하는 데서 가장 우선적이고 중대한 단계였다. 청교도에게서 아주 많은 것들을 물려받은 신앙 부흥 운동에서 나타난 결과는 거의 기존의 결과와 유사하였다. 언약 공동체는 이제 더 이상 진정한 체험을 위한 조정자가 아니었다. 주관주의와 개인주의가 여기저기 씨앗을 뿌려 놓았다. 교회의 유일한 목적은 점차 특정한 형태의 회심을 촉진시키는 것이 되었으며, 그럴수록 회심은 점점 더 목적 그 자체로 변해 갔다. 양육 공동체를 즉각적으로 언급하지 않고 회심이 추구되었다. 누구든 "당신은 구원받았습니까?"라는 질문에 대답할 수 있느냐의 여부에만 모든 것이 달려 있었다. 머지않아 이것은 19세기 후반과 20세기의 대대적인 복음 전도 운동이라는 현상을 낳았는데, 여기에서 회심은 언약 공동체라는 배경 밖에서 일어났을 뿐만 아니라 해당 공동체의 교리적인 유산과도 동떨어진 것이었다.

19세기 후반의 부흥 운동가들은 공개적인 행동이 우선 중요하다고 강조하였다. 곧 죄인은 '예배당 좌석 사이의 통로를 걷는다' 거나 '제단 앞으로 걸어 나오는' 것과 같은 공개적인 방식으로 회개하는 모습을 보여 주면서 자신들의 회심을 증거해야 했다. 이와 같은 공개적인 행위를 통하여 나타난 재미있는 결과는 세례가 어떤 사람의 회심, 특히 비그리스도인의 회심을 증거하는 수단으로 보이게 된 것이었다. 이런 행위에 대한 성경적인 증거가 혹시 있더라도 거의 눈에 띄지 않는 형편이었지만, 수많은 사람들이 그 증거를 세례의 근본적인 의미로 보게 되었다.

일관되게, 그리고 점차 사람들이 '제단 초청' altar call에 대한 반응으로 회심을 경험하였으며, 수많은 '영혼들'이 부흥 설교를 통하여 '얻어지게' 되었다. 회심자가 될 사람은 흔히 '문답실'이나 기도실로 인도되었다. 거기에서 그 사람은 '영접 기도'를 따라하도록 요청 받았다.

여기에서 강조점은 즉각적인 것에 있었다. 결단, 기도, 이를 통한 '구원'의 경험! 그때로부터 계속하여 반응을 나타낸 사람들은 과거 시제로 이야기할 수 있었다.

"나는 이제 구원받았습니다!"

이처럼 회심은 어떤 사람이든지, 그리고 누구에게서나 단숨에 간단히 쉽게 접근할 수 있는 것이었다. 다시 말해, 강조점이 회심자의 행위에 있었다.

"당신은 당신의 일을 하라. 그러면 하나님께서 그분의 일을 하실 것이다."

"만약 당신이 기도하고 믿으며, 회개하고 자백하면, 하나님께서 당신을 거듭나게 하기 위하여 그분의 일을 하실 것이다."

많은 사람들은 회심을 이런 식으로 이해한 것에도 한 가지 긍정적인 요소가 있었다는 사실에 주목했다. 곧 개인의 책임을 강조했다는 것이다. 그러나 잠재적인 이 장점조차도 이 운동에서 명백하게 드러나는 결점들과 더불어 바라보면 약화될 수밖에 없다. 그들은 하나님의 일하심에 앞서 인간의 행위를 지나치게 강조하고, 회심의 열매로 변화를 충분히 강조하지 못함으로서 한계를 초래하게 되었다.

21세기 초반의 복음주의와 회심

그렇다면 우리가 이와 같은 복잡한 유산을 이해하려고 할 때 복음주의에서 겪은 경험에 대해서는 어떻게 말할 수 있을 것인가? 공식적이든 비공식적이든, 신앙 공동체의 일원이 되고, 그리스도인의 삶에 참여하기 위해서는 회심을 거쳐야 한다. 회심은 여전히 규범적인 성격을 띠고 있다. 그러나 우리는 몇 가지 냉정한 현실에 부딪치고 있는데, 각각은 문제로 등장하고 있을 뿐만 아니라 기회로 다가오고 있기도 하다.

신학적인 혼란

첫째, 신앙 체험과 특히 회심의 본질에 대하여 상당한 신학적인 혼란이 있다. 빌 레오나르드는 남침례교단에 속한 그리스도인들을 치밀하게 관찰했는데, 그 결과는 대다수 복음주의자들에게 동일하게 적용된다. 스스로 의식하고 있든지 아니든지 간에, 남침례교인들은 개혁주의와 더불어 알미니안주의 전통의 계승자들이다. 또한 칼빈주의자인 동시에 웨슬리주의자들이기도 하다. 레오나르드가 주장하는 바에 따르면, 우리가 분별력도 없고 일관성도 없는 방식으로 양쪽 복음주의 유산을 물려받았다는 것이 문제다.[13]

피니의 알미니안 모델이 어떤 식으로 복음주의와 회심의 문제에 채택되었는지 살펴보면, 가령 우리는 자기 의지의 행위로 그리스도인이 되며, 하나님의 일하심은 우리의 수고 '결단'과 '영접 기도'에 반응하여 진행된다. 우리는 자기 노력을 통하여 교회 '안에' 머물게 된다. 그러나 이 때 은총 문제에 관해서는 칼빈주의 모델을 받아들인다. 그래서 일단 그리스도인이 되기만 하면, 소위 '영원한 안전'을 확신할 수 있게 된다. 그러니까 여기에서는 또 다시 모든 것이 하나님의 일하심에 달려 있다는 의미를 내포하게 된다. 대다수 복음주의자들은 피니-알미니안 회심 개념을 단번에 일어나는 정확한 사건이라고 받아들였다. 그러므로 그 과정은 죄인을 통하여, 다시 말해 한 사람의 행위를 통하여 시작되고 유지된다. 우리는 자기 의지의 행위를 통하여 그리스도인이 되었다. 이렇게 함으로써 구원을 받았다. 복음주의자들은 일반적으로 칼빈주의자들의 '한 번 구원받았으면, 영원히 구원받았다'는 믿음을 마음속에 소중히 간직해 왔다. 그래서 이제 우리가 '안에' 머물고 있다는 사실 때문에, 하나님의 은혜로 보호를 받는다는 현실에 안주할 수 있게 된다. 다시 말해, 자신의 행위를 통하여 '안에' 머물게 되었지만, 하나님의 일하심으로 말미암아 '보호받고' 있다는 것이다.

대다수 미국 복음주의자들이 피니의 회심 패키지를 절반만 받아들였다는 것은 또 다른 역설이다. 피니 자신은 회심을 아주 쉬운 것으로 제시했다는 사실을 인정하면서, 성결 운동에서 지지하는 경험과 유사한 흐름을 좇아서, 성화를 위해 더 많이 노력해야 한다고 요청함으로써 이를 보충하였다. 여러 가지 흐름으로 갈라진 복음주의는, 대부분 피니의 첫 번째 개념, 곧 우리가 영접하면 구원을 받는다는 것은 받아들이면서도, 두 번째 제안은 소홀히 했다. 그 결과 성화에 관한 부차적인 강조를 생략한 채 손쉬운 회심에 관한 강조만을 널리 퍼뜨렸다.

회심 경험에 대한 모호한 자세

여러 가지 이유로 많은 그리스도인들이 회심 경험에 대하여 모호한 태도를 가지게 된다. 첫째, 사람들이 신뢰할 만큼 일관되고 의미 있는 회심 신학이 대체로 부족하기 때문이다. 사람들이 쉽게 접근할 수 있는 신학 모델은 현실적인 경험과 일치하지 않는 경우가 많았다. 또한 강단에서 설교되고, 찬송가에서 불려지며, 주일학교에서 가르쳐지는 인기 있는 회심 모델은 보통 사람들의 경험과 상당히 달랐다. 심지어 어떤 사람들은 자신의 회심이 부적절하거나 확실하지 않은 것이 아닐까 의아해 하기도 한다. 이런 사람들은 공동체 안에서 아무런 '간증'도 하지 못한다. 강단과 찬송가에서 전달하는 언어는 그들의 경험을 반영하지 못한다. 왜냐하면 그들은 순간적으로, 극적으로 그리스도인이 되지 않았기 때문이다. 그들이 속한 신앙 공동체에서는 어떻게 그리스도인이 되었는지를 의미 있게 설명할 수 있는 아무런 언어도 가르쳐 주지 않았다. 그리하여 슬프게도 그들에게 회심은 크게 의미 있거나 중요한 일이 되지 못했다. 그 결과 회심은 삶의 변화를 가져 오는 의미심장한 영적인 경험이나 기준이 되지 못한다.

그러나 복음주의자들도 사람의 경험은 놀라울 정도로 다양하여, 간단하고 명확한 언어로는 우리 이야기를 다 표현할 수 없다는 사실을 점차 깨달아 가고 있다.

둘째, 복음주의자들은 종종 체험이라는 말에 애매하다는 느낌을 받는다. 왜냐하면 복음주의 전통이 아직까지 모태신앙 그리스도인들에 대해서는 매우 양면적인 태도를 취하고 있기 때문이다. 청교도들이나 신앙 부흥 운동가들도 마찬가지로 모태신앙 그리스도인들을 위한 적절한 자리를 마련해 두지 않았다. 그들은 자신의 자녀들도 그리스도인이 되기 위해서는 자신과 똑같은 과정을 거쳐야 할 것으로 기대하였다. 그러나 부모가 그리스도인일 경우엔 영적·사회적·정서적인 역학 관계가 전혀 다르게 나타난다.

대다수 모태신앙 그리스도인들은 결정적인 회심을 가정하는 설교와 찬송가에 간단히 자신을 동일시하기 힘들다. 모태신앙인 청년은 "난 항상 하나님을 믿었고 언제나 예수님을 사랑했어요"라고 말하는 게 훨씬 더 편할 수도 있다. 왜냐하면 회심이라는 단어는 위기나 결정적인 순간이라는 의미를 내포하고 있기 때문에, 믿는 가정의 자녀들은 흔히 자신들의 영적인 경험에 담긴 의미에 대해서는 애매모호한 채로 남게 된다. 복음주의 전통에는 모태신앙 그리스도인들을 통합시킬 만한 철저하고 일관성 있는 회심 신학과 언어가 없기 때문에, 그들은 종종 자신들의 회심 경험을 부차적인 것이라고 느끼면서, 회심을 자신이 그리스도인의 삶을 살아가는 데 중요한 의미와 힘을 얻을 수 있는 원천으로 생각하지 않는다. 이것은 자녀뿐만 아니라 부모들에게도 고민을 안겨 준다. 그들에게는 자녀들이 여전히 '믿음의 길을 가는 도중'에 있을 때 그와 같은 영적인 여정을 설명해 줄 의미 있고 유용한 언어가 부족하기 때문이다.

이와 같은 여러 가지 이유들로, 복음주의 신앙 공동체 안에 있는 수많은 사람들은 자신들의 회심 경험에 대하여 몹시 불편한 마음으로, 신앙과 예배와 증거에 있어서도 뚜렷한 확신을 갖지 못한 채 살아간다. 어떤 사람들은 정말로 확신이 부족하다. 실제로 성령께 받아들여지고, 용서받았으며, 충만해진 그리스도인이 되었다는 깊은 내면의 확신 말이다. 그러한 기준 없이, 시작에 관한 분명한 의식 없이, 수많은 사람들이 영적으로 아무런 목표 없는 삶을 살고 있다고 느끼면서도 어떻게 영적인 성장과 훈련을 향하여 나아가야 할지 잘 모르고 있다.

교회 안에서도, 의심이 널리 퍼져 있고 확신이 너무 부족해서 수많은 사람들이 "나는 하나님의 자녀입니다"라고 과감하게 말하지 못한다. 이것은 구원받는다는 개념에서 인간적인 행위를 지나치게 강조한 접근 방식이 빚어낸 결과다.

복음주의적 딜레마에 대한 반응을 명확히 하기

회심의 성격을 다시 생각하기 위해서는 아마도 변화하는 복음주의의 얼굴을 살펴보는 게 가장 중요할 것이다. 이러한 변화는 전 세계적이며 영속적인 것이다. 20세기의 놀라운 선교 운동은 상당한 열매를 맺고 있으며, 복음은 전 세계로 퍼져가고 있다. 그러기에 다양한 문화적인 역학 관계에 비추어 회심에 관한 우리의 이해를 재조명해야 한다는 요청이 당연히 대두되고 있다. 대략 두 세기 동안, 미국 복음주의는 회심 신학과 회심 언어를 지배하였다. 그러나 이제 교회가 신앙 체험, 특별히 회심 체험의 본질을 다시 생각해 보는 중대한 과도기를 맞이하고 있다. 이는 한편으로는 소중한 기회다.

이러한 과도기는 우리에게 어떻게 문화가 신앙 체험을 발전시키는 동시에 영향을 미치는가에 대하여 곰곰이 생각할 기회를 제공한다. 또한 회심에 관해서도, 어떻게 특정한 문화적 배경이 회심을 촉진하거나 방해하는 분위기를 만들 수 있는지를 살펴보게 한다. 문화가 신앙의 변화에 필수 불가결한 요소라고 가정할 경우에 말이다.

우리가 직면하는 환경에 효과적으로 반응하기 위해서는 여러 가지 행동과 과제가 동시에 필요하다. 첫째, 우리는 신약 성경의 회심 요청을 가능한 한 분명하게 들을 수 있도록 성경을 전혀 새로운 차원에서 읽어야 한다. 성경이

스스로 말할 수 있도록 가능한 한 모든 조치를 취해야 한다. 또한 신학적인 합리화로 성경 본문의 힘을 약화하려는 어떤 시도도 차단해야 한다. 여기서 내가 말하려는 의도는 신약 성경에 등장하는 여러 가지 다양한 회심 모델을 직접 읽을 때 더욱 분명해질 것이다.

둘째, 성경 본문을 읽으면서도 청교도와 웨슬리주의에서 물려받은 복음주의 유산과 장점들을 새로이 받아들여야 한다. 그러나 이러한 유산과 장점들을 분별력 있게 받아들여야 한다. 우리는 진정한 회심을 위한 일차적인 기준을 거룩한 성경에서 확보해야 한다. 우리에게 남은 유일한 희망은 신앙 부흥 운동을 통하여 우리의 언어와 사고 패턴과 정서에 스며들어 있는 그릇된 방식을 버리는 것이라고 확신한다. 적어도 신앙 부흥 운동은 회심의 필요성을 진지하게 고려하였으며, 어떤 의미에서는 회심에 관한 이 책의 연구도 그러한 유산에 기초하고 있다. 그러므로 우리는 회심의 필요성을 강조하면서, 복음주의 유산에서 최선의 것을 찾아내는 방식으로 연구를 진행해야 한다.

우리에게 전해진 영적인 유산은 성경을 훨씬 더 새롭게 읽을 수 있도록 도와줄 것이다.

셋째, 우리는 자기 자신의 경험을 신뢰하며, 복음주의 전통 밖에 있는 사람들과 다른 문화권에 있는 사람들의 경험으로부터 배워야 한다. 우리 자신의 신학적, 영적인 유산을 인정하면서 그것을 토대로 신앙생활을 할 때, 의식적으로 다른 문화와 전통, 특히 다른 사람들이 증거한 경험으로부터 배우겠다고 결단해야 한다. 많은 사람들은 경험을 신뢰하는 것이 참된 기독교 신학을 체계적으로 세우는 일의 한 부분이라는 사실에 동의하지 않는다. 그러나 1장에서 이미 언급했듯이, 체험은 성경을 이해할 수 있는 지극히 중대한 수단이며, 성경을 읽고 받아들일 수 있게 하는 중요한 창문이다. 이 책의 연구 목적 가운데 하나는 우리의 영적인 전통 안에서, 그리고 그 전통을 강화하는 동시에 거기에 내재된 고유한 한계들을 초월하는 과정을 거치면서, 자기 자신의 회심 경험을 더 잘 이해하는 것이다.

마지막으로, 우리가 앞으로 계속 나아갈 수 있는 최선책은 회심이 목적지가 아니라 출발점임을 분명히 하고, 영적 성숙을 촉진시킬 회심 신학과 언어를 발전시키는 것이다.

우리의 중요한 과업은 새로워진 회심 언어, 곧 묘사하고 해석하여 성경적인 신학의 힘을 우리의 지성에 전달하는 언어, 우리 자신의 경험을 효과적으로 해석하는 언어를 체계적으로 정리하는 것이다.

하나님의 주도하심과 인간의 반응

복음주의 유산에서 배울 뿐만 아니라 거기에 의존하려고 할 때, 아마도 하나님의 주도권과 인간 행위의 중요성을 둘 다 인정하는 것이 매우 중요할 것이다. 두 측면을 절충하는 것을 단호히 거부할 때에도, 우리는 복음주의 유산에서 뿜어내는 숨결에 의존한다.

회심은 근본적으로 한 개인이 삶에서 하나님의 구원하시는 은혜에 반응하는 삶의 전환이다. 여기에서 신학적인 초점은 하나님의 주도권에 반응하는 인간의 행위에 있다. 그러나 비록 회심에서 인간의 노력과 책임이라는 부분이 드러나기는 하지만, 성경은 일관되게 회심을 하나님의 선물이라고 말한다. 다시 말해, 어떻게 보면 회심은 인간적인 의지의 행동이지만, 그럼에도 불구하고, 회심은 궁극적으로 인간의 성취가 아니다. 물론 회심에는 인간의 결정과 행위가 포함된다. 그래서 누구든 회심이 설득과 인간의 반응에 달린 문제라고 피상적으로 결론을 내릴 수 있다. 그러나 실제로 회심은 하나님께서 제안하고 유지하시는 것이다. 하나님은 창조자이자 구속자시다. 하나님께서 구원하신다. 너무나 깊은 수렁에 빠져 있기 때문에, 인간에게는 자신을 스스로 변화시킬 만한 능력이 없다.

더 나아가, 하나님의 은혜는 개인의 삶에서뿐만 아니라 이 세상에서도 그분의 주권에 속한 부분이다. 만약 전적으로 은혜로만 회심을 경험한다면, 우리는 아무런 공로를 주장하거나 추구할 수 없다. 이것은 바울의 말에서 적절하게 표현되어 있다.

"여러분은 믿음을 통하여 은혜로 구원을 얻었습니다. 이것은 여러분에게서 난 것이 아니요, 하나님의 선물입니다. 행위에서 난 것이 아닙니다. 그러므로 아무도 자랑할 수 없습니다"엡 2:8-9, 표준새번역.

믿음조차도 선물이다. 나중에 좀 더 강조하겠지만, 우리에게는 믿음을 훈련할 책임이 있다. 그러나 우리가 훈련하도록 부르심을 받은 바로 그 믿음이 선물이다. 틀림없는 인간의 행위로 보이는 세례조차도 바울 신학에 따르면 하나님께서 일하신 것이다.

성령께서는 회심의 과정을 감독하신다. 사실상 회심은 한 개인과 공동체의 삶에서 언제나 직접적으로 성령의 일하심에서 비롯된다. 그리고 성령께서는 "불고 싶은 대로 부는"요 3:8 바람과 같기 때문에, 각 개인과 공동체의 경험에는 언제나 신비하고, 예측할 수 없으며, 두드러진 무언가가 있다. 비록 우리가 이 다양성을 인정해야 하지만, 오직 한 성령만이 존재한다. 이것은 모든 회심에는 어떤 공통적인 요소가 있다는 의미다.

성령의 주도하심과 일하심은 반드시 확실하게 드러나야 하는 것도 아니며, 관찰할 수 있는 형태여야 하는 것도 아니다. 성령의 일하심은 흔히 신비스러울 뿐만 아니라 정량적으로 설명할 수 있는 부분도 아니다. 어떤 측면에서는 심지어 추적할 수도 없다. 더구나 성령의 일하심은 종종 성령에 대한 우리의 반응과 동시에 일어나기 때문에, 사람들은 성령의 일하심을 우리의 반응과 행동 뒤에 숨어 있는 비가시적인 사건이라고 말할 수도 있다. 그럼에도 불구하고 우리의 행동을 지속하게 만드는 원동력은 성령이다. 이것은 인간의 행동과 책임의 중요성을 감소시키지 않는다. 오히려 성령의 일하심에 대한 우선순위를 올바로 인식하게 할 뿐이다.

스탠리 그랜즈는 성령의 일하심을 네 가지 차원으로 설명한다.[14] 첫째, 성령은 죄를 확신하게 만들어, 우리로 하여금 자신의 삶과 행동에 대한 책임을 스스로 지도록 하며, 우리 삶이 하나님의 거룩하심뿐만 아니라 정의와 평화를 향한 하나님의 사랑요 16:8과는 결코 조화될 수 없다는 사실을 깨닫게 한다.

물론 죄에 대한 확신에는 회심의 필요성에 대한 깨달음도 포함된다. 곧 우리는 죄로 말미암아 우리 삶이 죽음과 어둠으로 가득할 수밖에 없으며, 죄로 말미암아 우리에게는 아무런 소망도 없다는 사실을 회심의 과정을 통하여 인식하게 된다. 그러므로 성령의 깨닫게 하시는 사역에는 두 가지 명백한 차원이 있다. 성령으로 말미암아 우리는 자신의 무기력함을 볼 수 있으며, 또한 그리스도 안에 있는 소망을 볼 수 있게 된다. 성령께서는 우리에게 두 가지 능력을 동시에 허락하신다. 자기 죄의 무게를 생각할 때 하나님께 받아들여질 가능성이 도무지 없다고 생각하며 좌절의 시간을 보내는 동안, 성령께서는 우리를 곤경한 처지에 절대로 내버려 두시지 않기 때문에 궁극적으로는 그리스도가 필요하다는 사실과 그리스도 안에 있는 생명과 소망의 실체를 깨달을 수밖에 없게 된다.

둘째, 성령은 우리로 하여금 하나님의 부르심을 들을 수 있게 해 주는 중재자다. 하나님께서 우리를 그분의 구원으로 부르신다는 개념은 구원에 관한 성경 신학을 통하여 아주 정교하게 짜여 있다. 예수님은 이것을 잔치에 초대하는 것으로 그리신다. 이 잔치는 궁극적으로 종말의 시간에 이르러 도처에 하늘나라가 임할 때 예수님과 함께 식사를 하는 것이다. 하나님께서는 우리를 어둠에서 불러내어 빛 가운데로 인도하시는 분이다[벧전 2:9]. 이러한 부르심은 그리스도를 통하여 하나님과 교제 가운데 들어가 즐기라는 명시적인 초대다. 이것은 여러 경우에서 식사를 함께 하는 것으로 상징화 되었다.

이 부르심을 들을 수 있게 해 주는 존재가 바로 성령이다. 수많은 사람들에게, 오순절의 경우와 마찬가지로[행 2장], 그 일은 말씀 선포를 통하여 이루어진다. 어디에서 어떻게 듣든지 간에 하나님의 말씀이 선포될 때 성령께서 기름 부으심으로써 우리에게 하나님의 부르심을 알 수 있도록 하는 이 방법이 정상적이라고 성경은 제안한다.

그러나 어떤 사람들에게는 확신시키고 조명하시는 성령의 사역이 다른 수단을 통하여, 다른 맥락과 배경에서 이루어진다. 우리가 이미 살펴본 바와 같이, 어거스틴은 바깥에서 놀고 있는 한 어린이의 말을 들었을 때 자기 마음을 빼앗겼고, 그는 그것을 자기 자신의 마음을 향한 하나님의 부르심이라고 인식하였다. 이냐시오 로욜라에게, 성령께서는 경건 서적을 통하여 일하셨다. 존 웨슬리는 누군가가 루터의 로마서 주석 서문을 읽는 것을 듣고 마음이 흔들렸다. 다시 말해, 성경이 성령의 부르심을 들을 수 있는 가장 중요한 수단이기는 하지만, 성령의 증거는 흔히 놀랍고도 인상적인 여러 가지 방식으로 찾아온다.

셋째, 성령의 일하심에는 조명하심, 곧 마음에 밝은 빛을 비추어 깨닫게 하시는 과정이 포함된다. 그랜즈가 주목하는 것처럼[15], 죄는 우리 마음을 어둡게 하고 보지 못하게 하기 때문에, 성령의 조명하시는 역사가 없다면 우리는 진리를 이해하지 못했을 것이다[고후 4:4, 6]. 성령께서는 우리의 마음과 생각을 진리로 조명하신다[요 16:13]. 또한 성령께서는 우리를 진리 가운데로 인도하여, 모든 사람들로 하여금 하나님의 진리를 듣고, 이해하고, 적절히 사용할 수 있도록 하신다. 성령의 은혜로운 일하심과 동떨어져서는, 우리는 자유하게 하는 진리를 도저히 알 수 없다.

넷째로 아주 중요한 사실은, 성령께서는 우리로 하여금 반응할 수 있게 하신다는 것이다. 성령의 능력이 인간의 마음속에 깊이 숨어 있는, 진리를 순종하지 않으려는 마음을 이겨내게 하신다. 성령과 동떨어진 인간의 의지는 죄와 속박에 얽매여 있다. 오직 성령을 통해서만 듣고 순종할 수 있는 자유를 누리며, 들은 것에 따라 행동하고 우리 마음에 비추인 빛에 따라 살아갈 자유를 맛보게 된다. 성령은 우리로 하여금 믿고 회개할 수 있게 하신다.

이와 같은 이유로, 청교도들은 회심을 우리의 소망대로 하나님께서 반응하시도록 간청하는 행동이라기보다는 하나님의 일하심과 그 일하심에 대한 반응을 분별하는 것이라고 말하는 게 훨씬 더 적절하다고 생각하였다. 하나님께서는 틀림없이 반응하시는 하나님이시다. 우리가 용서를 구할 때, 하나님은 용서하신다. 그러나 회심은 이렇게 간단한 문제가 아니다. 실제로 회심은 복잡한 사건들의 연속이며, 각각의 사건은 하나님으로부터 시작되는 다양한 움직임과 주도권에 대한 반응으로 이루어진다. 바로 그 하나님께서 우리의 반응을 부추기며 가능하게 하신다.

내가 전기를 즐겨 읽는 이유 가운데 하나는 성령께서 한 개인의 마음을 달래서 결국에는 얻어내는, 다양하고 독특한 방법들을 볼 수 있기 때문이다. 성령께서 깨닫게 하시고, 부르시며, 조명하시고, 가능하게 하시는 방법을 전기를 읽으면서 알 수 있기 때문이다. 우리는 인간의 중재 역할과 책임을 인정해야 하지만, 언제나 하나님의 주도권과 하나님의 은혜라는 실체에 우선순위를 두어야 한다.

마지막으로, 성령의 영향력을 알리는 수단인 하나님의 말씀을 집중적으로 조명하는 것이 중요하다. 흔히 신약 성경은 진리의 말씀을 구원을 가능하게 하는 수단이라고 말한다. 두 구절에서 이것을 분명하게 묘사한다. 야고보서 1장 18절에서는, 우리는 진리의 말씀으로 새롭게 태어난다고 나와 있다. 또한 베드로전서 1장 23절에서는 우리가 "거듭난 것은 …" 우리에게 설교되고 선포된 "살아 있고 항상 있는 하나님의 말씀으로 되었다"고 나와 있다. 결과적으로, 수많은 사람들이 회심과 변화에 관한 문제라면은 성령과 말씀을 통하여 이루어진다고 강조해 왔다. 그런데 그것은 아주 적절한 강조였다. 앞으로 다룰 내용에서도 신앙 공동체라는 맥락 안에서 이와 같은 성령과 말씀의 역사를 강조하겠지만, 궁극적으로 우리의 변화를 일으키는 주체는 성령이다.

회심의 과정에서 성령의 신적인 주도권과 특권을 언급하는 것이 필수적이기는 하지만, 성경은 절대로 인간의 중재자 역할을 부정하거나 무시하는 방식으로 회심 경험을 묘사하지 않는다. 신앙 체험에 관한 신학의 범위 안에서, 우리는 인간의 중재자 역할을 분명하게 의식해야 한다. 말라기 3장 7절과 같은 본문에 나온 온전한 능력과 중요한 의미를 결합시키면서 말이다.

"그런즉 내게로 돌아오라. 그리하면 나도 너희에게로 돌아가리라."

하나님께서는 우리를 위하여 회개하거나, 우리를 위하여 믿거나, 우리를 위하여 순종하지 않으신다. 회심은 결코 억지로 되거나 강요할 수 없다. 하나님께서는 인간의 반응을 아주 진지하게 받아들이시기 때문이다. 우리가 "예"

라고 말하든, "아니"라고 말하든 간에 말이다.

참된 성경 신학의 특징은 하나님의 주권과 하나님의 은혜뿐만 아니라 고전적인 개혁주의의 공헌 인간 중재자의 책임과 심지어 능력 알미니안-웨슬리주의의 공헌에 대하여 명확한 비전을 붙들 수 있는 힘이다. 인간의 중재 역할은 이 책에서 초점을 맞추고 있는 부분이다. 하나님의 일하심과 은혜의 우월성을 인정하는 한편, 이 책에서는 특별히 인간적인 요소들을 살펴보고 있다.

"구원받기 위해서는 내가 무엇을 해야 하는가?"

"영생을 물려받기 위해서는 내가 무엇을 해야 하는가?"

"우리가 개인으로서, 공동체로서 하나님의 변화시키는 은혜를 전적으로 완벽하게 경험하기 위해서는 무엇을 할 수 있으며 무엇을 해야 하는가?"와 같은 질문들을 성찰해 보면서 말이다. 인간의 중재 역할을 이렇게 인정하는 것은 언제나 성령께서 사전에 섭리적으로 일하신다는 것을 계속적으로 이해한다는 전제 하에서 가능하다.

인간의 중재 역할의 중요성을 인정하는 것은 몇 가지 함축적인 의미를 담고 있다. 첫째, 인간의 책임이라는 실체를 인정한다는 점이다. 이 말에 담긴 함축적인 의미는 냉엄하다. 믿음의 선물은 모든 사람에게 예정되고 제공되는 것이지만, 그리고 모든 사람이 하나님께로 '돌아오라'는 초대를 받지만, 다시 말해 회심을 향한 부르심은 모든 사람들에게 허락되지만, 모든 사람이 긍정적으로 반응하는 것은 아니다. 그러니까 모든 사람이 회심에 이르지는 않을 것이다.

인간의 역할을 주장하면서도, 또한 우리는 그 결과로 나타나는 회심의 본질과 성격의 다양성에 대해서도 집중적으로 조명한다. 사람들이 저마다 다른 방식으로 회심을 경험하기 때문에 회심은 여러 가지 측면에서 다양하게 나타난다. 상황도 저마다 다르다. 개인적인 이력과 성격도 저마다 다양하다. 예를 들면, 누가복음 18장과 19장에 등장하는 젊은 부자 관원과 삭개오의 이야기를 생각해 보라. 심지어 이처럼 동일한 문화적인 배경 속에서도, 예수님은 이 두 재력가를 전혀 다른 방식으로 연결시키셨다.

진실로 그리스도인이 되기 위한 회심에는 몇 가지 기본적인 요소들이 담겨 있어야 한다. 그러나 인간의 중재자 역할 때문에, 하나님에 대한 우리의 반응이 아주 다양하게 나타날 것이다. 어떤 사람이 예수 그리스도를 믿는 믿음으로 회심할 때 반드시 필요한 특정한 한 가지 형태나 방식이란 있을 수 없다. 각각의 회심에는 공통분모나 요소들이 있게 마련이지만, 각각의 회심은 독특하며, 지적·경험적·사회적 요소들이 특색 있게 결합된 것이다.

교회사에서 등장한 회심에 관한 연구는 필연적으로 특히 극적이고 결정적이며 결단력 있는 사람을 주목할 수밖에 없을 것이다. 말하자면, 이런 사람들은 훨씬 더 훌륭한 실험 재료다. 그러나 그 사람들의 경험이 규범이 되거나 이상적인 것으로 이해되어서는 안 된다. 오히려 회심의 역학 관계를 집중적으로 조명할 수 있는 좋은 모델로서만 이해되어야 한다. 지금까지 우리가 살펴본 것처럼, 회심은 극적이거나 급작스럽지 않고서도 얼마든지 결정적이고 결단력이 있을 수 있다.

Beginning Well 2부

온전한 회심은
능력 있고 풍성한 삶을 선물한다

5장 신약 성경의 회심 모델

회심은 어떤 모습으로 이루어지는가? 회심의 중요한 구성 요소들, 회심을 정말로 기독교적으로 만드는 요소들은 무엇인가? 모든 회심은 독특하다. 즉 각 사람의 회심 경험은 지적·경험적·문화적·사회적 요소들이 독특하게 결합된 산물이다. 그럼에도 성경을 읽어보면, 어떤 회심을 기독교적인 회심으로 만들어 주는 중요한 공통적인 요소들이 있다는 것을 알 수 있다. 더구나 이러한 요소들이 있을 때 회심은 변화된 삶을 위한 기초가 된다.

그러나 신약 성경은 실제로 "회심은 어떤 모습으로 이루어지는가?"라는 질문에 다양한 대답을 내놓고 있다. 신약 성경 안에는 독특한 여러 가지 회심 모델들이 있다. 이 모델들은 성경 계시에서 다양한 환경과 아마 다양한 양상들이 존재하고 있음을 나타낸다. 그렇다면 우리가 던질 수 있는 질문은 간단하다.

"어떤 사람이 그리스도인으로 변화되기 위해 해야 할 일은 무엇인가?" 그런데 그 대답은 다양하다. 신약 성경의 범위 내에서는 이 질문에 대하여 적어도 네 가지 다른 대답이 있다. 이것은 서로 모순이 있다는 의미가 아니다. 각각의 대답은 그 자체로 듣고 이해해야 하는, 서로 다르면서도 상호 보충적인 회심 모델을 대표한다. 일단 네 가지 모델을 모두 살펴본다면, 거기에서 한 발 뒤로 물러서서 기독교적인 회심의 본질적인 요소들을 규명할 수 있을 것이다.

앞으로 여러 성경 본문을 살펴볼 때, 다음과 같은 질문들을 꼭 마음속에 새겨 두어야 할 것이다.

"누가 의로워지고 새롭게 태어나는 은혜를 경험하고 있는가? 그 사람들이 기독교 신앙으로 들어와 예수 그리스도에 관한 지식에 이르게 된 방법은 어떤 것인가? 그리스도인이 된다는 것은 어떤 의미인가?"

여기에 대한 대답은 회심과 관련한 헬라어 단어 연구를 한다고 발견되지는 않을 것이다. 회심에는 어느 한 가지 단어에서 발견될 수 있는 것보다 훨씬 많은 개념이 담겨 있다. 신약 성경 본문에 대하여 다음과 같은 질문을 던진다면 훨씬 더 많은 열매를 얻게 될 것이다.

"그리스도인이 된다는 것은 무슨 의미인가? 한 사람은 어떻게 그리스도인이 되는가? 어떤 사람이 예수 그리스도의 구원하시는 은혜를 경험하기 위해서는 무엇을 해야 하는가?"

그러나 여기에서 우리는 순전히 기초에 해당하는 최소한의 지식만을 찾고 있는 것은 아니다. 오히려 한 사람으로 하여금 멋진 출발을 하게 하고, 그리스도인의 경험에 토대를 세우게 하여 궁극적으로 의미 있는 수준의 영적인 변화를 경험하게 하는 것이 무엇인지를 질문하고 있는 것이다.

우리는 (1)공관복음의 대답, (2)사도행전의 대답, (3)바울 서신의 대답, 그리고 (4)요한복음의 대답을 함께 살펴볼 것이다. 각각의 경우를 대표하는 본문도 더불어 살펴볼 것이다.

공관복음에서 말하는 회심

마태, 마가, 누가가 기록한 복음서는 예수님을 하나님의 통치 가운데 이 세상에서 살았을 뿐만 아니라 그 통치가 이 땅에 임했다는 사실을 전파한 분으로 소개한다. 예수님께서는 하나님의 통치로 말미암아 진리와 정의와 자유가 임하게 될 새로운 시대를 선포하셨다. 회심은 이러한 선포에 대한 의식적이고 의도적인 반응이다. 왜냐하면 하나님 나라 선포는 회개로의 부르심과 우리를 자유롭게 하시는 예수님의 다스림을 받고 그 나라에서 살라는 초대를 포함한 것이기 때문이다. 이 선포에 담긴 원래 내용은 그리스도인의 회심에 관한 독특한 양상 또는 모델을 보여 준다. 아주 단순하게 말하자면 그리스도인이란 예수님의 제자이며, 또 다른 식으로 표현한다면 그리스도인이란 그리스도를 따르는 사람이다. 이것은 마태복음 28장에서 최고조에 달하는데, 거기에서 예수님은 자신을 따르는 사람들에게 다른 사람들을 제자 삼으라고 명령하신다. 제자들은 "다른 사람들에게 세례를 주고 … 다른 사람들을 가르침으로써" 제자를 삼을 것이다. 그러므로 누군가 "어떻게 내가 그리스도인이 될 수 있는가?"라고 묻는다면, 공관복음서는 "예수님의 제자나 예수님을 따르는 자가 되라"고 대답할 것이다.

제자가 된다는 말의 의미에 관하여 더 깊은 통찰력을 우리에게 주는 대표적인 본문은 누가복음 5장인데, 여기에서는 제자들을 향한 최초의 부르심을 잘 설명하고 있다.

최초의 제자들이 구체적으로 언제 그리스도인이 되었는지, 그리고 언제 회심하게 되었는지를 묻는 것은 쉽지도 않고 유익하지도 않다. 제자들의 상황은 아주 독특했다. 예수님에 대하여 제자들이 보인 최초의 반응은 유대의 선지자들에게 반응하는 유대인들과 같았다.[1] 마가복음 8장에 나온 예수님과 제자들 사이의 대화에서, 그 뒤로는 변화산 사건과 부활 사건에 대한 경험에서 엿볼 수 있는 것처럼, 여러 차례 어려운 고비를 넘기고서야 제자들은 예수님에 관한 완전한 의미를 깨닫고 이해하게 되었다. 누가복음 5장은 예수님을 따르는 자가 되는 것이 의미하는 바에 대해 중요한 빛을 비춰준다.

무리가 몰려와서 하나님의 말씀을 들을새 예수는 게네사렛 호숫가에 서서 호숫가에 배 두 척이 있는 것을 보시니 어부들은 배에서 나와서 그물을 씻는지라 예수께서 한 배에 오르시니 그 배는 시몬의 배라 육지에서 조금 떼기를 청하시고 앉으사 배에서 무리를 가르치시더니 말씀을 마치시고 시몬에게 이르시되 깊은 데로 가서 그물을 내려 고기를 잡으라 시몬이 대답하여 이르되 선생님 우리들이 밤이 새도록 수고하였으되 잡은 것이 없지마는 말씀에 의지하여 내가 그물을 내리리이다 하고 그렇게 하니 고기를 잡은 것이 심히 많아 그물이 찢어지는지라 이에 다른 배에 있는 동무들에게 손짓하여 와서 도와 달라 하니 그들이 와서 두 배에 채우매 잠기게 되었더라 시몬 베드로가 이를 보고 예수의 무릎 아래에 엎드려 이르되 주여 나를 떠나소서 나는 죄인이로소이다 하니 이는 자기 및 자기와 함께 있는 모든 사람이 고기 잡힌 것으로 말미암아 놀라고 세베대의 아들로서 시몬의 동업자인 야고보와 요한도 놀랐음이라 예수께서 시몬에게 이르시되 무서워하지 말라 이제 후로는 네가 사람을 취하리라 하시니 그들이 배들을 육지에 대고 모든 것을 버려두고 예수를 따르니라눅 5:1~11.

이 단락은 회심과 회심이 의미하는 바에 관해 우리에게 종합적인 설명을 해 주지는 않는다. 그러나 이 본문은 앞으로 이어지는 여러 장에서 예수님의 제자가 된다는 사실이 의미하는 바를 온전히 채우면서 좀 더 정교하게 다듬을 초석이 된다.

회심의 요소들

이 단락에는 여러 가지 중요한 요소들이 들어 있다.

1. 회개와 예수님을 믿는 믿음

먼저, 회심은 예수님을 만난 결과로서, 특히 유일하시고 경이로우신 주님을 알고 난 결과로서 찾아온다. 시몬 베드로가 스스로 죄인이라고 소리칠 때, 이것은 자신에게 회심이 필요하다는 선포라기보다는^{비록 회심이 있어야 했지만} 하나님으로부터 오신 분의 임재 앞에 서 있다는 깨달음이었다. 여기서는 하나님의 임재로 말미암은 자비와 은혜와 선하심은 그물이 찢어지도록 물고기를 많이 잡았다는 사실에서 분명하게 드러났다. 공관복음의 다른 곳에서는 예수님의 말씀과 행동을 접한 후 사람들이 예수 그리스도의 뛰어난 성품과 영광과 능력을 인식하고 그냥 반응하는 수밖에는 다른 대안이 없다는 것을 깨닫게 하는 다양한 현현顯現의 모습이 제시된다.

예수님의 제자가 되려는 사람들은 예수님에 관하여 무엇인가를 믿기 때문이다. 가령, 우리는 적어도 이 세상에서 하나님의 임재를 분명히 나타내는 분이 바로 예수 그리스도라는 아주 기본적인 수준의 가르침을 이해하고 있다. 물론, 궁극적으로 제자들은 예수님께서 메시아, 곧 살아 계신 하나님의 아들이라는 사실을 깨닫게 될 것이다. 그러나 여기에서 가장 중요한 초점은 예수님께서 매우 독특한 사람, 하나님께서 보내신 분, 이 세상에서 하나님의 은혜와 임재를 분명히 보여 주는 분으로 인식되었다는 것이다.

공관복음에서 어떤 경우에는 예수님의 행동이 아주 중요하게 보인다. 반면에, 다른 경우에는 예수님의 말씀, 곧 하나님 나라가 가까웠다는 선포가 중요하게 보인다. 예를 들어, 마가복음에서는 예수님이 하나님 나라를 선포하기 위하여 오셨다고 기록하고 있다^{막 1:15}. 분명히 이 선언에 대한 가장 적절한 반응은 회개하는 동시에 그와 같은 복된 소식을 믿는 것이다. 누구든지 예수님은 특별한 분일 뿐만 아니라 그분의 말씀은 믿을 만하다는 사실을 인정할 수밖에 없기 때문에, 이러한 만남에는 죄와 거짓을 회개하고 거기에서 돌아서는 일이 포함된다. 주님을 따르는 자는 예수님과 그분의 가르침을 믿는 동시에 옛 삶의 나쁜 습성을 회개하고 돌아서는 사람이다.

예수님은 분명히 예수님을 따르는 자들을 찾으신다. 공관복음 전체에서 확실하게 전하는 것처럼, 예수님은 죄의 길에서 돌아서서 그분의 길 곧 생명과 거룩의 길로 기꺼이 나아올 사람들을 부르신다. 그분의 길이란 생명과 거룩함으로 나아가는 길이다. 그러므로 공관복음에서 말하는 회심의 본질은 예수님_{단순한 진리가 아니라 따르는 자들을 찾으시는 분인 예수님} 자신에 대한 사람들의 반응이다. 예수님을 만나서 믿음과 회개의 반응을 보일 때, 사람들은 이제 더는 옛날과 똑같은 상태로 남아 있지 않게 된다. 그 만남은 변화로 이끌기 때문이다.

2. 자기 포기

공관복음에서 말하는 회심에는 예수님을 만남으로 나타나는 회개와 믿음

뿐만 아니라 아주 급진적인 용어로 그려지고 있는 자기 포기가 포함된다. 누가복음 5장 27~28절에서 레위는 그분을 따르기 위하여 '모든 것을 버려두는' 결단을 보이면서 예수님께 반응하였다.

제자는 따르는 자다. 제자가 되기 위해서는 예수님을 따르는 자가 되어야 한다. 그러나 따르는 일은 자기를 포기하지 않고서는 있을 수 없다. "모든 것을 버려둔다"는 말이 의미하는 바는 나중에 훨씬 더 극적으로 그려진다. 그때 한 청년이 예수님에게 묻는다.

"제가 무엇을 해야 영원한 생명을 얻겠습니까?"

그러자 예수님은 이렇게 대답하신다.

"네가 가진 것을 다 팔아서, 가난한 사람들에게 나누어주어라. … 그리고 와서 나를 따르라"눅 18:18~22. 바로 이어지는 장에 나오는 삭개오 이야기는 예수님께서 모든 사람들에게 모든 재산을 팔아 가난한 사람들에게 나누어 주라고 하시지는 않는다는 사실을 분명히 보여 준다. 그러나 주님께서는 모든 사람들에게 "와서 나를 따르라"고 하신다. "와서 나를 따르라"는 말씀은 제자도의 핵심이다. 비록 여러 가지 표현이 사용되기는 하지만, 각 사람은 모든 것을 버려두고 자기 십자가를 진 채, 자기 자신뿐만 아니라 필요하다면 가족, 친구를 비롯한 모든 것을 부인하라고 요구받는다. 그러면서 예수님께서는 우리에게 "와서 나를 따르라"고 말씀하신다.

회심에는 대가가 따른다. 제자도는 값싸지 않다. 제자도는 우리에게 가진 것을 모두 내놓으라고 요구한다. 그리스도인이 된다는 것은 영원한 생명을 얻기 위하여 다른 모든 것에서 돌아서야 하는 대가를 기꺼이 치르겠다는 뜻이다. 누가는 마태와 마가보다 믿음이 요구하는 바를 훨씬 더 많이 강조한다. 누가는 회심은 반드시 필요하며눅 13:3-5, 긴급한 일이고눅 13:6-9, 자기를 포기해야 하며눅 14:33, 뒤를 돌아보지 않고눅 9:62, 자기 부인이 뒤따르는눅 9:23 일이라고 강조한다.

이러한 내용이 마가복음과 마태복음에서 완전히 빠진 것은 아니다. 마태복음 4장 19~20절에서 우리는 모든 것을 버려두고 예수님을 따라간 제자들의 모습을 보게 된다. 또한 마태는 부자 청년이 예수님과 만난 이야기를 기록하고 있다마 19:16-30. 그럼에도 불구하고, 자기 포기라는 주제가 가장 노골적으로 드러난 곳은 누가복음이다. 특히 누가복음 14장 33절에서는 "이와 같이 너희 중의 누구든지 자기의 모든 소유를 버리지 아니하면 능히 내 제자가 되지 못하리라"고 전하면서 같은 단락에서 "누구든지 자기 십자가를 지고 나를 따르지 않는 자도 능히 내 제자가 되지 못하리라"27절는 말씀을 거듭 강조한다. 여기에 등장하는 본문 전체에서 말하고자 하는 요점은 제자가 되겠다고 결단하기 전에 앞으로 치를 대가를 충분히 헤아려 보아야 한다는 것이다. 왜냐하면 자기 포기를 하지 않고서는 제자가 될 수 없기 때문이다.

3. 사역으로의 부르심

복음주의자들은 흔히 회심과 사역에로의 부르심을 명확히 구분한다. 그러나 공관복음에서는 그리스도와 그리스도의 왕국을 위한 사역에로 부르심은 원래 회심을 향한 부르심, 또는 경험에 포함되어 있는 것으로 본다.

예수님은 처음으로 제자들을 부르시면서 아주 이상한 말씀을 하셨다. "두려워하지 말아라. 이제부터 너는 사람을 낚을 것이다"눅 5:10. 틀림없이 이 말씀은 예수님께서 무슨 뜻으로 그렇게 말씀하셨을지 곰곰이 생각하던 최초의 제자들을 당황하게 했을 것이다. '낚시'에 관한 언급에는 분명히 제자들이 이전에 하던 일이나 직업과 계속 연결되는 이미지가 담겨 있다. 그러나 예수님을 따르는 사람들로서 제자들의 열정은 이제 바뀔 것이다. 제자들이 살아갈 삶의 방향성은 이제 예수님과 그분의 왕국이라는 목적에 맞추어질 것이다. 그리고 제자들의 삶은 섬김, 곧 예수님을 섬기는 사역으로 향할 것이다.

그리스도께로 나아와 그분을 따르는 자들이 되면서, 우리는 그리스도의 왕국에서 벌어지는 일에 참여하라는 초대를 받는다. 최초의 제자들 12명에게 맡겨진 임무는 복음 전도였을 것이다. 그 결과로 초대 교회가 형성되었다. 그러나 삭개오를 향한 부르심은 부르심을 입은 수많은 사람들에게 자기 직업을 버리지 않아도 된다는 사실을 상기시켜 준다. 세리였던 레위마태처럼 부르심을 받은 사람들은 세관을 떠날 수도 있다. 그런데 실제로 대다수 사람들은 회심하기 이전의 직업을 그대로 유지하는 경우가 많다. 어떤 경우든 회심한 사람들은 모두 삶의 방향에 근본적인 변화를 일으키게 된다.

믿음과 회개, 자기 포기와 사역에로의 부르심은 누가복음 5장에서 발견되는 요소들이다. 비록 여기에서 특징적으로 나타나는 요소는 아니지만, 회심을 바라보는 공관복음의 관점에서 핵심적인 부분을 차지하는 다른 두 가지 필수적인 주제가 있다.

4. 기쁨과 위로

공관복음에는 회심에 담긴 감정적인 요소가 엄연히 존재한다. 그런 까닭에 기쁨이 회심의 열매라는 사실을 되풀이하여 발견하게 된다. 기쁨은 원래 그리스도와 만났을 때 나타나는 자연스런 결과다.

마태복음 11장 28~30절에서는 기쁨을 피곤에 지친 사람들을 위한 안식이라고 묘사한다. 예수님께로 나아온 사람들은 자기 영혼의 짐을 벗기 때문이다. 그러나 많은 사람들은 누가복음이야말로 기쁨의 복음이라는 사실에 주목하였다. 아마도 이것은 누가복음 15장에서 가장 분명하게 드러날 것이다. 여기에 나온 탕자의 비유에서, 기쁨은 단지 회복일 뿐만 아니라 하나님의 안식과 수용과 용서와 축복을 찾아가는 귀향으로 묘사된다. 이 비유는 누가복음 15장에 나오는 세 가지 비유 가운데 하나인데, 각각의 비유들의 밑바탕엔 발견된 기쁨이라는 주제가 깔려 있다. 또한 이 기쁨은 단지 발견한 그 사람에게만 제한되지 않는다. 더 나아가, 같은 장에서 알 수 있는 것처럼, 회개한 한 사람의 죄인으로 말미암아 저 높이 천국에서도 말할 수 없는 기쁨이 넘쳐나게 된다.

5. 물세례

또한 공관복음에서는 회심에 관한 성례전적인 요소를 보여 준다. 이것은 마태복음의 결론 부분, 곧 제자 삼는 방법에 관한 예수님의 구체적인 명령에서 가장 뚜렷하게 나타난다.

"하늘과 땅의 모든 권세를 내게 주셨으니 그러므로 너희는 가서 모든 민족을 제자로 삼아 아버지와 아들과 성령의 이름으로 세례를 베풀고 내가 너희에게 분부한 모든 것을 가르쳐 지키게 하라"마 28:19~20. 세례는 예수님을 따르는 사람이 되는 데서 빠져서는 안 될 절대적인 부분이다. 심지어 어떤 사람들은 여기에 등장하는 본문을 읽은 뒤에 누구든지 세례를 받음으로써 실제로 주님을 따르는 자가 될 수 있다고 간단히 결론을 내릴 수도 있을 것이다. 그렇게 일 대 일로 단순하게 연결시키는 것은 적절하지 않겠지만, 회심을 기독교적으로 이해하기 위해서는 세례와 회심 사이의 연관성을 반드시 고려해야 한다.

요약하자면, 공관복음에서 말하는 회심은 예수 그리스도와의 만남에 대한 반응에서 비롯된다. 그분의 행위에 대해서든 그분의 말씀에 대해서든, 아니면 둘 다든, 믿음과 회개를 특징으로 하는 반응이 필요하다. 그런 뒤에는 예수님께 전적으로 헌신하지 못하도록 가로막는 온갖 요소들을 포기할 뿐만 아니라 자기 자신에게서도 돌아설 때에만 그리스도를 따를 수 있다. 그분을 따르는 것은 자기 포기의 길을 선택하는 것이며, 필요한 경우에는 모든 것을 버려야 한다. 그래야만 진정으로 그분을 따르게 된다. 그리스도께로 완전히 돌아설 때, 우리는 그분의 '왕국'으로 들어가 그분의 통치 또는 권위 아래 있게 된다막 1:14~15. 더 나아가, 회심은 그분을 섬기라는, 곧 그분의 왕국이라는 목적에 참여하라는 하나님의 부르심을 받아들이는 것을 포함한다. 또한 그리스도께로 나아갈 때에야 '본향'으로 들어가게 된다. 비록 우리가 하나님 아버지의 팔에 다시 한 번 안겨 있는 잃어버린 자녀들이지만, 이제야 비로소 우리는 영혼의 기쁨과 안식을 누리게 된다. 마지막으로 그리스도께로 나아가는 이와 같은 행위는 세례를 통하여 분명하게 표현된다. 아주 의미심장한 방식으로 회심에 담긴 이러한 모든 요소들을 상징적으로 보여 주는 의식이 바로 세례다.

회심에 관한 다른 모델로 넘어가기 전에, 공관복음에 나타나는 아주 중요한 문제를 주목해 보자. 제자disciple라는 낱말은 동사가 아니라 명사다. '제자'란 어떤 사람이 누구인가를 표현하는 말이지, 그 사람이 다른 사람에게 어떻게 행동하는가를 표현하는 말이 아니다. 복음서에서 통용되는 언어로 볼 때, 누구도 다른 사람을 '제자로 만들지는' 못한다. 오히려 한 사람은 성부와 성자와 성령의 이름으로 세례를 받아 예수님께서 분부하신 모든 것을 배우겠다고마 28:16-20, 기꺼이 그분의 학생이 되겠다고 결단한 제자, 곧 예수님을 따르는 자든지, 따르지 않는 자든지 둘 중 하나다.

흔히 회심자와 제자 사이에는 뚜렷한 구분이 있다고 생각한다. 예를 들어, 마가복음에 관한 리처드 피스Richard Peace의 광범위한 연구에 따르면, 피스는 회심자를 제자로 만들어야 할 필요성을 제기하면서 미국 복음주의에서는 "회심자를 만드는 일은 아주 잘 해 왔지만, … 제자를 만들어 내는 일에는 신통치 않았다"[2]고 주목하고 있다. 그러나 실제로는 그런 식으로 구분하는 자체가 피스가 규정한 바로 그 문제의 일부분을 차지한다. 그것은 잘못된 구분이기 때문이다. 왜냐하면, 복음서에서는 회심자가 곧 제자이며, 그렇지 않은 경우에는 아예 회심이 없었던 것으로 간주하기 때문이다. 다시 말해, 우리가 제자 삼는 일을 잘 할 수 없다면, 회심자를 만드는 일도 잘 할 수 없기 때문이다! 성숙한 제자라면 철저하고 진실한 회심의 열매를 많이 맺을 수밖에 없다.

그러나 우리는 회심자와 제자를 계속 구분하며, 그리스도인 회심자들이 행해야 할 어떤 일을 묘사하기 위한 동사로 제자라는 낱말을 사용한다. 사람들로 하여금 그리스도인이 될 수 있도록 돕는 것을 언급하기보다는 이미 그리스도인이 된 사람들이 행해야 할 어떤 일을 묘사하기 위하여 제자도 discipleship라는 용어를 사용한다면, 도대체 그것은 무슨 뜻이란 말인가? 내가 보기에, 이것은 교회가 회심의 성격과 특히 회심의 대가를 최소화해 온 교묘하고도 강력한 방법이라고 결론 내릴 수밖에 없다.

사도행전에서 말하는 회심

사도행전의 저자는 세 번째 복음서, 즉 누가복음을 기록한 누가다. 그럼에도 불구하고, 사도행전에 등장하는 회심 모델은 공관복음에서 나타나는 모델과 많이 다르다. 그 이유는 주로 하나님의 구속 사역에서 표출되는 다른 양상을 보여 주고 있기 때문이다. 사도행전에 등장하는 모델은 오순절과 함께 이루어졌으며, 교회가 세워질 때 중요한 모습을 드러낸다. 그렇다고 이 말이 공관복음에서 발견한 모델을 무시해도 된다는 의미는 전혀 아니다. 그 대신에 공관복음의 모델과 사도행전의 모델은 그리스도인이 된다는 것이 의미하는 바에 관하여 우리에게 서로 다른 관점을 제공한다.

대표적인 본문을 쉽게 찾을 수 있다. 수많은 신약 학자들은 의도적으로 사도행전 2장 36~42절을 전형적인 모델로 본다. 베드로의 설교를 통하여, 성령의 감동을 받은 저자는 그리스도인이 되기 위하여 반드시 해야 하는 일을 분명하고 간략하게 제시하고 있다.

"그러므로 이스라엘 온 집안은 확실히 알아두십시오. 하나님께서는 여러분이 십자가에 못 박은 이 예수를 주님과 그리스도가 되게 하셨습니다."
사람들이 이 말을 듣고 마음이 찔려서 "형제들이여, 우리가 어떻게 하면 좋겠습니까?" 하고 베드로와 다른 사도들에게 말하였다. 베드로가 대답하였다. "회개하십시오. 그리고 여러분 각 사람은 예수 그리스도의 이름으로 세례를 받고, 죄 용서를 받으십시오. 그리하면 성령을 선물로 받을 것입니다. 이 약속은 여러분과 여러분의 자녀와 또 멀리 떨어져 있는 모든 사람, 곧 우리 주 하나님께서 부르시는 모든 사람에게 주신 것입니다." 베드로는 이 밖에도 많은 말로 증언하고, "비뚤어진 세대에서 구원을 받으라"고 그들에게 권하였다. 그의 말을 받아들인 사람들은 세례를 받았다. 이렇게 해서, 그 날에 신도의 수가 약 삼천 명이나 늘어났다. 그들은 사도들의 가르침에 몰두하며, 서로 사귀는 일과 빵을 떼는 일과 기도에 힘썼다^{행 2:36~42, 새번역}.

오순절에 베드로의 설교, 곧 주 예수 그리스도에 관한 복음을 들은 사람들은 열광적인 반응을 보이면서 "우리가 어떻게 하면 좋겠습니까?" 하고 물었다. 그 대답은 분명하고 직설적이며 강권적이며 본질적인 회심의 패러다임을 밝히 드러낸다. "회개하십시오. 그리고 여러분 각 사람은 예수 그리스도의 이름으로 세례를 받고, 죄 용서를 받으십시오. 그리하면 성령을 선물로 받을 것입니다."

회심의 요소들

삼천 명의 사람들이 베드로의 설교를 들은 뒤에 믿고 세례를 받았다. 이 사람들은 베드로가 설교에서 요청한 것을 구체적으로 실행함으로써 전파된 말씀에 반응하기로 결정했다. 사도행전에 제시된 회심 모델에는 다음과 같은 요소들이 담겨 있다.

1. 믿음과 회개

이 사건에서 드러난, 회심을 향한 첫 번째 행동은 예수님에 관하여 전해진 말씀을 믿는 것이었다. 이 사람들은 베드로의 설교를 듣고 마음이 찔렸다. 왜냐하면 진리, 특히 자신들이 십자가에 못 박은 나사렛 예수에 관한 진리를 깨달았기 때문이다. 이 사람들은 그분이 하나님께로부터 왔다는 진리를 깨달았다. 그들은 자기 자신의 허물과 죄를 깨달았다. 그러므로 베드로가 이 사람들에게 회개하라고 한 것은 전혀 놀라운 일이 아니었다. 만약 누구든지 주님을 믿으려고 한다면, 먼저 회개해야 한다.

2. 세례와 죄 용서

베드로가 전한 말씀은 명확했다. 이 말씀을 들은 청중들은 세례를 받을 수밖에 없었다. 세례는 자신들의 죄가 용서받았다는 의식적인 깨달음과 분명하게 연결된다. 나중에 살펴보겠지만, 세례에는 죄 용서를 뛰어넘어 훨씬 더 많은 의미가 내포되어 있으나, 여기서는 용서가 가장 집중적으로 조명되고 있다. 이 사람들은 회심을 통하여 용서의 확신을 경험할 것이다.

사도행전에 등장하는 모든 회심 이야기 또는 회심을 명시적으로 언급한 경우에는 예외 없이 세례를 언급하고 있다는 사실을 주목해야 한다. 세례가 일관되게 회심과 연관되어 있다. 새로운 회심자가 사마리아인이든행 8:12, 시몬이든행 8:13, 에티오피아 사람이든행 8:35~38, 고넬료행 10:44~48든, 루디아든행 16:14~15, "지체 없이" 세례를 받았던 빌립보 간수든행 16:33, 고린도 사람들이든행 18:8, 에베소 사람들이든행 19:1~6, 언제나 세례와 밀접한 관련을 맺고 있다. 그러니까 세례는 회심 경험에 있어서 우연히 일어난 사건이 아니라 분명히 규범적인 것이다. 세례는 믿음으로 나아가려고 할 때 없어서는 안 될 절대적인 요소로 취급된다. 에티오피아 사람은 복음을 믿는다면 세례를 받아야만 한다는 사실을 본능적으로 알았다.

3. 성령을 선물로 받음

사도행전 2장 38절에서 베드로는 성령의 선물을 받으라고 분명히 말한다. 그는 성령을 선물로 이야기한다. 그의 설교를 들은 사람들이라면 그 선물을 받게 될 것이라고 확실하게 생각할 수 있었을 것이다. 그 사람들은 믿고, 회개하고, 세례 받는 경험의 한 부분으로서 성령이라는 선물을 경험할 것이다.

신약 성경을 연구하는 수많은 사람들은 성령이라는 이 선물이 초대 그리스도인 공동체의 정감 넘치는 삶과 직접적으로 연결된다는 사실에 주목해 왔다. 사도행전 2장 46절에는 최초 그리스도인들의 일상의 삶을 특징짓는 즐거움이 등장한다. 그 뒤에 나오는 초대 교회를 묘사한 부분들을 보면, 기쁨이 그 사람들의 삶과 예배와 증거에 차고 넘친 것을 알 수 있다. 이 기쁨은 우연히 생긴 것이 아니라 그 사람들의 일상의 삶의 본질적인 요소였다. 이런 관점에서 두 가지를 주목해 보아야 한다. 기독교 신앙의 정서적인 또는 감정적인 차원이 사도행전의 초반에 등장하는 여러 장들에서 단순히 언급되는 정도가 아니라 집중적으로 조명되고 있다는 점과, 이처럼 차고 넘친, 확신에 찬 기쁨은 성령이라는 선물과 직접적으로 연결되어 있다는 점이다.

공관복음에서 드러난 회심의 특징은 제자로서 한 사람의 새로운 정체성이며, 사도행전에서 드러난 회심의 특징은 새로운 그리스도인의 삶에 함께 하시는 성령의 임재다.

4. 공동체적 삶으로의 통합

사도행전 2장 42절에서는 믿고 세례를 받은 사람들이 함께 모여 세 가지 일에 힘썼다는 이야기가 등장한다. 첫째, 이 사람들은 사도들의 가르침에 깊은 관심을 보이는 학습자들이었다. 물론 이것은 세례 받은 사람들은 마땅히 배워야 한다고 가르치는, 마태복음 마지막 부분에 나오는 대위임령을 따르려는 행동이었을 것이다. 둘째, 이 사람들은 '교제' 하면서 서로 사귀는 일에 힘썼다. 이 말은 서로에게, 그리고 공동체적인 삶에 헌신했다는 뜻이다. 셋째, 이 사람들은 '기도'에 힘썼을 뿐만 아니라 주의 만찬 또는 성만찬을 언급하는 '서로 빵을 떼는 일'을 포함한 공동체적인 예배에도 힘썼다.

믿고 세례를 받은 사람들은 학습자들과 예배자들이 함께 어우러지는 친교 모임에 다같이 참여하였다. 여기에 제시된 본문에서는 이처럼 사람들이 공동체적인 삶으로 통합되는 모습이 원래부터 회심에 포함된 것인지, 아니면 회심 이후에 나타나는 결과인지 분명하지는 않지만, 회심이 개인적인 경험인 동시에 공동체적인 경험이라는 사실은 분명하다. 공동체적인 삶을 향한 이러한 헌신은, 신약 성경에서 묘사된 그리스도인의 회심에 관한 다른 모델들에 비추어 이 본문을 읽을 때 훨씬 더 명확해진다.

이러한 요소들은 사도행전에서 묘사된 그리스도인의 회심에 공통적으로 등장한다. 베드로의 말씀은 간결하고도 구체적인 회심 모델을 제시한다. 여기에는 믿음, 회개, 세례, 용서의 확신, 성령을 선물로 받는 일이 포함된다. 그러나 사도행전에 등장하는 회심 이야기들을 자세히 살펴보면, 정확히 이와 같은 순서를 따라 실제로 회심을 경험한 경우는 거의 없다는 점을 발견하게 된다. 이 사실을 아는 것이 참으로 중요하다.

사도행전 8장 35절에서는 빌립이 설명해 준 하나님의 말씀을 믿은 에티오피아 사람의 이야기가 등장한다. 이 사람은 자원하여 세례를 받고, 자신이 경험한 것들을 즐거워하면서 기쁨에 넘쳐 자기 길을 계속 갔다. 이 사람의 경험은 사도행전 2장 38절의 순서를 되풀이하고 있다. 그러나 그 경험은 규범적인 과정을 벗어나 다소 예외적인 부분이 있는 것처럼 보인다!

고넬료의 경험은 아주 달랐다. 진리와 의에 힘쓰면서 하나님을 두려워하는 사람인 고넬료는 베드로가 전해 주는 하나님의 말씀을 믿었다^{행 10:34~43}. 그런 다음에는, 별다른 떠들썩한 소란 없이, 성령으로 세례를 받았다. 그러자 베드로는 "이 사람들도 우리와 마찬가지로 성령을 받았으니, 이들에게 물로 세례를 주는 일을 누가 막을 수 있겠습니까?"^{47절, 표준새번역}라고 결론을 내릴 수밖에 없었다. 두 사람이 서로 만나기 이전부터, 고넬료는 이미 믿음과 행함에서 여러 가지로 베드로와 다를 바 없는 사람이 되어 있었다는 사실을 지적해야만 한다. 이런 까닭에 고넬료는 실제로 이방인이 아니었다.

회심이 일어나는 논리적인 순서와 요소들을 사도행전 2장 38절에서 개괄적으로 설명하고 있지만, 성령의 일하심을 따라 실제로 벌어지는 수많은 회심 경험들은 다양한 모습을 띠며, 어떤 경우에는 매우 다른 형태로 나타나기도 했다. 이와같이 진정한 회심에는 분명히 이러한 요소들이 모두 필요하지만, 사도행전 2장 38절에 구체적으로 언급된 순서대로 일어나지는 않는다.

바울 서신에서 말하는 회심

바울 사상을 대표하는 본문은 로마서 6장이다. 이 단락은 그리스도인의 삶의 기초를 이루는 부분을 명확하게 설명하기 위하여, 죄나 미성숙한 습관을 끊을 능력을 얻으려고 그리스도께로 나아오는 것이 의미하는 바를 정확하게 설명하기 위하여 기록되었다. 다른 곳에서도 바울은 믿는 사람들이 자신의 구원에서 자라가라고 분명히 밝히고 있다엡 4:11~16. 왜냐하면 회심은 성숙으로 이끌기 때문이다. 이 본문에서 바울은 이와 같은 과정을 가능하게 하는 기초에 대하여 말하고 있다.

그러면 우리가 무엇이라고 말을 해야 하겠습니까? 은혜를 더하게 하려고, 여전히 죄 가운데 머물러 있어야 하겠습니까? 그럴 수 없습니다. 우리는 죄에는 죽은 사람인데, 어떻게 죄 가운데서 그대로 살 수 있겠습니까? 세례를 받아 그리스도 예수와 하나가 된 우리는 모두 세례를 받을 때에 그와 함께 죽었다는 것을 여러분은 알지 못합니까?
그러므로 우리는 세례를 통하여 그의 죽으심과 연합함으로써 그와 함께 묻혔던 것입니다. 그것은 그리스도께서 아버지의 영광으로 말미암아 죽은 사람들 가운데서 살아나신 것과 같이, 우리도 또한 새 생명 안에서 살아가기 위함입니다. 우리가 그의 죽으심과 같은 죽음을 죽어서 그와 연합하는 사람이 되었으면, 우리는 부활에 있어서도 또한 그와 연합하는 사람이 될 것입니다. 우리의 옛사람이 그리스도와 함께 십자가에 달려 죽은 것은, 죄의 몸을 멸하여서, 우리가 다시는 죄의 노예가 되지 않게 하려는 것임을 우리는 압니다. 죽은 사람은 이미 죄의 세력에서 해방되었습니다. 우리가 그리스도와 함께 죽었으면, 그와 함께 우리도 또한 살아날 것임을 믿습니다. 우리가 알기로, 그리스도께서는 죽은 사람들 가운데서 살아나셔서, 다시는 죽지 않으시며, 다시는 죽음이 그를 지배하지 못합니다. 그리스도께서 죽으신 죽음은 죄에 대해서 단번에 죽으신 것이요, 그분이 사시는 삶은 하나님을 위하여 사시는 것입니다. 이와 같이 여러분도, 죄에 대해서는 죽은 사람이요, 하나님을 위해서는 그리스도 예수 안에서 살고 있는 사람이라는 것을 알아야 합니다.

그러므로 여러분은 죄가 여러분의 죽을 몸을 지배하지 못하게 해서, 여러분이 몸의 정욕에 굴복하는 일이 없도록 하십시오. 그러므로 여러분은 여러분의 지체를 죄에 내맡겨서 불의의 연장이 되게 하지 마십시오. 오히려 여러분은 죽은 사람들 가운데서 살아난 사람답게, 여러분을 하나님께 바치고, 여러분의 지체를 의의 연장으로 하나님께 바치십시오. 여러분은 율법 아래 있지 않고, 은혜 아래 있으므로, 죄가 여러분을 다스릴 수 없을 것입니다. 그러면 어떻게 해야 하겠습니까? 우리가 율법 아래 있지 않고, 은혜 아래에 있다고 해서, 마음놓고 죄를 짓자는 말입니까? 그럴 수 없습니다. 여러분이 아무에게나 자기를 종으로 내맡겨서 복종하게 하면, 여러분은, 여러분이 복종하는 그 사람의 종이 되는 것임을 알지 못합니까? 여러분은 죄의 종이 되어 죽음에 이르거나, 아니면 순종의 종이 되어 의에 이르거나 하는 것입니다. 그러나 하나님께 감사하는 것은, 여러분이 전에는 죄의 종이었으나, 이제 여러분은 전해 받은 교훈의 본에 마음으로부터 순종함으로써, 죄에서 해방을 받아서 의의 종이 된 것입니다. 여러분의 이해력이 미약하므로, 내가 사람의 방식으로 말하겠습니다. 여러분이 전에는 자기 지체를 더러움과 불법의 종으로 내맡겨서 불법에 빠져 있었지만, 이제는 여러분의 지체를 의의 종으로 바쳐서 거룩함에 이르도록 하십시오롬 6:1~19, 표준새번역.

회심의 요소들

바울은 이 본문에서 순전히 회심만을 묘사하고 있지는 않다. 그러나 이 단락에서 우리는 적어도 진정한또는 완벽한 회심에 필요한 세 가지 중요한 요소를 찾아낼 수 있다. 그런 다음에는 바울 서신에서 발견되는 회심 모델을 더욱 구체적으로 알아보기 위하여 다른 본문들을 살펴볼 것이다.

1. 그리스도와 동일시

바울에게 회심은 기본적으로 그리스도와의 만남이다. 한 개인은 이 만남을 통해 그리스도와 연합된다. 이것은 자기 자신의 경험을 반영하고 있기는 하지만, 바울은 그와 같은 만남과 연합이 모든 사람들에게 본질적이라고 분명히 생각하고 있다. 회심의 결과는 그리스도와의 신비적이고 역동적인 동일시다. 더 나아가, 회심은 그리스도와 동일시하는 행위 자체다. 그리스도인이 되는 것은 그리스도와 동일시하는 것이다. 그리스도의 인격, 그리스도의 죽음과 부활, 이 세상을 향한 그리스도의 사명과 동일시하는 것이다. 그리고 이 정체성이야말로 한 사람의 존재에서 가장 중요하고도 유일한 요소다.

2. 충성의 대상을 바꿈

그리스도와의 연합은 죄로부터의 자유로 나타나지만 롬 6:7, 이 경험에서 새 신자가 전적으로 소극적인 자세를 취하는 것만은 아니다. 우리는 그리스도와 연합함으로써 죄에서 자유롭게 된다. 그러나 바울 사도는 또한 여기에 의도성이 내포되어 있다고 추정한다. 어떤 방식으로든 그리스도인은 책임을 진다는 것이다. 그리스도를 믿는 믿음에는 의지적인 요소가 뚜렷이 있다. 곧 그리스도인이란 개인적인 충성심과 헌신이라는 새로운 패러다임을 의식적으로 받아들이는 사람이다. 이처럼 로마서 6장 전체는 어떤 사람이 그리스도인이 될 때 그 사람은 더 이상 죄 가운데 살지 않고 의로운 삶을 살아가게 된다는 가정에 기초하고 있다. 그리스도인이 된다는 것은 순종의 방식, 곧 자유를 주는 순종을 선택하는 것이다.

3. 물세례

그리스도와 동일시하는 일과 충성의 대상을 바꾸는 일은 물속에 푹 잠기는 세례를 통하여 상징적으로 나타난다롬 6:3~4. 세례는 어떤 사람이 그리스도와 함께 하는 사람, 그리스도 안에 있는 신자, 그리스도께 충성하는 사람임을 나타내는 징표며, 구체적인 증거 또는 기준이다. 바울은 모든 신자가 세례를 받는다고 생각하기 때문에 자신의 주장을 펼치는 기준으로 세례를 활용한다. 그러나 바울은 또한 자기 마음속에서 세례가 그리스도인이 되기 위한 근본적인 행위와 밀접하게 연관되어 있기 때문에 세례를 활용한다.

공관복음과 사도행전에서 세례는 회개와 죄 용서를 상징한다. 여기 로마서에서 세례는 그리스도와의 연합그분의 죽음과 부활에의 연합을 나타내며, 이 연합은 충성의 대상이 바뀌었음을 나타낸다. 골로새서 2장 12절에서 바울 사도는 독자들에게 "너희가 세례로 그리스도와 함께 장사되었다"는 사실을 상기시킨다. 따라서 바울의 생각에서 세례는 한 가지 삶의 방식에서 다른 형태의 삶의 방식으로 돌아서는 것을 나타내는 게 분명하다. 세례를 받은 사람들은 그리스도 안에서 새롭게 살아났을 뿐만 아니라 그리스도께 충성을 다하는 삶의 방식을 선택한 사람들이다.

이와 같은 회심의 세 가지 요소는 이러한 대표적인 본문에 분명히 드러나 있지만, 바울의 회심 개념의 다른 측면들을 집중적으로 조명하는 것이 중요하다. 그리고 이를 위하여 에베소서, 특히 에베소서 2장을 적극적으로 활용하는 게 좋을 것 같다.

4. 믿음

믿음은 그리스도인이 된다는 것이 의미하는 바에 관한 바울의 개념에서 분명히 핵심적인 요소다. 믿음은 위에서 논의한 문제들에 이르기 전까지 로마서 초반의 여러 장들에서 지배적인 주제다. 또한 믿음은 다른 서신들 전체에서도 명백한 주제다. 다시 말해 우리는 믿음을 통하여 구원하시는 하나님의 은혜를 깨닫는다. 믿음이 없이는 하나님의 은혜를 경험하지 못한다롬 3:26. 믿음은 하나님을 알고자 노력하는 사람들의 마음을 드러내는 기본적인 표현이다.

에베소서에서 우리는 그와 같은 믿음이 착한 행실을 낳는다는 사실을 알게 된다. 이것은 방향성 또는 목적의 변화, 그리스도 안에서 경험되는 변화다. 그러한 착한 행실은 믿음의 열매다엡 2:8-10. 이 믿음은 회개를 전제로 한다. 그러나 믿음은 회개와 뚜렷이 구별되는 중요한 요소다.

5. 약속된 성령을 받는다

또한 바울 사도는 회심 안에서 그리고 회심을 통하여 성령이라는 선물을 받게 된다고 가르친다. 이것은 일종의 계약금인 것처럼 언급된다.

"여러분도 그리스도 안에서 진리의 말씀 곧 여러분을 구원하는 복음을 듣고서 그리스도를 믿었으므로, 약속하신 성령의 날인을 받았습니다. 이 성령은, 하나님의 소유인 우리가 완전히 구원받을 때까지 우리의 상속의 담보이시며, 우리로 하여금 하나님의 영광을 찬미하게 하십니다"엡 1:13-14, 표준새번역.

"그리스도를 믿었다"는 구절은 에베소서 2장과 이후 에베소서 3장 12절에 언급된 믿음과 동의어라는 점을 강조하는 게 중요하다. 이러한 믿음 또는 신앙은 여기에서 "날인"표준새번역 또는 "인치심"개역이라고 언급된 선물 또는 징표로 보충된다. 그것이 바로 믿는 자들에게 허락하시는 성령이다. 이와 같은 내용은 갈라디아서 3장 2절에서도 등장한다. 여기에서 바울은 이런 질문을 던짐으로써 그리스도인이 되는 데 필요한 모든 행동을 요약한다. "여러분은 율법을 행하는 행위로 성령을 받았습니까? 그렇지 않으면, 믿음의 소식을 들어서 성령을 받았습니까?" 갈라디아 사람들은 분명히 성령과 더불어 그리스도인의 삶을 시작했다. 그리스도께로 나아와 그분을 믿음으로써, 갈라디아 사람들은 성령을 받았다.

이 선물을 받았는지에 관한 지극히 중대한 표지는 로마서 8장 16절에서 강조되어 있다. 여기에서 우리는 "바로 그 때에 그 성령이 우리의 영과 함께, 우리가 하나님의 자녀임을 증언하신다"는 권고를 듣게 된다. 다시 말해, 그리스도 안에서 한 사람의 새로운 정체성은 성령의 임재를 통하여, 성령의 임재로 말미암아 근본적인 확신을 얻게 된다.

6. 하나님의 가족에로 통합

비록 로마서 6장에서는 이 요소를 강조하고 있지는 않지만, 바울에게 회심이란 믿음의 공동체로 통합되는 것을 내포한다는 점을 주목하지 않는다면, 에베소서에 등장하는 회심 논의에서 또 다른 지극히 중대한 주제를 소홀히 다루게 될 것이다. 여기에서 바울은 그리스도께로 나아갈 때 우리는 더 이상 하나님의 백성으로부터 소외된 자들이 아니라는 점을 강조한다. 그리스도 안에서 이 공동체, 이 가족, 이 백성의 완전한 일원이 된다. 그리고 사도 바울이 가정하는 바에 따르면, 이렇게 일원이 된다는 것은 공동체적인 삶으로 표출된다. 거기에서 하나님의 권속 또는 하나님의 가족이 된다엡 2:19는 사실이 의미하는 바를 제대로 경험하게 된다. 이 집이 성령의 전으로 언급되기도 한다. 곧 우리가 성령 안에서 함께 모일 때 형성되는, 하나님께서 거하시는 장소다.

바울에게, 회심 경험은 거룩한 성령께서 함께 하시는 일이다. 신약 성경에서 회심에 관해 가장 일찍감치 언급된 곳은 데살로니가전서 1장 4~6절이다. 여기에서 바울은 고난을 겪고 있는 지체들에게 격려의 수단으로서 회심을 말하고 있다.3) 바울은 회심이 성령의 감동으로 전한 설교에 대한 반응으로 나타나는 신앙 경험의 본보기일 뿐만 아니라, 이 사람들의 기쁨에 찬 반응을 성령께서 두루 살피신다는 점을 강조한다. 또한 이것은 우리가 전체적인 경험을 통틀어 성령의 임재를 지속적으로 깨달을 때에만 정말로 성경적으로 회심을 이해하게 된다는 것을 상기시켜 준다.

요한복음이 말하는 회심

요한복음에 나오는 회심의 의미를 살펴볼 때, 우리는 요한복음 3장에 등장하는 예수님과 니고데모의 놀라운 만남에 이끌리게 된다. 어떤 의미에서 이 본문은 하나님의 일방적인 중생 사역, 곧 성령의 일하심을 통한 새로운 출생을 말하고 있기는 하지만, 우리는 하나님의 주도적인 이 사역에 대한 인간의 반응과 관련한 요소들을 분별할 수 있다. 즉 진정한 그리스도인의 회심으로 이끄는 요소들 말이다.

바리새파 사람 가운데 니고데모라는 사람이 있었다. 그는 유대 사람의 한 지도자였다. 이 사람이 밤에 예수께 와서 말하였다. "랍비님, 우리는 선생님이 하나님께로부터 오신 분임을 압니다. 하나님께서 함께 하지 않으시면, 선생님께서 행하시는 그런 표징들을, 아무도 행할 수 없습니다." 예수께서 그에게 말씀하셨다. "내가 진정으로 진정으로 너에게 말한다. 누구든지 다시 나지 않으면, 하나님 나라를 볼 수 없다." 니고데모가 예수께 말하였다. "사람이 늙었는데, 그가 어떻게 태어날 수 있겠습니까? 어머니 뱃속에 다시 들어갔다가 태어날 수야 없지 않습니까?" 예수께서 대답하셨다. "내가 진정으로 진정으로 너에게 말한다. 누구든지 물과 성령으로 나지 아니하면, 하나님 나라에 들어갈 수 없다. 육에서 난 것은 육이요, 영에서 난 것은 영이다. 너희가 다시 태어나야 한다고 내가 말한 것을, 너는 이상히 여기지 말아라. 바람은 불고 싶은 대로 분다. 너는 그 소리는 듣지만, 어디에서 와서 어디로 가는지는 모른다. 성령으로 태어난 사람은 다 이와 같다." 니고데모가 예수께 물었다. "어떻게 이런 일이 있을 수 있습니까?" 예수께서 대답하셨다. "너는 이스라엘의 선생이면서, 이런 것도 알지 못하느냐?" "내가 진정으로 진정으로 너에게 말한다. 우리는, 우리가 아는 것을 말하고, 우리가 본 것을 증언하는데, 너희는 우리의 증언을 받아들이지 않는다. 내가 땅의 일을 말하여도 너희가 믿지 않거든, 하물며 하늘의 일을 말하면 어떻게 믿겠느냐? 하늘에서 내려온 이 곧 인자 밖에는 하늘로 올라간 이가 없다. 모세가 광야에서 뱀을 든 것 같이, 인자도 들려야 한다. 그것은 그를 믿는 사람마다 영생을 얻게 하려는 것이다. 하나님께서 세상을 이처럼 사랑하셔서 외아들을 주셨으니, 이는 그를 믿는 사람마다 멸망하지 않고 영생을 얻게 하려는 것이다" 요 3:1~16, 표준새번역.

이 본문은 한 사람의 삶에서 일어나는 급격한 변화는 하나님의 주도로 이루어진다는 점을 일차적으로 강조한다. 그것은 바로 하나님의 일하심이다. 그런데 예수님께서 이렇게 말씀하시는 의도는, 니고데모가 하나님의 일하심을 받아들이고 믿었을 뿐만 아니라, 성령의 일하심에 반응을 보이면서 자신의 개인적인 책임을 다했다는 것을 분명히 보여 주기 위함이다.

회심의 요소들

대표적인 이 본문을 마지막으로 살펴보면, 그리스도인의 회심에 필요한 다음과 같은 요소들이 눈에 띤다.

1. 예수님을 믿음

요한이 회심을 묘사한 부분에서 이처럼 간단한 사실보다 더 중심적이거나 결정적인 위치를 차지하는 것은 아무것도 없다. 곧 회심자란 예수님을 믿는 사람이다. 믿는 사람들은 누구나 '영원한 생명'을 얻는다요 3:16. 우리는 예수 그리스도를 믿음으로써 하나님의 은혜를 알게 된다. 믿음으로써요 1:12 그리스도를 받아들이게 된다. 사실상 그리스도를 믿고 그분을 받아들이는 것은 적어도 요한복음 1장 12절에서는 동의어인 것처럼 보인다. 요한복음 4장 39절에서는 회심을 "그 동네에서 많은 사마리아 사람이 예수를 믿게 되었다"는 진술로 간단하게 기록하고 있다. 요한복음 6장 29절에서는 "하나님께서 보내신 이를 믿는 것이 곧 하나님의 일이다"라는 말씀이 나온다. 그리고 다시 요한복음 12장 44절에서는 예수님을 믿는 사람은 그분을 보내신 분을 믿는 것이라고 확인한다.

중요한 사실은, '믿음'만이 회심에 필요한 단 한 가지 요소는 아니지만, 실제로 예수님을 믿는 믿음은 반드시 필요한 부분이라는 것이다. 예수님은 이 믿음의 대상이다.

이것은 아주 단순한 가르침이며, 그런 단순함이야말로 요한복음을 다른 복음서와 뚜렷하게 구별해 주는 요소다. 처음 읽을 때는 요한복음에서 말하는 회심이 그다지 복잡하거나 값비싼 대가를 지불해야 되는 것처럼 보이지 않는다. 회심은 단지 예수님을 믿는 문제에 지나지 않기 때문이다. 그러나 그러한 가정은 믿음으로 나아오라는 부르심의 완전한 의미를 놓치고 있는 것이다. 믿음 자체는 원래 복잡할 뿐만 아니라 값비싼 대가를 치러야 하는 것이다. 확실히 믿기 위해서는, 요한의 용어를 빌자면, 지적인 요소가 필요하다. 믿음은 예수 그리스도와 그분의 사역에 관한 이해를 전제로 한다. 이미 믿은 사람들은 예수님의 유일성을 깨달은 사람들이다. 그 사람들은 자신들에게 계시된 진리에 반응하여, 그 진리를 받아들이거나, 믿거나, 더 나아가 기꺼이 그 진리를 수용한 사람들이다.

그러나 믿음에는 정서적인 차원도 있다. 이 사실은 요한복음 14장에서 분명히 드러난다. 예수님은 자기 제자들에게 직접적으로 이렇게 말씀하신다. "너희는 마음에 근심하지 말라 하나님을 믿으니 또 나를 믿어라"요 14:1. 다시 말해, 믿는다는 것은 전적으로 신뢰함으로써 더는 마음에 근심하지 않는 것이다. 요한복음 14장 27절에서 예수님은 그와 같은 믿음을 평안으로 설명한다. "평안을 너희에게 끼치노니 곧 나의 평안을 너희에게 주노라 내가 너희에게 주는 것은 세상이 주는 것과 같지 아니하니라 너희는 마음에 근심하지도 말고 두려워하지도 말라." 믿는다는 것은 두려워하는 데에서 하나님의 평안을 아는 데로 옮기는 것이다.

기쁨이 이 평안을 보완해 준다. 기쁨이라는 주제는 공관복음특히 누가복음뿐만 아니라 요한복음에서도 거듭 되풀이되는 주제다. 사역의 끝자락에서 예수님은 제자들을 향한 자신의 사역의 중요한 결과로서 기쁨을 강조한다요 15:11, 17:13. 예수님의 이 언급은 본질적으로 회심에 관한 것이 아니라 성숙한 그리스도인의 경험에 관한 것이라고 결론을 내릴 수도 있지만, 나는 예수님의 이 말씀은 피상적인 것이 아니라 그분이 말씀하신 사명의 핵심이라고 반론을 제기하고 싶다. 그리스도인의 경험완전한 회심의 밑바탕에는 능력이 있으며, 따라서 기쁨을 경험하기 위한 씨앗이 들어있다는 점 또한 분명하다.

예수님을 믿으라는 부르심에는 자발적인 차원도 있다. 우리는 요한복음 8장에서 오직 우리를 자유롭게 하는 진리를 알 경우에만, 그리고 예수님께서 제자들에게 말씀하신 것처럼 "너희가 계속 나의 말에 머물러 있을" 경우에만, 그분의 제자들처럼 진정으로 예수님을 믿을 수 있다는 사실을 깨닫게 된다. 그러니까 분명히 그것은 단지 지적인 동의만의 문제가 아니다. 또한 믿음은 죄에서 돌아서서 자유의 길을 흔쾌히 받아들이는 일을 포함한다왜냐하면 죄는 요한복음 8장 31-36절에서 종살이와 동일시되고 있기 때문이다. 요한복음 12장 46절에서 알 수 있는 것처럼, 예수님의 목적은 우리가 그분을 믿음으로써 더는 어둠 가운데 머물지 않고 빛 가운데 살아가는 것이다. 하나님의 말씀을 믿는 것은 단순히 듣는 것에 그치는 것이 아니라 이해하고 순종하는또는 예수님께서 종종 말씀하신 것처럼, 그분의 말씀을 지키는 것이다.

회심 또는 믿음의 결과는 그리스도와 함께 연합하는 것이다. 우리가 믿으면 그리스도와 한 몸이 되어 참 포도나무의 가지에 접붙여진다요 15장.

어떤 의미에서 이런 회심 모델은 단순히 예수님을 믿으면 된다는 것이다! 그러나 요한복음에는 회심에 관한 다른 두 가지 양상이 있다. 이것들은 아주 중요할 뿐만 아니라 믿으라는 부르심을 반드시 보충해 준다.

2. '위로부터' 내려오는 새로운 생명을 받아들임

회심자란 '위로부터 난' 사람이며, 예수님은 이를 성령으로 난 사람과 동일시한다요 3:8. 복음주의자들은 '거듭난다'는 은유를 사용하는 경향이 있지만, '위로부터 난다'는 말이 예수님의 의도를 훨씬 더 정확하게 살린다고 믿는 데에는 그럴만한 이유가 있다. 이 본문에서 예수님께서 말씀하시고자 하는 요점은 바로 이것이 성령의 사역이라는 사실을 알리는 것이다. 이 일은 우리가 하는 일이 아니라 하나님께서 친히 행하시는 일이다. 회심자란 '위로부터 오는' 새로워짐renewal과 중생regeneration, 새로운 출생을 경험한 사람이다.

'거듭난다'는 말은 영어라는 배경 안에서 형성된 용어이며, 특히 복음주의의 회심 언어에서 너무나 확고하게 자리 잡고 있기 때문에, 사람들은 그것의 용례에 관해 의문을 제기하는 일을 주저한다. 그러나 여기에서 요한이 사용한 아노텐anothen이라는 헬라어 단어는 '다시'라는 뜻을 나타내기도 하지만, 좀 더 문자 그대로의 의미로 보면 '위로부터'가 될 것이다. 그래서 비벌리 로버츠 가벤타Beverly Roberts Gaventa의 결론에 따르면, 예수님께서 말씀하시는 요점은 니고데모가 '다시'와 관련된 것, 곧 자기 어머니의 모태로 돌아가는 일을 시사함으로써 잘못을 저지르고 있다는 것이었다. 예수님은 이와 같은 그릇된 이해를 바로잡으면서 회심이 '거듭나는' 것이라기보다는 '위로부터' 나는 것과 관련이 있다고 설명하셨다. 가벤타가 주목한 것처럼, "아주 이상한 현상이 오늘날의 기독교에서도 버젓이 계속되고 있다. 왜냐하면 예수님께서 거부하신 아노텐anothen이라는 헬라어 단어의 의미가 오늘날에는 회심을 묘사하는 지배적인 방식으로 자리 잡고 있기 때문이다."[4]

여기에서 말하고자 하는 요점은 어떤 일이 두 번째로 일어나거나 특별한 시간의 흐름을 따라 일어나는 게 아니라는 것이다. 이 본문은 무엇보다 회심이 성령의 중생하게 하시는 은혜에 대한 경험이라는 점을 강조한다. 니고데모의 관점에서 보면, 회심이란 한편으로는 자신의 무능력을 깨닫는 것이고 또 한편으로는 자신에게 일방적으로 행하시는 하나님의 일하심을 받아들이는 것이다.

이런 식으로 연결지을 때, 요한복음에서는 성령이 이처럼 위로부터의 출생을 가능하게 하시는 분일 뿐만 아니라 신자들로 하여금 그분을 받아들이게 하시는 존재로 언급된다는 점을 아는 게 중요하다.

> 명절의 가장 중요한 날인 마지막 날에, 예수께서 일어서서, 큰 소리로 말씀하셨다. "목마른 사람은 다 나에게로 와서 마셔라. 나를 믿는 사람은, 성경이 말한 바와 같이, 그의 배에서 생수가 강물처럼 흘러나올 것이다." 이것은 예수를 믿은 사람이 받게 될 성령을 가리켜서 하신 말씀이다. 예수께서 아직 영광을 받지 않으셨으므로, 성령이 아직 사람들에게 오시지 않았다_요 7:37~39, 표준새번역_.

이 본문은 회심을 통하여 성령을 받게 될 것이라고 구체적으로 말하지는 않는다. 그러나 회심에는 성령을 받는 일이 포함되거나, 회심이 적어도 성령을 받도록 이끈다는 사실을 분명히 밝히고 있다. 다시 말해, 예수님을 믿는 사람들은 성령을 받을 것이다_{오순절 이후에, 곧 예수님께서 "영광을 받은" 뒤에}.

3. 성령으로 나는 것과 물로 나는 것

예수님을 믿는 사람은 위로부터 난 사람, 곧 "성령으로 난 사람"_{요 3:8}이다. 그러나 성령으로 나는 것을 최초로 언급하면서, 예수님은 성령으로 나는 것뿐만 아니라 물로 나는 것도 말씀하신다. "누구든지 물과 성령으로 나지 아니하면, 하나님 나라에 들어갈 수 없다"_{요 3:5}.

신약 성경을 공부하는 사람들은 이 구절에 나오는 물의 의미에 관하여 다양한 견해를 보인다. 어떤 사람들은 물세례를 언급한 것으로 본다. 그러나 다른 사람들은 그런 견해를 단호하게 거부하면서 이 말씀이 문자적인 물을 언급한 것으로 볼 수 없다는 견해를 당당히 밝힌다. 일반적으로 물세례와의 관련성을 거부하는 사람들은 세례가 새로운 출생과 어떤 식으로든 연결되어 있다는 생각에 강하게 반대한다. 이 우려는 합당하다. 그러나 실제로 예수님께서 물세례를 언급하고 계신다면, 본문의 어조나 초점을 깨뜨리지 말고 그대로 유지해야 할 것이다. 곧 중생은 '위로부터' 오는 것이며 성령의 사역이지만, 아주 구체적일 뿐만 아니라 이 세상에서 일어나는 행위인 물세례에도 영향을 미친다.

오스카 브룩스_{Oscar S. Brooks}는 「결단의 드라마: 신약 성경의 세례」에서 물에 관한 이러한 언급을 요한복음의 밑바탕에 흐르는 중요한 주제인 세례와 증거

사이의 관계를 나타내는 한 부분으로 본다. 세례 요한의 증거는 물세례로 구현된다. 곧 브룩스의 주장에 따르면, "세례는 세례 요한의 임무와 선포를 통합하는 부분이다."[5] 예수님이 받으신 세례는 요한의 세례 베푸는 사역과 연속성이 있음을 반영하는 동시에 그 연속성 안에 있었다. 왜냐하면 "사람들이 세례 요한에게로 와서 순종하는 가운데 물세례를 받는 것은 그 세례에 관한 선포와 수용을 전제한 것이기 때문이다."[6] 브룩스가 주목하는 것처럼, 이것은 예수님께서 니고데모를 만나서 예수님의 정체성을 받아들이라고 도전하는 것과 일맥상통한다. 예수님이 바로 하나님께서 보내신 계시자 the revealer 임을 받아들이는 일은 필연적으로 니고데모가 물세례를 받을 수밖에 없을 것임을 의미한다. 이 문맥에서 니고네모는 예수님이 '물과 성령'으로 나야 한다고 말씀하실 때 예수님께서 뜻하시는 바를 아무런 의심 없이 받아들였을 것이라고 브룩스는 주장한다. 왜냐하면 그 말씀은 물세례를 받아야 한다는 암시이기 때문이다.[7]

이 구절이 의미하는 바를 단정적으로 이야기할 수는 없지만, 최소한 물에 관한 언급에는 주목해야 한다. 다른 세 가지 회심 모델에서 세례를 명시적으로 언급한다는 점을 고려한다면, 정확히 그렇다고 볼 수는 없을지라도, 예수님도 사실상 세례를 언급했을 가능성을 열어 두어야만 할 것 같다.

다양한 모델을 합치기

지금까지 우리는 공관복음, 사도행전, 바울 서신, 요한복음에서 회심에 관한 네 가지 관점과 네 가지 모델을 살펴보았다. 이러한 네 가지 모델은 그리스도인의 회심 경험에 대하여 뚜렷이 구분되는 특징을 보이면서도 상호 보완적인 관점을 나타낸다. 그러므로 네 가지 모델이 다 그리스도인의 삶에 필요한 기초를 포괄적으로 또는 철저하게 이해하는 데 필수적이다. 이 가운데 어느 모델도 다른 모델보다 우선한다고 생각할 수 없다.

데이빗 포슨은 회심에 관한 논의에서 중요한 공헌을 한 「정상적인 그리스도인의 탄생」*The Normal Christian Birth*에서, 복음서는 정식으로 그리스도인이 되기 이전의 회심을 보여 준다고 이의를 제기하면서 거의 전적으로 사도행전만을 근거로 한 가지 사례를 제시한다. 파우슨은 복음서에서는 그리스도인이 되도록 이끈 회심을 발견할 수 없다고 주장한다.[8]

그러나 이 주장은 한 가지 중요한 사실을 놓치고 있다. 곧 복음서는 성숙할 뿐만 아니라 나름대로 자리를 잡은 교회에서 기록하였기 때문에, 이런 관점이 그리스도 안에서 살아가는 사람들의 삶에 관한 자기 이해를 지배하였을 것이라고 믿을 만한 충분한 이유가 있다. 사도행전을 빼놓고 그리스도인의 회심을 온전히 이해하기는 분명 힘들 것이다. 그럼에도 불구하고, 복음서를 뛰어넘어 사도행전에 우선순위를 두는 파우슨의 구분은 잘못된 것이다. 더 나아가 바울 서신의 관점을 고려하지 않고서는 기독교적인 이해에 이를 수 없다. 결과적으로, 사도행전에서 시작하여 회심 경험에 관한 전체적인 구조 또는 모델을 찾아내는 것은 이해할 만한 일이다. 그런 다음에는 복음서와 바울 서신이 사도행전에서 발견한 것들을 올바른 형태로 정립할 뿐만 아니라 그 의미를 명확하게 깨달을 수 있도록 도울 것이다. 정말로 우리에게는 그리스도인의 회심에 관하여 신약 성경에 등장하는 신학적인 관점을 한 가지씩 모두 고려한 종합적인 모델이 필요하다.

나는 신약 성경을 읽으면서, 특히 앞에서 개략적으로 설명한 네 가지 모델을 바울의 회심 경험에 비추어 생각해 보았다. 그래서 성경은 서로 뚜렷이 구분되면서도 따로 떼어놓을 수 없는 일곱 가지 요소들을 포함한 예수 그리스도를 향한 회심을 요청할 뿐만 아니라 전제하고 있다는 결론을 내리게 되었다. 이 모든 것을 종합적으로 고려해 볼 때, 신약 성경에 등장하는 네 가지 회심 모델은 다음과 같은 요소들을 명시적으로 요청하거나 전제하고 있다.

- 예수 그리스도를 믿는 믿음
- 회개
- 예수 그리스도를 향한 신뢰
- 충성의 대상을 바꿈
- 세례
- 성령을 선물로 받음
- 공동체적인 삶으로의 통합

이러한 요소들에 통일성을 부여하는 것은 회심이 예수 그리스도와의 만남 곧 마음과 생각의 자세가 하나님 앞에서 겸손할 때 이루어지는 만남이라는 사실이다.

바울의 회심

이런 식으로 신약 성경에 등장하는 회심 모델들에 관한 개관을 결론짓기 전에, 먼저 사도 바울의 회심과 여기에 담긴 신학적인 의미를 제대로 살펴보아야 한다.

성경에서 바울의 회심은 아주 두드러질 뿐만 아니라 회심을 성경적으로 확실히 이해할 수 있게 해준다. 바울의 회심은 성경에 세 번이나 기록되어 있고 아주 종종 암시적으로 넌지시 언급되기 때문에 다른 어떤 회심도 여기에 비길 바가 못 된다.

> 사울이 길을 가다가, 다마스쿠스 가까이에 이르렀을 때에, 갑자기 하늘에서 환한 빛이 그를 둘러 비추었다. 그는 땅에 엎어졌다. 그리고 그는 "사울아, 사울아, 네가 왜 나를 핍박하느냐?" 하는 음성을 들었다. 그래서 그가 "주님, 누구십니까?" 하고 물으니, "나는 네가 핍박하는 예수다. 일어나서, 성 안으로 들어가거라. 네가 해야 할 일을 일러 줄 사람이 있을 것이다" 하는 음성이 들려왔다. 그와 동행하는 사람들은 소리는 들었으나, 아무도 보

이지는 않으므로, 말을 못하고 멍하게 서 있었다. 사울은 땅에서 일어나서 눈을 떴으나, 아무것도 볼 수가 없었다. 그래서 사람들이 그의 손을 끌고, 다마스쿠스로 데리고 갔다. 그는 사흘 동안 앞을 보지 못하는 상태에서, 먹지도 않고 마시지도 않았다.

그런데 다마스쿠스에는 아나니아라는 제자가 있었다. 주님께서 환상 가운데서 "아나니아야!" 하고 부르시니, 아나니아가 "주님, 여기 있습니다" 하고 대답하였다. 주님께서 아나니아에게 말씀하셨다. "일어나서 '곧은 길'이라 부르는 거리로 가서, 유다의 집에서 사울이라는 다소 사람을 찾아라. 그는 지금 기도하고 있다. 그는 환상 속에 아나니아라는 사람이 들어와서, 자기에게 손을 얹어 시력을 회복시켜 주는 것을 보았다." 아나니아가 대답하였다. "주님, 그가 예루살렘에서 주님의 성도들에게 얼마나 해를 끼쳤는지를, 나는 많은 사람에게서 들었습니다. 그리고 그는 주님의 이름을 부르는 사람들을 잡아 갈 권한을 대제사장들에게서 받아 가지고, 여기에 와 있습니다." 주님께서 그에게 말씀하셨다. "가거라, 그는 내 이름을 이방 사람들과 임금들과 이스라엘 자손들 앞에 가지고 갈, 내가 택한 내 그릇이다. 그가 내 이름을 위하여 얼마나 많은 고난을 받아야 할지를, 내가 그에게 보여 주려고 한다." 그래서 아나니아가 떠나서, 그 집에 들어가, 사울에게 손을 얹고 "형제 사울이여, 그대가 오는 도중에 그대에게 나타나신 주 예수께서 나를 보내셨소. 그것은 그대가 시력을 회복하고, 성령으로 충만하게 되도록 하시려는 것이오" 하고 말하였다. 곧 사울의 눈에서 비늘 같은 것이

떨어져 나가고, 그는 시력을 회복하였다. 그리고 그는 일어나서 세례를 받고 음식을 먹고 힘을 얻었다.

사울은 며칠 동안 다마스쿠스에 있는 제자들과 함께 지냈다. 그런 다음에 그는 곧 여러 회당에서 예수가 하나님의 아들이심을 선포하였다^{행 9:3~20, 표준새번역}.

비록 아주 특별한 사건이기는 하지만, 바울의 회심은 흔히 보여지는 것만큼 그리스도인의 회심에 관한 모델이나 원형으로 자리 잡지는 못한다. 수많은 사람들이 이 경험이 극적이고, 결정적이며, 명확하다고 지적했는데, 충분히 그럴 만도 하다. 그럼에도 회심은 그리스도와의 만남을 묘사하는 것 외에는 어떤 측면에서도 결코 이상적으로나 규범적으로 그려질 수 없다. 신약 성경에 기록된 모든 회심이 극적이거나 급작스러운 것도 아니다. 그러나 역설적이게도, 더 나아가 불행하게도, 바울의 회심이 지난 2천 년 동안의 교회사에서 나름대로 신앙 체험의 기준 역할을 했다. 다시 말해, 온갖 회심을 판단하고 헤아리는 일종의 기준으로 자리 잡았다.

어떤 사람들은 바울의 경험이 즉각적인 회심의 원형으로 볼 수 있다는 의견을 피력한다. 예를 들면, 리처드 피스는 신약 성경에서 자기가 본 회심 모델은 두 가지라고 주장한다. 하나는 바울의 회심 같은 즉각적인 모델이며, 다른 하나는 마가복음을 연구해 보면 알 수 있는 건데, 12제자의 회심 같은 장기간에 걸쳐 오랫동안 일어나는 모델이다.⁹⁾ 그러나 바울의 회심이 그리스도인 회심의 모델이 될 만하다고 결론지을 만한 확고한 근거는 없다. 바울이나 다른 성경 저자들이 그런 식으로 말한 적이 한 번도 없기 때문이다.

더구나 이미 지적한 바와 마찬가지로, 바울의 회심이 실제로 즉각적이었는가? 최소한, 바울의 회심이 일어나기 위해서는 3일이 필요했다. 또한 비록 바울의 회심이 결정적이고 극적이기는 하지만, 우리에게 알려지지 않은 부분이 상당히 많이 있다. 우리는 다메섹 경험 이후에 바울이 사막에서 보낸 시간들에 담긴 완전한 의미를 전혀 모른다. 사실상, 바울의 경험에 대하여 구체적으로 아는 것이 거의 없다고 주장할 수도 있다. 다만 다메섹으로 가는 길에서, 그리고 다메섹에서 바울이 경험한 것의 일부만을 알고 있을 뿐이다. 그런데, 또 다른 목적을 위하여 이런 정보가 우리에게 알려졌다고 주장할 수도 있다. 바울의 회심에 담긴 실제적인 의미와 중요성에 대해서는 토론이 끊임없이 이루어지고 있다. 과연 사도행전과 바울 서신 둘 중에 어느 것이 일차적으로 중요한지, 어느 것이 더 권위를 가지고 있는지, 과연 우리가 바울과 바울의 경험에 대하여 더 많은 것을 알 수 있는지. 브루스 F. F. Bruce 같은 성경학자들은 우리가 엄청나게 많은 것을 알고 있다고 말한다. 심지어 김세윤 박사도 바울의 전체 신학이 회심 경험에서부터 나왔다고 주장하기도 한다. 이와는 대조적으로, 회심 자체만으로 많은 것을 알아낼 수 있는지의 여부에 회의적인 시각을 보이는 사람들도 있다.[10]

그러므로 바울의 회심에 담긴 중요성을 지나치게 부풀리지 않도록 주의해야 한다. 그럼에도 불구하고, 그리스도인의 사상과 경험에서 중요한 의미를 띠는 사도 바울의 경험에서 자신 있게 두 가지 결론을 이끌어낼 수 있다.

첫째, 바울의 회심과 사도적인 섬김의 사역 사이에는 명백한 관련성이 있다. 이방인과 유대인을 모두 구원하신다는 하나님의 은혜에 관한 바울 신학은 그 은혜를 직접 경험한 데서 비롯되었다. 다메섹 도상에서 바울이 부활이후에 다시 나타나신 그리스도를 만난 사건Christophany은 이방인들을 향한 사도적 부르심뿐만 아니라 바울이 전한 복음, 메시지 또는 신학의 원천이었다. 그런 까닭에 바울의 회심과 부르심은 기본적으로 한 가지 사건에 바탕을 두고 있었다.

이러한 경험을 통하여, 사도 바울은 그리스도인 공동체 내에서 금세 지도자의 자리에 올라서게 되었다. 비록 그리스도인 공동체의 방향성을 바깥쪽으로, 특히 이방인에게로 향하게 하는 운동의 실제적인 창설자는 아니었지만 말이다. 바울의 회심은 단순히 그 회심을 통하여 기존의 신앙 공동체로 통합되고 싶어 하는 어떤 사람의 회심이라기보다는 한 신앙 운동을 시작하는 사람의 회심을 대표한다.[11] 그러므로 바울의 회심에 담긴 일차적인 중요성은 기독교 역사와 이방인을 향한 바울 자신의 사역에 신학적인 영향을 크게 미친 데 있다고 결론짓는 것이 합리적이다.[12]

둘째, 바울의 회심 경험에는 다른 모든 회심에도 절대적으로 필요한 것이 들어 있다. 그것은 바로 하나님의 불가항력적인 자비에 대한 깊은 깨달음이다. 이것은 사도행전과 바울 서신의 여러 본문에서 아주 강력하게 등장하지만, 특별히 주목할 만한 곳은 그리스도와의 만남을 강조한 빌립보서 3장 7~11절과 하나님의 긍휼하심에 초점을 맞춘 디도서 2~3장이다. 이와 같은 요점을 강조하기 위해서는 바울 서신의 여러 다른 본문을 얼마든지 인용할 수 있다. 바울의 회심은 급격하게 바울을 변화시켰으며, 바울의 생애와 사역에 관한 윤곽을 근본적으로 뒤바꾸어 놓았다. 바울은 그리스도를 만났다. 또한 하나님의 자비를 경험하였다.

하나님의 자비하심에 관한 이러한 깨달음은 바울의 삶에 새로운 원동력을 제공하였다. 바울은 언제나 자신이 하나님의 자비를 깨달은 사람이며, 늘 그 자비하심 아래 살아갈 사람이라는 것을 의식하면서 살았다. 바울은 용서받은 죄인, 용서를 경험한 죄인이었다. 바울은 하나님의 은혜가 계시되었기 때문에 그리스도께로 나아올 수 있었다딤 2:1. 그리고 이러한 은혜의 경험은 바울의 남은 생애에 분명한 기준이 되었다.

> 그러나 우리의 구주이신 하나님께서 그 인자하심과 사랑하심을 나타내셔서 우리를 구원하셨습니다. 그분이 그렇게 하신 것은, 우리가 행한 의로운 일 때문이 아니라, 그분의 자비하심을 따라 거듭나게 씻어주심과 성령으로 새롭게 해 주심으로 말미암은 것입니다. 하나님께서는 이 성령을 우리의 구주이신 예수 그리스도로 말미암아 우리에게 풍성하게 부어 주셨습니다. 그래서 우리는 그분의 은혜로 의롭게 되어서, 영원한 생명의 소망을 따라 상속자가 되었습니다딛 3:4~7, 표준새번역.

바울의 생애에 새로운 동기를 불어넣고 끊임없이 이끌어준 원동력은 하나님의 '인자하심과 사랑하심' 이었으며, 하나님의 자비로 구원받고 하나님의 은혜로 의롭게 되었고 그로 말미암아 영원한 생명의 소망을 상속받은 자가 되었다는 깨달음이었다.

회심을 신학적으로, 비판적으로 분석할 때 모름지기 우리는 신앙 체험의 성격에 관한 핵심적이고 구체적인 이 원리를 바라보는 올바른 시각을 잃지 말아야 한다. 다시 말해, 회심 체험으로 말미암은 영적인 성장에 동기를 불어 넣을 뿐만 아니라 그것을 유지시키는 것은 바로 하나님의 선하심이다.

이와 같은 사실을 바탕으로, 우리는 그리스도인의 회심 경험을 뒷받침하고 하나님의 자비하심을 일깨우는 중요한 마음 자세가 있음을 인식하게 된다. 그것은 다름 아닌 겸손이다.

겸손, 회심을 가능하게 하는 자세와 회심의 열매

겸손은 회심을 가능하게 하는 마음 자세일 뿐만 아니라 그러한 회심의 결과이기도 하다.

제자의 길은 겸손의 길이다. 그러므로 회심이 겸손의 길로 한 사람의 인생 방향을 다시 바꾸는 것이라고 말해도 지나친 말은 아니다. 우리는 겸손한 마음으로 주님을 두려워하는 가운데 걸어가게 된다. 이런 겸손한 자세를 통하여 하나님을 사랑할 수 있게 될 뿐만 아니라 우리를 깨끗하게 하며 변화시키는 하나님의 말씀을 받아들일 수 있게 된다. 겸손은 진정으로 믿음과 소망과 기쁨으로 살고 있는지를 점검하는 최종적인 시험이다.

겸손에 대한 이러한 관점은 성경에서 여러 가지 양상으로 그려진다. 신약 성경은 그리스도 안에서 이 세상을 구속하기 위한 하나님의 겸손에 대하여 이야기한다빌 2:1-11. 그것은 온갖 자랑과 그 결과로부터 자신을 구속하는 행위다. 그리스도와 그분의 사역에 반응하여 살아가는 사람들은 그리스도의 왕국에 참여한 사람들이다. 하나님의 자녀로서 그리스도께 나아올 때라야 그 왕국에 들어갈 수 있게 된다. 오직 순종의 섬김으로 표현되는 겸손한 삶을 살 때라야 진정한 왕국의 삶을 살 수 있게 된다마 5:3, 18:4; 빌 2:3도 참고하라. 그 왕국에 들어갈 때 비로소 우리는 새로운 마음을 받는다. 은혜로 변화된 마음, 성령의 능력으로 새로워진 마음을 받게 된다.

예배에서 전통적으로 사용하는 "네 마음을 주님께 올려드리라"는 표현은 우리 마음속에 그리스도를 받아들이라는 성경의 명령을 반영한다. 이를 위해서는 근본적으로 겸손의 영이 필요하다. 하나님의 말씀을 받아들이고 거기에 순종하도록 하는 것이 바로 겸손이다. 그러한 겸손은 주님의 육신적인 어머니요, 최초의 제자요, 진정한 제자도의 모델인 마리아에게서 분명하게 구체화되었다. 세례 역시 겸손의 행위, 다시 말해 아마 성인 그리스도인들의 세례에서 가장 분명하게 드러나는 것처럼 어떤 형식을 따르는가에 상관없이, 우리를 향한 하나님의 은혜를 받아들이겠다는 겸손의 행위다.

겸손은 고전적인 기독교의 원리로서, 교회의 영적 거장들에게서 되풀이하여 확인된 덕목이다. 겸손은 성 베네딕트의 계율에서 핵심을 차지하는 부분이다. 겸손의 12가지 단계성 베네딕트 계율 7번는 두려움에서 사랑으로 넘어가는 과정을 나타낸다. 베네딕트 수도회를 고찰하면서, 패트릭 라이언스는 수도사란 겸손과 순종으로 하나님께 반응하는 사람이라는 점에 주목한다. 그러나 여기에서 우선순위는 분명히 겸손에 있다. 겸손은 성 베네딕트 계율의 밑바탕을 차지하고 있다.[13]

성 그레고리 대제는 겸손을 '온갖 미덕의 어머니요 여왕'이라고 말했다. 또한 "겸손은 바로 그 미덕의 원천이기도 하기 때문에, 어떤 미덕이든 겸손에 뿌리를 둔다면 언제나 왕성하게 샘솟을 뿐만 아니라 오래도록 지속되는 게 당연하겠지만, 이 뿌리를 잘라버린다면 그 미덕은 생명력을 불어넣는 사랑의 자양분이 부족해지기 때문에 시들어 죽고 말 것이다."[14]

나중에 칼빈은 성 어거스틴의 말을 지지하면서 이렇게 표현하였다.

"만약 나에게 기독교에서 무엇이 첫째 교훈이고, 둘째 교훈이며, 셋째 교훈인지 묻는다면, 첫째도 겸손, 둘째도 겸손, 셋째도 겸손이라고 대답할 것이다. …."

칼빈은 말을 이었다.

"어거스틴이 말하는 겸손이란 한 사람이 어떤 미덕을 의식하면서 일부러 교만한 마음을 억누르는 모습이 아니라, 진정으로 겸손 외에는 다른 마음을 전혀 품지 않고 있다고 느끼는 상태를 의미한다."[15]

다른 곳에서도 칼빈은 말한다.

"온갖 교만을 버리고 참된 겸손을 기꺼이 받아들이지 않는다면 절대로 구원에 다가갈 수 없다. … 겸손이란 겸손의 결핍과 고통을 뼈저리게 인식했을 때 휘몰아쳐오는 거짓 없는 마음으로 진실하게 순종하는 것이다."[16]

좀 더 현대에 가까운 영성의 거장인 토마스 머튼은 실제로 그리스도인의 삶에서 진정한 겸손의 가치를 아무리 강조해도 지나치지 않는다고 말하는데, 왜냐하면 "겸손에는 그 영혼의 삶에 불어 닥친 온갖 중대한 문제들에 대한 해답이 다 들어 있기 때문이다".[17] 그러나 겸손은 단순히 그리스도인의 삶의 목표가 아니다. 그리스도인의 삶을 묘사하기 위하여 아빌라의 테레사가 사용한 건물 은유에 따르자면, 겸손은 건물의 기초와 같다.

"만약 겸손이 올곧은 모습으로 자리 잡고 있지 않다면, 바로 당신 자신을 위하여 주님께서는 그 건물이 땅바닥으로 주저앉지 않도록 결코 높은 건물을 세우지 않으실 것이다."[18]

이 시점에서 형성하는 힘을 지닌 언어의 영향력은 매우 분명해진다. 왜냐하면 진정한 그리스도인의 신앙 체험에서 겸손의 절대적인 위치를 언급해야 할 뿐만 아니라, 그리스도인의 신앙이라는 맥락 안에서 겸손이 의미하는 바를 명확히 밝혀야 하기 때문이다. 무엇보다 먼저, 겸손은 진리 가운데 살아가는 것이다. 그것은 하나님을 중심으로 우주를 바라보면서 창조주를 창조주로서, 자기 자신을 의존적인 피조물로서 온전히 받아들이는 자세다.

더 나아가 겸손은 또한 피조 세계와 동떨어져서 누리는 자유다. 다시 말해, 만들어진 질서와 만물의 질서에 대하여 거룩한 무관심을 유지하는 자세다. 이것은 냉담함에서 오는 무관심이라기보다는, 오히려 하나님과 동떨어진 만물의 덧없는 본성을 정중하게 인정하는 자세다. 이 말은 피조물로서 우리가 창조주 안에서 궁극적인 삶의 의미를 찾는다는 뜻이다.

그러므로 겸손은 또한 이 세상과 우리 삶에서 죄의 실체를 시인함으로써 죄 가운데 살아가는 것은 그릇된 삶이며, 우리의 유일한 소망은 하나님의 자비 안에서 살아갈 때에만 찾을 수 있다는 사실을 인정하는 것이다. 또한 인간의 도덕적인 체계는 공허하고 무의미하다는 점을 인정하는 것이다. 기독교 영성은 도덕, 성공, 성취의 영성이 아니다. 기독교 영성은 우리의 필요를 인정하는 겸손이며, 교만과 자기만족의 길을 거부하는 겸손이다. 기독교 영성은 죄와 그릇된 행위에 대한 책임과 하나님의 자비에 대한 인간의 절대적인 의존을 인정하는 겸손이다. 기독교 영성은 하나님의 뜻을 겸허하게 받아들이고 반응하는 겸손, 하나님의 뜻에 우리 뜻을 복종시키는 겸손이다. 우리가 하나님의 자비 아래서 살 수 있으며, 하나님의 자비하심을 통하여 받아들여질 수 있는 것은 오로지 겸손을 통해서다.

그러나 가장 중요한 것은, 겸손의 길이 그리스도의 길이며 십자가의 길이라는 점이다. 그리스도인에게 겸손의 원리는 예수 그리스도 안에서 보여 주신 하나님의 겸손과 동떨어져서 생각할 수 없다. 그리스도인이 된다는 것은 결국 주님을 십자가로 데려간 하나님의 자기 비하self-humiliation와 동일시하는 것이다. 그러므로 겸손은 그리스도의 겸손을 따라서 그분과 의식적으로 동일시하는 것이다. 겸손의 최종 목표는 겸손 그 자체가 아니라 그리스도와의 연합이다.

우리가 칭찬, 영예, 명성을 추구하려는 갈망에서 자유로워지고, 물질적인 안녕을 추구하려는 갈망에서 자유로워지며, 권한과 영향력을 추구하려는 갈망에서 자유로워지는 것은 오직 그리스도 안에서의 겸손을 통해서만 가능하다. 물질적인 부와 다른 사람의 칭찬과 영향력 그 자체가 나쁜 것은 아니다. 단지 인간에게는 하나님 자신보다 하나님의 피조 세계와 하나님의 선물에서 만족을 찾으려는 경향이 있음을 잊지 말아야 한다.

옛 성현들이 가난의 길을 택했을 때, 여기에 담긴 뜻은 육감적인 만족에 대한 갈망을 의식적으로 부인할 뿐만 아니라 조용히 겸손을 받아들이는 것이었다. 가난의 길을 간 사람들은 교만의 흔적을 보이는 것이라면, 또는 교만한 성향을 키워주는 것이라면 무엇이든 싫어해야 했다. 가난의 길은 단순히 부를 거부할 뿐만 아니라 영예, 명성, 다른 사람들의 칭찬을 추구하지 않는 길이었다.

교회사를 통틀어 수많은 영성의 거장들은 또한 그릇된 겸손을 경계하였다. 이것은 자만과 위선이라는 꾸며낸 겸손이 아니다. 이미 앞에서 언급한 대로, 겸손을 목적 자체로, 영성 생활의 목표로 바라보는 것은 그릇된 겸손의 한 형태다. 이것은 필연적으로, 영적이라는 사실이 의미하는 바로 그 마음 상태를 깨뜨리는 자의식으로 나아가게 한다. 왜냐하면 겸손은 결코 목적이 아니기 때문이다. 겸손은 언제나 우리 존재의 근거이신 그분 안에서 살아가도록, 우리가 원래 모습 그대로 자연스럽게 살아가도록 돕는 수단이다. 겸손의 진정한 목적은 그리스도의 형상을 닮는 것이다.

진정한 겸손은 우리 안에서 다른 사람들을 향한 사랑을 불러일으킨다. 겸손의 미덕은 우리로 하여금 자기만족과 교만에서 돌아서서 사랑의 길을 받아들이게 한다. 그리스도와 동일시하는 겸손을 통해서만 삶과 사역에서 오래 지속되는 능력과 평안을 찾을 수 있으며, 거절에 대한 두려움 없이 다른 사람들을 사랑하고 실패에 대한 두려움 없이 관대하게 섬길 수 있는 자유를 찾게 된다. 겸손을 통하여 우리는 실패와 비난에 부서지지 않으며, 성공이나 칭찬에 우쭐해지지도 않는다. 겸손을 통해서만 기쁨 안에서 살아가도록 우리를 자유롭게 하시는 그리스도와 동일시할 수 있다.

이 책에서 나는 확실한 회심 간증의 가치를 강조하고 있다. 어떤 사람들은 이 책을 읽고 자기중심성에 더 빠지거나 건강하지 못한 방식으로 자아에 집중할지도 모른다. 그러나 어떤 사람의 회심 이야기를 통해 다양한 유익을 얻으면 좋겠고, 그런 이야기 가운데 하나를 통하여 역설적으로 자기중심성에서 자유로워질 수 있기를 바란다. 어떤 사람들에게 자기 경험담을 펼쳐놓는 일은 단지 자기가 중요하다는 생각과 자기도취에 빠지게 하는 연습에 불과할 수도 있다. 이렇게 될 가능성은 충분하다. 그러나 일반적으로 우리는 자기 이야기를 의식적으로 '공개' 함으로써 그 이야기가 자기만의 전유물이 아니라 모든 사람들에게 속한 것이라는 사실을 깨닫게 된다. 그와 같은 과정은 단 한 사람에게뿐만 아니라 다른 모든 사람들에게도 하나님의 무한한 자비하심을 보여 주는 창문 역할을 한다. 바울 서신에서 바울이 자신의 체험을 언급한 것은 결코 교만한 것이 아니다. 바울의 회심은 오히려 바울로 하여금 전체 피조 세계를 향한 하나님의 자비로운 일하심을 바라보게 하는 창문이었으며, 우리를 포함한 다른 사람들도 모두 그러한 창문을 통하여 하나님의 자비로운 역사를 바라보게 된다. 바로 이것이야말로 참된 겸손의 훈련이다.

6장 온전한 회심 그 7가지 얼굴

　복음주의 진영에 속한 사람들은 회심을 위하여 최소한으로 필요한 것이 무엇인지를 생각하려는 경향이 있다. 과연 어떤 사람이 지옥의 공포를 떨쳐 버리고 천국의 영광을 확신하는 데까지 이르기 위하여 최소한으로 해야 할 일이 무엇인가? 그러나 이런 접근 방법을 취하면 회심에 관한 진정한 기독교 신학에 이르기 힘들다. C. S. 루이스는 회심을 통하여 "처음부터 영원한 생명에만 열중하려는 태도로 말미암아 전체적인 구도를 깨뜨릴 수밖에 없는 광경을 수도 없이 지켜보았다"[1]고 냉정하게 관찰한다.

　최소한으로 필요한 것이 무엇이냐는 질문을 던지기보다는 오히려 이렇게 물어야 한다. 변화된 삶을 살기 위해 꼭 필요한 기초는 무엇인가? 성화가 곧바로 뒤따르는 방식으로 칭의를 경험하기 위해서는 어떻게 해야 하는가? 또는 좀 더 색다르게 표현해 보자면, 어떤 종류의 회심이 우리가 갈망하는 영적인 변화를 위한 사전 준비로 자리 잡을 수 있는가? 기본적으로 우리가 하나님의 변화시키는 은혜를 포괄적으로 경험하려면 어떤 일이 일어나야 하는가? 어떤 종류의 회심이 진정한 성숙을 촉진시켜서, 우리로 하여금 깊은 영성과 지혜의 사람이 되게 하는가? 어떤 종류의 회심이 우리로 하여금 이 세상의 지배가 아니라 하나님의 통치 아래 진정으로 살아갈 수 있게 하겠는가? 성도는 훌륭한 회심으로 만들어진다. 이것이 사실이라면, 도대체 훌륭한 회심이란 어떤 것인가?

폴 헴은 진정한 회심의 특징에 관하여 아주 유익한 논평을 내놓는다. 헴은 하나님의 주도하심에 반응하여 그리스도인의 회심이 일어난다고 적절히 강조한다. 그러므로 헴의 주장에 따르면, 회심은 인간 정신의 깊은 내면, 곧 '자의식보다 더 낮은 차원'[2]에서 일어나는 변화로서 새로운 삶을 위한 선물이다. 그러나 헴은 또한 주장하기를, 이 선물은 '독특한 구조를 지닌 경험'을 일으키는데, "회심 경험은 무한히 다양하지만 모두 동일한 구조를 띠고 있다"[3]고 말한다. 다시 말해, "회심 경험을 구성하는 요소들은 모두 똑같다."[4]

헴은 이렇게 결론을 맺는다. "이런 현상은 회심이나 신앙 체험에서 결코 이상한 일이 아니다. 어떤 축구 경기나 질병이나 재판도 똑같은 양상으로 진행되지는 않는다. 어떤 일을 단순히 축구 경기처럼 취급해도 좋다든지, 또는 축구 경기를 재판과 혼동해도 좋다는 의미는 전혀 아니다."[5] 이처럼 축구 경기에도 본질적인 요소들이 있는 것과 마찬가지로, 회심에도 몇 가지 본질적인 요소들이 있다. 비록 이러한 요소들을 경험하는 방식은 헤아릴 수 없을 정도로 엄청나게 다양하겠지만 말이다.

어떤 사람들은 이렇게 염려할 수도 있다. 만약 우리가 신앙 체험에 지나치게 분석적으로만 접근한다면, 그와 같은 경험에 담긴 경이감, 신비 또는 능력을 아무래도 과소평가하게 되지 않을까 라고 말이다. 그와 반대로, 햄의 유추를 따라 생각해 보자면, 축구 경기의 매력은 우리가 경기 규칙에 세심한 주의를 기울일 때, 곧 특정한 경계선을 넘어서지 않고 구체적인 지침에 따라서 경기를 펼치려고 할 때, 줄어들지 않게 된다. 경기 규칙은 오히려 축구 경기가 제대로 진행되게 한다.

이와 유사하게, 회심을 구성하는 변수들을 분명히 파악하고 있을 때에만, 우리는 경이감과 은혜와 변화로 가득한 회심 경험을 진정으로 받아들일 수 있게 된다. 그러므로 앞으로 다룰 내용에서는 그리스도인의 회심을 구성하는 요소들, 곧 주도하시는 하나님께 의도적으로 반응하는 데 있어서 아주 중요한 요소들을 살펴보려고 한다. 이 때 하나님께서는 예수 그리스도를 통해 우리에게 행동해 오셨고 지금도 행동하신다. 이와 같은 요소들은 하나님의 주도적인 일하심에 반응하는 인간의 행동들이다. 이는 회심이 하나님의 구원 사역을 향한 전환이라는 점에 대한 이해를 바탕으로 한다. 이러한 조사는 여러 가지 행동을 헤아려 보려는 시도다. 이 행동들에 의해 우리는 어느 정도 확신을 가지고 변화로 인도한다고 담대하게 말할 수 있는 방식으로 하나님의 은혜를 누린다.

이미 앞에서 그리스도인들이 각각 자기 자신의 회심에 관한 깊은 자의식에 바탕을 둔 깨달음을 진척시키는 일이 중요하다고 여러 번 강조하였다. 어떤 경기에든 규칙이 있으며, 소네트와 같은 14행시나 시조를 짓는 데에도 나름대로 규칙이 있다. 이와 마찬가지로 회심에도 본질적인 특성이 있는데 이를 살펴보고자 한다. 어떤 시조도 똑같은 것은 없다. 그와 마찬가지로, 어떤 회심도 동일하지 않다. 그러나 시조를 시조로 만들고, 회심을 회심으로 만드는 몇 가지 특징들이 둘 다에 존재한다. 우리는 이러한 특징들에 주목함으로써, 그리스도를 믿는 믿음으로 나아가게 된 우리 경험을 비판적으로 성찰할 기회를 얻게 된다.

지금까지 수많은 신학자들은 회심에 몇 가지 본질적인 특징이 있다는 사실을 인정해 왔다. 그린E. M. B. Green에 따르면, 이러한 특징들에는 회개, 믿음, 세례가 있다. 제임스 던James Dunn은 이러한 특징들을 회개, 물세례, 성령의 선물이라고 규정한다. 듀폰트J. Dupont는 이른바 죄에 대한 깨달음, 부활의 신비에 관한 각성, 삶의 변화를 집중적으로 조명한다. 버나드 로너건은 「신학 방법론」Method in Theology이란 책에서 회심의 세 가지 양상, 곧 지적인 양상·도덕적인 양상·신앙적인 양상을 이야기한다. 로너건의 사상을 바탕으로, 월터 콘Walter Conn은 그리스도인의 회심에 관한 이론을 더욱 발전시켜 네 가지 범주, 곧 감정 영역·인지 영역·윤리 영역·신앙 영역을 고려한다. 리처드 피

스는 세 가지 요소, 곧 통찰 또는 지각, 전환, 그리고 변화새로운 삶의 시작가 있다고 제안한다.[6]

고든 피Gordon D. Fee는 그리스도인의 회심에 필요한 요소를 다섯 가지로 규정한다. 곧 죄에 관한 확신고든에 따르면, 이 확신이야말로 초기의 회심으로 이끈다, 회개와 용서에 대한 경험, 중생하게 하시는 성령의 사역, 삶에 능력을 부여하는 것과 사명에 순종하는 것, 물세례 등이다. 고든은 성령께서 부여하시는 능력을 매우 중요한 요소로 본다.[7] 고든의 관점은 죄에 대한 확신, 믿음, 회개와 같은 세 가지 요소를 언급하는 헴의 관점보다 훨씬 더 포괄적이다.[8] 여기에 좀 다른 목소리를 덧붙여 보자면, 존 스토트는 이렇게 제안한다.

"따라서 그리스도인의 경험이라는 규범에는 회개, 예수님을 믿는 믿음, 물세례, 성령을 선물로 받는 것과 같은 네 가지 사건이 한데 어우러진다. 비록 사람들이 감지하는 순서는 조금씩 다를 수 있지만, 이 네 가지 요소는 한데 어우러져 그리스도인으로 출발할 때 보편적으로 나타난다."[9]

그러나 이렇게 말하면서도, 스토트는 "진정한 회심은 또한 교회의 일원이 되는 것"이라고 주장한다.[10]

스토트의 말을 빌려, 나는 진정한 그리스도인의 회심을 일곱 가지 뚜렷한 요소들이 한데 어우러진 경험으로 생각하는 것이 가장 유익하다고 제안하고 싶다. 만약 우리가 회심을 단지 어떤 사람이 '천국에 갈 수 있는지 여부'를 고려하는 제한적인 관점에서만 바라보지 않고 오히려 신약 성경에 나타나는 전반적인 기대를 반영하는 경험으로 바라보기 원한다면 말이다. 어떤 시대의 학자들은 실제로 회심을 몇 가지 뚜렷한 요소들이 들어 있는 복잡한 경험이라고 제안해 왔다. 지금까지 제시된 여러 가지 의견을 종합해 보건대, 이제 놀라운 일치를 보이고 있다는 사실을 인정해야 할 때가 되었다.

회심을 특징적인 몇 가지 요소나 사건이 들어 있는 기다란 경험으로 이해하는 것이 가장 바람직하다고 생각한다. 그러나 이들 요소나 사건을 회심의 단계나 과정이라고 말해서는 안 된다. 이것을 지나치게 강조할 수도 없는 노릇이다. 이것들은 마치 육상 경기에 참여한 선수처럼 한 사람이 회심에 이르기까지 반드시 넘어야 할 '장애물'이 아니다. 물론 경주에 참여한 선수라면 목적지에 다다라 상을 받기 위해서는 반드시 '장애물'을 빠짐없이 다 넘어야 한다. 그러나 회심에 필요한 요소들은 육상 경기의 장애물이 결코 아니다. 오히려 그것들은 서로 다른 방법과 순서와 절차를 따라서 경험되는 회심 요소들이다. 그러기에 그것들은 하나님의 성령께서 각 사람의 삶 가운데 일하시는 독특한 방식을 드러낸다. 그러므로 여기에서 제시하는 여러 요소들의 순서에는 어떤 신학적인 논리성이 있기는 하지만, 실제 경험에서는 꼭 이런 순서로 나타나지 않을 수도 있다.

훌륭한 회심의 7가지 요소들

1. 믿음_ 지적 요소

첫째, 그리스도인의 회심에는 지적인 요소가 포함된다. 여기에서 지적이라는 말은 어떤 사람의 이해 영역에서 특이한 일이 일어난다는 뜻이다. 사고의 변화, 곧 한 사람이 생각을 깨우치게 된다. 그리스도인이 되기 위해서는 분명히 복음을 믿어야 한다. 대개 그러한 믿음은 우리가 그 안에 담겨 있는 진실성을 깨달을 수 있는 방식으로 전해지거나 이야기되는 복음을 들음으로 생겨난다.

　이 믿음은 예수 그리스도에 관한 구체적인 사실이나 진리를 신뢰하는 것이다. 나중에 그리스도인의 회심은 단순히 그리스도에 대한 믿음이 아니라 그리스도를 믿는 것이라는 개념을 함께 살펴 볼 것이다. 그러나 나는 지금으로서는 회심의 한 가지 요소는 지적인 영역에서 일어난다는 사실을 인정하고 있다. 다시 말해, 우리의 이해 영역에서 새로운 방향을 잡게 된다는 것이다. 우리는 복음을 믿는다. 곧 예수님께서 그리스도시요, 살아 계신 하나님의 아들이심을 믿는다. 또한 예수님께서 우리 죄를 위하여 죽으셨으며, 그분으로 말미암아 우리에게 용서와 소망이 생겨났다는 사실을 믿는다.

　신약 성경을 읽는 사람마다 자기 자신을 그리스도인이라고 부르는 데 필요한 믿음이 최소한 어느 정도 수준이어야 하는지에 대하여 다른 견해를 보일 것이다. 다시 말해, 어떤 사람이 예수님에 관하여 구체적으로 무엇을 믿어야 하는지, 그리고 이러한 믿음이 얼마나 포괄적이어야 하는지에 대해서 사람들마다 뚜렷한 차이를 보일 것이다. 그러나 성경을 읽는 사람들이라면 누구나 하나님의 구원하시는 은혜를 깨닫고서 예수님에 관한 기본적인 사실들을 적어도 지적으로는 진리라고 믿어야 한다는 데 동의하리라고 생각한다.

2. 회개_ 참회의 요소

그리스도인의 회심에는 또한 죄를 의도적으로 인정하고 죄에 직면하는 것, 즉 참회의 요소가 있다. 사도행전 2장 38절의 말씀에서 아주 강력하게 나타날 뿐만 아니라 신약 성경에서 발견되는 각각의 회심 모델에서 분명하게 제시되는 것처럼, 예수 그리스도를 믿는 믿음은 우리 죄를 회개함으로, 다시 말해 과거와 현재의 우리 삶의 방식을 회개함으로 보충되어야 한다.

이런 의미에서 회개는 단순한 후회우리 죄에 대하여 유감이나 가책을 느끼는 것가 아니다. 참된 회개란 죄의 길과 죄로 이끄는 삶의 방식을 철저하고도 분명하게 거부하는 것이다. 그러나 회개는 우리야말로 주님의 은혜가 필요한 죄인이라는 깨달음에 명백하게 뿌리를 둔다. 우리는 회개함으로써 비로소 용서를 깨닫게 된다. 아무런 변명을 늘어놓지 않고 자신의 죄를 인정하게 된다. 그리고 겸손하게 하나님의 자비를 구하게 된다.

그러므로 회개는 자책감과 죄의 길에 대한 거부를 모두 포함한다.

3. 신뢰와 용서에 대한 확신_ 정서적 또는 감정적 요소

그리스도인의 회심에는 명백하게 정서적인 요소, 곧 감정적인 성분 또는 요인이 있는데, 이것은 진실되고 철저한 그리스도인의 회심에서 부차적인 것이 아니라 본질적인 것이다. 감정적인 요소는 사람에 따라 다르게 표현되며, 그 회심자의 성격과 문화와 환경에 따라 다르게 나타난다. 신약 성경의 모델을 보면 어떤 사람이 그리스도께로 나아올 때 이런 감정적인 요소가 세 가지로 표현된 것을 알 수 있다.

첫째, 용서에 대한 확신이 있다. 우리는 단순히 죄를 자백할 뿐만 아니라 그 죄가 더는 우리를 넘어지게 할 수 없다는 확신을 가지고 전진한다. 이것에 대해서는 웨슬리의 경험이 훌륭한 예가 된다. 그는 '이상하게 뜨거워진' 마음과 사랑 받고 받아들여지고 용서받았다는 마음 속 깊은 곳의 확신을 경험했다.

둘째, 신뢰가 있다. 이것은 바울이 사용한 '신앙' faith이라는 언어와 요한이 사용한 '믿음' belief에서 가장 명백하게 나타난다. 두 사람한테 이 낱말은 분명히 어떤 진리나 확신에 대한 지적인 동의를 훨씬 뛰어넘는 의미를 지닌다. 바울이 말하는 신앙과 요한이 예수님을 믿는다고 말할 때의 그 믿음이 의미하는 바는 다른 사람, 곧 주 예수 그리스도에게 자아를 철저히 맡기는 것이다. 하나님께 대한 이런 식의 철저한 신뢰가 없으면, 신앙도 있을 수 없고 믿음도 있을 수 없다.

셋째, 신약 성경에 나타나는 각각의 회심 모델에는 기쁨이 넘쳐흐른다. 그것은 '본향'을 찾은 사람들에게서 나타나는 기쁨이다. 이 사람들은 그리스도 안에서 생명을 발견했으며, 그로 말미암아 소망을 발견했다. 그리고 그 사실을 알려주는 표시가 바로 기쁨이었다. 기쁨은 회심에 단순히 곁들이는 근사한 '장식물'이 아니다. 기쁨은 이차적이거나 부차적인 것도 아니며, 심지어 회심의 파생물도 아니다. 오히려 기쁨은 본질적이며, 진정한 그리스도인의 회심에 가장 중요하고도 어떤 것으로도 대체할 수 없는 요소다.

4. 결단, 충성, 헌신_ 의지적 요소

대개는 회심으로 말미암아 충성의 대상이 바뀐다. 공관복음에 나오는 예수님의 말씀은 아주 극적이다. 곧 우리는 '모든 것을 버려야' 한다. 또한 바울의 말도 너무나 명백하다. 그리스도인이 되고 나면, 우리는 더는 죄의 종이 아니라 의의 종이다. 충성을 다해야 하는 주인이 근본적으로 바뀐다.

죽음과 부활과 승천을 통하여, 주 예수 그리스도는 이 우주에서 궁극적이고 최종적인 권위의 자리를 차지하게 된다. 그리스도는 이렇게 말씀하신다. "하늘과 땅의 모든 권세를 내게 주셨으니"마 28:19.

그리스도께로 나아오면서, 우리는 필연적으로 그리스도의 권위 아래로 나아오게 된다. 그러므로 충성의 대상이 바뀌는 것은 회심에서 반드시 나타나는 결정적인 요소다.

이렇게 충성의 대상이 바뀌는 것, 곧 그리스도께 순종하는 삶을 살기로 결단하는 것은 두 가지 방식으로 분명하게 드러난다. 첫째, 그것은 우리가 살아가는 삶의 질, 곧 우리 삶의 도덕적인 수준에서 분명하게 나타난다. 우리는 하나님의 거룩한 뜻을 반영하면서 하나님의 성품에 걸맞은 삶을 살기로 결단하게 된다.

둘째로, 충성의 대상을 바꾸는 삶은 어디에다 우리 에너지를 집중적으로 투입하는가를 보면 분명하게 드러난다. 우리는 죄와 어둠의 길을 거부하고 빛 가운데 살기로 결단하게 된다. 더는 자기 자신을 위하여 살지 않고 그리스도를 위하여 살게 된다. 그리고 이 세상에서 그리스도의 왕국이라는 목적에 참여하라는 그분의 부르심을 받아들이게 된다. 위의 두 가지 경우에서 가장 중요한 문제는 순종이다. 다시 말해, 회심에는 분명히 의지적인 요소가 들어 있다.

그럼에도, 이 의지적인 요소는 헌신에 뿌리를 두고 있다는 사실, 곧 우리를 향한 그분의 사랑에 반응하여 생겨나는, 그리스도를 향한 사랑에 뿌리를 두고 있다는 사실을 강조하는 것이 아주 중요하다. 우리는 우리를 사랑하신 주님을 사랑하기 때문에 그분께 순종하고 그 분을 섬긴다.

5. 물세례_ 성례적 요소

어떤 기독교 전통에서는 물세례를 본질적인 부분으로 보지만, 다른 전통에서는 선택적인 부분으로 보는 경향이 더 많기도 하다. 그러나 신약 성경의 증거에 무게를 둔다면, 세례는 그리스도께로 나아오는 경험과 그리스도인 공동체로 통합되는 데서 없어서는 안 될 절대적인 요소다. 공관복음, 사도행전, 바울 서신, 또는 요한복음 가운데 어느 것을 살펴보든지 간에, 세례는 필수 불가결한 위치에 있다비록 일반적으로 인정하듯이 요한복음에서는 세례가 넌지시 암시될 뿐이기는 하지만 말이다.

앞으로 다룰 여러 장들에서는, 믿음의 중요성과 우선순위를 강조하는 사람들이 세례의 절대적인 위치를 인정한다면 '세례를 통한 중생'이라고 알려진 주장에 굴복하지나 않을까 두려워하지 않아도 된다는 점을 강력히 제기할 것이다. 우리는 믿음의 우선순위를 지키면서도 여전히 이와 같은 성례전적인 행위의 절대적인 위치를 얼마든지 인정할 수 있다. 또한 세례라는 외적인 행위가 신약 성경에 등장하는 각각의 회심 모델에서 회심과 직접적으로 연결되는 동시에 명령되고 있다는 사실을 인정한다. 우리 안에서 내적으로 일어난 일을 보완하고 확인하는 외적인 의식이 인간에게 필요하기 때문에 이와 같은 명령을 내리셨다는 점은 이해할 만하다. 앞으로 잠깐 다룰 내용에서, 세례와 믿음은 서로 밀접한 관계를 맺고 있으면서도 동시에 서로 절대로 동일하지 않은, 뚜렷이 구분되는 특징이 있다는 사실을 보여 주고 싶다.

6. 성령을 선물로 받음_ 은사적 요소

회심에 담긴 은사적인 요소는 그리스도인 안에 내주하시는 하나님의 영, 곧 성령의 선물이다. 성령을 선물로 받는 것은 회심 체험에서 없어서는 안 될 절대적인 것이며 회심 체험과 분리될 수 없다는 점을 나중에 훨씬 더 깊이 있게 탐구할 것이다. 그럼에도 불구하고, 이것은 중생과 동시에 성령을 받게 된다는 개혁주의와 침례교의 믿음과 상반되지 않으며, 또한 한 사람이 이미 회심한 이후에 이런 선물을 받게 된다는 성결교와 오순절 계통의 주장과도 상충되지 않는다. 성령의 선물이 회심에 없어서는 안 될 요소지만, 그럼에도 불구하고 그것은 초기의 믿음, 회개, 물세례와 뚜렷이 구분되는 경험으로 볼 수밖에 없다. 그러므로 성령을 선물로 받는 일이 그리스도인의 회심에서 뚜렷이 구분되면서도 필수 불가결한 요소라고 말하는 것은 합당하다.

7. 그리스도인 공동체의 일원이 되라_ 공동체적 요소

마지막으로, 사도행전 2장 38-42절의 결론 부분에서 가장 강력하게 예증될 뿐만 아니라 에베소서에서 근본적인 신학적 원리로 개괄된 것처럼, 회심의 필수적인 요소에는 공동체적인 요소, 곧 그리스도인 공동체로의 통합이 들어 있다.

현대 복음주의는 복음주의를 관통하여 흐르고 있는 근본적인 개인주의와 여전히 타협하고 있다. 그 결과 회심을 진정으로 이해하려면 반드시 공동체적인 요소가 포함되어야 한다는 사실을 인정하기가 아주 어려워졌다. 믿음으로 나아올 때, 우리는 하나님의 백성의 일원이 된다. 그러므로 그리스도인 공동체로 편입되기까지, 회심은 불완전한 상태이며, 영적 성숙을 향하여 자랄 수 있게 해 주는 필수적인 구조와 환경이 결여되어 있는 것이다. 하나님께서는 다른 사람들과 동떨어져서 그리스도인의 삶을 살도록 계획하지 않으셨다. 참된 회심은 필연적으로 그리스도인 공동체로 우리를 인도한다.

전체적인 관점에서 본 7가지 요소

내가 내린 결론은, 진정한 그리스도인의 회심에는 일곱 가지 본질적인 요소가 들어 있다는 것이다. 다른 사람들은 다른 결론에 도달할 수도 있을 것이다. 내가 말한 일곱 가지에 어떤 요소를 보탠다든지, 몇 가지 요소를 서로 이우를 수도 있을 것이다. 이것은 회심의 복잡성을 포괄적으로 이해하여 반영하려는 뜻에서 만든 목록일 뿐이다. 그럼에도 서로 다른 문화 환경이나 배경에서 성경을 읽는 사람들에게 좋은 출발점이 될 수 있을 것이다.

앞으로 이어지는 여러 장들에서 각 요소들을 상세하게 다룰 것이다. 그러나 우선 이런 요소들을 한 묶음으로, 단일 경험 즉 그리스도인이 되는 행위를 구성하는 요소로 설명해 볼 것이다.

믿음과 회개의 중심적인 위치

믿음과 회개는 그리스도인의 회심 체험의 중심에서 한 쌍으로, 기본적이고 본질적인 핵심으로 자리 잡고 있다. 믿음과 회개는 둘 다 신앙 행위를 나타낸다. 이 행위로 우리는 우리를 의롭게 하시는 하나님의 은혜를 알고 확신한다. 어떤 사람은 심지어 이것이 복음주의라는 전반적인 현상의 기초였다고 말하는 데까지 나아갈 수도 있을 것이다. 다시 말해, 신앙 곧 믿음과 회개에 대한 신앙이 중심적인 위치를 차지한다고 확신하는 것이다. 회심 경험에서 믿음과 회개가 핵심을 차지한다고 이해하면, 이것은 복음주의의 근본적인 힘이 된다. 그러나 믿음과 회개가 회심 경험의 전부라고 이해하면, 사람들은 신약 성경에 충실하지도 않을 뿐만 아니라 영적 성숙과 장점을 촉진시키는 데 효과적이지도 않은, 아주 불완전하고 일차원적인 이해와 회심 경험으로 이끌리게 된다.

어떤 사람들은 회심의 일곱 가지 본질적인 요소에 관한 개략적인 설명이 기독교 복음주의 유산에서 상당히 중심적인 위치를 차지하고 있는, 오직 믿음으로만 의롭게 된다는 확신을 지나치게 과소평가한다고 항변할 것이다. 이에 대한 대답으로, 나는 분명한 구분이 있어야만 한다고 주장하고 싶다. 오직 믿음으로만 의롭게 된다. 오직 믿음을 통해서만 하나님의 구원하시는 은혜를 깨달을 수 있다. 그러나 믿음은 홀로 존재하지 않는다. 내가 개략적으로 설명한 것은 반드시 진정한 믿음을 동반하는 이 요소들을 규명하기 위함이었다.

회심은 복잡한 경험인 동시에 단순한 경험이기도 하다. 회심이 지닌 단순성은 믿음과 회개라는 두 가지 행위에서 포착된다. 마가복음 1장 15절에서, 예수님은 이렇게 선포하는 동시에 초청하신다.

"하나님의 나라가 가까이 왔으니 회개하고 복음을 믿으라."

비록 회심이 복잡한 경험이기는 하지만, 이와 같은 부르심은 믿음(또는 신앙)과 회개라는 핵심적인 행위로 묘사된다. 우리는 회개를 통하여 죄, 어둠, 사망에서 돌아선다. 또한 믿음으로 말미암아 하나님의 거룩하심, 빛, 생명으로 나아오게 된다. 이런 식으로 회개는 순종을 가능하게 한다. 회개는 그리스도인의 제자도에서 필수적인 기초다.

회개가 믿음에 선행되어야만 한다는 결론이 논리적인 기초로 작용할 수는 있겠지만, 실제로는 회개와 믿음이라는 두 가지 요소는 서로 의존적인 행위로서 뚜렷이 구분되면서도 불가분의 관계에 있다. 회개 없는 믿음이 있을 수 없으며, 믿음 없는 회개가 있을 수 없다.

믿음과 회개가 중심적인 위치를 차지한다는 것은 회심을 전환$^{a\ turning}$, 변화$^{a\ change}$, 참회$^{a\ metanoia}$라고 보는 성경적인 이해를 위한 기초다. 이 전환은 마음의 변화를 나타내지만, 그보다 더 중요한 것은 철저한 방향의 변화를 나타낸다. 한 사람의 근본적인 삶의 방향이 철저히 새로운 방향으로 나아가게 된다. 믿음과 회개에 따른 "전환"은 충성과 헌신의 대상이 바뀐다는 뜻이다.

이와 같은 두 가지 행위는 아주 간단한 이유로 중심에 자리 잡고 있다. 곧 그리스도인의 회심은 철저하게 일어난다.그래서 우리 존재의 핵심이나 뿌리에 다다른다. 그렇지 않으면 그것은 전혀 회심이 아니다. 예수님께서는 회심을 외적인 문제로 전락시켰다고 바리새인들을 비난하셨다. 외적인 문제가 하나도 중요하지 않은 것은 아니다. 예수님께서는 산상설교에서 제자들의 의가 바리새인들의 의를 능가해야 한다고 말씀하신다. 그럼에도, 예수님께서는 내면의 변화, 믿음과 회개에서 비롯된 변화를 요청하신다. 신약 성경의 저자들은 회심을 향한 부르심이 아주 철저한 것이라는 사실을 강조하기 위하여 참회라는 말을 사용했다. 회심은 단순히 외적인 전환뿐만 아니라 마음과 생각의 변화, 태도와 내적인 자세의 변화를 포함한다.

각각의 회심이 독특하지만, 모든 회심에는 삶의 방향에서 중대한 변화가 포함된다. 우리는 자기중심적인 사람에서 그리스도에게 삶의 초점을 맞추는 타인 중심적인 사람으로 변한다. 자기 자신을 위한 삶에서 다른 사람을 위한 삶으로 변한다. 도덕주의적인 삶을 추구하는 데에서 그리스도께 반응하는 동시에 그리스도와 관계를 맺고 살아가는 거룩하고 역동적인 삶으로 변한다.

도널드 블뢰쉬Donald Bloesch는 「경건의 위기」Crisis of Piety라는 책에서 서로 다른 전통에서는 실제로 중요한 초점이 어디에 있는지에 관하여 서로 다른 개념을 간직해 왔다는 사실을 주목한다.[11] 성례전을 중시하는 전통에서는 세례, 성례전적인 사건이 핵심을 차지한다. 신앙 부흥 운동의 흐름에 속한 전통에서는 흔히 '제단 초청'이라고 부르는 의지의 항복과 설교된 말씀에 대한 의도적인 반응에 초점을 맞춘다. 또한 칼 바르트와 같은 사람들은 인간의 회심에서 핵심을 차지하는 요소로서 십자가와 같은 객관적인 진리를 중요시한다. 언약을 중요하게 생각하는 전통에서는 언약 공동체로의 통합에 강조점을 둔다. 이 전통은 개별적인 회심 경험에 관심을 두기보다는, 사람들이 그리스도인 부모^{양육자}에게서 태어남으로써 언약 공동체에 동참하게 되었다는 현실에 관심을 둔다. 그러나 자유주의 신학자들이 강조하는 것처럼, 다른 사람들은 하나님의 마음과 뜻에 얼마나 적극적으로 동참했는지, 정의를 위하여 얼마나 치열하게 투쟁했는지를 아주 중요한 문제로 본다. 또 다른 사람들은 지성과 이해에 초점을 둔다. 그런 사람들에게는 회심의 본질이 말씀 선포^{케리그마}에 대한 반응이기 때문에, 말씀을 듣고, 받아들이고, 순종하는 일이 회심에서도 중심을 차지한다.

이러한 요소들은 각각 진정한 회심에서 본질적인 부분이다. 그러나 회심 체험의 무게 중심은 회개와 믿음 사이의 상호 작용, 곧 죄에서 돌아서서 그리스도를 향한 신뢰로 나아가는 동시적인 움직임에서 발견된다. 이것은 바울의 칭의 교리에 나온 믿음에 관한 결정적인 강조, 하나님 나라를 선포하시는 예수님의 간단한 말씀, 사도행전에 기록된 여러 사도들의 설교를 통하여 분명하게 드러난다.

이 논의에서는 회심을 지나치게 단순화하기보다, 회심에 대하여 집중적으로 초점을 맞추어야 하는 부분이 어디인지를 규명하는 데 목표를 두고 있다. 회심은 여전히 복잡한 사건으로서, 거기에는 개인적이고 공동체적인 변화를 통해 회개와 믿음을 의미 있고 효과적으로 만드는 다양한 요인과 요소가 들어 있다.

각 요소들은 뚜렷이 구분되지만 불가분의 관계를 맺는다

전체적으로 볼 때, 신약 성경에서는 영적 성장과 성숙을 위하여 일곱 가지 요소가 모두 필요하다고 추정되고 기대된다. 그러나 일곱 가지 요소는 뚜렷이 구분되며, 동의어가 아니다. 그리스도를 믿는 믿음이 회개로 이끌기는 하지만, 회개와는 분명히 다르다. 성령을 선물로 받는 것은 물세례와는 뚜렷이 구분되지만, 사도행전에서 알 수 있는 것처럼, 두 가지 요소가 함께 간다는 사실을 인정하는 일이 중요하다. 고넬료는 물세례를 받기 전에 성령을 선물로 받았지만, 베드로는 우리에게 어느 한 가지가 이미 일어났다면 다른 것도 마찬가지로 일어나야 한다고 가정하였다. 사도행전 19장 3절에서 바울은 성령 세례를 동반하지 않을 때 물 세례의 유효성에 의문을 제기한다. 이처럼 성령 세례와 물세례는 서로 뚜렷이 구분되는 요소이면서도 따로 떨어질 수 없는 요소다. 훨씬 더 멋있는 설명을 덧붙여 본다면, 다른 하나가 없는 어떤 요소는 비정상적이며, 그런 경우에 관한 가정은 개선되어야 할 상황에 지나지 않는다.

그러므로 회심을 구성하는 각각의 요소들은 서로 뚜렷이 구분되지만 따로 떼어놓을 수 없으며 서로 강화시켜 준다. 어떤 경우에는 한 가지 요소가 한 사람으로 하여금 다른 요소의 필요성에 직면하여 그 가능성을 열어놓을 수 있도록 돕는다.

회심에 필요한 각각의 요소는 전체적인 회심 경험을 대표할 수도 있다

어떤 신약 성경의 본문에서도 일곱 가지 요소를 모두 열거하지는 않는다. 대개는 여러 요소들을 뭉뚱그려 요약하면서도, 모든 경우에서 한두 가지 이상의 요소들을 당연한 것으로 여기고 있다. 실제로는 전체적인 회심 과정은 일곱 가지 요소들 가운데 어느 하나를 언급하면서 다루어질 때가 많다. 이처럼 여러 요소들 가운데 어느 하나는 전체 회심을 바라보는 창문으로 사용될 수 있다. 각 요소는 전체를 설명하기 위한 일종의 구두상의 속기로 사용된다고 할 수 있다.

예를 들면, 세례는 로마서 6장 서두에서 전체 회심을 대표한다. 여기에서 바울은 회심을 이야기하고 있지만, 단지 세례만을 언급하여 이와 같은 중요한 영적인 전환을 분명하게 설명한다.

갈라디아서 3장 2절에서도 성령이라는 선물은 전체 회심을 언급하기 위하여 사용된다. 바울은 독자들에게 이렇게 묻는다. "여러분은 율법을 지켜서 성령을 받았습니까? 복음을 듣고 믿어서 성령을 받았습니까?" 갈라디아 사람들의 회심을 언급하는 것으로, 또는 하나님이나 믿음으로 나아오는 최초의 행위를 언급하는 것으로 이해할 수 있는 이 질문은 다음과 같이 여러 가지 다른 방식으로 표현될 수도 있었을 것이다.

"여러분이 율법을 지킴으로써 용서를 받았습니까?"

"여러분이 율법의 행위를 다 지켰기 때문에 세례를 받았습니까?"^{공동번역}

그런데 바울은 여기에서 단 한 가지 차원만을 사용하여 전체적인 회심 경험을 언급한다. 이 구절에서는 성령을 받는 경우를 선택했다.

똑같은 방식으로, 그리스도인이 되는 것은 하나님의 가족의 일원이 되는 것이라고 말한다 해서 결코 적절하지 못한 언급은 아니다. 만약 누군가가 하나님의 가족의 일원이 되었다고 말한다면, 우리는 그 사람이 그리스도인이 되었다는 것을 곧바로 알게 될 것이다.

또한 그분을 따르겠다는 결단의 표시로, 그리스도를 온전히 사랑하고 그분께 헌신하게 되었다고 말함으로써 그리스도인이 되었다는 것을 묘사할 수도 있다. 여기에서 믿음과 회개는 당연한 것으로 이해될 뿐만 아니라, 그 초점은 그리스도께 순종하는 삶을 살겠다는 결단에 있다.

결과적으로, 성경에서 여러 가지 요소 가운데 하나를 사용하여 회심 경험을 언급할 때, 우리는 그와 같은 특정한 요소가 '구원받는' 데 필요한 전부라고 축소하여 결론지어서는 안 된다. 물론 회심은 복잡한 과정일 뿐만 아니라 여러 가지 요소들이 관련되어 있기는 하지만, 이러한 요소들 가운데 어느 하나로 전체 회심 경험을 얼마든지 나타낼 수 있다.

빌립보 감옥의 간수가 어떻게 해야 구원받을 수 있는지 물었을 때, 바울은 간단하게 "주 예수 그리스도를 믿어라. 그리하면 구원을 얻으리라."고 조언하였다. 어떤 사람들은 믿음 이외의 것은 더 이상 아무것도 요구하지 말아야 한다고 주장하기 위하여 이 구절을 사용한다. 그러나 사도행전 6장 7절로 비슷한 유추를 시도해 보라. "하나님의 말씀이 계속 퍼져 나가서 예루살렘에 있는 제자들의 수가 부쩍 늘어가고, 제사장들 가운데서도 이 믿음에 순종하는 사람들이 많았다"표준새번역. 이 구절만을 가지고 오직 순종만이 전부라고 말할 수 있겠는가? 분명히 의문을 품었던 제사장들도 믿게 되었다. 빌립보 간수의 이야기와 초점이 다를 뿐이다. 각각의 경우에서 서로 다른 차원의 회심 요소가 전체를 요약하기 위하여 사용되고 있다.

이러한 여러 가지 요소들은 회심의 단계나 양상을 묘사하는 것이 아니다

이미 살펴본 것처럼, 이러한 요소나 성분들이 각각 중요한 부분이기는 하지만, 그것들을 회심의 '단계'나 '양상'이라고 부를 수는 없다. 이러한 요소들이 그런 식으로 경험될 수도 있지만, 그럴 때마다 특정한 순서를 따르는 것은 아니다. 각각의 회심은 다 다르다. 회심 경험담을 더 많이 읽어볼수록, 회심 경험의 폭넓은 스펙트럼에서 더욱 다양한 출발점이 있을 수 있다는 사실을 깨닫게 된다. 서로 다른 사람들이 극적으로 다른 형태로 회심을 경험한다는 사실은 경이감마저 불러일으킨다. 각 요소들을 경험하는 순서는 아주 다양하다. 그리고 어떤 특정한 요소들이 회심 경험에서 중추적인 역할을 감당하는 정도도 역시 아주 다양하다. 과거의 인생 경험, 신앙적인 성장 배경, 개성과 기질, 문화, 사회, 기타 환경에 따라서 아주 다양하다.

물세례는 성령을 선물로 받기 전에 일어나는 일이며, 성령을 선물로 받겠다는 기도는 물세례를 받은 후에 일어나는 일이라고 생각하는 것이 합리적인 듯하다. 그러나 고넬료의 경험은 궁극적으로 모든 요소들이 제 나름대로 적절한 자리를 찾으면 된다는 필요성에 비하여 그 순서는 부차적이라는 사실을 상기시켜 준다. 더 나아가 물세례와 성령 세례는 상호 보완적인 동시에 뚜렷이 구별되는 요소라는 사실을 보여 준다.

이 모든 성찰의 목표는 갖가지 회심을 통하여 강화되고 영적인 성숙으로 인도되는 그리스도인 공동체 안에서 회심에 관한 이야기를 다양한 방식으로 꺼낼 수 있도록 격려하기 위한 것이다. 우리에게는 한 가지 특정한 회심 형태를 모든 사람들에게 강요하지 않도록 우리를 자유롭게 하는 회심 언어가 필요하다. 특정한 회심 형태를 강요해서는 절대로 안 된다. 사실상 우리가 어떤 특정한 형태를 강요하려고 할 때, 그것은 전적으로 하나님의 성령께서 주관하셔야 하는 일인데, 우리가 조정하려고 하는 것임을 알아야 한다.

폴 헴은 회심에 필요한 요소들이 회심을 경험하는 과정에서 밟아야 할 단계는 아니라고 강조한다. 헴은 이와 같은 요소들을 회심에 필요한 성분^{strands}이라고 표현한다. "단계라기보다는 성분이라는 용어를 사용하여 회심에 관해 말하는 것은 이러한 성분들이 인과관계라는 의미보다 논리적인 의미에서 필요한 조건들이라는 점을 명확하게 알리는 데 훨씬 더 유리하기 때문이다. 이러한 성분들은 어떤 사람이 회심에 이르기 위하여 반드시 달성해야 하는 조건이 아니다. 오히려 그것들은 회심한다는 것이 무엇을 의미하는지를 알려 준다."[12]

그 요소들은 서로 연결되어 있으나 똑같은 '종류'가 아니다

이들 일곱 가지 요소는 모두 동일한 방식으로 나타나는 성분이나 요소가 아니다. 다음과 같은 방식으로 구분할 필요가 있다.

첫째, 이미 우리가 살펴본 대로, 믿음과 회개는 회심 경험의 중심과 핵심으로 자리 잡고 있다.

둘째, 믿음, 회개, 신뢰, 충성의 대상을 바꾸는 것과 같은 몇 가지 요소들은 그 사람의 내면에 자리 잡고 있거나 초점을 맞추고 있다. 이런 것들은 각 사람의 중심에 자리 잡고 있으면서 생각과 마음과 의지로 표현되는 성향, 태도, 행동이다.

셋째, 이와 같은 네 가지 성향 또는 행동_{믿음, 회개, 신뢰, 충성의 대상을 바꾸는 것}은 보다 외적인 세 가지 실체에 의해 보완되고 유지된다. 이 실체들은 네 가지의 내적인 성향과 행동이 효력을 발휘할 수 있게 해 주는 바로 그 은혜나 은혜의 수단을 구성한다. 세 가지 외적인 실체는 성령을 선물로 받음, 물세례, 그리고 그리스도인 공동체의 일원이 되는 것이다.

7가지 요소들이 모두 본질적으로 중요하다

예수님을 따르는 자가 된다는 사실이 의미하는 바를 최소화하면, 우리는 자기 자신과 다른 사람들에게 피해를 주게 된다. 때때로 자기 자신의 순례 여정이나 다른 사람의 경험을 보면, 한 가지 차원이 특별하게 두드러진다는 점을 발견하게 된다. 어떤 사람은 처음에 주로 하나님의 진리를 발견함으로써 하나님께로 나아왔을 수도 있다. 반면에 다른 사람은 그리스도인 공동체와 교제를 나눔으로써, 또는 그리스도의 주권에 철저히 순종하기로 선택함으로써, 또는 하나님의 용서하심을 깨닫고서 새로운 자유를 경험함으로써 하나님께로 나아왔을 수도 있다. 바람직하고 훌륭한 일이다. 그러나 궁극적으로 한 사람이 완전히 회심에 이른 뒤로도 하나님의 변화시키는 은혜를 지속적으로 경험할 수 있는 굳건한 토대를 마련하기 위해서는, 일곱 가지 요소들을 모두 맛보고 경험해야 한다. 각 요소는 본질적으로 중요하다. 일곱 가지 요소들 가운데 한 가지라도 없다면, 그 사람의 회심이 나름대로 의미는 있겠지만 적어도 상실된 특정 요소의 관점에서 본다면 온전함이 부족하게 된다.

더 나아가 아마 좀 더 적절하게 표현하자면, 만약 어떤 사람이 한 영역에 대한 부분이 결여되면, 그 부족함은 전체 영역에 영향을 줄 가능성이 있으며, 그것은 회심 경험에서 약점, 현실적인 취약점으로 바뀔 수 있다.

예를 들어, 진실한 감정을 곁들이지 못한 회심은 결과적으로 지적인 부분과 윤리적인 부분도 방해할 것이다. 순종을 배우고 실행하지 못한다면, 결과적으로 우리의 이해 영역에도 피해를 줄 것이다. 공동체와 연결되는 부분이 부족하다면, 결과적으로 공동체에서 맛보는, 생명력 넘치도록 우리를 지키시는 은혜를 마음껏 누리지 못하게 될 것이다.

감정이 새로워지지 않은 도덕적인 변화는 일반적으로 엄격한 율법주의와 편협함 또는 다른 사람들에 대한 인내심의 부족을 초래한다. 오로지 지적이기만 한 그래서 일차원적인 회심은 사색적인 사람을 만들어낼 뿐이다. 흔히 이러한 부류의 회심자들은 '진리'를 향한 일차원적인 운동가들로 변하게 된다. 로너건의 기준을 가지고 회심을 연구한 도널드 겔피는 근본주의자들에 대해 지적인 회심은 했지만 신앙적인 변화를 보이지 않는 사람들이라고 말한다.[13]

따라서 목사든, 교사든, 또는 영적인 멘토든, 다른 사람들의 영적인 건강을 책임지는 사람들은 새로운 신자와 관계를 맺기 시작할 때 영적인 진단을 시도해 볼 생각을 할 수도 있다. 이 때 그 사람의 내면에 건전한 기초가 세워졌는지를 점검해 보는 것에서부터 출발하라. 그 사람이 그리스도인 회심에 필요한 갖가지 차원을 두루 경험하였는가? 만약 그렇지 않다면, 무엇이 결여되어 있으며, 무엇을 충당해야 되겠는가? 일곱 가지 차원 가운데 하나라도 보충되지 않거나 제대로 작동하지 않으면, 그 사람은 영적인 불구로 자랄 것이다.

우리는 하나님의 도구로서 다른 사람들을 하나님을 아는 지식으로, 그리스도인의 신앙으로 이끌어 줘야 한다. 하나님이 우리에게 주신 임무를 온전히 수행하기 위해서는, 먼저 우리가 복음의 모든 요구에 충실할 수 있어야 한다. 그러할 때 부르심에 충실한 삶을 사는 것이며, 마땅히 대가를 지불해야 하는 제자도를 전파하는 것이다. 극히 소수만이 우리 메시지에 호의적으로 반응할 것이다. 어떤 사람들은 돌아서 버릴 것이다. 사람들이 예수님을 따르겠다는 초기의 신앙적인 결단을 내릴 때, 우리가 회의적인 반응을 보여서도 안 되겠지만, 실제로 일어난 것보다 더 많은 일들이 일어났다고 오해해서도 안 될 것이다. 만약 그러한 결단이 회개, 그리스도께 순종, 세례, 성령 충만, 공동체적인 삶으로의 참여로 이어지지 않는다면, 아마 궁극적으로는 아무런 의미도 찾을 수 없게 될지도 모른다. 어쩌면 아무 일도 일어나지 않은 것보다 더 나빠질 수도 있다. 왜냐하면 신앙을 향한 그와 같은 초기의 움직임은 일종의 예방 접종과 같은 역할을 하기 때문에, 그 사람에게 나름대로 기독교 신앙으로 나아가면서 받은 인상을 어느 정도 남기기는 하겠지만, 실제로는 변화시키는 일을 행하시는 하나님의 은혜를 온전히 경험하기 위한 발걸음을 방해하게 된다.

그러므로 우리는 그리스도인의 회심에 관한 온전한 개념을 모든 차원에서 총체적으로 강조해야 한다. 그래야만 우리가 복음에 충실할 수 있고, 복음에 관한 지식을 향하여 나아가도록 도울 수 있다. 그래야만 우리 자신의 경험 안에서, 또한 목사로서, 교사로서의 경험 안에서 그리스도인 공동체가 튼튼한 영적 토대 위에 세워진다는 것을 보장할 수 있다. 그런 토대 위에서 그리스도인 공동체는 날마다 새롭게 지속적으로 변화할 수 있다.

앞 장에 나온 회심 이야기를 살펴보면서 이미 지적했듯이, 회심의 일곱 가지 차원이 한꺼번에 모두 나타나는 일은 어떤 극적인 사건에서는 혹시 있을지도 모르지만 거의 경험하기 힘들다. 감정적으로, 영적으로 우리는 굉장히 복잡한 피조물이다. 우리 삶의 방향을 철저하게 바꾸기 위해서는 시간이 필요하다. 다시 말해, 복음의 특성과 그리스도께서 요구하시는 것들의 성격과 정도에 더하여 거기에 내포된 의미를 이해하고, 그와 같은 종합적인 새로운 방향 설정을 겪어낼 수 있는 감정적인 능력을 갖추기까지는 상당한 시간이 필요하다.

우리는 복음에 내포된 어떤 차원들을 완전히 이해하고 나서야 비로소 회개의 초기 단계에 이를 수도 있다. 어떤 사람들은 그리스도의 주되심에 순종하고 나서야 비로소 그리스도의 사랑을 확신할 수 있다. 하나님의 용서와 사랑에 대한 확신은 단 한 순간에 얻어지지 않는다. 이상적으로는, 우리가 사랑받고 있다는 사실을 확실하게 믿을 수 있어야 한다. 그러나 어떤 사람이 어린 시절에 감정적인 상처를 크게 입었다거나 나중에 그런 경험들을 겪었다면, 그 사람은 자신이 사랑받고 있다는 것을 확신을 갖고 믿기가 상당히 어려울 수도 있다. 또한 우리가 가진 모든 것을 하나님께 내어 드리려 한다면, 사랑받고 있다는 확신이 없으면 안 된다. 그러므로 사랑받고 있다는 확신과 하나님의 뜻에 대한 굴복은 적절한 때가 이르면 분리될 수 있다. 둘 다 온전한 회심에 본질적이기는 하지만, 반드시 손쉽게 동시에 취할 수 있는 것은 아니다.

하나님의 거룩함과 뜻에 철저히 헌신했던 웨슬리도 하나님의 사랑과 용서에 대한 확신을 느끼기까지는 13년이라는 시간이 흘러야 했다. 그리고 웨슬리는 결코 특별한 사람이 아니다. 대다수 그리스도인들은 그리스도께로 나아오는 과정이 일련의 사건과 결정과 행위의 연속이었다는 점을 잘 인식하고 있다. 때로는 그와 같은 초기 결단을 단행한 이후에 영적으로 냉담한 시간이 이어지기도 했다. 어떤 사람들은 십대 시절에 받은 세례가 나중에 그리스도께로의 성숙한 헌신의 전조가 되었다고 말한다. 이처럼 연속되는 과정 또는 지체된 시간 가운데 어느 것도 전혀 문제가 되지 않는다. 만약 우리가 회심이란 거기에 필요한 다양한 차원들을 차례로 취하는 일련의 연속적인 사건이라는 점을 제대로 의식하고 있다면 말이다.

그런데 비극적인 사실은 수많은 사람들이 그리스도인의 신앙과 그리스도인 공동체로 잘못 인도되거나 거기에서 그릇된 출발을 한다는 것이다. 왜냐하면 어떤 복음 전도 방법은 사람들에게 하나님의 통치 아래로 들어간다는 사실이 의미하는 바에 대하여 단편적인 정보만을 제공하기 때문이다. 그 결과 그리스도인의 삶에서 성장과 성숙의 기초가 빈약하게 된다.

그러나 때때로 어떤 사람은 일곱 가지 요소 가운데 한 가지도 받아들이지 못할 가능성도 있다는 점을 주목할 만하다. 일반적으로, 정서적이고 심리적인 부분이 장애물이 되는 경우가 많은데, 아마 병적인 우울증만큼이나 심각할 수도 있다. 이것은 그 사람의 회심에서 일곱 가지 요소가 모두 필요하지 않다는 의미는 아니다. 오히려 그와 같은 장애물은 전문적인 심리 치료를 받을 필요가 있다는 표시일 수도 있다.

회심에 필요한 요소들은 각각 성령님께서 일하시는 열매다

회심을 구성하는 일련의 사건들을 통틀어, 살아 계신 하나님의 성령께서 주권적으로 일하시며, 회심의 각 요소들도 성령의 일하심으로 가능해진다.

물론 이것은 반드시 하나님에 대한 반응으로 회심을 경험하게 된다는 뜻이지만, 더 중요한 사실은 회심의 각 요소가 성령의 조명하심, 죄를 깨닫게 하심, 위로하심, 또는 부르심에 대한 반응으로 일어나게 된다는 점이다.

우리는 회심을 성령의 고취시키는 사역에 대한 분별과 반응으로 보는 청교도의 개념을 어느 정도 회복할 필요가 있다. 성령께서는 우리 삶 속에서 일하신다. 회심은 그러한 일하심을 시작하게 하거나 촉발시키는 원동력이라기보다는 성령의 일하심에 대한 반응이다. 회심은 하나님의 주도하심에 대한 반응으로 일어난다. 회심은 인간의 의지에 따라 시작되는 것도 아니고, 인간의 노력에 따라 유지되는 것도 아니다.

성령께서는 각 사람의 삶에서 아주 다양하게 일하신다. 각 사람은 아주 복잡한 존재며, 우리 삶도 매우 복잡다양하다. 우리는 무척 복잡한 피조물이다. 그러므로 신앙적인 체험도 다차원적이며 다면적이다. 이처럼 성령께서는 어떤 사람에게든 똑같은 방식으로 일하시지 않는다. 자신의 회심을 명료하게 전달하기 위해 노력하다 보면, 자신의 삶이 얼마나 복잡한지를 알게 되고, 그 후로는 성령께서 어떤 식으로 우리가 처한 특별한 환경, 기회, 차이, 가능성의 범위 안에서 우리를 다루면서 일하시는가에 대해 확실히 깨닫게 된다.

또한 이것은 회심이 단순히 어떤 목록에서 일곱 가지 항목을 일일이 점검하는 문제가 아니라는 뜻이다. 회심은 성령께서 우리 삶 가운데에서 어떻게 일하시고 영향을 미치시는지, 그리고 이러한 요소들이 독특한 형태의 경험으로 어떻게 서로 연결되어 있는지에 대한 분별을 포함한다.

회심은 본질적으로 성인의 경험이다

　이러한 모든 것들은 본질적으로 회심이 성인(adult)의 경험이라는 의미다. 이것은 어린이들의 영적인 경험에 담긴 중요성을 무시하거나 과소평가하는 말이 아니다. 물론 어린이들도 하나님의 사랑과 은혜와 선하심을 진심으로 깨닫고 난 뒤에 심오하고 중대한 영적인 선택을 얼마든지 할 수 있다. 지금까지 수많은 사람들은 어린 시절에도 얼마나 깊이 있게 하나님의 임재를 의식할 수 있으며, 하나님의 사랑과 돌보심을 확신할 수 있는지를 증명하려고 노력하였다.

　그러나 이것을 신약 성경에 나타난 회심 경험과 혼동해서는 안 된다. 예수님의 제자가 되기로 결단하는 문제에 관해서라면, 즉 죄의 종이 아니라 의의 종으로서, 그리고 성령의 충만함 가운데 그리스도와 연합하여 살아가려는 사람으로 철저한 순종의 길을 걷겠다고 결정하는 것이라면 우리는 회심 경험은 필연적으로 어른들이 하는 결단과 경험이라고 말할 수밖에 없다.

　만약 어떤 엄마가 자기 딸에게 밤 9시가 되었기 때문에 잠자리에 들어야 할 시간이라고 말해 주었는데, 그 아이는 주님께서 11시쯤 잠자리에 들라고 말씀하셨다고 이야기한다면, 그 엄마는 분명 자기 딸에게 지금은 부모의 권위 아래서 살아가야 하며 그 권위에 순종하지 않으면 거기에 따르는 분명한 대가를 치르게 되리라는 점을 상기시켜 줄 것이다!

　일부 어린 사람들은 가족 사이에서 깨어진 관계나 갈등 구조를 경험한 탓에 조숙한 어른으로 변할 수도 있다. 또한 일부 어린 사람들은 너무 이른 시기에 자신의 생계와 다른 사람들의 생계를 위해 어른의 책임을 어쩔 수 없이 떠맡을 수도 있다. 그러나 이것은 사람들이 일반적으로 살아가는 삶의 방식이 아니다. 오히려 사람들은 대부분 부모의 사랑과 영적인 보호 아래 안전하게 머물면서 어린 시절을 보내게 된다.

나는 우리 아이들이 어떤 의미에서 더는 나를 아버지로 보지 않고 하나님의 가족 안에서 형제로 인식하는 젊은이로 자라기를 바란다. 우리 아이들이 오직 한 아버지, 한 주님이 계셔서 오직 그분에게만 충성과 헌신을 맹세하고 궁극적으로 그분 안에서 자기 정체성과 안전을 발견할 수 있다는 사실을 깨닫기를 바란다. 이러한 변화 과정은 청년기에서 성인으로 가는 과정과 똑같다. 이처럼 신앙으로 나아오는 일은 어른으로 자라나는 청년기 경험의 한 부분이 될 수도 있다.

그러므로 회심은 본질적으로 성인의 경험이다. 이것이 바로 그리스도인의 세례라는 관습을 지키는 전통에서 세례가 엄청난 중요성을 띠는 이유다. 사람은 도대체 몇 살에 세례를 받아야 하는가? 이와 같은 문제를 비롯하여 차세대의 회심을 둘러싼 다른 문제에 대해서는 이어지는 장들에서 좀 더 상세하게 다룰 것이다.

확신은 각 요소들의 상호 작용으로 말미암아 나타나는 결과다

복음주의 전통이라는 범주 안에서 회심에 관한 절대적으로 중요한 주제 가운데 하나는 바로 확신의 원리다. 복음주의자들은 그리스도인이라면 스스로 '구원받았다'고 마음 속 깊은 곳에서 우러나는 확신을 경험해야 한다고 일관되게 주장한다. 어떤 사람들에게 이것은 확실한 이해 또는 지식을 의미한다. 곧 '예수님께서 정말 살아 계신 하나님의 아들이라는 깊은 확신이 자신에게 있기 때문에, 내가 그리스도인이라는 사실을 분명히 알고 있다'. 또 어떤 사람들은 경험을 통하여 확신을 얻는다. 가령 수많은 청교도들은 오로지 자신들이 특별한 신앙 체험을 했기 때문에 자기들도 '선택된 자들'이며 하나님의 자녀가 되었다는 확신을 간직할 수 있었다. 또 다른 사람들은 자신이 살아가는 삶의 질에서 확신을 가질 수 있었다. 즉 이와 같은 사람들은 자신들이 하나님의 목적에 맞게 살고 있음을 어떻게든 증명할 수 있기 때문에 정말로 하나님의 자녀라고 생각한다.

그러나 성실한 그리스도인이라면 이러한 여러 가지 가운데 어떤 쪽을 택하든 약점이 있을 수 있다. 어떤 식으로든 하나님께 잘못을 저질렀기 때문에, 또는 자신들이 옳다고 생각하는 그런 종류의 회심을 경험하지 못했기 때문에, 또는 의심 가운데 살아가기 때문에, 하나님의 자녀가 되었다는 사실에 의혹을 품는 그리스도인들을 만날 때마다 참으로 안타까운 마음이 든다. 우리가 추구하는 확신은 어떤 특정한 요소나 어느 한 가지 경험에 의존하는 것이 아닐 뿐더러, 어떤 사람이 특별한 기도 제목으로 기도하거나 특정한 성경의 약속을 취하여 기도했다는 사실과는 별로 상관이 없다는 점을 주장하고 싶다. 그 대신에 우리 내면의 확신은 모든 일곱 가지 요소들이 서로를 지지하고 강화하면서 상호 작용할 때 가능하다. 특히 이것은 세 가지 외적인 요소들^{성령}

을 선물로 받음, 물세례, 그리스도인 공동체에 참여로 말미암아 강화되고 유지되면서 네 가지 주관적인 요소들 믿음, 회개, 신뢰, 충성의 대상을 바꾸는 것이 상호 작용할 경우에 더욱 그렇다. 이러한 요소들을 좀 더 포괄적으로 다룰 때 여기에 대하여 더 많은 이야기를 나눌 수 있을 것이다.

어느 특정 요소가 반드시 우리를 의롭게 하시는 하나님의 은혜와 직접적으로 연결되어 있는 것은 아니다

우리를 의롭게 하시는 하나님의 은혜를 우리 삶에서 나타나는 어떤 특정한 요소나 어느 특별한 시간으로 한정시켜서는 안 된다. 헴의 생각을 기초로 하여 이미 앞에서 살펴본 대로, 하나님의 일하심은 본질상 인간의 의식을 훨씬 뛰어넘는다. 하나님의 일하심은 미묘하고도 종종 신비스럽다. 우리가 증명할 수 있는 것이라고는 고작해야 하나님께서 주도하시는 사역에 대한 인간의 반응에서 나타나는 구조나 특성 정도다.

이것은 우리 삶에서 나타나는 하나님의 일하심이라는 놀랍고 다채로운 태피스트리 tapestry: 도안에 필요한 색을 실에 미리 염색하여 짬 카펫의 겉면만을 겨우 보고 말할 수 있을 뿐이라는 의미다. 비록 하나님의 은혜의 실오라기들이 우리 경험을 어떤 모양새로 짜고 있는지 파악할 수 있다손 치더라도, 실제로 규명할 수 있는 것이라고는 고작해야 우리 자신의 행동, 반응, 감정, 태도뿐이다.

그러므로 우리가 이런 저런 일을 했더니 하나님께서 거기에 대한 반응으로 어떤 일을 하셨다고 말하려는 경향을 단호히 거부한다. 우리 자신의 기도

나 헌신, 또는 세례에 반응하여 "하나님께서 우리를 구원하셨다"는 생각을 강하게 반대한다. 오히려 우리 행위는 하나님의 은혜로운 주도하심에 대한 반응으로 나타난다. 비록 우리가 자신의 행위와는 아무런 상관없이 하나님의 구원하시는 은혜를 안다고 주장할 수 없을지라도, 하나님의 일하심은 반드시 우리 반응보다 앞서기 마련이다.

영적인 성장은 회심의 완성이다

회심에 필요한 여러 가지 요소들이 있다면, 그것은 성장 과정에 필요한 요소들이 있다는 말이다. 사실상 영적인 성장은 우리 회심의 완성으로 가는 외적 모습이다. 일단 출발을 잘 하면, 그 후로는 영적인 변화를 촉진시키는 어떤 형태의 성장 유형을 받아들이게 된다. 그리고 영적 성장 과정에 필요한 요소들은 회심의 요소들과 이상적으로는 연속성을 나타내게 될 것이다.

첫째, 변화를 위해서는 지성이 새로워져야 한다. 회심이 지성을 진지하게 하여 진리를 만나라고 요청하듯이, 영적 성장은 그 출발점으로, 믿음을 토대로 한 가르침을 필요로 한다. 그리스도인의 성장은 평생 동안의 공부와 학습과 묵상 과정을 통하여 유지된다. 그것은 진리와의 만남이다. 우리는 믿음에서 출발하지만, 그 후에 그리스도인의 믿음으로 나아갈수록 학습자가 되게 된다.

둘째, 변화를 위해서는 죄에서 완전히 돌아서는 일이 필요하다. 회심에는 회개가 들어 있지만, 이것은 단지 출발일 뿐이다. 효과적인 성장 과정은 사람들로 하여금 우리 삶 가운데 있는 죄의 성격을 이해하게 하여, 끊임없이 죄에서 돌아서려는 자세를 유지하는 동시에 죄를 자백하는 훈련을 이어갈 수 있도록 돕는다.

셋째, 변화는 하나님을 절대적으로 신뢰하고 의존하는 믿음과 능력이 자라면서 나타난다. 대개 이런 변화는 고통스러운 세상에서도 기쁨으로 살아가는 능력이 있을 때 분명해진다. 회심에는 감정적인 요소도 들어 있다. 따라서 영적인 변화를 추구하는 사람은 이런 출발점을 토대로 점점 더 커다란 기쁨을 누리면서 그리스도를 철저히 의뢰하며 살아가는 역량을 강화시키려고 몸부림친다.

넷째, 회심은 의지의 순종을 포함한다. 그러므로 그리스도인의 길을 걸어가는 내내, 우리는 순종할 수밖에 없는 상황에 정기적으로 부딪치게 되며, 순종함으로 자유를 찾아야 하는 상황에 맞닥뜨리게 된다. 그런데 이 자유는 "주님의 뜻이 이루어지게 하소서"라고 말할 때 찾아온다.

다섯째, 그리스도인의 신앙으로 들어가는 것과 관련한 성례전적인 활동이 있듯이, 그리스도인의 신앙을 유지시켜 주는 성례전적인 양육 활동이 있다. 그것은 바로 성만찬이다.

여섯째, 회심에는 성령을 선물로 받는 일이 포함된다. 이로 말미암아 영적 성장이 뒤따르며, 영적으로 성장하는 그리스도인은 성령의 내적 증거를 통하여 들려오는 예수님의 음성에 민감하게 반응하는 능력이 커지게 된다.

마지막으로, 만약 회심이 신앙 공동체의 삶에 적극적으로 참여하는 것을 포함한다면, 우리 그리스도인의 모든 삶은 서로를 사랑하고, 사랑할 뿐만 아니라 사랑받을 줄 아는 능력을 키우며, 다른 사람들을 용서하고 섬기려는 소망과 능력으로 특징지어질 것이다.

회심은 결코 목적지가 아니다. 회심은 출발점이자 목적지에 이르기 위한 수단일 뿐이다. 그러므로 그리스도인 회심의 성격과 모양새를 훤히 비춰주는 영적 성장의 과정이 반드시 뒤따라야 한다.

복잡한 체험으로서 회심

회심은 따로 떼어서는 그다지 중요성을 찾을 수 없는 것처럼 보이지만, 여러 가지 요소들을 함께 종합적으로 고려한다면 개인적으로 엄청나게 중요한 의미를 띠는 일련의 연속적인 사건이다. 여러 차례에 걸쳐 반복적으로 경험되고 서로 긴밀하게 연결되어 있는 일곱 가지 요소가 어느 시점에서 모두 합쳐져서 결정적인 순간에 도달했을 때, 근본적으로 삶이 변화되는 놀라운 삶의 변화가 일어난다.

이것은 앤 라모트의 전기에 나오는 사색에서 물 위에 떠 있는 수련 잎의 이미지를 통하여 놀랍게 표현되고 있다.

> 내가 믿음으로 나아가게 된 것은 단번에 껑충 뛰어오르는 도약이었다기보다는, 오히려 어느 안전한 장소에서 다른 곳으로 옮겨가는 것처럼 보이는

일련의 비틀거리는 행보였다. 물 위에 떠 있는 초록빛의 둥그런 수련 잎처럼, 이러한 장소들은 나를 부른 뒤에 내가 자라는 동안 나를 꽉 붙들어 주었다. 각각의 이파리들은 내가 발을 붙이고 살아갈 만한 다음 이파리로 옮길 수 있도록 나를 준비시켜 주었다. 그러니까 이런 식으로 나는 의심과 두려움의 늪지대를 넘나들었다. 떠들썩한 가톨릭 가정, 크리스쳔 사이언스 운동에 빠진 어머니의 부드러운 안락의자, 열성적인 유대인에게로 입양. 이런 어린 시절의 몇몇 안식처들을 되돌아 볼 때, 나는 그러한 여정들이 만들어 낸 인생행로가 얼마나 보잘것없고 우회적인 것인지를 깨달을 수 있었다. 그러나 각각의 단계들은 여하튼 오늘날 내가 안전하게 물 위에 떠 있을 수 있도록 떠받치는 파릇파릇한 믿음의 이파리처럼 나에게 다가왔다.[14]

라모트가 겪은 경험과 마음속에 담아놓은 이미지는, 전부는 아니더라도, 대부분의 회심이 일련의 사건과 순간의 연속이라는 사실을 잘 그리고 있다. 이러한 사건들 가운데 일부는 우리를 앞으로 나아가게 한다. 그러나 우리 삶 가운데 성령의 임재를 거의 의식하지 못하게 만드는 시간들도 마찬가지로 아주 중요한 부분이다.

회심이 일련의 복잡하고 오랜 기간에 걸친 사건들이라는 내 논제를 받아들이면서도, 어떤 사람들은 신앙 체험에 필요한 구체적인 요소들에 대한 이런 비판적인 분석에 반대할지도 모른다. 그러나 우리는 회심을 분석적으로 살펴봐야 한다. 헴이 제안한 것처럼, 어떤 축구 경기도 똑같이 진행되지는 않는다. 비록 어떤 것이 축구 경기인지, 또는 축구 경기가 아닌지를 확실히 알고 있지만 말이다. 이와 마찬가지로, 비록 어떤 회심도 똑같은 방식으로 펼쳐지지 않지만, 회심은 삶과 죽음의 문제이기 때문에, 우리가 그리스도인의 체험이라고 말하고 경험하는 것을 분명하게 알고 있어야 한다.

더구나 규칙에 관해 좀 더 분명하고 계획적으로 정확하게 이해하고 있다고 해서 경기를 망친다거나 심지어 예측 가능해진다거나 또는 훨씬 더 흥미진진해진다고 불평하는 사람은 아무도 없을 것이다. 그와는 반대로, 경기의 규칙은 경기가 재미있고 공정한 방식으로 진행되는 것을 보장한다. 심판들은 경기의 완성도를 높이기 위하여 경계선과 규칙을 잘 지키는지를 아주 정확하게 따진다. 이와 유사하게, 우리는 회심 체험의 완성도를 높이기 위하여 그리스도인 회심의 경계선과 성격에 대하여 분명하게 이해하고 있어야 한다.

그러므로 여러 가지 요소들을 개략적으로 설명하는 것은 자기 체험에 관한 확신이 부족한 사람들이나 현재 회심의 과정을 밟고 있는 사람들에게 성령의 일하심에 반응하면서 어디에다 주의를 기울여야 하는지를 안내하고 격려하며 보여 주는 가늠자를 제공하게 된다. 또한 이런 시도를 함으로써 회심을 촉진시키고 권장하려고 할 때 어디에다 주의를 기울여야 하는지에 대하여 그리스도인 공동체에 명확한 개념을 전달하게 된다. 그리스도인 공동체는 예수 그리스도를 알고 그분의 사랑에 반응하려고 애쓰는 사람들에게 조심스럽게 체계적으로 반응해야 한다. 이렇게 하려면 그리스도인의 회심을 구성하는 요소들을 성경적으로 분명하게 이해하고 있어야 한다.

그러나 다음과 같은 질문이 필연적으로, 특히 복음주의자들에게서 나올 것이다. 언제 한 사람이 '안으로' 들어오게 되는가? 어떤 사람이 '안에' 있는지 '밖에' 있는지를 어떻게 파악할 수 있는가? 만약 회심이 일련의 연속적인 사건이라면, 라모트가 사용한 물 위에 떠 있는 수련 잎의 이미지처럼, 정확히 언제 한 사람이 '구원받게' 되는가? 이러한 질문은 일반적으로 한 사람이 '천국'을 향하고 있는지 어떤지를 알고 싶은 마음에서 비롯된다. 이러한 우려는 회심은 예수님을 따르겠다는 단순한 결단이며, 이런 회심 개념이 복음에 일치한다는 가정을 반영한다. 한 사람이 하나님의 자녀가 되었다는 사실을 언제 확실하게 알 수 있는가? 어떤 사람에게 일곱 가지 요소가 아닌 여섯 가지 요소만 나타난다면 어떻게 되는 것인가? 그 사람은 구원받았는가? 그 사람이 하나님의 자녀가 되었다고 말할 수 있는가?

첫째, 다차원적인 회심 개념에서는 회심에 관하여 전체적인 신약 성경의 가르침을 취하려고 애쓴다. 마태복음, 마가복음, 누가복음에 등장하는 우리 주님의 가르침과 더불어 사도행전에 나타나는 초대 교회의 본보기를 고려할 때, 회심에는 단지 한 번의 결단을 넘어서는 여러 가지 요소가 포함된다는 사실이 분명해진다.

둘째, 교회는 영적인 깊이와 확실성이 약하고 부족할 뿐만 아니라 사회와 문화에 영향력을 거의 미치지 못하고 있다는 사실을 깨달아야 한다. 오랜 세월에 걸쳐 그리스도인으로 살아왔다고 주장하면서도 영적인 깊이와 성숙함이 부족한 사람들이 너무나 많다는 사실이 바로 충분한 이유가 된다. 적어도 부분적으로 이런 문제의 뿌리는 그리스도인의 회심에 관한 불분명한 이해에 있을 가능성이 상당히 크다.

셋째로 가장 중요한 것은, 지금까지 내가 개략적으로 설명한 관점 때문에 복음이 약화되었다기보다는, 그대로 보존되고 있다는 점이다. 이 회심 이해에서는 새로운 신자의 삶에서 일어나는 철저한 변화를 무척 강조한다.

그렇다면, 우리는 어떤 특정한 사람이 '구원받았는지'에 관하여 질문을 받았을 때 어떻게 반응하는가? 나는 그와 같은 결정이나 판결을 내릴 만한 권리가 우리에게 없다고 주장한다. 우선 이 질문은 우리의 가장 큰 관심사는 그 사람이 천국을 향하고 있는지 여부를 확실히 아는 것이라는 가정에 근거한 것이다. 이것이 정당한 관심사이긴 하지만 그것만이 우리의 유일한 관심사일 때에는 일차원적이고 그릇된 회심 개념을 갖게 된다. 회심은 그리스도인의 여정에서 단지 첫 걸음을 떼는 순간이라는 점을 잘 인식해야 한다. 첫 단계를 충만하게 경험한다면, 그로 말미암아 생명력 넘치는 영적인 성장을 위한 든든한 기초가 세워질 것이다. 이 과정을 무시하거나 대충 넘어간다면, 오히려 나중에는 고통을 당하게 될 것이다.

일단 이 첫 단계로 들어가게 되면, 하나님께로 나아가는 대로를 걷게 될 뿐만 아니라 하나님께 진정으로 받아들여져서 마땅히 그분의 구원을 받았다고 추정할 수 있다. 그러나 초기의 신앙 행위나 초기의 결단이 회심에 필요한 모든 차원들을 통해 완전히 마무리되지 않는다면, 그것은 마치 돌밭에 떨어진 씨앗처럼 시들어서 죽고 말 것이다.

오직 하나님 한 분만이 궁극적으로 우리가 제대로 길을 가고 있는지를 아신다. 다만 우리가 해야 할 일은 가능한 한 계획적이고 철저하게 일곱 가지 차원을 모두 거쳐 갈 수 있도록 노력하는 것이다. 회심에 필요한 일곱 가지 차원으로 모두 이끌어가지 못하는 전도자나 목회자는 자기 부르심에 충실하지 못한 사람이다. 한 사람을 전체적인 회심 경험으로 이끄는 일을 소홀하게 여기는 목사는 실제로 새로운 신자의 초기 결단을 방해하는 바위와 가시덤불 가운데로 그 사람을 내모는 것과 같다.

회심의 특정한 차원을 거절하는 사람도 몇 가지 매섭고도 정직한 질문에 직면할 필요가 있다. 어떤 사람이 세례를 받지 않으려 하고, 그리스도의 주되심에 전적으로 순종하지 않으려 하고, 성령을 선물로 받아들이지 않으려 한다면 그 사람의 초기 결단은 의문시 될 것이다. 그러나 그 사람이 일곱 가지 요소를 모두 취하는 방향으로 나아가고 있다면, 그 문제를 서두르게 하거나, 억지로 요구하거나, 강제로 몰아갈 이유는 하나도 없다. 그 사람이 준비될 때가 바로 회심이 일어나는 순간이다.

일곱 가지 요소들이 모두 제 자리를 잡을 때라야 어린 신자가 영적인 성장과 성숙을 향하여 나아갈 수 있게 될 것이다. 온전하고 철저한 회심은 하나님의 변화시키는 은혜를 충만하게 경험하기 위한 본질적인 기초. 회심은 변화를 위한 선결 조건이다.

"그러나 언제, 어느 순간에 한 사람이 구원을 받게 되는가?"라는 질문은 다른 사람이 하나님의 자녀가 되었다는 것을 경험적으로 알게 되는 우리의 능력을 전제로 한다. 그러나 실제적인 삶의 경험을 통해서 보면, 어떤 사람이 중생하거나 위로부터 나게 된 때를 명확하게 언급할 수 있는 자유와 확신은 우리에게 거의 허락되지 않는다. 이 정보는 궁극적으로 오직 하나님만이 아시는 부분이다.

내가 신학생이었을 때, 신학교 교수인 제임스 청 박사Dr. James Cheung는 우리에게 아주 유용한 이미지를 제시해 주었다. 청 박사는 국경선을 넘나드는 비행기에다 회심을 비유하였다. 아마 캐나다와 미국을 오가는 비행기였을 것이다. 승객 하나가 비행사에게 다가와 정확히 어느 시점에 비행기가 국경을 넘게 되는지 묻는다. 그러나 분명히 비행사는 정확히 어느 시점인지 알 수 없다. 그런데 만약 승객이 언제 국경을 넘는지 반드시 알아야겠다고 고집을 부린다면, 비행사는 난감한 태도로 이렇게 말할 것이다. "제가 정확한 시점을 말씀드릴 수는 없지만, 목적지 공항에 착륙한 뒤에는 국경을 넘었다는 사실을 분명히 알게 되실 겁니다."

이와 마찬가지로, 정확히 어느 순간에 칭의를 얻게 되는지 우리는 알 수 없다고 말하고 싶다. 그러나 언제 죽음에서 생명으로, 긍휼을 얻지 못한 사람에서 긍휼을 얻은 사람으로 옮겼는지를 알 수는 있다벧전 2:10. 우리 뒤에 놓인 가늠자들을 보기 때문에 그것을 알 수 있다. 그러나 아무리 뒤를 돌아보아도, 정확히 어느 순간에 의롭게 되었는지는 도저히 알 수 없을 것이다.

우리가 그리스도인이 되었다는 사실을 인식하는 시점이 있다. 그 과정의 목적지, 또는 아마 그 과정의 어느 시점, 우리가 경험한 인생의 사건들과 결단들이 어떤 결정적인 순간에 도달하여 한 모퉁이를 돌았다는 사실을 알게 되는 시점이 있다. 이 시점에 도달하게 되면, 물론 반응이 온통 기쁨으로 넘쳐나겠지만, 우리가 완전히 '도달했다'는 생각을 하지 못할 것이다. 오히려 거기까지 우리를 인도하신 하나님의 은혜에 감사하면서, 우리가 멋진 출발을 했으며, 훌륭한 출발점에 서 있었다는 사실을 받아들일 수 있을 것이다.

7장 회심의 내면적 얼굴
: 지성, 회개, 감정, 의지

　이제 우리는 7가지 요소를 훨씬 더 광범위하게 살펴볼 것이다. 그 각각의 요소를 그 자체의 모습대로 살펴볼 것이다. 우리 가운데 널리 퍼져 있는 질문은 어떻게 회심이 한 사람을 그리스도인의 믿음으로 성숙할 수 있게 하는 기초를 세우는가 하는 것이다.

　그 각각의 요소를 개별적으로 고려하게 될 것이지만, 그 가운데 어떤 것도 독립적으로 존재하지는 않는다. 7가지 요소가 모두 뚜렷이 구분되지만 불가분의 관계에 있다. 그런 까닭에 균형 잡힌 시각을 유지하면서, 어떻게 각 요소들이 다른 요소들에 서로 의존하고 있는지, 어떻게 각 요소들이 다른 요소들을 강화하고 상호 작용하는지를 조심스럽게 살펴보아야 한다. 예를 들면, 가르침은 이해 영역의 성장에 필수적인 부분이다. 회심과 영적인 성장이라는 두 영역에 모두 지적인 차원이 필요하다. 그러나 마태복음 28장 19~20절에서는 가르침이 순종을 지향한다고 말한다. 진정한 지적인 성장은 진정한 순종의 삶, 곧 그리스도께 충성을 바치는 삶을 살 수 있게 하는 행동 변화를 이끌어 낸다. 이와 마찬가지로, 로마서 6장에서 세례는 충성의 대상이 바뀌는 것과 관련을 맺고 있다. 그러므로 다음과 같은 요소들을 각각 개별적으로 살펴볼 것이지만, 그것들은 불가분의 관계로 이해되어야 한다.

우리의 지성을 진지하게 받아들여라

복음은 우리 인생을 가로질러 자유롭게 하는 진리로서, 잠재적으로는 이 세상을 바라보고 반응하고 생각하는 전혀 새로운 방식을 우리에게 선사한다. 좋은 소식으로서 복음은 진리다. 복음은 실체와의 만남이다. 환상과 오해를 배제시킨 진리다. 그래서 우리 존재의 근간에 영향을 미친다. 그러므로 회심에는 뚜렷한 인지적인 차원이 있다. 진정한 복음 전도에는 진리 선포가 포함된다.

회심은 진리와의 만남, 곧 우리 주 예수 그리스도의 복음과의 만남에서 온다. 신약 성경의 기본 전제는 예수 그리스도를 중심으로 하여 새로운 이해에 도달함으로써만 어떤 사람이 하나님의 구원하시는 은혜를 알 수 있다는 것이다. 생각의 근본적인 변화 없이는, 또는 적어도 마음속에 간직하고 받아들일 수 있는 복음의 진리에 대한 이해 없이는 회심이란 있을 수 없다.

믿음, 세계관, 그리고 변화

복음주의자들은 공통적으로 아주 간단하게 단 한 번만 복음을 제시하여도 그것을 듣고 그리스도인이 될 수 있다고 가정한다. 정말로 이것이 가능할까? 비쉬누Vishnu를 숭배하는 파파야 힌두인과 관련하여 이런 질문을 던졌던 폴 히버트Paul Hiebert는 "이것은 부분적으로 그리스도인이라는 말이 무엇을 의미하느냐에 따라 다르다"고 말한다.[1]

이 힌두인은 분명히 중생을 경험하여 하나님의 가족의 일원이 되었으므로, 그 대답은 "그렇다"일 것이라고 히버트는 인정한다. 그러나 이 사람에게 새로이 발견한 믿음을 다른 사람에게 효과적으로 설명할 만한 능력이 있는지를 묻는 질문이라면, 그 대답은 분명히 "아니다"이다. 히버트의 결론은 이런 것이다. 새로운 그리스도인 공동체를 세울 때, 우리는 진정한 회심에 필요한 최소한의 본질적인 이해와 성숙한 그리스도인 제자도에 필요한 이해 사이를 엄격히 구분해야 한다.

히버트의 말에 따르면, 그러한 성숙한 이해라는 궁극적인 목표에는 철저한 기독교 세계관이 포함된다. 그러므로 파파야 힌두인이 그리스도인으로 변한다는 것은 예수 그리스도께서 죄를 위하여 죽으시고 모든 인류를 온갖 정죄에서 벗어나게 하신 성육신하신 하나님임을 믿는다는 의미뿐만 아니라, 적절한 때에 그 사람이 생각하는 구조, 범위, 가정에서도 커다란 변화가 일어나야 한다는 의미다. 다시 말해, 궁극적인 목표는 그 회심자가 기독교적으로 생각하게 된다는 것이다. 복음이 이 사람의 세계관을 궁극적으로 변화시키지 못한다면, 복음은 '피상적이고 일시적인 것으로 남게 된다.'[2] 이런 경우에는 아주 제한적이고 개인적인 의미에서만 '회심'이라고 말할 수 있다. 이런 회심은 개인적인 의미뿐만 아니라 공동체적·사회적인 의미에서 변화를 이끌어내지 못한다.

한 사회에서 뿌리를 내리는 기독교 신앙이 되기 위해서는 결과적으로 총체적인 이해의 변화가 뒤따라야 한다. 히버트의 주장에 따르면, 우리에게는 단순한 믿음과 행동을 뛰어넘어 세계관의 철저한 기독교화가 있어야 한다.

"만약 우리가 단순한 믿음과 행동 영역에서만 회심한다면, 시간이 흐르면서 세상적인 가치관이 점차 기독교적인 믿음을 사로잡을 것이다."[3]

복음 전도와 증거에서 지성의 중요성

세계관의 변화는 회심을 통하여 지식과 이해 영역에서 분명하고도 결정적으로, 그리하여 궁극적으로는 전체를 변화시킬 정도로 쐐기를 박는 일에서 시작된다. 다시 말해, 회심의 과정에 지성이 개입되면 우리의 이해 영역을 궁극적으로 변화시키는 분위기와 기초가 형성된다.

사람들이 인간의 사고 영역을 진지하게 생각하지 않는다면 궁극적인 변화를 경험하지 못할 것이다. 믿음은 가지기 시작할 때부터 이해 영역이 중요하며, 그러한 진리가 커다란 차이를 만들 수 있다. 그러므로 진정한 회심에는 분명하고도 결정적으로 복음과의 지적인 만남이 포함될 뿐만 아니라, 그와 같은 과정 없이는 회심을 상상할 수도 없다.

복음 전도에서도 지적인 영역을 진지하게 고려함으로써, 사람들이 그리스도인의 순례 여정을 거치는 과정에서 자기 지성을 진지하게 고려할 수 있도록 격려하는 발판을 만들 수 있다. 마태복음 28장에서 예수님께서는 사람들에게 세례를 주고 순종을 가르쳐서 제자를 삼도록 하라고 자기를 따르는 이들에게 요청하신다. 그러므로 참된 복음 전도는 한 사람으로 하여금 학습자, 곧 가르침에 반응하는 사람이 될 수 있도록 한다. 회심으로 말미암아 이와 같은 학습이 일어날 수 있는 토대가 마련된다.

그리스도인의 신앙은 선포되고 들은 진리에 대한 반응이다. 우리는 진리와 동떨어져서 하나님을 알 수 없다. 그와 동시에 진리를 믿는 믿음의 결과인 사고 변화와 동떨어져서는 하나님을 알 수 없다. 회심은 필연적으로 이와 같은 요소를 중심에 놓이게 만든다. 그것은 회심에 필요한 다른 차원들을 위한 선결 요건이다. 그러나 우리는 단순한 초기의 믿음이 아니라 궁극적으로 성경적인 세계관을 받아들이는 데로 이끄는 믿음을 추구한다. 레슬리 뉴비긴은 이것을 의지와 마음의 회심뿐만 아니라 지성의 회심이라고 부른다.[4]

내가 이것을 회심에 필요한 선결 조건이라고 말한다고 해서 모든 회심이 진리와의 만남으로부터 시작된다는 의미는 아니다. 예를 들면, 도로시 데이가 말한 인지적인 회심은 이미 그녀의 감정을 통하여 일어난 일들로 말미암아 가능해졌다. 오히려 내가 강조하려는 것은 그리스도인의 회심이 생각의 변화를 중심으로 맴돌기 때문에, 이와 같은 생각의 변화와 동떨어져서는 회심 체험에 필요한 다른 모든 영역들이 중심을 잃게 될 것이라는 점이다. 뉴비긴은 지금 의지와 정서가 회심에서 차지하는 위치를 과소평가하고 있는 것이 아니라, 가장 기본적인 회심은 사람들이 세상을 바라보는 방식, 곧 이해 영역과 관련을 맺고 있다는 사실을 강조하고 있을 뿐이다.[5]

회심은 어떤 것들을 진리라고 믿는 것이다

그러면 진정한 회심을 가능하게 만드는 최소한의 지적인 이해, 곧 본질적인 이해에는 어떤 것들이 있는가? 한 사람이 예수님의 구원하시는 은혜를 알기 위하여, 완전한 회심에 생각의 문을 활짝 열어놓기 위하여 알고, 이해하고, 믿어야 하는 것은 무엇인가?

만약 우리가 지나치게 축소 지향적이라면, 잠재적인 회심자는 단지 오래되고 잘못된 자신의 예전의 세계관에 새로운 진리를 덧입히게 된다. 히버트는 회심한 마술사 시몬행 8:9-24, 스게의 아들들행 19:11-16, 루스드라에 살던 사람들행 14:8-13, 그리고 몰타 섬 사람들행 28:3-6을 새로운 '기독교적인' 이해를 과거 신앙 체계의 또 다른 형태로 변질시킨 잠재적인 회심자들의 예로 든다.[6]

그와 마찬가지로, 우리가 새로운 그리스도인이 알아야 할 것을 지나치게 과장한다면, 그리스도인이 되는 것이 장황한 교리문답의 가르침을 받아들이는 것에 지나지 않게 된다. 우리에게는 궁극적인 세계관의 변화를 출발점으로 삼아 최소한의 기준이라도 인정하는 자세가 필요하다.

핵심은 예수님이 누구인가를 이해하는 데에서 찾을 수 있다. 일반적으로 그리스도인들은 가장 중요한 출발점이 하나님의 아들이신 예수 그리스도의 관점에서 정의되어야 한다는 데 동의한다. 그러므로 회심은 예수 그리스도의 독특한 정체성과 공헌을 지적으로 이해하고 수용하는 정도에 달려 있다. 모든 것은 예수 그리스도께서 주님이시며, 하나님께서 독특한 방법으로 이 땅에 보내신 분이며, 하나님의 아들로서 십자가와 부활을 통하여 생명과 소망을 허락하신 분이라는 사실을 듣고, 이해하고, 믿는 것에 따라 달라진다.

이성, 전통, 그리고 믿음

이것은 지성의 회심에 있어서 최소한의 기준이며, 본질적인 출발점이다. 그러나 우리는 어떻게 한 사람이 믿음으로 나아오는지도 고려해야 한다. 무엇이 믿음을 가능하게 하는가? 예를 들면, 어떤 사람들은 이러한 이해가 합리적인 설명이나 변증에 대한 반응으로 가능하다고 추정할 것이다. 곧 어떤 사람에게 명백하고 반박할 수 없는 증거를 제시할 때 믿게 된다는 것이다.

그러나 점차 우리는 이성 자체만으로 또는 이성이 자발적으로 움직이지는 않는다는 사실을 인식하고 있다. 진리에 대한 이해는 우리로 하여금 진리를 보고, 이해하고, 반응할 수 있게 하는 환경과 결코 동떨어져서 일어날 수 없다. 뉴비긴이 말하는 것처럼, "모든 종류의 체계적인 사상은 어떤 분명한 출발점에서 시작되어야 한다. 어떤 일을 당연한 것으로 여기는 데서 시작해야 한다."⁷⁾ 다시 말해, 어떤 것은 이해하려고 하기도 전에 기정사실로 받아들여지고 있다. 우리가 진리라고 생각하는 것과 일정한 거리를 유지하면서 순수하게 객관적이기만 한 것은 없다. 어떤 진리, 곧 복음의 진리와 완전히 동떨어져 있는 것은 아무 것도 없다. 다시금 뉴비긴은 이렇게 말한다. "이성은 진공 상태에서 힘을 발휘하지는 않는다. 이성적으로 생각할 수 있는 인간 지성의 능력은 스스로 이전 세대의 경험에 의존하는 어떤 전통 안에서 발전을 거듭할 뿐이다."⁸⁾

따라서 이성은 전통이라는 맥락 속에서 제 기능을 발휘한다. 만약 사실이 이렇다면, 회심에는 이미 살펴본 대로 예수 그리스도의 독특한 정체성과 사역을 인정하는 것뿐만 아니라, 이 복음을 낳아서 그 안에 간직하고 있는 전통을 받아들이는 것도 포함된다고 말하는 게 훨씬 더 적절하다. 다시 말해, 우리는 예수 그리스도의 중심 메시지뿐만 아니라, 예수님에 대한 지식과 경험을 간직하고 있는 전통도 필연적으로 받아들이게 된다. 우리는 그 전통 안에서 신뢰와 믿음을 갖게 된다. 왜냐하면 뉴비긴이 말한 것처럼, "탐구를 위한 지침으로서 어떤 전통의 권위를 받아들이지 않고서는 배움이 이루어지지 않기" 때문이다.⁹⁾

윌리엄 아브라함William Abraham은 교회와 복음 전도의 상호 관계에 대하여 주목할 만한 통찰력을 제시한다. 그는 그리스도인의 초기 경험에서 중심적이고 분명한 신학적인 주제들을 피할 수 없다고 설명한다. 더구나 이와 같은 주제들은 개별적으로, 곧 하나님의 계시를 받아 진리를 알려고 몸부림치는 각 사람들을 통하여 이루어지지는 않는다. 오히려 교회에는 오래된 신조라는 측면에서 본다면 복음 전도와 회심에 관한 놀라운 자료들이 가득하다. 그러므로 "신조의 형태로 지적인 유산을 구체적으로 전수하는 것은 교회의 책임이다. 더구나 이런 식으로 전달된 신조는 초대 교회의 종교 회의에서 만들어낸 것이다."[10]

교회의 고백 전통을 다음 세대로 전달하려고 할 때, 우리는 새로운 회심자로 하여금 공동체를 통하여 진리에 다가갈 수 있게 하며, 그 전통에 깊이 뿌리내린 예수 그리스도에 관한 이해를 받아들일 수 있게 만든다. 이것이야말로 그러한 메시지를 알리고 받아들여질 수 있게 하는 유일한 방법이다. 그래서 아브라함은 이렇게 말한다. "믿음의 유일한 내용물로 성경만을 전달하는 것으로는 충분하지 않다. 성경은 신조가 하는 것을 할 수 없으며, 그렇게 하려고 의도한 적도 없었다. … 성경은 믿음을 간단히 요약해 주기에는 너무 방대하다."[11]

우리에게 필요한 것은 간략하고, 간단하며, 이해하기 쉽고, 분명한 것으로, 최소한의 지적 수준으로도 쉽게 해석할 수 있어서, 단단히 믿음에 닻을 내릴 수 있게 할 뿐만 아니라 지적인 삶의 성장과 발전을 가능하게 하는 능력을 갖는 것이다. 아브라함은 주장하기를, "신조는 그리스도인의 지성이라는 지적 구조에 관한 기본적인 요약문을 제공한다. 신조는 어떻게 그리스도인들이 하나님에 대하여, 그리스도에 대하여, 그리고 성령에 대하여 생각하는지에 관한 기본적인 윤곽을 펼쳐놓은 지도를 제공한다."[12]

이를테면, 사도신경과 진솔하게 만난 이후에나 세례를 베풀어야 하며, 세례에는 사도신경에 나타난 믿음을 인정하는 것도 포함되어야 한다고까지 말하고 싶을 정도다. 그렇게 함으로써, 우리는 자연스럽게 초대 교회에서 신조를 사용하던 방식으로 돌아가게 될 것이다.

우리 전통은 절대로 도전 받을 수 없는 영역이 아니다. 적어도 오늘날 교회를 한데 모아놓은 다양한 교단들에서 여러 가지로 전통이 표현되는 것을 보면 말이다. 종종 우리는 자기 자신의 이해 영역과 실천 영역을 차지해 온 영적인 전통을 훨씬 더 조심스럽게 생각하도록 서로에게 권고할 필요가 있다. 많은 경우에 우리가 발전시켜 온 전통들은 개혁될 필요가 있다. 그러나 특히 과거 교회의 신조들에서 표현된 것처럼, 우리는 원대한 신학적 · 영적인 교회 전통을 추구한다. 그런데 이러한 신조들은 실제적이고, 가시적이며, 유형의 공동체를 통하지 않고서는 알려지거나 받아들여질 수 없다. 이러한 신조들은 어떤 전통을 완벽하게 표현해 낼 수는 없겠지만, 우리로 하여금 진리를 알 수 있게 해 주는 수단이 된다. 신조는 과거의 기독교 신앙을 만날 수 있게 해 주는 수단이다.

만약 복음 전도와 과거 신조들 사이의 상호 작용을 이렇게 이해하는 게 어느 정도 타당하다면, 거기엔 아주 심오한 의미가 담겨 있다. 첫째, 그것은 초기의 신조들이야말로 설교에서 일차적인 기준점이 되어야 한다는 뜻이다. 오늘날 수많은 그리스도인들이 성경을 소홀히 하는데, 이것은 물론 비극적인 현상이다. 그러나 오직 성경만을 설교해야 한다고 주장하는 사람들이 있다.

이 사람들은 스스로 전하는 설교가 성경 본문에 대한 해설에 지나지 않는다고 주장할 것이다. 이런 모습은 정말 칭찬할 만하지만, 거기에 잠재된 문제는 그리스도인들이 오직 나무만을, 성경 본문만을 보게 된다는 데 있다. 그러면서도 커다란 숲, 곧 그리스도인 공동체의 고백적인 신앙이라는 조명 아래에서 예배하고 섬기고 살아가는 법을 전혀 배우지 못한다는 데에 문제가 있다. 그러므로 신앙 고백적인 유산이라는 렌즈, 이와 같은 거룩한 본문들을 나오게 한 고대 전통이라는 렌즈를 통하여 아주 의도적으로 성경 본문을 설교하는 것이 이상적이다.

둘째, 신조들에 가까이 다가갈 때, 우리는 겸손한 태도로 배우고 이해해야 한다. 은혜와 온유함으로 이전 세대의 지혜에 참여해야 한다. 우리에게는 복음을 가늠할 이성적인 능력이 없다는 사실과 우리 이해는 자기 자신의 조사 능력과학적인이나 신비적인 만남직접적인 계시을 통하여 이루어지는 게 아니라는 사실을 깨달아야 한다. 오히려 우리는 저마다 다른 사람들을 통하여, 특히 신앙 공동체의 가르침을 통하여 진리를 알게 된다.

셋째, 복음 전도와 과거 신조들 사이의 연관성에는 또 다른 함축적인 의미가 내포되어 있다. 곧 메시지의 신뢰도는 메시지를 전하는 사람들의 신뢰도와 연결되어 있다는 것이다. 복음을 지적으로 제시하는 일은 절대로 진공 상태에서 일어나지 않는다. 그 일은 완전히 독립적으로 이루어지지 않는다. 어떤 메시지를 간직하고 있는 전통을 신뢰할 때에만 이해가 가능하다. 또한 그 이해는 전통을 간직하고 그 메시지를 선포하는 사람에 대한 신뢰를 의미한다. 우리가 복음의 진리대로 믿을 만한 삶을 살아내지 않는다면, 신실하게 그것을 제시할 수 없다. 구두로 선포되는 메시지의 신뢰성은 진리를 간직하고 살아가는 신앙 공동체의 신뢰성을 통하여, 그리고 진리를 선포하는 상황을 통하여 유지된다.

하나의 기독교 전통은 적어도 다음과 같은 네 가지 뚜렷한 표지가 있는 신앙 공동체에서 구현될 때에만 신뢰성을 확보하게 된다. (1)우리는 말 뿐만 아니라 행동으로도 진리를 증거한다. 우리 행동은 우리말의 진실성을 증명할 뿐 아니라 우리의 말이 들려지는 상황이 된다. (2)우리의 말은 더불어 살아가는 공동체적인 삶, 그리스도인 공동체 안에서 서로 사랑하는 능력을 통하여 진실성이 증명된다. (3)너저분하고 깨어진 세상에 살면서도, 그리스도인 공동체는 기쁨을 특징으로 한다. 이처럼 일관된 기쁨은 그와 같은 공동체에서 선포하는 진리를 피할 수 없게 한다. (4)그리스도인 공동체는 지혜롭게 사는 것이 어떤 의미인지를 가시적으로 증명한다. 서구의 도시 사회는 지혜를 찾는 갈급한 열망으로 가득하다. 자기들의 삶과 행동으로 기독교 복음의 타당성을 가르치는 사람들은 바로 지혜로운 보통 사람들이다.

예수님과의 만남

우리는 지금까지 말한 모든 것들에 한 가지 본질적인 요소가 있다는 것을 인정해야 한다. 결국 회심은 단순히 어떤 것을 진리라고 믿는 문제가 절대로 아니다. 회심은 두 가지 종류의 믿음 가운데 가장 논리적인 일관성을 보인다고 판단되는 것을 받아들이려고 단순히 비교하는 단계에서는 절대로 일어날 수 없다. 그리스도인의 회심의 핵심은 예수 그리스도와의 인격적인 만남이다. 이것은 단지 믿음 체계나 진술과의 만남이 아니다. 그것은 십자가에 달리시고 부활하셔서 우리를 예배와 순종 가운데로 부르시는 그리스도와의 만남이다. 그와 같은 출발점에서, 우리 지성은 마음속의 생각을 형성할 뿐만 아니라 재형성하는 진리와 만나게 된다. 그리하여 우리는 그 진리를 따라 진실하게 살아갈 수 있게 된다.

고백의 자유

회개와 그에 뒤따르는 죄 용서에 관한 언급 없이는 복음에 대하여, 또는 회심에 대하여 이야기할 수 없다.[13] 믿음과 회개의 순서에 관하여 신학자들 사이에 논란이 있기는 하지만(예를 들어 칼빈은 믿음이 회개보다 앞선다고 주장한다[4]), 두 요소의 절대적인 위치에 대해서는 아무런 이의를 달지 않는다.

신약 성경은 회심에 고백적인 차원, 곧 회개와 죄에 대한 거절이 포함된다고 가정한다. 회심이란 죄로부터 돌아서는 것만큼 예수님을 향해 돌아서는 것이다. 그것이 그리스도와의 진정한 만남이 되기 위해서는 참된 회개가 있어야 한다. 회개는 후회를 넘어서는 것이다. 또한 회개는 죄로 말미암은 진정한 슬픔 때문에 죄에서 돌아서기로 결단하는 것이다. 회개에는 반드시 생활 습관의 하나로서 죄를 거절하는 일이 포함된다. 회개는 정말 철저한 회심이 일어날 수 있게 한다. 곧 전인적인 회심을 통하여 변화와 완전한 탈바꿈이 일어날 수 있다.

죄 문제를 심각하게 고려하지 않는다면, 회개가 차지하는 중대한 위치를 알아차릴 수 없을 것이다. 실제로 우리는 죄 때문에 회심이 반드시 필요하다는 가정에서 출발해야 한다. 그러므로 진정한 회심을 위해서는 죄에 직면하는 것과 죄에서 돌아서는 것이 있어야 한다. 우리는 회개를 통해서 죄를 인정하게 되고, 용서를 받으며, 죄를 거절하게 된다. 이것이 바로 회심으로 말미암아 전환점을 마련하게 된다는 이유다. 회심은 죄에서 돌아서는 것이다.

회개를 자세히 분석해 보면 그것을 더욱 완전하게 이해할 수 있게 된다. 회개는 죄에 대한 자각에서 출발한다. 회개에서 가장 중요한 부분은 자신이 하나님의 은혜가 필요한 죄인임을 깨닫는 것이다. 사도행전 2장 37절과 같은 생생한 구절에서, 베드로의 설교를 들은 청중은 복음이 선포되자 "마음에 찔림을 받았다." 그 사람들의 양심이 찔렸다. 이것은 단순한 감정적인 충동이나 비이성적인 느낌이 아니었다. 오히려, 폴 햄이 강조하는 것처럼, 하나님 앞에서 자신들이 죄인임을 깨달은 데서 오는 충격이었다.[15] 모든 회심에는 죄에 대한 자각이 포함된다. 신약 성경에 등장하는 회심 이야기에서는 이 사실이 분명하게 드러나지는 않지만, 얼마든지 유추할 수는 있다.

더 나아가, 참된 회개에는 고백이 포함된다. 하나님 앞에서 입으로 시인하는 과정을 일반적으로 꼭 거치는 것은 아니지만, 고백을 통하여, 우리는 자기 죄와 행동과 반역에 대한 책임을 통감하게 된다. 우리가 죄를 지었을 뿐만 아니라 하나님과 하나님의 진리 앞에서 우리 행동에 대하여 마땅히 책임을 지겠다고 인정하게 된다. 우리는 변명하지 않는다. 즉 환경 때문이라고 핑계대지 않게 된다. 단순히 우리가 죄인임을 인정할 뿐이다.

그러므로 또한 회개에는 거절이 포함된다. 헴은 이렇게 묻는다. "죄에 대한 확실한 자각이 그리스도인의 회심에 필수적인 요소라면, 과연 그것으로 충분한가?"[16] 헴은 계속하여 성경에서는 자기 죄를 확실히 자각했음에도 진정한 회심에 이르지 못한 사람들에 대한 몇 가지 불가항력적인 예들이 있다는 점을 밝힌다. 마태복음에 나오는 부자 청년은 자신에게 그리스도와 영생이 필요하다는 사실을 인정했는데도 불구하고 제자가 되라는 주님의 부르심을 듣고도 그분을 떠났다. 사도 바울 앞에서 두려워 떨었던 벨릭스행 24장는 바울이라는 사람, 바울의 메시지, 바울의 선한 양심 때문에 크게 근심하였다. 헴의 주장에 따르면, 벨릭스는 바울이 진리, 사실상 하나님의 말씀을 전하고 있다는 사실을 잘 알았지만, 그 영향력은 전혀 지속되지 않았다.

> 벨릭스는 하나님의 말씀에 깊은 인상을 받았다. 벨릭스는 하나님의 의의 기준에 자신이 도저히 이르지 못한다는 사실을 적어도 아주 잠깐 동안이라도 깨달았다. 벨릭스는 이와 같은 문제들을 단순히 깊은 성찰이 필요한 대상이 아니라 자신을 두려워 떨게 만드는 진리로 인정하였다. 그러나 잠시 뒤에는 그냥 그것들을 한 쪽으로 밀쳐 두었다. 옛 본성이 되살아났던 것이다. 오직 벨릭스는 바울을 풀어줌으로써 혹시 받게 될 돈에만 관심을 가지

게 되었다.[17]

그러니까 벨릭스는 자기 죄를 분명히 자각하였지만, 회심에 이르지는 못했다. 이 두 사람은 죄에 대하여 약간의 슬픈 마음을 느꼈을 뿐이라고 말하고 싶은 충동을 느낀다. 그러나 실제로 부자 청년 관원은 예수님을 따르기 위하여 치러야 할 대가 때문에 슬픈 기색을 띠었다. 여러 다른 경우에서도, 사람들은 죄에 대하여 진실한 마음으로 유감스러워하지 않는다. 그 사람들은 자기 죄로 말미암아 나타난 결과에 대하여 유감스러워할 뿐이다. 벨릭스는 심판을 두려워하였다. 그 심판이 자기 마음에 슬픈 감정을 불러 일으켰던 것이다. 왜냐하면 바울이 전하는 말에서 자기 스스로 죄의 문제를 가지고 하나님 앞에 나아가야 한다는 진리를 깨달았기 때문이다. 그러나 이것이 벨릭스를 자기 죄에서 돌이키도록 이끌지는 못했다. 부자 청년과 벨릭스의 경우에 둘 다 돈이 커다란 장애물이었다는 점은 아마 우연으로 보기 힘들 것이다.

그러므로 우리는 죄를 거부하는 것이 절대적으로 중요하다는 점을 강조하지 않을 수 없다. 헴이 강조하는 것처럼, "죄에 대한 자각에는 하나님의 눈에 무엇이 죄인가에 관한 깨달음이 포함된다. 그것은 하나님께서 기뻐하시지 않는 일이기 때문에 미워하고 버려야 한다는 결단과 결부시켜서 생각할 문제다." 죄를 거부하지 않으면 "죄에 대한 다른 모든 자각은 일시적이고 미성숙한 것으로 드러날 가능성이 크다."[18] 죄에 대한 진정한 자각은 죄의 결과로 말미암은 과거의 슬픈 감정을 넘어서서 죄에서 돌아서겠다는, 죄를 거부하겠다는, 죄와는 반대 방향으로 나아가겠다는 깊은 소망과 결단을 향해 움직이는 것이다.

그리고 이것이야말로 회심 체험의 진수가 될 수 있다. 적어도 이와 같은 본질적인 요소에 관해서는 말이다. 수많은 사람들은 일단 누군가 회심하면 마치 완벽한 변화를 이루어낸 결과 그 사람이 더는 죄인이 아닐 뿐만 아니라 죄에 대해서도 관심을 보이지 않게 되는 것처럼 이야기한다. 회심자는 여전히 죄인으로 남아 있다고 생각하는 것이 훨씬 유익할 뿐만 아니라 성경의 증거와도 일치한다. 회심은 즉각적이고 일시적인 변화가 아니다. 100퍼센트 진짜 기독교적인 회심을 경험했다고 하더라도, 한 사람의 죄들은 여전히 남아 있을 수 있다. 그러나 조나단 에드워즈가 주목하는 것처럼, 죄들의 처지는 전혀 '달라질' 것이다. 회개로 말미암아 한 회심자의 죄가 완전히 제거되거나 사라지는 것은 아니다. 오히려 에드워즈가 말하는 것처럼, '진정한 회심은…한 사람을 돌이켜 자기 자신의 죄악에 맞서게 할'[19] 뿐이다.

헴은 여기에서 우리에게 적절한 주의를 당부한다. 우리가 진정한 회개의 증거, 곧 죄를 거부하는 것과 더불어 나타나는 죄에 대한 자각의 증거를 무엇으로 생각하는지 정확하게 인식하고 있지 않다면, 어떤 사람이 고백한 죄에 대한 자각이 무엇이든 별다른 타당성이 없는 것으로 간단히 무시해 버리려는 유혹을 충분히 받을 수 있다. 그러나 비록 죄에 대한 자각을 죄에 대한 거부와 결부시켜야 한다고 하더라도, 우리 자신은 절대로 결정적인 심판을 내릴 위치에 있지 않다. "어떤 사람이 죄에 대한 자각을 일정 기간만 경험했다는 사실은, 비록 일시적인 것처럼 보이거나 일시적이었던 것으로 증명될지라도, 하나님께서 앞으로 그 사람에게 결코 그분의 중생시키는 은혜를 부어주지 않으실 것이라고 추정할 만한 아무런 결론적인 증거가 되지 않는다."[20]

하나님께서는 무수한 방법으로 일하시면서 우리를 끊임없이 놀라게 하실 것이다. 우리는 선포된 말씀을 통하여 마음과 생각에 뿌려진 조그만 씨앗의 힘을 과소평가해서는 안 된다. 처음에는 그 씨앗이 전혀 회개를 동반하지 않는 슬픔으로만 끝날 수도 있지만, 언젠가 적절한 때에 이르면 커다란 열매를 맺을 수도 있다. 그러니까 헴이 주장하는 것처럼, 우리는 다른 사람들의 영적인 처지에 대하여 판단할 때 무척 주의해야 한다. 하나님께서 무슨 일을 하시는지, 그리고 그분의 때에 그분의 일을 어떤 방식으로 전개하실지 아무도 모르기 때문이다. "우리를 중생하게 하시는 하나님의 은혜는 종종 아주 작은 일에서 시작된다."[21] 어떤 사람의 행동이 우리 기대를 충족시켜 주지 못한다고 무시하는 것은 오직 하나님께만 속한 심판의 자리에 우리 자신을 앉히는 꼴이 된다.

사람들은 끊임없이, 회심은 우리의 죄를 깨끗이 용서받는 경험이라고 말한다. 회심을 통해 과거와 현재와 미래의 모든 죄가 용서받는다는 것이다. 십자가에서 우리 죄가 모두 용서받았다는 사실을 분명히 경축해야 하지만, 우리 과거의 죄가 용서받았으며, 이제 우리의 전 존재가 죄에 맞설 수 있도록 온전히 변화되었다고 말하는 게 아마 가장 정확할 것이다. 우리는 미래에 죄를 지을 것이다. 그래서 자기 죄를 깨달았을 때, 이미 우리 죄가 모두 용서를 받았기 때문에 고백이 꼭 필요한 것은 아니라고 생각해서는 안 된다. 그것보다는 우리 존재가 죄와 맞서도록 변화되었기 때문에 고백을 통해서라야 이와 같은 기본적인 정신 자세와 마음 자세로 돌아가게 된다는 인식이 훨씬 더 중요하다. 일단 자기 죄를 고백하고 용서를 받으면, 우리 안에 살아 계신 하나님의 생명과는 정반대인 모든 것에 담대하게 맞서도록 우리 자신의 중심을 다시 한 번 바로잡게 된다.

그런데 우리는 회개를 단순히 회심에 필요한 어떤 단계나 양상으로 생각해서는 절대로 안 된다. 만약 회개를 회심에 필요한 어떤 단계나 양상으로 취급한다면, 일단 한 번 회개한 뒤에는 거기에서 완전히 빠져나와 계속하여 앞으로 나갈 수 있을 것이라고 생각하는 비극적인 결과가 생긴다. 그러나 진정한 회개는 우리로 하여금 언제나 죄를 의식하도록 이끌어 주는 동시에, 죄에서 돌아서야 된다는 사실을 깨닫도록 이끌어 준다. 회개는 회심에 필요한 한 가지 성분으로서 영적인 삶에 지속적이고 절대적인 요소로 남아 있다. 왜냐하면 끊임없이 회개가 이어지지 않는다면, 변화도 있을 수 없기 때문이다.

예기치 못한 기쁨

레오 톨스토이는 하나님을 향한 추구가 자신의 합리성에서 비롯될 수 없다는 점에 주목하였다. "하나님을 향한 추구는 나에게 이성의 행위가 아니라 감정의 행위였다. 나는 신중한 자세로 이 사실을 말한다. 왜냐하면 그러한 추구는 내 사고 방식과 정반대로 향하고 있었기 때문이다. 다시 말해, 그것은 마음에서 솟아나는 갈망이었다. 그것은 세상 만물 가운데에서 느끼는 두려운 감정, 버려진 느낌, 또는 고독감이었으며, 그와 동시에 내가 전혀 알지 못하는 분의 도움을 통하여 맛보는 소망의 감정이었다."[22]

하나님께로 나아오는 사람들에게는, 그와 같은 경험의 감정적인 측면이 전체 회심 과정을 이끌어 가는 추진력으로 작용한다. 물론 그런 부분이 다양한 문화와 기질 가운데에서 여러 가지 형태로 표현될 수 있겠지만, 실제로 감정 영역은 모든 그리스도인의 회심에서 절대적인 역할을 한다. 지적인 요소는 회심을 일으킬 수 있는 개념적인 기준을 만들어 준다. 여기에서 회개는 회심으로 말미암아 진정한 '전환', 방향의 변화가 일어날 수 있게 한다. 회심이 깊어질 수 있도록, 마음 한 구석에서 시작하여 온 마음을 차지하게 하는 것은 바로 이 감정적인 요소를 통해서다. 감정적인 차원은 통합, 곧 전인적인 통합과 연합을 가져온다.

감정적인 요소는 단순히 회심과 관련한 감정적인 경험이 아니다물론 그것이 여기에 얼마든지 포함될 수 있기는 하지만 말이다. 브루스 힌드마쉬Bruce Hindmarsh가 지적한 것처럼, 복음주의 진영의 설교와 예배는 대부분 '회심을 묘사하는 감정적인 풍경'을 조성하여 유지하려고 몸부림친다.[23] 그것은 신앙 부흥 운동에서 나타나는 경향들 가운데 하나다. 곧 감정적인 영역이 회심에 필요한 본질적인 요소라고 인식하기보다는 회심을 촉진시키기 위하여 감정을 이용한다. 내가 살펴본 바에 따르면, 그 결과로 신앙 부흥 운동에서 감정적인 변화를 별로 촉진시키지는 못했다는 것이다.

그리스도인의 회심에서 감정은 단순히 그 회심을 일으키는 촉매나 배경이 아니라 필수적인 요소다. 실제로, 수많은 사람들에게 감정은 그리스도를 믿는 신앙으로 나아오는 과정에서 아주 중요한 요소다. 존 칼빈은 참된 믿음이 단지 지성의 문제만은 아니라고 강조하였다. "믿음은 도저히 경건한 감정과 분리하여 생각할 수 없다."[24] 특히 칼빈은 내적인 확신의 중요성을 강조하면서, 이것을 참된 믿음과 연결시키는 동시에 '마음의 안정'[25]이라고 부른다이것은 흔히 우리가 개혁주의 전통이 아닌 웨슬리 전통과 연결시키는 것이다. 성령의 사역에는 생각을 조명하시는 일과 '마음에 확신'을 주는 일이 포함된다고 칼빈은 말한다. 왜냐하면, "무지한 생각보다는 마음의 불신이 더 흔하기 때문이다. 또한 지식으로 영혼을 고취시키는 것보다 안정감으로 영혼에 감동을 불러일으키는 것이 훨씬 더 어렵기 때문이다."[26]

감정을 진지하게 고려하기

수많은 복음주의 그리스도인들은 감정이 이차적이거나 부차적일 뿐만 아니라 단연코 위험하다는 가정을 제기하였다. 복음주의자들에게 감정은 기껏해야 케이크 위에 올려놓는 장식품에 불과했기 때문에 적당한 수준으로만 취급되었다. 젊은 사람들은 지금까지 사실과 믿음이 열차를 이끄는 기관차인 반면에, 감정은 열차 맨 뒤에 겨우 매달려 있는 짐칸에 불과하다고 배워 왔다. 우리가 배운 감정은 신뢰할 만한 게 아니었다. 감정은 핵심적인 가늠자가 아니었다. 이런 종류의 가르침은 '감정적인' 사람이 대체로 신뢰성이 떨어진 다거나, 여성들이 일반적으로 훨씬 더 감정적이라고 여기는 사람들의 흔한 생각 속에 아주 교묘하게 스며들었다. 그런 생각은 단지 이성과 합리성만을 신뢰할 수 있으며, 이지적이고 지성적인 사람들을 믿어야 한다고 끊임없이 넌지시 암시하였다.

그러나 감정은 전혀 부차적인 요소가 아니며, 인간적이 된다는 의미에서 중심을 차지한다. 좀 배웠다는 많은 사람들이 감정을 불신한다는 것은 아주 역설적이다. 왜냐하면 감정의 중요한 위치는 복음주의 유산에 깊이 간직되어 있기 때문이다. 이것보다 더 역설적인 것은 이러한 불신이 신앙 부흥 운동 안에 있는 한 가지 경향으로 말미암아 훨씬 강화되었다는 점이다. 신앙 부흥 운동은 회심을 일으키기 위해 감정에 호소했지만, 그 이후로 신앙 부흥 운동의 전통에 서 있는 많은 교회들은 신앙생활에서 감정을 지나치게 중시하지 말라고 가르친다. 그러나 이것은 복음주의 유산과 일치하지 않는 것이다. 조나단 에드워즈와 존 웨슬리는 둘 다 감정과 정서의 일차적인 위치를 인정했을 뿐만 아니라 기쁨을 가져오지 않는 구속은 진정한 구속이 아니라고 인정했다. 왜냐하면 그리스도께서는 우리 기쁨을 완성하기 위하여 오셨기 때문이다. 예수님께서는 자기 앞에 준비된 기쁨을 바라보고 십자가로 나아가셨다. 예수님께서는 우리 슬픔이 솔직하게 표현되고, 우리 비탄이 기쁨으로 바뀌게 될 것을 열렬히 기대하면서 십자가로 올라가셨다.

감정을 강조하는 것은 우리가 감정적인 존재로 지음받았으며, 우리가 존재의 중심인 '마음을 다해' 살아갈 때에만 그리스도인답게 신실하게 살아갈 수 있다는 전제에 기초하고 있다. 그러므로 정말로 신뢰할 수 있는 사람들은 순전히 이지적이기만 한 사람이 아니라, 감성과 지성이 통합된 사람들, 마음에서 우러난 신실함으로 살아가는 법을 알고 있는 사람들, 하나님과 다른 사람들과 세상에 감정적으로 반응하는 법을 알고 있는 사람들, 그리고 깨어진 세상에서도 기쁨에 넘치는 삶을 사는 사람들이다.

구원의 기쁨

회심에 담긴 감정적인 요소는 다양한 모습으로 표현된다. 어떤 사람들에게는 사랑에 빠지는 것과 같은 경험에 비교될 수 있다. 준 오코너의 관찰에 따르면, 포스터 바터만과 도로시 데이의 관계는 궁극적으로 데이로 하여금 하나님과 나눈 관계를 준비시켰다. 비록 이전에 사랑과 감정을 경험한 것과 완전히 동떨어진 것은 아니었을 테지만, "데이가 포스터와 사랑에 빠진 것은 … 데이가 하나님을 인식하고 받아들이는 데 … 지대한 영향을 끼쳤다."[27]

오코너의 견해는 버나드 로너건과 월터 콘의 생각에 바탕을 둔 것인데, 이 사람들은 감정을 자기 자신을 뛰어넘어 다른 사람들의 선을 향해 나아가는 능력이라고 말한다. 회심의 감정적인 차원에는 열정적인 소망에 바탕을 둔 철저한 방향 전환이 포함된다. 그것은 깨달음이며, 가장 깊은 감정의 방향 전환으로서, 이것이 없다면 궁극적인 변화는 일어날 수 없다. 어떤 측면에서든, 어떤 식으로든, 회심이 우리로 하여금 감정적인 차원에 깊이 사로잡히게 하지 않는다면, 그것은 결코 모든 것을 포함하는 포괄적인 경험이 되지 못할 것이다. 우리가 자기 자신을 하나님께 감정적으로 내던지기까지, 우리의 회심은 언제나 일방적이거나 일차원적인 수준에 머물고 있을 것이다.

옥스퍼드의 지성인 C. S. 루이스는 회심하려면 깊고도 명쾌한 확실성이 있어야 한다고 생각했다. 루이스는 합리적이거나 지적인 진실성을 보이는 어떤 것에 자기 믿음과 인생을 걸려고 했던 것이다. 기독교적인 신앙이라면 이해할 만한 것이어야 했다. 기독교적인 신앙이 개념적으로 서로 긴밀하게 연결되어 있어야 했다. 지적인 확실성을 향한 추구가 루이스의 경험에서 지대한 역할을 하기는 했지만, 그럼에도 불구하고 루이스의 회심은 훨씬 더 신비스럽고 심오한 것을 추구한 데서 비롯된 열매였다.

데이빗 레이David Leigh의 말에 따르면, 「예기치 못한 기쁨」*Surprised by Joy*에서 루이스는 자신의 여정을 '지적인 귀향이라기보다는 오히려 초기의 감정적인 경험에 담긴 궁극적인 의미를 상상력을 동원하여 재발견한 것'이라고 하였다.28) 루이스와 체스터톤G. K. Chesterton은 각 사람의 내면에 기쁨을 향한 심오한 소망이나 갈망, 그리고 열정이 있다는 사실을 나로 하여금 깨닫게 해주었다. 그것은 사람마다 다양한 형태를 띠지만, 가장 밑바닥에는 누구에게나 기쁨을 향한 갈급함이 있다.

이미 살펴본 대로, 어떤 사람들에게는 기쁨을 발견하고 경험하는 일이 사랑에 빠지는 것과 비교될 수 있다. 또 어떤 사람들에게 기쁨을 향한 갈망은 '아버지'를 향한 추구로 표현된다. 1990년 말에 나는 며칠 사이에 서로 다른 두 편의 영화를 보았다. 하나는 미국 사람이 만든 〈연기로 보내는 신호〉Smoke Signals였고, 다른 하나는 브라질에서 만들어 영화제에서 상을 타기도 했던 〈중앙 역〉Central Station이었다. 두 영화에는 젊은 남자 주인공이 한 가지 강력하면서도 거의 필사적인 목표를 좇아서 황량한 풍경을 따라 버스로 여행하는 이야기가 나온다. 그 목표는 자기 아버지를 찾아내는 것이었다. 마침내 이 주인공은 더는 이 세상에 있지 않는 한 사람이 남겨놓은 추억의 흔적들만을 겨우 찾아낸다. 코끝이 찡했다. 복음은 정체성, 안전, 의미, 목적, 친밀감, 그리고 궁극적으로는 기쁨을 주시는 하나님 아버지께로 인도해 주기 때문에 많은 사람들에게 좋은 소식이다.

또 다른 사람들은 '사랑에 빠지는 것'이나 '아버지를 찾아내는 일'이라기보다는 오히려 일종의 모험, 즉 탐색과 최종적인 발견에 대한 로맨스를 맛보는 것으로서 기쁨을 추구한다. 또 다른 사람들에게는 기쁨을 추구하는 일이 친밀감을 향한 갈망이기도 하다. 기쁨을 향한 갈망이 천진난만한 삶을 향한 갈망이기도 하는 사람들도 여전히 있다. 이를테면, 장난감을 가지고 놀 때 느끼는 어린 아이들의 기쁨 같은 것 말이다.

기쁨은 유쾌함에서, 한 사람의 가장 깊은 갈망이 채워지는 데서 발견된다. 거의 필연적으로, 하나님 안에서 얻는 만족을 통하여 기쁨을 누리지 못한다면, 우리는 다른 데서 기쁨을 찾는다. 곧 물질이나 관능적인 쾌락에서, 지배와 권력을 휘두르는 데서, 또는 명예와 인정을 추구하는 데서 기쁨을 찾는다. 이런 이유로 우리는 기쁨을 자기 내면의 가장 깊은 소망을 하나님께로 향하도록 방향 전환하는 것으로, 결과적으로 진정한 회심에서 아주 중요한 자리를 차지하는 것으로 보게 된다. 중요한 것은 기쁨의 경험을 촉진하는 특별한 수단이나 지배적인 동기나 이미지가 아니다. 핵심은 기쁨을 발견하는 일이 부차적인 것도 아니고 선택적인 것도 아니라는 점이다. 다만 그것이 그리스도인의 회심 경험에 본질적이라는 점이다.

지적인 회심이 자동적으로 감정적인 회심으로 바뀌는 것은 아니라는 점을 강조하고 싶다. 데이빗 레이가 지적하는 것처럼, 루이스와 체스터톤이 복음의 진리를 지적으로 확신했지만, 이 사람들의 회심은 전적으로 지적인 것만은 아니었다.[29] 그들이 궁극적인 기쁨을 발견했을 때, 특별하고도 황홀한 경험보다는 오히려 지적이고도 감정적인 심오한 인식이 포함되어 있었다.

용서에 대한 확신 자신이 사랑받고 있다는 것을 아는 것

회심의 감정적인 요소에서 중심을 차지하는 부분은 용서의 확신이다. 우리가 용서받았다는 것, 즉 죄가 우리를 더 이상 얽어맬 수 없으며, 우리는 죄책감에서 자유로워졌고, 그리스도 안에서 받아들여졌을 뿐만 아니라 사랑받았다는 것을 존재의 중심에서 깨닫지 못한다면, 결코 어떤 변화도, 어떤 진정한 회심도, 어떤 궁극적인 자유도, 감정적이거나 또 다른 영역의 자유도 있을 수 없다.

비록 모든 기독교 전통에서 이와 같은 요소를 본질적인 부분이라고 생각해 왔지만, 아마 웨슬리의 감리교만큼이나 강력하게 거기에 사로잡혔던 적은

없었을 것이다. 물론 그 전통은 웨슬리 자신의 경험에 지대한 영향을 받아서 형성되어 왔다. 바로 그 웨슬리는 하나님의 은혜가 신비스럽게 역사하여 '이상하게 마음이 뜨거워지는 것'을 느꼈다. 웨슬리는 계속하여 말하기를, "나는 구원을 위하여 오직 그리스도 한 분만을 신뢰한다고 느끼게 되었다. 그리스도께서 내 죄를, 심지어 나 자신마저도 깨끗이 가져가시고, 죄와 사망의 율법에서 나를 구원하셨다는 확신이 내게 허락되었다."[30]

감정에 대한 이러한 강조를 핵심적으로 표현한 것은 그 운동을 단숨에 유명하게 만든 놀라운 찬송가, 특히 요한 웨슬리의 동생인 찰스 웨슬리가 만든 찬송가들이다. 이 찬송가의 서정적인 가사들은 한 사람이 온 우주의 창조주에게 용서받고 받아들여지며 사랑 받고 있다는 사실을 깨닫는 데서 비롯된 놀라운 자유와 기쁨을 노래하고 있다.

> 온 세상의 구세주께서 나를 위하여 피 흘리시다니!
> 나를 위하여 죽으시다니, 나를 위하여 고통을 당하시다니!
> 나를 위하여 기꺼이 십자가에서 돌아가시다니!
> 오, 놀라운 사랑! 나를 위하여 돌아가신
> 하나님의 사랑이 어찌 그리 크단 말인가?

또 다른 찬송가는 이렇게 노래한다 찬송가 23장.

만 입이 내게 있으면 그 입 다 가지고
내 구주 주신 은총을 늘 찬송하겠네
내 주의 귀한 이름이 날 위로하시고
이 귀에 음악 같으니 참 희락 되도다

그리고 다시 찬양하기를,

일어나라, 내 영혼아, 일어나라!
죄책감의 두려움을 떨쳐버릴지어다.
나 위하여 피 흘리신 어린양이 나타난다네.
그 보좌 앞에서 담대히 선다네.
그 보좌 앞에서 담대히 선다네.
내 이름이 생명책에 기록되어 있기 때문이라네.

내 하나님께서 화해를 이루셨다네.
내 주님께서 용서를 베푸시는 소리가 들린다네.
내 아버지께서 나를 자녀로 삼으셨다네.
이제 나에게는 두려움이 없다네.
담대히 주님 곁으로 다가간다네.
담대히 주님 곁으로 다가간다네.

거기에서 아바, 아빠, 아버지를 외친다네.

믿음_ 철저하게 의뢰하는 자세

비록 이와 같은 보증, 한 사람이 용서받았다는 깊은 확신과 기쁨이 중요하다고 할지라도, 회심이 지닌 감정적인 요소에는 더 많은 것이 내포되어 있다. 철저하게 의뢰하는 자세인 믿음을 살펴봄으로써 감정의 전 영역을 탐색하는 것이 가장 유용하다고 본다. 한 사람의 자아를 감정적으로 포기하고 하나님의 자비하심과 용서하심으로 나아가는 일은 본질적인 출발점이지만, 회심이 지닌 감정적인 요소는 이것을 훨씬 뛰어넘는다.

신앙은 믿음이자 신뢰다. 신앙은 그리스도인의 제자도를 향한 첫 단계다. 예수 그리스도를 통하여 하나님의 선물을 받아들일 때에도 출발점은 바로 믿음을 통해서다. 그러나 우리는 예수 그리스도를 굳게 믿을 때뿐만 아니라 단순히 믿음의 길을 걸을 때에도 하나님의 백성이다. 사실상 그리스도인의 정체성을 가장 잘 나타내 주는 표지는 믿음의 백성이라는 점이다. 하나님께서 우리에게 가장 먼저 요구하시는 것이 바로 그분을 신뢰하면서 순종하는 가운데 이러한 믿음을 보여 주는 것이라는 단순한 이유 때문에, 우리는 교회를 믿음의 공동체라고 부른다. 믿음보다 하나님을 기쁘시게 할 수 있는 것은 아무것도 없다. 하나님은 무엇보다 우리가 철저한 믿음의 백성이 되는 것을 갈망하신다. 그러므로 성숙한 그리스도인의 삶을 살게 하는 중요한 수단은 믿음을 강화시키는 것이라는 말에는 나름대로 일리가 있다.

흔히 우리는 성숙한 그리스도인이 되려면 거룩함 가운데 자라가야 하는 것처럼 말한다. 죄를 덜 짓고, 더욱 의로워지고, 생각과 말과 행동이 성숙해지면 거룩하게 되는 것처럼 이야기한다. 그러나 아마도 거룩함이란 믿음에서 나온 것이라고 생각하는 게 훨씬 더 적절할 것이다. 하나님을 온전히 신뢰하지 않을 때, 본질적으로 우리는 다른 것에다 신뢰와 확신을 두게 된다. 우리의 가장 커다란 필요는 우리를 만드신 분을 신뢰하는 것이며, 마땅히 그 신뢰를 받으실 만한 오직 한 분에게 믿음을 두는 것이다.

제대로 믿음을 세우는 것이 오늘날 기독교계가 행하는 온갖 제자 훈련과 양육 훈련의 거의 유일한 초점이다. 그러나 스페인의 신비주의자들과 중세의 영성가들이 초점을 맞추었던 것처럼, 믿음 세우기는 영적인 지도와 인도에 관한 아주 오래된 접근 방식에서 지향하던 초점이었다. 또한 덴마크의 사상가이자 저술가인 키에르케고르Søren Kierkegaard의 사색적인 작품들에서도 믿음이 강조된다. 아브라함의 삶에 관한 주석에서 키에르케고르는 믿음에 관한 탁월한 본보기로서 이 아브라함 족장을 제시한다. 키에르케고르의 설명에 따르면, 궁극적으로 하나님을 기쁘시게 하는 것은 우리의 도덕성, 업적, 신실한 봉사, 인간 관계, 진리에 관한 지식이나 지혜의 깊이가 아니라 바로 믿음이다. 그리고 그것은 바로 철저하게 하나님을 의뢰하는 믿음이다.

그러므로 우리는 자기 죄를 용서받았다는 사실을 깨닫는 것만으로 그 기쁨이 흘러넘칠 수 없다는 것을 알게 된다. 그 기쁨은 궁극적으로 우리가 온 우주를 지으신 창조주의 팔지혜, 선하심, 능력에 전 존재를 맡길 때 찾아온다.

확신은 사랑받고 있을 뿐만 아니라 용서받고 있다는 사실을 깨닫는 데서 시작된다. 그리고 우리는 일상적인 기도와 공적인 예배를 통하여 순간마다, 날마다, 일주일마다 이 확신의 자리로 다시 돌아간다. 이러한 기본적인 원칙을 뛰어넘고서는 결코 앞으로 나갈 수 없다. 그것은 믿음 안에서 성장하기 위하여 우리에게 반드시 필요한 토대다. 그러나 회심에는 철저하게 의뢰하는 믿음이 포함되어야 한다. 왜냐하면 오직 그럴 때라야 우리 영혼이 완전한 쉼을 얻기 때문이다.

확신은 그리스도인의 경험에서 절대적인 것이다. 그러나 진정한 확신은 자기만족을 조장하지는 않는다. 그러한 확신은 절대 필요한 영적 성장을 강화시킨다. 그러므로 "한 번 구원은 영원한 구원"이라는 구호는 어떤 의미에서는 사실이다. 그러나 그와 같은 구호는 자칫 사람들을 잘못 인도하여, 베드로전서 1장에서 요청하는 역동적인 성장이나 변화보다는 그릇된 안정감에 초점을 맞추게 한다. 그런데 그러한 변화는 오직 믿음으로 말미암은 성장을 통해서만 자극을 받는다.

"나는 예수님을 따르기로 결정했다"

그리스도인의 회심은 충성의 대상이 바뀌는 일을 포함한다는 사실은 신약성경의 분명한 증거다. 이와 같은 충성은 우리 주 예수 그리스도께 순종하는 삶을 살겠다는 결단을 통하여 분명하게 드러난다. 레슬리 뉴비긴의 말에 따르면, "회심과 순종 사이에는 단절이 있을 수 없다. 성경에 진실하게 나아간 다는 의미에서 회심한다는 것은 전인적인 영역을 포함하는 일이다. 회심은 마음과 생각이라는 내면적인 방향 전환과 더불어 삶의 전 영역을 통한 행동에서 나타나는 외적인 방향 전환을 다 포함하는 전면적인 방향 전환이다."[31]

의지와 제대로 조화를 이루지 않는 진실하고 지속적인 회심이란 있을 수 없다는 가정 위에서 난 이것을 회심의 의지적인 요소라고 말하기로 했다. 예수 그리스도와의 진정한 만남은, 그것이 신비적인 이상이든 진리에 대한 엄숙한 발견이든, 어떤 사람으로 하여금 세상 속에서 행동하도록, 진리 가운데 살아가며 그 진리를 섬기고자 열망하도록 언제나 이끌어준다.

의지적인 결단의 두 가지 표현

회심의 의지적인 요소는 두 가지 특별한 표현으로 나타난다. 둘 다 순종하려는 열망과 의지를 나타낸다. 그리고 그리스도인의 회심에서 순종은 자유와 기쁨 가운데 하는 순종이라는 점에 반드시 주목해야 한다. 그러한 순종이야말로 환영받는 동시에 실제로 추구해야 할 것이다.

첫째, 회심의 의지적인 요소에는 도덕적인 개혁이 포함된다. 우리는 하나님의 성품과 하나님의 뜻에 자발적으로 반응하며, 우리 행동에 책임을 지게 된다. 그것은 하나님의 도덕 의지에서 분명하게 드러나는 의를 향한 갈망으로 표현된다.

둘째, 의지적인 요소에는 또한 우리에게 구원을 허락하시는 분을 섬기기 위하여 우리의 모든 삶의 방향을 하나님께로 돌리기로 결정하는 일이 포함된다. 이러한 방향 설정을 기본적으로 표현한 것이 희생적인 섬김으로 나타나는 순종이다. 그리스도께로 나아오면서 그리스도의 통치에 참여하는 자가 되며, 그리스도의 다스림을 온 세상에 널리 퍼뜨리는 도구가 된다. 우리는 말과 행동을 통하여 그리스도의 통치를 증거하게 된다. 하나님의 구원하시는 은혜가 우리 삶에까지 확장된 것은 우리 자신을 위해서가 아니라 궁극적으로는 다른 사람들을 위해서다.

진정한 회심에서 이와 같은 도덕적인 재조정은 결단코 홀로 이루어지지 않는다. 일차원적인 회심은 한편으로는 율법주의로 전락할 수 있고, 다른 한편으로는 어설픈 '개혁주의'로 빠질 수 있다. 그러나 진리와 회개와 신뢰가 충성의 대상을 바꾸는 일을 동반하는 진정한 회심에서는, 이와 같은 재조정은 믿음과 소망과 사랑에 헌신하겠다는 표현이 된다. 다시 말해, 충성의 대상을 바꾸는 일은 하나님과 이웃에 대한 사랑의 표현이다. 우리는 목적 자체로서가 아니라 하나님의 성품에 대한 반영으로서 의를 사랑하게 된다. 우리는 하나님을 사랑하기 때문에 거룩한 삶을 사랑한다. 그리고 그리스도를 섬기려고 헌신하는 것은 광신자처럼 헌신한다는 게 아니다. 그것은 그리스도의 이름으로 다른 사람들을 위하여 기꺼이 자기 생명을 내어주는 사람에게서 나오는 사랑의 섬김이다.

순종의 자유

그리스도인의 회심에서 의지적인 요소는 자율이 아닌 순종을 통하여 자유가 보장된다는 사실을 전제로 한다. 인간의 마음은 자유를 갈망한다. 우리는 자유를 누리도록 창조된 존재였다. 그 자유를 누릴 때 우리에게는 생동감이 넘친다. 우리 각자의 깊은 내면에는 본질적인 자유로 말미암은 기쁨, 활력, 생명력을 향한 갈망이 있다. 우리에게 억압은 죽음과 마찬가지며, 감옥살이는 생명을 빼앗는 것이나 마찬가지다. 진정한 인간성의 중심에는 자유가 자리 잡고 있다.

그러나 그리스도께 순종하는 일은 자유에서 핵심을 차지하는 부분이다. 그리스도인이 된다는 것은 충성이라는 기본적인 행동롬 6:17을 근본적으로 선택하는 것이다. 곧 마음으로부터, 우리 존재의 깊은 곳으로부터 순종하는 것이다. 일단 죄가 우리 삶을 지배했을 때는 우리는 죄의 종이었다. 이제는 우리 자신이 죄에 대해서는 죽고 하나님에 대해서는 살았다고 생각해야 한다. 우리는 이런 식으로 생각하는 동시에 이런 식으로 행동하라는 부르심을 받는다. 로마서 6장 4~19절에서는 이것이 그리스도인의 삶의 기본이라고 말한다. 만약 자유 가운데, 거룩함과 생명의 자유 아래서 살고자 한다면, 우리는 어느 한 쪽을 선택해야만 한다.

순종의 행위가 없다면 좌절에 빠진 삶, 곧 하나님을 향한 소망과 하나님께서 만드신 것들을 향한 소망 사이에서 마음이 갈가리 찢긴 삶을 살게 될 것이다. 또한 어리둥절하고 혼란스러운 나머지, 선한 일을 향한 갈망과 악한 일을 향한 갈망 사이에서 갈팡질팡할 것이다. 우리는 그리스도께 순종하든지 순종하지 않든지, 둘 중 하나를 선택해야 한다.

바울은 로마서 6장 19절에서 종의 은유에는 어느 정도 한계가 있다는 사실을 인정한다. 이것이 지나치게 많이 강조될 수도 있다. 심지어 이 편지의 원래 독자들조차도, 종의 이미지에 대해 여러 측면에서 상당한 반감을 가졌을 것이다. 그 사람들도 공포스런 종살이를 그리스도 안에서 경험한 자유에다 연결시키는 게 당장은 어려웠을 것이다. 그러나 사도 바울은 여전히 그 은유를 사용하여 간단하게 요점을 정리한다. 그리스도인이 된다는 것은 기본적인 선택을 하는 것, 죄에서 그리스도께로 충성의 대상을 바꾸는 것이다. 자유는 그리스도께 충성하는 데서 찾을 수 있다. 그리고 우리의 자유는 기꺼이 의를 받아들여 거기에 따라 살아가는 자유다. 우리 마음대로 살아가는 것이 아니라 진리를 따라 살아가는 자유다. 어둠에서 자유로워져서 빛의 종이 되는 것이다.

단지 법칙과 규정에 예속될 뿐인 도덕주의에는 아무런 자유도 없다. 자유는 법에 대해서는 죽고 그리스도를 받아들일 때 찾아온다. 자유는 그리스도 안에서, 그분과 연합하는 데서 찾을 수 있다. 로마서 6장 4절에 나오는 바울의 말에 따르면, 이제 우리는 다른 것에 속해 있다.

여기에는 분명한 역설이 담겨 있지만 중요한 구분이 있기도 하다. 우리는 거룩함에로 부르심을 받는다. 그런데 그 부르심은 그리스도께 순종할 때 온전히 표현될 것이며, 하나님의 법에 대한 사랑과 그 법의 성취로 나타날 것이다. 그러나 그 법 자체는 우리 감독이 될 수 없다. 우리는 그 법이 아니라 그리스도께 충성을 다한다. 자유는 어떤 외적인 계율이나 율법이 아니라 그리스도와 연합하고 그리스도께 순종하는 데서 나온다.

실제로 이것은 결혼 관계와 아주 비슷하다. 결혼 관계는 서로에게 헌신하고 신실하겠다는 계약으로 유지된다. 그러나 남편과 아내로서 우리는 상대방에게 헌신한다. 남자는 자기 아내를 사랑하는 것이지, 멋진 결혼 관계로 이끌어 주는 어떤 법칙이나 규정을 사랑하는 게 아니다. 여자도 자기 남편을 사랑하는 것이지, 멋진 의사소통을 가능하게 만드는 기술을 사랑하는 게 아니다. 규칙, 지침, 기술은 목적에 도달하기 위한 수단이기는 하지만, 아무 생각 없이 그것들을 따르는 일은 진정한 헌신과는 전혀 다른 이야기다.

회심과 소명

바울의 회심과 부르심은 단 한 번의 사건으로 이루어졌다. 바울의 경우가 다른 사람들에게 적용될 수도 있고 적용되지 않을 수도 있지만, 우리는 대개 회심을 통하여 더는 자기 자신을 위하여 살지 않고 다른 사람을 위하여 살아야 한다는 사실을 깨닫게 된다. 우리가 충성의 대상을 바꾸는 것은 우리 삶과 사역에서 근본적인 방향 전환을 한다는 뜻이다. 곧 우리는 그리스도와 그분의 통치를 위하여 살기로 결단한다.

예수님께서는 최초의 제자들에게 이젠 고기를 낚는 어부가 되지 말고 사람을 낚는 어부가 되라고 말씀하셨다. 그런데 이런 식으로 기존의 자기 직업을 버리라는 부르심이 모든 사람에게 있는 것은 아니지만, 모든 사람은 자기 인생과 사역을 "주님께 하듯"골 3:23 하라는 부르심을 받았다. 그러므로 그리스도께로 나아오라는 부르심은 또한 이 세상에서 전개되는 자기 인생과 특히 자기 사역을 전부 그분의 구원하시는 은혜에 반응하여 그리스도께 내어 드리라는 부르심이다.

그러므로 그리스도인이 된다는 것은 이제 하나님을 향한 사랑과 우리 이웃을 향한 사랑의 표현으로써 다른 사람을 섬기면서 살아가는 삶이라는 사실에 대한 깨달음을 포함한다. 그리스도인이 된다는 것은 우리 인생을 향한 하나님의 부르심, 우리의 통제권을 넘어서는 하나님의 부르심을 받아들이는 것이다. 우리가 할 수 있는 일은 하나님의 은혜가 함께 하는 부르심을 겸손하게 받아들이는 것이다. 마치 마리아가 메시아를 탄생시킬 어머니가 되리라는 천사의 말을 순순히 받아들였던 것처럼.

우리의 소명내가 누구인가, 그리고 무엇이 되라는 부르심을 받은 사람인가의 씨앗은, 사도 바울의 경우처럼, 자기 회심 경험의 범주 안에서 어느 정도 발견되지 않을까 생각한다. 만약 그렇다면 자기 인식을 위한 기초와 하나님의 은혜로운 일하심과 부르심에 반응하는 데 우리 힘의 초점을 맞추기 위한 기초로 자기 자신의 회심을 잘 알고, 그것을 명확히 표현하는 일이 더 중요해질 것이다.

그리스도인의 회심에는 윤리적으로 함축된 의미가 담겨 있다. 그러나 충성의 대상을 바꾸는 일은 도덕적인 사람이 되겠다는 결심과 자원하는 마음을 뛰어넘는 일이다. 거기에는 한 사람의 가장 깊은 곳에 있는 열정을 철저하고도 완벽하게 재조정하는 일이 포함된다. 회심을 통하여 한 개인은 이 세상을 향한 하나님의 통치를 더 깊이 이해하면서 살아가게 된다. 이것은 공동체 안에서 새로운 행동과 사역 양식을 이끌어 내어 예수 그리스도에 관한 진리와 영광을 말과 행위로 증거하게 만든다. 믿음으로 나아오면 새로운 안경을 끼고 세상을 바라보게 된다. 더는 우리 자신의 필요와 개인적인 열망이라는 측면에서만 생각하지 않게 된다. 복음을 통하여 삶의 초점을 자기 자신에서 다른 데로 돌려 더 큰 그림을 볼 수 있는 사람으로 변화된다. 복음은 우리 자신을 우리 주변에 있는 사람들, 특히 우리와 다른 사람들과 동일시하라는 부르심이다.

그러나 문제의 핵심은 언제나 예수 그리스도에 대한 반응과 충성의 문제로 귀결된다. 회심에는 윤리적인 차원이 있다. 회심과 순종은 절대로 분리할 수 없다. 그렇다고 우리는 특정한 도덕적인 악을 버리는 일, 또는 심오한 의지적인 결단을 회심과 동일시할 수도 없다. 오히려 회심은 언제나 예수 그리스도에 대한 한 사람의 충성과 사랑에 뿌리를 둔다. 회심은 우리를 헌신으로 이끈다. 그것은 하나님의 아들이신 우리 주 예수 그리스도에 대한 헌신이다. 이것은 다른 정당한 헌신들, 심지어 신앙적인 헌신과 엄격히 구별되어야 한다. 비록 그것이 예수 그리스도께서 가르치신 윤리에 관한 헌신도덕적인 행동이든지, 또는 교회와 교회 활동과 교회 사역에 대한 헌신이든지, 또는 정의와 사회 참여에 관한 헌신이든지, 또는 선교와 복음 전도에 관한 헌신이든지, 어떤 것이든 회심과는 엄밀히 구별되어야 한다. 이런 것들이 좋은 부분이기는 하지만, 어떤 것들도 진정한 회심의 중심에 자리 잡고 있지는 못하다. 다시 말해, 예수님 자신에 대한 헌신이라고 말할 수는 없다. 그 밖의 다른 것은 대의명분에의 헌신에 지나지 않는다. 물론 좋고 타당한 명분이 있을 수 있지만, 예수님 자신에 대한 헌신과 같을 수는 없다.

그러므로 예배 중에 일어나는 이런 헌신이 모두 그리스도와의 직접적인 만남에서 비롯된다는 사실을 강조하지 않은 채, 그리스도에 대한 철저한 헌신을 위한 필요와 부르심을 강조할 수는 없다. 누구든 예수님의 아름다움, 경이로움, 지성, 능력, 사랑을 만나고, 깨닫고, 압도당하고 나서야 비로소 그리스도께 순종함으로 자기 자신을 내어주게 될 것이다. 결과적으로, 우리가 어떤 명분이나 원칙이 아니라 한 인격에 자신을 헌신하게 된다면, 그것은 바로 이 예수 그리스도를 만났기 때문이다. 조나단 에드워즈는 참된 회심의 증거는 믿음의 실천이라고 주장하면서 다음과 같은 멋진 말로 표현하고 있다.

> 그리스도의 초월적인 영광을 바라봄으로써, 그리스도인들은 따라가기에 너무도 합당하신 분으로 그분을 보게 된다. 또한 그와 마찬가지로 너무나 강력하게 그분에게 끌리게 된다. 그래서 그리스도인들은 그분을 위하여 모든 것을 버리기에 너무도 합당하신 분으로 그리스도를 보게 된다. 그와 같이 최고로 따뜻한 시선으로, 그분에게 철저하게 순종하려는 마음을 품는다. 열심히 수고하는 일에 참여할 뿐만 아니라 그분을 섬기는 활동에 참여한다. 그분을 위하여 온갖 어려움을 기꺼이 헤치고 나아가려고 한다.[32]

마지막으로, 회심의 결정적인 중심과 초점은 여전히 동일하다. 바로 예수 그리스도시다. 기독교 신앙으로 나아오면서, 우리는 우리를 향한 그분의 사랑에 반응하여 예수님을 사랑하기로 선택하고 있는 것이다. 우리의 이해력, 가장 깊은 곳에 있는 열정과 기쁨, 죄를 회개하려는 결단, 진리에 대한 순종은 모두 간단한 사실에 대한 다양한 표현에 지나지 않는다. 곧 그리스도인이란 예수님을 알고, 사랑하며, 섬기기로 선택한 사람이다.

8장 무엇이 회심을 가능하게 할까?
: 성례적 의식, 성령의 일하심, 공동체

이제 우리는 지금까지 고려한 것과는 다른 종류의 세 가지 회심 요소를 살펴보려고 한다. 이 세 가지 요소는 은혜의 열매라기보다는 오히려 하나님의 은혜를 알고 경험하기 위한 수단이다.

그리스도의 이름으로 세례 받기

마가복음의 마지막 부분에는 "믿고 세례를 받는 사람은 구원을 얻을 것이요"[막 16:16]라는 선언이 들어 있다. 이것은 회심에 관한 여러 성경 구절 가운데 하나로, 놀라울 정도로 간결해서 인상적이다. 이 구절에서는 믿음과 세례를 그리스도인의 회심에 필수적인 요소로서 집중적으로 조명하고 있다. 첫째 요소인 믿음은 마음과 생각이라는 내적인 경향에 대한 언급이고, 둘째 요소인 세례는 겉으로 드러나는 성례전적인 의식에 대한 언급이다.

단지 상징일 뿐인가? 코라손 아퀴노가 1986년에 필리핀에서 페르디난드 마르코스와 일당들을 무너뜨리기 위하여 시민 혁명을 이끌었을 때, 사람들의 열망을 상징하는 색깔이 있었다. 그 색깔은 아퀴노의 남편인 니노이 아퀴노가 몇 년 전에 자진해서 떠난 망명 생활에서 돌아왔을 때 처음으로 뚜렷하게 드러났다. 니노이는 미국에 머물면서도 반드시 필리핀으로 돌아가겠다고 스스로 다짐하였다. 니노이는 어떤 극적인 일을 수행해야 되겠다는 생각은 전혀 없었다. 다만 니노이의 머릿속엔 고국으로 돌아가야 한다는 생각뿐이었다. 그 당시에 '오래된 상수리나무 위에' 매단 노란 리본에 관해 노래하는 대중가요가 수많은 사람들에게 감동을 주었다. 그들은 공항에 나가 고국으로 돌아오는 니노이를 환영했는데, 공항을 온통 노란 물결로 장식하였다.

니노이 아퀴노는 비행기에서 내린 직후 바로 그 자리에서 암살당했다. 그러나 아퀴노의 귀환을 기념하려고 환영 인파들이 그 날에 공항을 수놓았던 노란 색깔은 잊혀지지 않았다. 노란 색깔은 아퀴노의 염원, 필리핀 국민들의 갈망, 궁극적으로는 혁명의 상징이 되었다. 코라손 아퀴노가 대통령에 당선된 뒤, 대통령 취임식에서 노란 옷을 입었을 때 아무도 놀라지 않았다. 그뿐만 아니라 아퀴노 대통령은 상당한 기간 동안 주요 행사가 있을 때마다 노란 옷을 입었다.

　아무도 그런 식으로 계획하지 않았다. 그것은 전혀 각본에 따른 행동이 아니었다. 단지 자연스럽게 그런 일이 일어났다. 곧 노란 색은 혁명의 상징이 되었다. 이런 이유로 나는 어떤 사람이 상징은 '그냥 단순한 상징'일 뿐이라고 말하면 아주 이상하게 들린다.

　나는 결혼반지를 끼고 있다. 그런데 그것은 '그냥 단순한 상징'이 분명히 아니다. 결혼반지는 이 세상에서 나에게 가장 중요한 관계를 나타낸다. 아주 조그맣고, 내가 날마다 착용하는 것들을 보관하는 옷장에서 지극히 작은 공간을 차지하지만, 이 반지는 나에게 있는 다른 어떤 것보다 나에 대하여 더 많은 이야기를 간직하고 있다. 곧 내가 한 여자의 남편이며, 아내라는 한 사람에게 헌신과 사랑을 다하고 있다는 사실을 말해 준다.

　어느 날이든 왼손 네 번째 손가락에 결혼반지를 끼지 않은 채 집으로 돌아온다면, 아내 조엘라는 이 사실을 금방 눈치 챌 것이다. 그런데 아내의 물음에 대답하면서 내가 "글쎄, 그건 단지 상징물일 뿐이잖아."라고 말한다면, 아내는 이 말을 굉장히 서운하게 여길 것이다. 물론 그 반지는 우리 삶에서 근본적이고 기본적인 것을 강력하게 상징하는 물건에 지나지 않는다. 그럼에도 그것은 말로는 쉽게 설명할 수 없는 방식으로 날마다 서로에 대한 헌신을 말해 준다.

　인간적이 된다는 것은 상징물을 사용한다는 것이다. 우리는 여러 가지 인간적인 활동을 위하여 상징물을 사용한다. 국가 정체성, 중요한 관계, 심지어 가장 깊은 영적인 헌신을 담아내기 위하여 상징물을 사용한다. 그러므로 예수님께서 자기 사역의 한 부분으로서 상징적인 행위를 활용하고 제정하셨다는 사실, 또는 상징과 상징적인 행위가 교회에 아주 중요하다는 사실이 전혀 놀라운 일은 아니다.

상징적인 행위들은 전체적인 인간의 삶에서 아주 중요한 역할을 하지만, 신앙 체험을 연구하는 데서도 특별히 중요하다. 루이스 두프레는 신앙 체험에서 상징과 상징화의 역할에 특별한 주의를 기울인다. 두프레는 신앙 행위란 상징화를 하지 않고서는 존재할 수 없다고 강력하게 주장한다.[1] 신앙 체험을 연구하려면 신앙 행위에 필요한 두 가지 본질적인 요소를 알아야 한다. 곧 객관적인 대상을 섬기기 위한 상징화와 주관적인 신앙 체험이다. 만약 신앙 체험에 관심을 두지 않는다면, 우리는 낭만을 잃어버리게 된다. 또한 오로지 신앙적인 상징물을 분석하는 데 몰두한다면, 두프레가 말한 대로 '살아있는 행위를 교수대'[2]로 보내는 꼴이 되고 만다. 두 가지는 본질적으로 일치를 이룬다. "내적인 의도는 외적인 표현과 확고하게 연결되어 있다."[3] 신앙 체험은 초월적인 존재에 초점을 맞추기 때문에, 이 세상에서 구체적인 모습을 보여주기 위하여 상징적인 형상화가 반드시 필요하다. 두프레의 주장에 따르면, 상징적인 행위 없이 과거의 사건을 '재연하는' 일은 "신앙을 순전히 내적인 태도로만 축소시키는 것으로, 이와 같은 과정에서는 구원이 기억될 수는 있으나 전혀 새로워질 수는 없다."[4]

두프레는 상징화가 언제나 합당하지는 않다는 사실을 훤히 꿰뚫고 있다.

상징화는 제한적인 수단이다. 그래서 두프레는 주장하기를, 신앙적인 상징물에는 '신앙적인 의도를 외적인 표현'[5]으로 연결시키는 설명이 필요하다고 한다. 그러나 이런 한계를 인정하면서도, 두프레는 '상징적인 의미를 배제한다면, 역사적인 사실들은 결단코 종교 신앙의 대상이 될 수 없었을 것'[6]이라고 강조한다.

이것은 회심을 이해하는 데 엄청나게 중요한 일이다. 그것은 상징적인 행위들이 하찮은 것도 아니며 부차적이지도 않다는 사실을 확실하게 생각나게 한다. 상징적인 행위들은 신앙적인 변화를 경험하고 표현할 때 본질적인 수단이다. 사실상 세례나 성찬과 같은 종교 의식이나 상징적인 행위는 성스러운 실체를 지금 즉각적으로 느낄 수 있게 만든다. 이와 같은 성스러운 실체는 이제 더는 단순한 과거의 사건이 아니라 현재 여기에 임재하는 과거의 사건으로 변화한다. 그와 같은 의식은 현재의 사건을 과거의 사건으로 말미암아 성스럽게 할 수 있다. 두프레는 말하기를, "세례나 성찬과 같은 의식은 구원의 원천에 다시금 생명력을 불어넣는다."[7]

여전히 상징화의 문제를 언급하면서 한 걸음 더 나아가, 의식을 통하여 개인과 사회는 서로에게 스며들게 된다고 두프레는 관찰한다.[8] 상징물은 절대로 완전히 개인적인 것이 될 수 없다. 상징물을 만드는 일은 언제나 한 공동체의 행위다. 그러므로 의식을 통한 상징적인 활동은 개인적인 경험을 공동체적인 정체성 가운데로 스며들 수 있게 하며, 그 반대의 상황도 일어나게 할 수 있다. 예를 들면, 세례를 통하여 공동체는 한 개인의 회심을 보증하고, 인정하며, 그 경험에 참여한다. 또한 실제로는 그러한 회심 경험을 중재한다. 개인의 경험은 상징적인 행위를 통하여 윤곽이 그려질 뿐 아니라 가능하게 된다. 이와 같은 방식으로, 그 개인의 행위는 전체 공동체의 경험을 촉진하고 새롭게 하는 데 동일하게 긍정적인 효과를 나타낸다.

상징적인 행위로서 성만찬

예수님은 교회에서 두 가지 상징적인 행위를 실천하도록 명령하셨다. 어떤 사람들은 예수님께서 훨씬 더 많은 것을 명령하셨다고 주장하기도 한다. 그러나 적어도 두 가지는 명령하셨으며, 이 두 가지 상징적인 행위는 교회의 생명력과 증거에서 중심을 차지하고 있다. 세례와 주의 만찬 또는 성만찬이 바로 그것이다. 세례를 제대로 살펴보기 위해서는 먼저 성만찬의 의미를 고찰해 보는 것이 유용하다. 그리스도께서는 교회로 하여금 정기적인 예배의 한 부분으로서 떡과 잔을 나누면서 십자가와 부활을 통한 그분의 사역을 기억하라고 분부하셨다. 우리는 그리스도인 공동체로서 함께 먹고 마시도록 부르심을 받고 있다. 왜냐하면 떡은 한 몸을 나타내기 때문이다. 떡을 뗄 때, 그리스도의 몸이 우리를 위하여 떼어지는 것이다. 잔은 우리를 용서하기 위하여 흘리신 예수님의 피를 나타낸다. 예수님은 이 만찬을 그분의 피로 맺은 새 언약을 기념하는 것이라고 말씀하셨다.

이러한 예수님의 놀라운 말씀은 많은 논란을 불러 일으켰다.
"이것은 너희를 위하여 떼는 내 몸이라."

로마 가톨릭은 주님의 말씀을 문자 그대로 이해한다. 몸과 피는 단순히 떡과 잔을 상징하는 것에 멈추지 않는다. 성별하는 의식을 통하여 이런 것들이 실제로 우리 주 예수 그리스도의 살과 피로 변한다.

그러나 개신교 개혁주의 전통은 이와 같은 문자주의에 반발했으며, 수많은 복음주의자들은 떡과 잔은 단지 상징물로서 우리 손으로 잡을 수 있을 뿐만 아니라 먹고 마실 수 있는 것이지만, 정확히 예수 그리스도의 몸과 피라고 부를 수 있는 것은 아니라고 주장한다.

두 진영은 모두 아주 근본적인 것을 놓치고 있다. 예수님께서 "이것은 내 몸이다"라고 말씀하셨을 때에는 상징 언어를 사용하셨다. 만약 내가 아내인 조엘라의 사진을 집어 들면서 "이게 바로 제 아내입니다"라고 말한다면, 아무도 우리 아내가 그렇게 작고 종이처럼 얇냐고 놀라워하거나 이상하게 여기지는 않을 것이다! 단 한 순간도 그렇게 반응하지는 않을 것이다. 내가 "이게 바로 제 아내입니다"라고 말할 때, 이 말을 들은 사람이라면 누구든지 그게 누군가를 상징한다는 의미라고 금세 눈치 챌 것이다.

'복음주의 진영'에서는 이 사진을 단지 상징물로만 취급하여 그 자체로서는 별다른 의미가 없다는 식으로 반응할 것이다. 그러나 때로는 상징물도 나름대로 깊은 의미를, 어떤 말보다 훨씬 더 깊은 의미를 전달한다. 아내 조엘라의 사진은 단순히 아내라는 말보다 나에게 훨씬 더 많은 의미를 던져 준다. 내가 이 사진을 좋아한다는 말은 아내인 조엘라를 좋아한다는 뜻이다. 사진은 문자적으로는 내 아내가 아니다. 그러나 그것은 '단지 사진'일 뿐이라고 치부할 수도 없다.

사진과 상징은 동일한 것이 아니다. 그러나 이와 마찬가지로, 떡과 잔도 단순한 상징물이 아니다. 그것들은 나름대로 의미를 지닌 상징물이다. 여기에는 우리가 떡과 잔에 참여할 때 주님 자신에게 참여한다는 의미가 담겨 있다. 곧 그분의 은혜와 능력과 축복에 참여한다는 뜻이다.고전 10:16.

이것은 마술적인 것이 아니다. 우리가 은혜를 조종할 수는 없다. 그렇다고 기계적인 것도 아니며, 우리의 참여에 따라 부차적으로 일어나거나 거기에 상관없이 엉뚱하게 일어나는 것도 아니다. 어떤 상징은 깊은 의미를 담고 있는 실체를 전달한다. 그러나 캐나다 국기가 그 나라 국민이 아닌 사람들에게는 전혀 또는 별다른 의미가 없는 것과 마찬가지로, 결혼의 의미를 소중하게 여기지 않는다면 결혼반지가 아무런 의미가 없는 것과 마찬가지로, 주의 만찬, 곧 떡과 잔이라는 상징은 예수 그리스도를 믿는 믿음이 없는 사람들에게는 아무런 의미가 없는 것이다. 어떤 상징이든 그것이 상징하는 내용을 진지하게 받아들이는 사람들에게만 의미가 있게 마련이다.

내가 속해 있는 전통에서 영성에 관한 책을 쓴 저술가 심슨A. B. Simpson은 주의 만찬을 통하여 교회의 생명력과 증거에 나타나는 그리스도의 실제적인 임재에 담긴 능력을 이해하고 가르쳤다.

주의 만찬을 이야기하면서고전 11:29, 사도 바울은 '주의 몸을 분별하지 못하고 먹고 마시는 자' 들을 비난했다. 로마 가톨릭은 주의 만찬을 통하여 떡과 잔이 실제로 그리스도의 몸으로 바뀐다고 가르친다. 그러나 이것은 진리의 그림자에 불과하다. 다시 말해, 주의 만찬을 통하여 그분의 영적인 축복뿐만 아니라 예수 그리스도의 물리적인 생명이 우리에게 나누어진다. 우리가 그리스도의 몸을 실제로 먹을 수 있다면, 주의 만찬은 우리에게 별다른 유익을 끼칠 수 없을 것이다. 그것은 이교도적이고 저속한 식인 풍습으로 전락할 것이다. 그러나 우리 존재 안으로 그분의 육신, 그분의 생명력을 받아들이게 된다면, 그것이야말로 우리에게 필요한 전부다. 그것이 바로 부활한 몸의 실체다. 그분은 생명과 능력의 체현이며, 성령으로 말미암아 그분은 우리에게 그 생명과 능력을 나누어 주신다. 우리가 그 성만찬을 받을 만하고 그 의식을 통하여 전달되는 그분의 생명과 능력을 분별할 수 있을 때 말이다.[9]

정확하게 주의 만찬은 상징이기 때문에, 우리는 그 상징을 통하여 전달되는 그리스도를 '분별하게' 되며, 그 떡과 잔을 먹고 마실 때 그분의 부활하신 몸을 통한 은혜를 깨닫게 된다.

세례는 선택 사항이 아니다

그리스도께서 명령하신 두 번째 상징적 행위인 물세례에 대해서도 동일한 내용이 적용된다. 물세례는 그리스도 안에 있음을 표시하는 상징적인 행위다. 회심을 통하여 우리는 믿음과 회개로 말미암은 내적인 변화를 경축한다.

그러나 이와 같은 내적인 실체도 성례전이라는 절차를 통하여 확증할 필요가 있다. 또한 이러한 성례전적인 행위는 성령의 일하심이라는 내적인 실체를 입증하는 것이다.

회심자는 세례를 받은 사람이다. 세례는 그리스도인의 회심에 꼭 필요한 성례전적인 차원이며, 내적인 실체에 대한 외적인 표현이다. 세례는 단순히 회심의 징표가 아니라 회심에 절대적으로 필요한 부분이다. 신약 성경은 세례를 받지 않은 회심자에 관하여 이야기하지 않는다. 마태복음 28장에서 제자를 삼는 사람들은 그 제자에게 세례를 주라는 명령을 받고 있다. 그리고 사도행전에 등장하는 회심 이야기(에티오피아 사람, 사울, 고넬료, 루디아, 빌립보 간수)에서는, 비록 각각의 경우가 서로 다른 요소들을 강조하고 있기는 하지만, 한 가지 공통적인 요소가 있다. 그것이 바로 물세례다. 사도행전에 기록된 모든 회심 이야기에는 물세례가 포함된다는 사실은 별로 놀라운 것도 아니다. 여기에는 두 가지 이유가 있을 것으로 생각된다. (1)예수님께서 자기를 따르는 사람들에게 모든 족속으로 제자를 삼아 세례를 주라고 명령하셨기 때문에, 세례는 제자가 되고 제자를 삼는 과정에서 필수적인 부분이다. 그러므로 세례를 받지 않았다면 아직 제자가 아니다. 그리고 (2)오순절 설교에 뒤이은 베드로의 기념비적인 설교를 들은 사람들이 과연 어떻게 해야 할지를 물었을 때, 베드로는 죄 용서를 받으려면 회개하고 세례를 받아야 한다고 선포하였다.

세례를 꼭 받아야 하는가? 물론 그렇다. 우리가 상징을 진지하게 받아들인다면 말이다. 내가 결혼반지를 꼭 끼고 다녀야 하는가? 내 아내에게 물어

보라! 물론 그렇다고 대답할 것이다. 결혼반지는 내 정체성을 말해 주는 지엽적인 징표가 아니다. 내가 결혼했는데 결혼반지를 끼지 않았다면, 나는 여전히 결혼한 사람인가? 물론 그렇다. 그러나 그게 초점이 아니다. 왜 내가 결혼반지를 끼지 않으려고 하겠는가? 그리고 그리스도께로 충성의 대상을 바꾼 사람이 왜 그리스도께서 명령하신 상징적인 행위를 순순히 받아들이려고 하지 않겠는가?[10]

성경을 들여다보면, 회심에는 외적인 차원과 내면적인 차원이 모두 존재한다. 여기에는 신앙과 믿음이라는 내면적인 표현의 외적인 표시로서 세례도 포함된다. 외적인 것과 내면적인 것은 뚜렷이 구분되지만 분리할 수는 없다. 믿음과 회개 없는 세례란 단지 몸에 물을 바르는 것에 지나지 않는다. 그러나 세례 없는 믿음과 회개도 역시 부적절하다. 왜냐하면 우리는 영혼을 지닌 존재이기 때문이다.

역사적으로, 프란시스 자비에르$^{Francis\ Xavier}$와 같은 로마 가톨릭 선교사들은 세례를 강조하고 믿음과 회개를 경시하였다. 가톨릭 선교사들의 급선무는 회심자들에게 세례를 베푸는 것이었다. 이 사람들은 믿음과 회개는 결과적으로 자연스럽게 따라올 것으로 생각하였다. 대개 개신교 선교사들은 정반대의 전략을 택한다. 먼저 믿음과 회개에 이르게 되면, 결과적으로 자연스럽게 세례를 받게 될 것으로 생각한다. 그러나 성경적인 개념은 이러한 두 가지 접근 방법과는 상반된다. 신약 성경을 전체적으로 균형 있게 살펴보면, 믿음, 회개, 신뢰와 같은 내적인 표현뿐만 아니라 세례와 같은 외적인 표시도 요구한다는 것을 알 수 있다. 그것은 양자택일의 문제가 아니라 양자 모두가 필요한 영역이다. 왜냐하면 성경에서 "믿고 세례를 받는 사람은 구원을 얻을 것이요"막 16:16라고 말하고 있기 때문이다.

믿음과 회개가 없는 세례는 아무것도 아니다. 베드로전서 3장 21절의 말씀에 따르면, 세례는 단지 "몸에서 더러운 때를 벗기는 것이 아니다"공동번역. 그러나 믿음과 회개를 동반한 세례는 절대적으로 필요하다. 다시금 베드로전서 3장 21절은 "지금 여러분을 구원하는 … 세례는 … 예수 그리스도의 부활을 힘입어서 선한 양심이 하나님께 응답하는 것입니다"표준새번역.

세례는 구원의 수단이 아니다. 성경에서 믿음과 회개에 우선순위를 두고 있다는 사실에 대해서는 거의 논쟁의 여지가 없다. 그러나 이것이 세례를 선택 사항으로 보아도 된다는 말은 아니다. 성경을 기록한 사도들이 회심과 세례가 아주 밀접하게 연관된 것으로 보고 있기 때문에, 우리가 다른 식으로 생각할 여지는 거의 없다. 우리가 달리 생각한다는 것은 명백한 성경의 증거와 명령을 겸손히 받아들이기보다는 이성적으로 세례를 무시한다는 뜻이다.

로마서 6장에서, 바울은 믿음을 가진 사람들이란 바로 세례 받은 사람들이라는 사실을 당연한 것으로 받아들인다. 간단히 말해, 세례는 선택 사항이 아니다. 갈라디아서 3장 27~29절에서는 그리스도인 공동체의 연합의 기초는 그리스도 안에서 받는 세례라고 나온다. 디도서 3장 4~7절은 기막힌 표현으로 세례와 중생을 밀접하게 연결시키고 있다.

"그러나 우리의 구주이신 하나님께서 그 인자하심과 사랑하심을 나타내셔서 우리를 구원하셨습니다. 그분이 그렇게 하신 것은, 우리가 행한 의로운 일 때문이 아니라, 그분의 자비하심을 따라 거듭나게 씻어주심과 성령으로 새롭게 해 주심으로 말미암은 것입니다. 하나님께서는 이 성령을 우리의 구주이신 예수 그리스도로 말미암아 우리에게 풍성하게 부어 주셨습니다. 그래서 우리는 그분의 은혜로 의롭게 되어서, 영원한 생명의 소망을 따라 상속자가 되었습니다"딛 3:4~7, 표준새번역.

수많은 복음주의자들은 여기에 등장하는 '씻어주심' 또는 '물'이 세례를 언급하는 게 아닐 수도 있다고 주장한다. 그러나 이것은 주로 세례와 회심 사이에는 밀접한 연관성이 없다는 가정 때문이다.[11] 이와는 대조적으로, 프랑스R. T. France가 내린 결론에 따르면, 세례를 상징적이고 선택적으로 거치는 과정으로 보려는 경향이나, 회심에 필요한 영적인 과정의 한 부분으로서 물리적인 행위를 포함시키는 것을 당혹스러워하는 경향은 세례에 담긴 구원의 의미에 대하여 신약 성경이 강력하게 '사실적으로' 사용하는 언어와는 대조를 이룬다예를 들면, 요 3:5, 롬 6:3~4, 갈 3:27, 골 2:12, 딛 3:5, 벧전 3:20~21. 세례 자체가 한 사람을 그리스도인으로 만들어 준다고 믿을 만한 신약 성경의 근거는 전혀 없지만, 세례 받지 않은 그리스도인이라는 개념 역시 신약 성경에서 찾아보기 힘들다.[12]

세례를 받지 않고서는 어떤 신자도 신약 성경에 나온 신앙 공동체의 일원으로 여겨지지 않았다. 몇몇 교회 역사가와 신학자들이 살펴본 바에 따르면,

세례를 소홀하게 대하거나 의도적으로 무시할 때 입문 의식으로 명령하신 세례의 자리를 대신하는 것들이 발명되거나 차용되었다. 가장 확실한 예가 제단 초청altar call이다. 오랫동안 복음 전도에서 없어서는 안 될 요소로 너무나 깊게 뿌리박힌 나머지, '초청'으로 결론 맺는 대중 전도 집회라는 맥락을 벗어나는 복음 전도는 아예 생각하지도 못하는 사람들이 여전히 존재한다. 실제로 찰스 피니는 바로 제단 초청과 '구도자석' anxious seat 찰스 피니가 1830년 9월부터 미국 로체스터에서 사역하는 동안 처음 만들어 놓은 것으로, 예배석 앞부분에 '구도자석'을 만들어 놓고 예배가 끝난 후 구원받기를 원하는 사람들이 그 자리로 와서 기도를 받거나 상담을 받도록 유도했다. – 역주을 세례의 대체물로 보았기 때문에, 본질적으로는 어떤 종류의 의식이나 예식이 필요하다는 점을 인정하고 있었다.

인간의 본성 자체가 내면에서 일어나고 있는 일과 일치하는 생생하고, 구체적이며, 현실적인 행위를 필요로 한다. 인간 본성에는 논리적이면서도 격식적인 부분이 있으므로, 하나님으로부터 주어진 물세례를 인정하고 기꺼이 받아들이게 된다.

세례의 의미

세례는 내적인 실체를 말해주는 외적인 행위로서 그리스도께서 교회에 분부하신 상징적인 행위다. 첫째, 세례는 용서의 경험을 상징한다. 베드로전서 3장 20~21절에는 '지금 여러분을 구원하는 세례'라는 말이 등장한다. 베드로는 이 세례는 육체를 씻는 것이 아니라 상징적으로 양심을 씻는 것임을 함께 강조한다. 둘째, 세례는 우리 삶 가운데 있는 성령의 임재를 뜻한다. 사도행전 2장 38절에서 베드로는 청중들에게 회개하여 세례를 받을 뿐만 아니라 죄 용서를 받으라고 촉구하면서, 그리하면 성령을 선물로 받을 것이라고 보장하고 있다. 셋째, 세례는 그분의 죽음과 부활에 그리스도와 함께 우리가 연합하는 것을 상징한다롬 6:1~4.

그러니까 세례는 그리스도와 함께하는 우리의 정체성을 나타낸다. 로마서 6장 4절에서 분명히 알 수 있는 것처럼, 우리는 그리스도와 함께 죄에 대하여 죽었으며, 그리스도와 함께 새로운 생명으로 살아났다. 더글라스 무Douglas Moo가 지적하는 것처럼, 세례는 사실상 회심, 곧 그리스도 안에서 그분과 함께하는 전체적인 경험을 언급하기 위한 간단한 방법이다. 세례를 통하여 우리는 그분의 죽음과 부활에 그리스도와 함께 참여하게 된다. 세례를 통하여 우리는 그리스도와 함께 연합하게 된다.[13]

과거에 나는 로마서 6장을 물에 푹 잠기는 세례, 곧 침수 세례를 명백하게 언급한 것으로 보려고 했다. 신자가 물 속에 잠기는 것을 그리스도와 함께 죽는 일종의 죽음으로 보았으며, 물 속에서 나오는 것을 그리스도와 함께 살아나는 모습을 나타내는 것으로 보았다. 그러나 이제는 이것이 로마서 6장의 이미지에 대한 지나친 해석이라고 생각한다. 여기에는 여전히 물속에 푹 잠기는 세례, 곧 침수 침례를 지지할 만한 여러 가지 이유가 충분히 있지만, 로마서 6장과 이 본문에서 주는 이미지는 침수 세례를 정당화하기 위한 것이 아니다. 사진은 그 장면을 보여 주는 실체와 똑같은 모습을 한다. 그러나 상징은 꼭 그럴 필요가 없다. 우리가 그리스도와 연합할 때 일어나는 것과 똑같은 일이 세례에서도 똑같은 모습으로 보여져야 한다고 주장하는 것은 지나친 억지다. 단지 세례는 그와 같은 실체를 상징하는 것이다.

세례를 받은 우리는 그리스도와 하나가 되어 그분의 죽음과 부활에 동참하게 된다. 그리스도인이 되어가는 과정에서 우리는 세례를 통하여, 그리스도와 연합하게 된다. 이와 같은 연합을 통하여, 그리스도께서는 우리를 죄책감에서뿐만 아니라 죄의 노예 상태에서, 그리고 우리를 휘어잡는 죄의 영향력에서 자유롭게 하신다. 이 모든 과정에서, 세례는 하나의 징표로서, 일종의 기준점이요 그리스도와의 상징적인 동일시다. 마치 결혼반지가 내가 결혼한 사람이라는 사실을 표시해 주는 것과 마찬가지다. 그리고 결혼반지가 미혼에서 기혼으로 신분의 변화를 상징하며 그 결과로 행동의 변화를 상징하는 것과 마찬가지로, 세례도 신분과 행동의 변화를 상징한다.

그리고 결혼한 사람이 아무렇게나 행동할 수 없듯이, 그리스도인이라면 죄에 대해 개의치 않고 행동할 수 없다. 그리스도께로 회심하는 것은 죄를 거부하는 것을 포함한다. 죄에 대하여 관대한 마음을 품는 것은 근본적으로 그리스도와 연합하는 일과 어울리지 않는다. 또는 이와 반대로 좀 더 긍정적인 방식으로 이야기해 보자면, 우리가 그리스도 안에 있다면 그리스도를 위하여 살도록 부르심을 받는다. 그리고 그리스도를 위해 살 수 있는 능력은 세례를 통하여 그리스도와 연합하는 과정을 거칠 때 우리에게 허락된다. 바울은 이렇게 강조한다. 우리에게 있는 새로운 생명은 세례 안에서 경험하는 그리스도와의 연합을 통하여 가능하게 된다.실제로는 우리의 세례를 통하여, 로마서 6장 4절에 나오는 헬라어 dia를 전치사로 읽는 게 더 적절할 것이다.

그리스도인이 되어 세례를 받은 후에는 절대로 죄를 짓지 않는다는 뜻은 아니다. 오히려 습관적으로 죄를 짓는 삶의 형태로 살아가기보다는 그리스도의 빛 가운데 살아가려는 결단이 있다는 뜻이다. 더구나 그리스도인에게는 이제 가장 중요한 신분이 예수 그리스도와 함께하는 것이기 때문에 죄의 영향력이 약화되었다는 확신이 있다. 그러므로 우리의 세례는 소망, 곧 하나님께서 우리 삶 가운데 행하시는 사역에 대한 확신을 대변한다. 우리에게는 하나님께서 우리 안에서 일하기 시작하셔서 완전한 데로 이끌어 가실 것이라는 확신과 함께 그 징표가 세례를 통하여 남아 있게 된다. 세례는 십자가와 부활을 통한 그리스도의 일하심이 헛되지 않고 우리에게, 곧 당신과 나에게 적용되고 있다는 표시다.

세례받은 사람들로서 우리는 새로운 길로 접어들기 시작했다는 사실을 아주 잘 알고 있다. 그런데 적어도 겉으로는 비그리스도인들과 별로 달라 보이지 않을 수도 있다. 실제로 많은 경우에, 비그리스도인이 훨씬 더 도덕적이거나 훨씬 더 예의 바를 뿐만 아니라 훨씬 더 너그러울 수도 있다. 그러나 세례 행위는 우리에게 영속적인 징표이자 확증인 동시에, 우리 안에 새로운 일이 시작되었다는 사실을 잘 알게 해 준다. 새로운 사람이 되었다고 느끼지 못할 수도 있으며, 때로는 새로운 사람처럼 행동하지 않을 수도 있지만, 우리는 자신이 세례받은 사람이며, 이로 말미암아 그리스도 예수와 함께 연합하고 있기 때문에 하나님께서 우리 안에서 일하고 계신다는 확신을 끊임없이 갖게 한다.

이러한 모든 것들은 세례를 통하여 그리스도와 함께 살아가는 새로운 신분을 얻게 되었다는 사실을 진지하게 생각할 때에만 의미를 띠게 된다. 내가 보기에 그리스도인들은 대부분 자신의 세례에 담긴 중요한 의미를 제대로 깨닫지 못하고 있는 것 같다. 그들은 세례를 현재의 역동적인 실체가 아니라 과거의 사건으로 본다. 그러나 로마서 6장은 그리스도 안에 있는 사람, 세례를 통하여 새로운 표지, 상징, 중재를 얻은 신분에 맞게 훨씬 더 의도적인 삶을 살도록 우리를 부르고 있다.

비록 나는 결혼반지를 낀 왼손을 눈앞에 들어 올려 언제나 보면서 걸어다니지는 않지만, 기혼자로서 나에게 아내가 있으며 아내를 정말로 사랑한다는 사실을 나는 언제나 의식하고 있다. 만약 아침에 일어났을 때 손에 결혼반지가 없다면, 무언가를 잃어버린 듯한 허전함을 느낄 것이다. 나에게는 결혼반지를 언제나 의식하고 있다는 어떤 느낌이 있다.

이와 마찬가지로, 바울은 세례를 받았다는 사실을 끊임없이 의식하고 살아가도록 우리에게 촉구하고 있다. 그럴 때 우리는 그리스도 안에 있는 사람이라는 신분에 걸맞은 행동을 하게 된다. 우리에게 세례 받은 사람이라는 의식, 곧 그리스도 안에 있는 사람이라는 의식이 있으면 하루하루를 훨씬 더 잘 시작할 수 있을 것이다.

주의 만찬은 세례 받을 때의 서약을 새롭게 하고, 하나님과 사람들 앞에서 우리가 그분의 죽으심과 부활에 그리스도와 함께 연합했다는 사실을 다시금 확인하는 멋진 기회다. 왜냐하면 이 만찬은 가장 중요한 원리들, 곧 우리가 누구인지를 새롭게 정립하고, 다시 한 번 그 정체성에 걸맞은 삶을 살겠다고 결단하며, 그리스도의 은혜를 누리며 그분과 함께 걷는 삶으로 돌아가도록 다시금 우리를 부른다.

그러므로 세례는 믿음과 회개라는 내면의 실체를 성례전으로 말미암아 드러내는 이상적인 방법이다. 세례는 회개와 죄 용서를 말한다. 세례는 우리의 믿음과 결단을 불러 일으켜서 그리스도와 동일시하면서 신실하게 살도록 한다. 세례는 개인적인 동시에 공동체적이어서, 우리의 개인적인 헌신을 가리키는 동시에 신앙 공동체로서의 공동체적인 헌신을 가리킨다.

세례와 회심의 상호 연관성 회복하기

세례는 회심에 절대적인 것으로 성경에서 명령하고 있다. 상징적인 행위들은 어떤 신앙 체험에서든 본질적인 요소들이다. 왜냐하면 외적인 행위들이 내면의 믿음과 회개를 확인하고 보충하기 때문이다. 상징적인 의미가 담긴 세례는 새로운 신자들에게 풍성한 통과 의례가 된다. 그러므로 그리스도인 공동체가 회심과 세례를 재통합시키는 방법을 찾아내려고 애쓰는 것은 당연한 귀결이다. 오직 그럴 때라야 그리스도인으로 출발하는 것에 대한 우리의 이해와 실천이 통합될 것이고, 내가 주장하는 것처럼, 오직 그럴 때에만 영적인 변화를 진정으로 촉진하게 될 것이다. 윌리엄 아브라함의 말에 따르면,

"회심과 세례를 분리시키는 일은, 현대적인 복음 전도에서 아주 현저한 특징으로 드러나는 관행으로서, 신학적으로 아주 불명예스러운 사건이다. … 그러므로 교회는 회심과 세례를 일관성 있고 통합적인 초기 과정으로서 다시 통일시키는 방법을 꼭 찾아내야 한다."[14]

우리는 세례를 회심에 이어서 자연스럽게 일어나는 일로 이야기하려는 경향에 대해 단호하게 맞서야 한다. 우리가 사용하는 언어는 두 요소를 일관되게 통합시키고 있는 신약 성경과 일치해야 한다. 어떤 사람들은 아마 세례를 통한 중생을 암시할지도 모른다는 두려움 때문에 언제나 두 가지를 분리해야 한다고 주장한다. 그러나 분명히 신약 성경 자체에서 세례와 하나님의 중생하게 하시는 은혜를 연결시키는 만큼 우리도 두 요소를 밀접하게 연결시켜야 한다. 분명히 두 요소를 아주 밀접하게 연결시켜 '세례를 통한 중생'을 강조한다는 비난을 들을 수 있을 정도가 되어야 한다. 왜 그런가? 성경 자체에서 그렇게 연결시키고 있기 때문이다.

두 요소를 밀접하게 연결시켰더라도, 우리는 물론 세례 자체가 중생을 일으키지는 않는다는 것을 확인할 수 있다. 우리는 그리스도의 구원하시는 은혜에 반응함으로써 새로운 피조물이 되었기 때문이다. 그러나 이러한 믿음은 필연적으로 세례라는 외적인 행위를 동반해야 한다. 다시 말해, 비록 세례와 다른 요소들 사이의 절대적인 연관성을 인정할 뿐만 아니라 세례가 회심에서 필수적인 부분이라는 점을 인정한다 하더라도, 그러한 요소들이 분리할 수는 없지만 뚜렷이 구분된다는 사실도 역시 인정해야 한다.

이것은 단지 믿음과 세례 사이의 관계에서만 그런 것은 아니다. 세례와 성령의 은사 사이의 관련성에도 동일한 관심을 보여야 한다. 고든 피는 세례의 위치를 아주 중요하게 생각하면서도, 신약 성경을 조심스럽게 읽어보면 어떤 사람이 물세례를 통해서만 성령을 받은 것은 아니라는 사실이 드러난다고 주장한다. 바울도 자주 두 가지 요소를 연관시키고는 있지만, 한 가지가 없다면 다른 것이 있을 수 없다는 정도까지 연결시키지는 않고 있다. 피가 말하는 것처럼, "원인과 결과로서 일어나는 것이든, 아니면 체험적으로 동시에 일어나는 것이든, 어느 본문에서도 바울은 성령의 은사를 물세례와 직접적으로 관련짓지는 않는다."[15] 특히 고넬료의 경우에서 이 사실을 잘 살펴볼 수 있다. 베드로 자신은, 실제로는 그렇게 선포하지 않았을지 몰라도, 회개하고 세례를 받은 사람은 성령을 선물로 받을 것이라는 뜻으로 말하였다. 그러나 나중에 베드로는 고넬료의 경우 세례를 받기 전에 성령을 받았다는 사실을 깨닫게 된다. 그런데 이 사실을 깨닫자, 베드로는 즉시 고넬료에게 세례를 베풀어야 한다고 결정한다.

다시 말해, 우리는 그리스도인 공동체에서 새로운 신자로서든, 지도자로서든 순종하는 자세로 행동해야 한다. 될 수 있는 한 늦추지 않고 빨리 받는 쪽으로 적절한 절차를 밟아서 일찍 세례를 받아야 한다. 혹시 지체할 만한 이유가 있더라도, 특히 어른에게는 절대로 늦추지 말아야 한다.

그런 까닭에 예배를 드리고 대화를 나눌 때마다 세례를 규칙적으로 언급해야 한다. 바울이 로마서 6장에서 그리스도인의 삶에서 중요한 기준으로서 세례를 편안하게 언급하고 있듯이, 예배와 설교와 가르침, 그리고 그리스도인의 경험을 나누는 대화에서 세례받은 사람이야말로 그리스도인이 될 수 있다고 늘 일깨워 줘야 한다. 세례는 그리스도 안에서 새로운 사람이 되었다는 현실을 포착하는 상징적인 행위로서 강조되어야 한다.

마지막으로, 유아 세례에 관해 이야기해 보자. 이것은 오래된 관행이며, 교회 안에 존재하는 수많은 전통에서 세례와 회심에 관하여 이와 같은 접근을 인정하고 있다. 어린 아기가 부모의 신앙을 기준으로 세례를 받은 뒤에, 그것을 바탕으로 신앙 언약 공동체로 통합된다. 내가 선호하는 견해는, 새로 태어난 아기도 부모와 교회 공동체의 헌신으로 말미암아 교회 가족의 일원이 되도록 인정하는 것이다. 그러나 이 헌신의 행위는 부모의 행위다. 곧 부모들은 자기 아이들이 하나님을 알도록 가르치고 인도하는 데 헌신해야 한다. 그런 다음에 청년으로 자라나 어른으로서 책임을 감당할 만한 준비를 마쳤을 때에 스스로 세례를 받겠다고 결정할 수 있다. 이것이 내가 바람직하다고 생각하는 견해지만, 어린 시절에 세례를 받았던 사람이 성숙하게 자라 부모의 신앙을 인정하고 거기에 따라 살아가기로 결정한다면, 똑같은 결과가 나오게 된다. 그러므로 유아 세례를 받은 사람들에게도 세례는 회심에 절대적으로 필요한 요소다.

성령을 선물로 받았는가?

회심을 통하여 그리스도인들은 성령을 선물로 받는다. 이것은 은혜와 능력과 사랑으로 그리스도인 안에 거하시는 하나님 자신의 선물이다. 그러나 복음주의 그리스도인들은 이 성령을 의식적으로 취해야 하는지, 그리고 성령을 반드시 회심을 통하여 받아야 하는지에 대하여 견해가 서로 다르다.

복음주의자들 사이에 널리 퍼져 있는 두 가지 관점

대체로 이 문제에 대한 지배적인 관점 또는 신학적인 견해는 두 가지로 나뉘진다. 두 가지를 요약한 뒤에, 어쩌면 이 논쟁의 결론은 '제3의 방법'에서 찾을 수 있을 것이라고 말할 것이다.

어떤 사람들은 모든 그리스도인들이 자동적으로 성령을 받는다고 주장한다. 이 사람들의 견해에 따르면, 한 사람이 믿어서 회개에 이르게 되면, 의식하든 못하든 간에, 성령을 받게 된다고 성경에서 가르친다는 것이다. 성령을 선물로 받겠다고 기도하거나 요청할 필요가 없다는 주장이다. 일단 믿고 회개하기만 하면 당연히 일어나는 일이기 때문이다. 침례교와 개혁주의 전통에 속해 있는 사람들은 일반적으로 이 견해를 줄기차게 펼치면서, 성령의 은사를 직접적으로 회심과 연결시킬 뿐만 아니라 어떤 사람이 믿을 때 자동적으로 성령을 선물로 받는다고 주장한다. 그래서 성령의 은사를 의식적으로 체험한다거나 적극적으로 추구한다는 개념에 반대한다.

다른 사람들은 회심 이후에 성령을 선물로 받는다고 믿는다. 이와 같은 견해는 오순절이나 은사주의 계통에서 가장 흔하게 찾아볼 수 있지만, 19세기 말의 성결 운동에 뿌리를 둔 여러 전통들에서도 다양한 형태로 나타난다. 흔히 '세례'나 '충만'이라는 말은 하나님의 은혜에 관한 독특한 경험을 이야기하기 위하여 사용된다. 어떤 사람들은 이 사건을 언급하기 위하여 성화라는 말을 사용하기도 하지만, 오래 전부터 가장 흔하게 사용하는 용어는 '성령 세례'다. 예를 들면, 내가 속해 있는 전통인 기독교 선교 연맹the Christian and Missionary Alliance에서는, 성화를 '회심에 따르는 결정적인 단계'라고 말하기도 한다.

이런 견해에는 성령을 의식적으로 받아들이는 일이 진정한 그리스도인의 경험에 없어서는 안 될 요소라는 확신이 포함되어 있다. 이런 관점을 지닌 사람들은 어떤 사람에게 성령 충만의 여부를 얼마든지 물을 수 있다. 오순절 진영은 전통적으로 '방언 말하는 것'을 성령 세례를 받은 결정적인 증거 또는 증거의 표시로 받아들인다. 이 두 관점은 복음주의 개신교 전통 내에 있는 두 가지 아주 다른 흐름을 대표한다. 십자가와 예수를 말하는 '갈보리' 사람들이 있고, 오순절과 성령을 말하는 '오순절' 사람들이 있다는 인상을 풍긴다. 복음주의 그리스도인들 사이에 이와 같은 구분이 지속적으로 심해져서 교회와 선교에 커다란 손실이 생길 가능성이 아주 크다.

어쩌면 다른 대안, 곧 회심의 본질을 다시 생각해 봄으로써 앞으로 나아갈 수 있게 하는 방법이 있을 것이다. 회심을 장기적인 경험으로 생각하면 성령을 경험하는 일에 대해서도 새로운 방식으로 생각할 수 있다. 말하자면, 두 진영이 모두 옳을 가능성이 얼마든지 있으며, 기존의 회심 이해 방식을 다시 생각해 봄으로써 두 견해의 장점을 끌어낼 가능성도 충분하다. 특히 회심에 관한 신약 성경의 모델이 그와 같은 관점을 지지하고 있다면 말이다.

불행하게도, 성령은 대다수 그리스도인들의 의식적인 경험에서 실재하지 않는 상대적인 존재다. 이런 그리스도인들에게는 하나님의 은혜와 그리스도인의 신앙을 경험하게 하고 알려주는 성령에 관하여 역동적인 신학이 없다. 그러나 바울 서신을 잠깐만 읽어보더라도 성령이 그리스도인의 삶에 절대적으로 중요하며, 바울 사도가 성령의 임재와 사역을 깊이 인식하고 있다는 사실을 충분히 알 수 있다. 바울의 인생은 성령께 의도적으로 반응하면서 살아간 삶이었다.

성령을 선물로 받는 것이 회심에 본질적인 요소라는 점은 신약 성경의 기본적인 전제다. 이와 같은 현실을 인정하고, 그 다음으로 우리는 오순절, 성결 운동, 은사주의 전통에 담긴 지혜를 통합시키려는 시도를 해야 한다. 물론 명백하게 개혁주의를 기본 틀로 삼아서 말이다.

성령의 은사와 관련한 신약 성경의 언어

성령에 관한 약속은 회심의 의미에서 본질적이다. 성령의 은사는 여분으로 받는 것도 아니며, 회심을 뛰어넘거나 초월하는 것도 아니다. 오히려 성령의 은사는 메시아의 구속 사역에 관한 예언적인 약속의 핵심을 차지하고 있다. 메시아는 성령으로 자기 백성들에게 세례를 베풀 것이다. 그런데 메시아의 구원 사역에 이와 같은 차원이 포함되지 않는다면, 우리는 거기에 대하여 도대체 어떻게 말할 수 있을 것인가? 이와 같은 차원은 예수님을 따르는 자, 곧 그분의 구원을 통하여 은혜를 입은 사람이 된다는 사실에 원래부터 포함되어 있는 의미다. 성령에 관한 약속은 새 언약의 본질적인 요소다. 이방인들을 위해 아브라함에게 주신 약속에도 성령의 약속이 포함되어 있었다겔 36장, 갈 3:14. 세례 요한은 예수님을 일컬어 성령으로 세례를 베푸실 분이라고 하였다. 이처럼 성령을 경험하는 일은 하나님 나라에 들어갈 때 꼭 필요한 부분이다. 그리스도인의 신앙이 시작되도록 한다는 의미에 관한 신약 성경의 개념에서 성령은 보완적이거나 부차적인 차원이 아니다. 실제로 최초의 그리스도인들에게 나타난 결정적인 표지는, 사도행전에 나온 대로, 성령의 사람들이었다는 주장에도 나름대로 일리가 있다.

클라크 피노크Clark Pinnock가 내놓은 흥미로운 관찰 결과에 따르면, 그리스도인들은 흔히 사람들이 '그리스도를 영접하는' 순간으로서 회심을 이야기하지만, 신약 성경은 그리스도를 주님으로 고백하고 성령을 선물로 받는 것을 강조한다. 피노크가 주목하는 것처럼, '그리스도를 영접한다'는 말도 크게 잘못된 것은 아니다. 그러나 이것이 성경의 강조점은 아니다. 신약 성경에서 강조하는 질문은 '거듭났는가'가 아니라 성령을 받았는가 이다.[16] 여하튼 성령과 회심 사이의 밀접한 연관성을 교회의 생명력과 증거로 회복시킬 필요가 있다.

여기에서 성령과 관련하여 신약 성경에서 사용하는 언어를 분명히 짚고 넘어가는 게 유용할 것이다. 이미 설명한 회심의 네 가지 모델 가운데, 의도적으로 오순절 이후에 신앙 체험을 묘사한 사람들(누가, 바울, 요한)은 모두 성령을 명시적으로 언급한다. 이 사람들은 서로 다른 언어와 다양한 은유를 사용하기는 하지만, 동일한 현실을 말하고 있다. 요한은 '성령으로 말미암아 다시 태어나는 것'에 대하여 이야기하면서 요한복음 20장 22절에서 예수님께서 제자들에게 '성령을 받으라'고 권면하셨다고 기록하고 있다. 누가는 누가복음과 사도행전에서 '성령 세례'를 언급하고 있다. 바울 서신에서 가장 흔하게 등장하는 표현은 '성령 충만'이다. 이 용어들은 모두 동일한 사실을 언급하고 있다. 곧 성령을 선물로 받으라는 것이다.

바울은 오직 한 경우에서만 성령 세례를 이야기한다(고전 12:13). 바울은 일반적으로 '성령으로 충만해지는 것'과 '성령과 동행하는 것'이란 용어를 사용한다. 바울에게 성령은 우리가(육신에게가 아니라) 순종해야 할 존재일 뿐만 아니라 그리스도의 영으로서 우리를 충만하게 하시는 존재다. 이처럼 순종과 충만은 함께 간다. 실제로 하나님의 뜻에 대한 순종은 성령의 충만을 위한 전제 조건이다.

누가는 '성령 세례'라는 말을 배타적으로 사용하지는 않는다. 사도행전 1장 5절과 2장 4절을 비교해 보면, '세례'와 '충만' 이 둘 다 거의 동의어처럼 사용되고 있다. '성령 충만'이라는 표현은 성령에 관한 초기 경험을 언급할 수도 있으며, 또한 에베소서 5장 18절에서처럼 그리스도인의 지속적인 경험이자 과정을 언급할 수도 있다.

이 모든 표현들을 보면, 성령을 선물로 받는 것은 회심 경험에 없어서는 안 될 중요한 사실임을 알 수 있다. 제임스 던(James Dunn)이 효과적으로 설명한 바에 따르면, 회심과 성령 세례 사이의 구분을 개념적으로 지지하는 유일한 신약 성경의 본문인 사도행전은 실제로 성령이라는 선물이 회심에 필요한 본질적인 차원이라고 인정한다. 다시 한 번 던의 설명에 따르면, 사도행전 2장 38절 "베드로가 대답하였다. 회개하십시오. 그리고 여러분 각 사람은 예수 그리스도의 이름으로 세례를 받고, 죄 용서를 받으십시오. 그리하면 성령을 선물로 받을 것입니다"_ 표준새번역은 회심의 본질과 의미에 관한 일종의 규범적인 패러다임으로 작용한다. "누가는 아마도 사도행전 2장 38절을 활용하여 기독교 신앙의 기본을 제시하면서, 그리스도인의 회심 비결의 기준을 세우려고 의도했을 것이다."[17]

사도행전의 나머지 부분은 복음 선포의 역사와 다양한 공동체에서 복음을 받아들이는 상황을 묘사한다. 여기에는 사도들의 말씀 전파뿐만 아니라 초대 교회의 그리스도인들이 어떻게 새로운 믿음을 발견하고 적용했는지에 관한 이야기도 들어 있다. 또한 비록 사도행전 2장 38절이 이상적일 수는 있지만, 실제적인 경험은 반드시 그렇게 질서정연하게 일어나지는 않았다. 고넬료는 성령을 선물로 받은 뒤에 세례를 받았다. 그는 사도행전 2장 38절에 암시된 것처럼, 믿고 회개하고 물세례를 받은 후에 자동적으로 성령을 경험하지 않았다. 그러나 이것은 성령을 선물로 받는 것이 그리스도인 회심의 본질적인 요소가 아니라는 의미는 전혀 아니다. 기껏해야 성령을 선물로 받는 것은 믿음과 회개의 행위와는 뚜렷이 구분될 수도 있다는 점을 암시할 뿐이다뚜렷이 구분되기는 하지만, 궁극적으로 분리될 수는 없다. 그러므로 성경은 웨슬리주의의 성결 운동이나 오순절 운동에서 말하는 회심과 성화의 두 단계 패러다임을 지지하지 않는다.

경험적인 현실

그러나 해석학적인 질문을 넘어서, 우리는 교회의 경험을 고려해 봐야 한다. 여기서 웨슬리주의의 성결 운동과 오순절 운동의 유산은 모든 그리스도인이 귀 기울일 만한 지혜를 들려준다. 앞에서 소개한 나의 논평은 한 사람이 믿고 회개할 때 자동적으로 성령을 선물로 받게 된다는 견해를 지지하는 것처럼 보일 수도 있다. 그러나 오로지 성경 해석만을 성령이라는 선물과 회심 사이의 관계를 구분하는 기초로 삼을 수는 없다. 우리의 신학과 신앙 체험은 영적인 전통과 신학적인 유산으로 말미암아 꾸준히 형성된다.

교회의 경험이 교회의 신학 형태를 갖추게 한다. 틀림없이 성경이 신학을 형성하는 데 언제나 가장 중요한 원천이지만, 신앙적 경험전통과 이성과 더불어도 역시 교회의 믿음, 교리, 가르침을 형성하는 데 막강한 영향력을 발휘한다. 한 사람의 신앙적 경험은 그 사람의 신학을 잘 알려주는 정보원이다. 바울의 회심 경험은 정경의 일부로서, 교회의 생명력과 교리를 형성하였다. 그리고 여러 가지 신학 운동의 창시자가 겪은 경험도 그러한 운동에 참여하는 사람들의 성품과 확신에 커다란 영향을 미쳤다. 우리는 이러한 사실을 샅샅이 파

헤치려고 하기보다는 우선 그것을 경축하고 거기에서 배우려는 자세를 취할 수 있어야 한다.

신학의 목적은 교회를 교화하는 것이다. 그러나 이것보다 더 중요한 것은, 신학은 하나님의 계시에 비추어 교회의 경험을 해석할 과제를 안고 있다는 점이다. 그러므로 신학은 그리스도인 공동체가 체험하는 것들을 이해할 수 있도록 돕는 역할을 해야 한다. 물론 성령에 대한 경험은 하나님의 계시를 바라보는 우리 관점에 끊임없이 영향을 미친다는 것과 성경이 신학 발전의 원천으로 자리 잡고 있어야 한다는 것을 기본적으로 인식하면서 말이다.

이런 식으로 신학 방법론에 접근하다보니 내가 속한 전통인 기독교 선교 연맹을 재평가할 수밖에 없었다. 이제 이 전통에 관하여 직접 이야기해 보려고 한다. 다른 사람들도 내 이야기를 도구삼아 자신이 속한 전통의 범위 안에서 성령을 선물로 받는다는 것의 의미를 잘 이해했으면 좋겠다.

기독교 선교 연맹의 교리를 형성하고 신학을 발전시킨 가장 중요한 요소는 이 교단을 세운 심슨의 경험이었다. 이것은 양해를 구하지 않고서도 충분히 말할 수 있는 부분이다. 심슨의 신학에서 중요한 영역은 성경 해석이 아니라 자기 경험을 통하여 결정되었다. 나는 여러 가지 신학적인 문제와 씨름하면서, 수많은 기독교 선교 연맹 회원들이 심슨의 신학적, 해석학적인 방법과 더불어 그의 경험에서 노출되는 약점, 그리고 이 두 가지가 기독교 선교 연맹의 교리에 미친 영향력 사이에서 느끼는 긴장감은 오직 심슨의 경험 영역을 올바로 인식함으로써 궁극적으로 해결할 수 있다고 결론지었다.

심슨의 경험

심슨은 장로교인으로 자라났다. 비록 장성한 뒤에 드러난 신학적인 관점을 '개혁주의'라는 말로 다 표현할 수 없기는 하지만, 심슨은 죄와 이신칭의에 관해서는 개혁주의의 교리를 따랐으며, 그리스도인의 삶에서 은혜의 우선성과 주권을 고수했다. 젊었을 때[15세] 믿음으로 그리스도를 받아들였으며, 장로교 목사로서 공적인 사역을 시작했다.

그러나 자신의 영적인 체험에 깊이가 별로 없는 것 같아 점차 불만족이 느껴졌다. 심슨은 윌리엄 보드만 William Boardman의「고차원적인 그리스도인의 삶」*The Higher Christian Life*, 1858년판이라는 책을 읽었을 때 그 불만족이 훨씬 더 심해졌다. 이 책은 두 가지 방식으로 심슨에게 커다란 인상을 남겼다. (1)그리스도인들은 현재 심슨이 경험하고 있는 것을 훨씬 뛰어넘어 영적인 생명력과 내적인 능력을 즐길 수 있었다. 그리고 (2)이런 깊은 차원의 경험은 예수 그리스도 그분 안에서 발견되어야 했다. 심슨은 보드만이 묘사한 것들에 견줄 만한, 그리스도에 관한 경험을 해야만 만족할 수 있을 것으로 생각하였다.

이 시기에 북미 대륙 전역에 걸쳐서, 그리고 영국에서도 어느 정도 이와 비슷한 메시지를 강조하는 아주 다양한 운동들이 생겨나게 되었다. 좀 더 폭넓게 이야기하자면, 이러한 운동들은 '성결 운동'이라는 말로 설명할 수 있을 것이다. 비록 몇 가지 중요한 부분에서 차이를 보이기는 하지만, 모든 운동들이 일상적인 그리스도인의 경험보다 훨씬 더 깊고 높은 차원의 은혜와 신적인 성결을 경험할 수 있다는 것을 인정하고 있었다.

이처럼 더욱 심오한 수준의 경험은 성경으로 얼마든지 정당화할 수 있는 것이라는 확신이 있었다. 수많은 사람들이 오순절 현상을 두 가지 양상의 구원을 가리키는 것으로 믿었다. 첫째는 그리스도와 갈보리 십자가에 대한 경험이고, 둘째는 성령과 오순절에 대한 경험이었다. 어떤 사람들은 두 번째를 일컬어 그리스도인으로 하여금 더욱 생명력 넘치는 삶으로 나아가게 하는 성령 세례라고도 하였다. 다른 사람들, 특히 웨슬리 전통에 속한 사람들은 이처럼 깊은 은혜를 경험하는 것을 '완전' perfection이라고 말하면서, 죄에서 자유로워지고 완전한 사랑을 실천하는 삶이 가능하다고 강조하였다.

보드만의 책은 이 시점에서 심슨의 삶에 가장 중요한 영향을 미쳤다. 심슨은 또한 성결 운동특히 무디으로부터 도전과 격려를 받았다. 1872년과 1875년 사이의 어느 시기에, 심슨은 하나님의 은혜를 받아 극적이고 삶을 변화시키는 경험을 하였다. 곧 그리스도에 대한 경험에서 커다란 전환점을 맞이하였다. 그리하여 사역에 커다란 능력을 부여받았으며, 죄에서 돌아서서 의로운 삶을 살겠다는 소망이 더욱 강해졌다. 이것은 젊은 시절 처음으로 그리스도를 경험한지 15년이 지난 뒤에 일어난 일이었다.

셋째로 중요한 경험은 1881년에 일어났다. 이 때 심슨은 정서적으로, 신체적으로 완전히 탈진한 상태였다. 그런데 어디에선가 치료받을 수 있다고 믿게 해준 가르침을 들었으며, 독특하고 기적적인 치유를 받았다. 또한 하나님의 은혜가 자신에게 그리스도를 매순간 완전하게, 그리고 감정적으로 의지하도록 요청한다는 것을 깨달았다. 이것은 심슨의 영적 여정의 절정이었다. 이 때 그리스도 한 분만으로 완전히 만족한다는 인식을 바탕으로, 자기 자신을 신뢰하는 삶에서 그리스도를 신뢰하는 삶으로 중대한 전환을 하였다. 심슨은 "그분 자신"이라는 제목의 유명한 설교에서 이 경험과 깨달음을 나누었다. 이와 같은 경험이 심슨의 신학적인 확신을 형성하는 데 가장 중요한 역할을 한 것으로 보인다. 그러나 그것은 보드만의 책에서 받은 동기 부여와 통찰의 결정판이기도 했다.

심슨의 교리

심슨은 그리스도인의 경험의 본질과 목표를 설명하기 위하여 기본적으로 웨슬리-성결 운동의 패러다임을 채택하였다. 비록 자기 자신의 영적 순례 여정에 세 가지 뚜렷한 시점이 있었지만, 심슨은 당시의 성결 운동에 깊이 빠져 있었기 때문에, 성령의 역사하심의 결정적인 단계에 잇달아 오는 회심이라는 개념을 채택하여 가르쳤다.

그럼에도, 심슨의 사상은 당대에 활동하던 여러 사람들의 가르침과는 여러 가지 측면에서 현저하게 달랐다. 이를테면, 심슨은 웨슬리의 감리교에서 주장하는 완전주의를 거부하였으며, 케스위크 운동Keswick movement의 억압주의도 받아들이지 않았다. 심슨을 예비오순절주의자라고 부르는 것은 아마도 지나친 과장이 될 수 있다. 그러나 분명히 그리스도인의 성화에 대한 두 단계 모델을 받아들여 채택하고 독려한 폭넓은 운동의 일원으로서, 심슨은 회심 이후 사건을 '두 번째 축복'이나 '성령 세례' 둘 가운데 하나로 부르면서 신자들로 하여금 '훨씬 더 깊은 삶'을 경험할 수 있도록 도왔던 것으로 보인다.

심슨의 교리에는 몇 가지 주목할 만한 특징이 있다. 첫째, 성화는 선택 사항이 아니라 필수 사항이다. 하나님의 선택은 성화를 위한 것이다. 가끔 심슨은 성화를 경험하는 것이 구원에 원래부터 있는 것이라고까지 말하였다. 심슨은 회심에다 성령의 세례를 더하는 것이 바로 구원이라고 말했다. 그리고 믿음과 회개라는 초기 경험이 성령을 의식적으로 받아들이는 과정을 통한 변화로 보완되지 않은 사람들의 영적인 경험이 과연 진실성이 있는지를 여러 차례 회의적인 시각으로 바라보았다.

제3의 길

고든 피는 냉정한 관찰 결과를 내놓고 있다.

> 그리스도인으로서 새로운 생활을 시작하는 출발점에서 성령을 역동적으로 경험하지 못하고 있는 현상은 또한 교회 후기 역사의 상당 부분에 걸쳐서 개인 신자들에게 나타나는 상습적인 침체와 불행히도 너무 자주 일어나는 빈혈 증세를 아주 잘 설명해 준다. 물론 이런 현상이 모든 사람들에게 나타난다는 것은 분명히 아니다. 그러나 그것은 교회사 전반에 걸쳐 등장한 수도원 운동과 다양한 성령 운동이 출현한 이유를 부분적으로나마 설명해 준다.[18]

한편 우리는 그리스도인이 되는 데 성령이라는 선물이 절대 필요한 부분이라는 점을 인정함으로써 반응할 수 있다. 피는 "가장 중요한 요소가 성령을 선물로 받는 일이라는 점에서, … 회심에서 공통적으로 경험해야 하는 것들"의 기준으로서 고린도전서 12장 13절 "우리는 유대 사람이든지 그리스 사람이든지, 종이든지 자유인이든지, 모두 한 성령으로 세례를 받아서 한 몸이 되었고, 또 모두 한 성령을 마시게 되었습니다."을 언급하고 있다.[19] 물세례가 이 회심의 선물을 상징하는데, 사도행전 2장 38절은 물세례를 곧바로 성령과 연결시키고 있다. 한 가지 신학적인 전제로서, 우리는 세례와 성령 사이의 밀접한 동일시를 인정해야 한다. 하나는 또 다른 하나를 나타낸다. 그러나 세례는 실제로 성령이라는 선물을 매개하지는 않는다. 그리고 사실상, 수많은 사람들에게 성령이 완전히 현실화되는 것은 물세례를 받은 지 한참 뒤에나 일어날 수 있다. 문제는 많은 사람들, 특히 웨슬리주의나 오순절 전통에 확신을 둔 사람들이 이와 같은 지연에도 성경적인 증거가 있다고 결론을 내린다는 데 있다.

심슨은 사도행전 19장과 같은 본문을 성화의 두 번째 결정적 단계에 대한 사례로 든 19세기 후반의 다른 여러 저술가들의 전형이다. 사도행전 19장에는 물로 세례를 받았지만 성령 세례를 경험하지 못한 그리스도인들의 예가 등장한다. 심슨은 물세례가 자동적으로 성령 세례를 이끌어 내지는 못하며, 어느 하나가 없어도 다른 하나가 있을 수 있다는 사실을 바탕으로 추론한다. 심슨은 두 세례가 뚜렷이 구분될 뿐만 아니라 개별적인 신앙 행위로 취급되어야 한다고 결론짓는다.

또한 오순절주의자들은 사도행전 8장에 나오는 사마리아인들의 경험에 초점을 맞추는 경향이 있다. 여기에서는 이미 그리스도께로 나아온 사람들이 추후에 경험을 한 것이 분명해 보인다.

> 사마리아 사람들이 하나님의 말씀을 받아들였다는 소식을 예루살렘에 있는 사도들이 듣고서, 베드로와 요한을 그들에게로 보냈다. 두 사람은 내려가서, 사마리아 사람들이 성령을 받을 수 있게 하려고, 그들을 위하여 기도하였다. 사마리아 사람들은 주 예수의 이름으로 세례만 받았을 뿐이요, 그들 가운데 아무에게도 아직 성령이 내리시지 않았던 것이었다. 그래서 베드로와 요한이 그들에게 손을 얹으니, 그들이 성령을 받았다^{행 8:14-17, 표준새번역}.

이것은 사도행전 19장보다 살펴보기에 훨씬 더 적절한 본문이다. 왜냐하면 사도행전 19장은 진지한 구도자이긴 하지만, 정확하게는 성령을 받지는 않았다는 이유로 아직 실제적인 그리스도인이라고 보기 어려운 개인에 대한 좋은 사례이기 때문이다. 어떤 식으로 이 본문을 읽든지 간에, 사도행전 19장에 나오는 이야기는 성령을 의식적으로 깨닫는 것이 어떤 사람이 그리스도인인지 아닌지를 판단하는 결정적인 증거라는 사실을 잘 예증하고 있다.

사도행전 2장 38절의 약속은 베드로의 설교를 들은 청중들이 세례를 받으면 성령을 선물로 받게 되리라는 것이었다. 그런데 사마리아 사람들은 믿고 세례를 받았지만, 아직도 성령을 선물로 받지 못하고 있었다. 그래서 베드로와 요한은 이 사람들에게 손을 얹은 다음 성령을 선물로 받을 수 있도록 기도했다. 존 스토트가 주목하는 것처럼, 누가는 베드로와 요한이 이 사람들이 성령을 선물로 받지 않았다는 것을 어떻게 알았는지는 말하지 않고 있다. 다만 두 사람이 이와 같은 경우를 '발견했다'고 말하고 있다.

사도행전 2장 38절과 사마리아 사람들의 경험 사이의 이 불균형을 어떻게 이해할 수 있을까? 물론 어떤 사람들은 이것이야말로 성경적인 형태라고 주장할 것이다. 곧 회심이 나중에 나타나는 성령 충만이나 성령 세례에 이어지는 것이라고 말이다. 스토트는 사마리아 사람들의 경험을 규범적인 것으로 볼 만한 근거가 전혀 없다고 말한다. 왜냐하면 전체적인 성경의 메시지는 성령이라는 선물이 회심에 절대적으로 필요하다고 주장하기 때문이다.

그런데 다른 극단으로 치달으면서 어떤 사람들은 이것은 두 단계를 걸쳐서 일어나는 경험이 아니라고 주장한다. 실제로 사마리아 사람들은 베드로와 요한을 통하여 그리스도께로 인도되었기 때문에, 그들이 빌립을 통하여 겪은 경험은 진짜 회심이 아니었다고 말한다.[20] 마지막으로, 오순절 계통에 속하지 않은 수많은 복음주의자들은 이것이 아주 독특한 상황이었다고 결론짓는다. 즉 사마리아에 있는 교회가 처음으로 복음을 받아들였기 때문에, 이것은 예루살렘에 있는 사도 공동체를 벗어나는 첫 단계였다는 것이다.

그러나 이것은 고작해야 아주 사변적인 이론에 불과하다. 사실 사마리아인들의 경험도 규범적이 아니라는 점에 동의하는 동시에, 어떤 경험도 규범이 될 수는 없다는 사실을 인정하는 편이 훨씬 더 낫다. 더 나아가 믿음과 세례를 성령을 경험하는 것과 분리시키는 것이 아주 흔한 일일 수도 있기 때문이다. 그러나 이것은 성령을 경험하는 일이 회심에 원래부터 있는 것이 아니라는 의미는 아니다.

우리는 심슨과 웨슬리-성결 운동과 오순절 전통에서 속한 다른 사람들이 우려한 것을 진지하게 생각해 봐야 한다. 이 전통들은 성령의 임재를 적절하게 강조할 뿐만 아니라 이 선물을 받아서 성령을 의식하며 살라고 모든 그리스도인들에게 올바르게 요청하고 있다. 이 전통들은 어떤 사람이 성령을 선물로 받았다는 사실을 확실하게 아는 것에 굉장히 가치를 둔다. 그러나 신약성경은 성령을 선물로 받는 일을 '회심에 이어서 자연스럽게 일어나는 일'이라기보다는 회심의 초기 경험과 직접 연결시키고 있다. 성령이라는 선물이 회심에 원래부터 있는 것으로 인정할 뿐만 아니라 그리스도인의 회심이 복잡한 사건이라는 사실을 깨닫는 게 유일한 해결책인 것 같다. 그런데 많은 경우에 성령을 의식적으로 취하는 일은 실제로 회심에 필요한 다른 요소들과는 뚜렷이 구분되는 시간적으로 완전히 구분되는 방식으로 경험될 수 있다.

전통적인 성결 운동과 오순절 신학은 회심과 성령이라는 선물을 구분하려는 경향이 있다. 심지어 어떤 사람들은 이보다 훨씬 더 멀리 나아가 성령 세례와 성화를 엄격히 구분하였다. 이것은 바람직하지 못한 구분이기는 했지만, 돌이켜 보면 사회적이고 교회론적인 맥락에서는 나름대로 의미가 있었다. 그러나 비록 19세기와 20세기 초의 사회 상황과 교회 상황에서는 적절했을 수도 있지만, 이런 신학적인 패러다임은 신약 성경의 본문이나 교회의 현재 상황과도 일치하지 않는다.

그러나 이것이 성결-오순절 신학에는 진리가 결여되었다는 의미는 아니다. 그와는 반대로, 이러한 전통들은 전체 그리스도인 공동체를 향해 그리스도인들의 삶 가운데서 차지하는 성령의 자리를 훨씬 더 깊이 이해하라고 요청하였다. 그리고 나는 회심과 성령이라는 선물을 분리시키는 데에는 아무런 성경적인 증거가 없다고 주장하는 반면에, 이러한 전통들은 회심 경험에 절대적으로 필요한 의식적이고 의도적인 행동을 통하여 성령을 선물로 받아야 한다는 사실을 생각해 보라고 한다.

모든 사람들이 성령을 선물로 받기 위하여 결정적이거나 의식적인 경험을 해야 할 필요는 없다. 그러나 그리스도인이 성령께서 자기 안에 거하시는지를 영원히 확신하지 못한 채 살면 안 된다고 성령께서 분명히 증거하신다. 웨슬리-성결-오순절 전통에 속한 사람들은 그와 같은 불확실성은 비정상적인 것이라고 단호하게 주장한다. 그러므로 그 사람들은 우리에게 성령을 선물로 받으라고 한다.

그런데 정말로 중요한 문제는 현재 우리가 성령의 임재를 의식하고 있느냐 하는 것이다. 어떤 사람이 자기는 성령의 임재를 의식하고 있다고 말한다면, 그 사람에게 성령을 선물로 받아들인 명확한 순간이 있었는지의 여부는 별로 문제가 되지 않는다. 그러나 어떤 사람이 의심을 한다면, 성결-오순절 전통에 속한 사람들은 우리에게 성령을 받을 수 있도록 함께 기도하자고 재촉할 것이다. 그러나 그와 같은 경험은 회심에 이어서 일어나는 것이 아니라 그리스도께로 나아올 때 원래부터 있었던 것으로 볼 필요가 있다고 나는 확신한다. 그러므로 성령을 선물로 받는 일은 회심이라는 복잡하고도 장기적인 과정의 일부다.[21]

만약 이와 같은 제안이 타당하다면, 여기에는 두 가지 의미가 내포되어 있다. 첫째, 그리스도의 주권에 자기 삶을 내어드릴 때, 우리는 그리스도께로 나아오면서 믿음을 통하여 알게 되는 선물인 성령이라는 선물을 받을 수 있고 받아야만 한다는 사실을 가르치고 전파하게 될 것이다. 초기의 믿음과 회개, 그리고 나중에 성령을 선물로 받는 일 사이를 칼로 무 자르듯 구분하는 것은 비성경적이라고 거절할 것이다. 오히려 성령이라는 선물을 복음 전도의 본질적인 요소라고 가르칠 것이다.

둘째, 우리는 성령을 의식적으로 받는 간단한 행위를 통하여 그리스도께로 나아오는 사람들을 인도할 것이다. 여기에는 새로운 신자에게 안수하는 것과 성령을 받을 수 있도록 하나님 아버지께 아뢰는 것도 포함된다. 그러나 이런 일은 믿음으로 나아오는 사람이 이 선물을 받을 준비가 되어있는 그때에 당연히 일어나야 한다. 이상적으로는, 모든 새로운 신자들은 아마 세례를 받으려고 할 때, 성령을 알고 받게 될 것이라고 고백하는 기도를 해야 할 것이다. 그러나 이런 경우가 아니라면, 믿음의 여정 가운데 어느 시점에 와 있는지를 알리는 표지판으로서 성령을 받는 일이 일어나야 한다. 그와 같은 기도는 외적인 표시나 증거, 감정적인 표시나 증거 등과 같은 것으로 특징지을 필요는 없다. 그 기도는 단순히 믿는 자들에게 한 가지 기준으로 작용할 뿐이다. 그들은 성령과 동행해야 하는 책임을 지게 될 것이다. 왜냐하면 믿음으로 말미암아 우리는 성령이라는 선물을 이미 받았다고 생각하기 때문이다.

만약 어떤 그리스도인이 자기가 용서받았다는 사실을 의심한다면, 우리는 그 사람이 자기 죄를 용서받았다는 사실을 확신할 수 있도록 이끌어 준다. 이와 비슷하게, 어떤 그리스도인이 성령으로 충만해졌는지 의구심을 품고 있다면, 그 사람이 성령이라는 선물을 의식적으로 받아야 한다는 사실을 깨달을 수 있도록 이끌어 준다. 새로운 신자들 덕분에 우리는 기회의 창문을 취하여 일찍부터 의식하면서 의도적으로 그들을 하나님의 임재 가운데로 안내한다. 하나님은 언제나 그들 안에 거하실 준비가 되어 있으시다.

아마 어떤 사람이 성령을 선물로 받기 위하여 기도를 받는 순간 자체가 변화의 순간은 아닐 것이다. 오히려 그 순간은 변화를 일으킬 수 있게 해 주는 사건이나 경험이다. 그 순간은 이 사람이 성령 안에서 살기로 결단한 대로 살아가기 위한 기준이자 출발점이다.

수많은 사람들이 성령 충만을 구할 때 무슨 특별한 경험이나 느낌을 갖게 되지 않을까 크게 기대한다. 그들이 그런 특별한 감정이나 경험을 계속적으로 성령과 연결시키지 않도록, 그 순간에 차라리 놀라운 경험을 하지 않는 편이 훨씬 더 낫지 않을까 생각한다. 내가 말하려고 하는 것은, 이것이 은사주의 운동의 불행한 부산물이라는 점이다. 어떤 경우에는, 성령을 방언의 은사와 같은 특별한 표적과 지나치게 관련시키기 때문에, 수많은 사람들이 자기들의 경험이 적절한 것인지 의심한다. 그리고 불행하게도 지도자들은 성령의 일하심을 입증하기 위하여 특별한 표적이나 현현이 반드시 있어야 한다고 생각하기도 한다. 그러나 성령은 참으로 다양한 방법으로 일하시기 때문에, 한 가지 특정한 표현에 성령을 제한시켜서는 안 된다.

어떤 사람들은 성령의 은사가 표현되는 것을 제한하고 싶어 하지만, 다른 사람들은 자신의 신학적인 전통과는 일치하지 않는다고 하면서 성령의 은사를 구해야 한다는 생각에 반대한다. 이와 같은 태도들은 이해할 만하다. 그러나 나는 서로 다른 다섯 군데 신학교에서 여러 해 동안 회심의 본질에 대하여 가르쳐 왔다. 수업의 한 부분으로서, 나는 대개 학생들에게 자신의 회심 경험을 명확하게 설명해 보라고 한다. 물론 이것은 학생들이 자신의 신앙 체험을 비판적으로 성찰하도록 돕기 위한 과정이다. 학생들의 교단 배경에 상관없이, 학생들이 얼마나 자주 성령을 의식적으로 받았다고 말하는지 정말 놀랍다. 침례교든, 루터교든, 웨슬리 또는 오순절 배경이든, 학생들의 교단 배경은 달라도 그런 식으로 접근하는 데에는 별다른 차이가 없다. 흥미롭게도, 성령을 의식적으로 받아야 한다고 가르치지 않는 전통에 속한 사람들도 오순절이나 은사주의 계통의 교회를 방문했을 때 그런 것들을 경험하게 된다. 이처럼 성령의 은사를 경험한 사람들이 자기가 성장한 교단으로 돌아가더라도 이 경험은 자기 삶에 중요한 부분으로 남아 있게 된다. 그러나 불행히도 이런 경험은 그들이 오랫동안 몸담은 신앙 공동체의 신학과 실천에 통합되지 않을 때 비극적이게도 아주 이례적인 사건처럼 보인다.

어떤 사람들은 성령을 회심과 연결시키면서도 성령을 간구할 필요는 없다고 주장해 왔다. 자동적으로 받게 된다는 것이다. 성령이 회심의 일부인 것은 틀림없지만, 회심은 장기적인 경험이라고 주장하고 싶다. 그럼에도 의도적으로 성령을 받기 위하여 기도하는 것은 그만한 가치가 있다. 이런 행위는 회심에 곧바로 뒤따라오는 것은 아니지만, 그리스도께로 나아온다는 의미에서 없어서는 안 될 부분이다. 또한 이러한 경험은 하나님께서 원하시는 은혜로운 때에 일어난다는 사실을 동일하게 인정해야 한다.

그러므로 어떤 사람에게 예수 그리스도를 믿고 세례를 받았을 때 성령을 선물로 받았는지 물어보는 것은 타당하다. 그 사람이 성령을 받았다고 말한다면, 우리는 하나님께서 부어주신 생명을 경축하고 성령과 동행하는 삶을 살도록 서로 격려해야 한다. 만약 그 사람이 성령을 받지 않았다거나 거기에 대하여 의구심을 품고 있다면, 그 사람이 이 생명의 선물을 경험할 수 있도록 기도할 뿐만 아니라 받아 누리라고 촉구할 수 있다. 그리고 교회는 언제나 안수로 상징되는 공식적이고 의도적인 행위의 가치를 인정해 왔다.

다시 말해, 물세례를 받을 때 성령을 구하는 게 이상적이다. 또한 어떤 사람이 세례를 받은 뒤에 그가 살아 계신 하나님의 성령으로 충만하고 거기에서 능력을 공급받을 수 있게 해 달라고 기도하는 것도 전적으로 적절하다. 이와 같은 경우에 세례는 다른 사람에 대한 증거라기보다는 우리 자신이 그리스도와 연합하고 성령으로 충만하게 되는 사건이다.

이와 같이 우리는 그리스도인의 회심에서 성령의 위치를 좀 더 강력하게 인정해야 한다.

하나님 가족의 일원이 되는 일

신앙 공동체에 대한 언급이 없이는 이 기본적인 이 신앙 체험을 분명히 밝혀줄 것이다. 회심에서 중요한 이 양상은 두 측면으로 다룰 필요가 있다. 한편으로 그리스도인 공동체는 특히 회심 언어를 통하여 회심을 매개한다. 바로 이어지는 장에서 이것을 주제로 다룰 것이다.

하나님의 구속에 담긴 목적

다른 한편으로 회심에는 그리스도인 공동체로의 참여가 포함되는데, 이것이 바로 여기에서 중요하게 다룰 부분이다. 일반적으로 복음주의자들은 새로운 회심자가 교회의 일원이 되어야 한다고 강조한다. 이것은 나름대로 타당한 확신에서 비롯된 주장이기는 하지만, 이미 성취된 사실을 간과하고 있다. 가령 사도행전 당시와 같은 초대 교회 시절에는 그리스도인 공동체로 들어가는 일이 믿음으로 나아오는 것의 한 부분이었다. 더 나아가 바울은 모든 그리스도인들이 교회의 일원이라는 점을 인정하고 있다. 사도 바울이 에베소서 2장에서 강조하는 것처럼, 전에는 우리가 하나님의 언약 백성의 일원이 아니었지만, 그리스도로 말미암아 이제는 나그네와 외국인이 아니다. 우리는 하나님의 가족 구성원들이다. 좀 더 간단히 말하자면, 그리스도인이 되기 위해서는 신앙 공동체의 일원이 되어야 한다. 성 어거스틴이 우리에게 어머니와 같은 교회가 없다면 하나님을 아버지라고 감히 부를 수 없다고 한 것은 아주 적절하다. 그리스도와 연합하는 것은 곧바로 그리스도의 몸과 연합하는 것으로 연결될 수밖에 없다.

그러므로 일단 새로운 신자가 믿음에 이를 때 그 사람에게 교회에 참여해도 되고 참여하지 않아도 된다고 가르친다면, 신약 성경에서 가르치는 그리스도인의 신앙에 담긴 공동체적인 의미를 충분히 살려내지 못하고 있는 것이다. 그리스도인 공동체의 일원이 된다는 것은 그리스도인이 되는 데 무척 중요하기 때문에, 신약 성경에서는 공동체와 동떨어진 그리스도인을 상상할 수조차 없다. 그리스도를 믿는 신앙으로 나아오면서, 우리는 그리스도께서 머리이신 새로운 인간 집단의 구성원이 된다. 또한 이처럼 새로운 인간 집단은 그리스도와 연결되어 있을 뿐만 아니라 인간적인 연대감으로도 서로 연결되어 있다. 우리는 한 가족이다.

이것은 바로 부르심에 뿌리를 두고 있다. 하나님은 아브라함을 통하여 한 백성을 이루기로 작정하셨다. 인류를 구속하시려는 하나님의 목적은 여기저기에서 각 사람들을 구원하는 것으로 성취되지 않는다. 오히려 하나님께서는 하나님의 이름을 소중히 간직하고, 하나님을 경배할 뿐만 아니라 하나님의 통치를 증거하는 백성들을 빚어내고 계신다. 하나님께서는 자기 아들을 이 세상에 보내심으로써 그와 같은 백성을 빚어내셨는데, 그 백성이란 그리스도의 몸, 곧 성령과 교통하는 사람들이다. 그러나 우리는 하나님의 통치가 완성될 때 유일하고 역동적인 실체인 신앙 공동체가 주 예수 그리스도 앞에 영광스러운 신부로 나타나는 그 날도 역시 고대하고 있다. 그리고 하나님께서는 백성들, 곧 하나님의 유일한 백성들 사이에 거하시기로 할 것이다.

바울은 이런 공동체적인 정체성이 그리스도인 개인의 영적인 안녕과 성장에 본질적이라고 분명히 진술하고 있다. 에베소서 4장 11~15절은 우리가 각각 신앙 공동체의 구성원으로서 한 지체로 자리 잡고 있을 때 그리스도 안에서 자라게 된다는 사실을 상기시킨다. 서로 떨어진 채 그리스도 안에서 자라날 수는 없다. 결코 그럴 수는 없다. 영적인 성숙과 철저한 변화를 바라는 우리의 유일한 소망은 동료 그리스도인들과 사랑 안에서 연합하면서 서로를 의존하는 가운데 성숙하는 법을 배우는 것이다.

결과적으로, 완전히 개인적인 차원에서 회심을 생각할 수는 없다. 신앙 공동체는 우리의 회심을 매개하기 때문에, 회심에는 그 공동체로의 통합이라는 요소가 포함되어야 한다. 우리는 현실과 동떨어져 살 수 있는 사람들이 아니다. 우리 신앙은 구체적이고 확실한 여러 관계 안에서 표현되어야 하는데, 이러한 관계가 바로 새로운 인간성을 대표하는 한 백성을 빚어내기 위한 하나님의 부르심을 반영한다. 그러므로 회심에는 하나님의 백성들과 교제를 나누는 가운데 예수 그리스도께 헌신하는 것이 포함되어야 한다.

교회의 여러 가지 실패 때문에, 우리에게 친숙한 그리스도인 공동체의 삶에서 나타나는 명백한 결점들 때문에 이 말에 반발할 수도 있을 것이다. 그러나 그리스도인의 신앙은, 여전히 타락하고 죄 가운데 있지만 그리스도 안에서 궁극적으로 변화된다는 소망을 품고서 현실을 함께 헤쳐 나가는, 결점 많은 사람들과 반드시 더불어 살아가면서 표현되어야 한다. 신앙 공동체에 참여함으로써, 우리는 온갖 연약함과 결점을 지닌, 우리와 함께 있는 사람들과 동일시하게 되고, 성령의 일하심으로 말미암아 그리스도 안에 머물기를 소망하는 사람들과 동일시하게 된다.

세례는 공동체 안으로 통합되는 것을 상징한다. 세례는 죄 용서, 그리스도와의 연합, 성령을 나타낸다. 그러나 신앙 공동체가 매개하는 세례는 또한 하나님의 언약 백성으로 통합되는 것을 나타낸다.

수많은 사람들에게, 하나님의 가족으로 통합되는 이런 일은 또한 지역 교회의 구성원이 되는 공식적인 과정에서 나타날 것이다. 이것이 중요한 수단이 되어서 회심의 요소들 가운데 신앙 공동체로의 통합이라는 이 차원을 살아낼 수도 있겠지만, 공식적으로 교회 일원이 된다고 해서 그 자체만으로 회심의 한 가지 요소를 완전히 구성하지는 않는다. 오히려 그리스도께로 나아오면서 우리는 신앙 공동체에 참여하게 된다. 이 공동체는 우리에게 공동체적인 예배를 드릴 기회, 가르침과 배움을 얻을 기회, 은혜와 격려와 제자 훈련을 받을 기회, 예배를 통하여 다른 사람들에게 은혜를 끼치는 수단이 될 기회를 제공한다. 또한 이 공동체는 우리에게 다른 그리스도인과 교제하면서 사랑하고 사랑받는 법을 배울 수 있게 한다. 그리스도인이 되는 것은 신앙 공동체의 구성원이 되는 것이다. 그리스도인이 되는 것은 공동체적인 삶으로 들어간다는 뜻이다. 다른 길은 없다.

한 가지 필수적인 조건

회심의 공동체적인 요소를 강조하는 것은 당연한 일이지만, 거기에는 조건이 따른다는 사실을 인정해야 한다. 우리는 언제나 교회와 그리스도를 구분해야 한다. 이 둘은 하나도 아니고 같지도 않다. 교회와 연합하는 것과 그리스도와 연합하는 것은 동의어가 아니다. 교회에 순종하는 것은 그리스도께 순종하는 것과 같지 않다. 그리스도를 믿는 믿음으로 나아오는 것이 어떤 시점에서는 반드시 신앙 공동체로의 통합을 의미할 것이다. 그러나 어떤 사람이 결국 그리스도에 대한 성숙한 이해와 만남에 이르게 될 유일한 방법은 일부러 교회를 떠나거나, 또는 적어도 지금까지 자신들의 일부가 되어버린 교회를 잠정적으로 떠나보는 것이다. 나는 지금 특별히 제2세대 그리스도인들과, 어쩌면 신앙과 시민권을 실질적인 동의어로 보는, 기독교를 국교로 둔 나라의 그리스도인들을 생각하고 있다.

공동체적인 삶으로 통합되는 것이 그리스도인 회심의 본질적인 요소라는 사실을 인정한다. 그러나 이것이 진정한 회심의 유일한 요소는 결코 될 수 없다. 이것만 따로 떨어져 있을 수 없다. 더구나 이것은 여러 가지 요소 가운데 하나이긴 하지만, 여전히 조건이 있다.

가장 일차적인 그리스도인의 정체성이나 충성은 교회를 향한 것이 아니다. 참으로 회심한 사람은 언제나 구별되어지는데, 그는 공동체로 말미암아 자기를 소진하지도 않을 뿐만 아니라 공동체로 말미암아 짓눌리지도 않는다. 다시 말해, 그 사람은 가장 일차적인 충성과 정체성을 공동체가 아니라 그리스도 안에서 찾는 사람이다.

따라서 회심에 필요한 요소들을 열거하면서, 그리스도를 향한 충성과 헌신의 대상을 바꾸는 것을 공동체에 통합되는 것보다 앞에 놓는 게 아주 적절하다. 이같이 의도적으로 논리적인 순서를 정하는 것은 충분히 이해할 만하다앞으로 살펴보겠지만, 비록 언제나 그런 순서로 경험되지는 않겠지만 말이다.

사이몬 웨일Simone Weil과 같은 일부 그리스도인들은 분명히 진정한 회심을 경험했음에도 절대로 교회와 타협하지 않는다. 그러나 그런 사람들이 정상이라기보다는 예외로 보아야 한다. 어쩌면 우리가 헌신해야 할 대상이 어떤 인간적인 조직이 아니라 궁극적으로 예수 그리스도라는 사실을 상기하기 위하여 그런 예외에 주의를 기울일 필요도 있을 것이다.

어떤 사람들의 회심에는 의도적이든 우연이든 공동체와의 단절이 포함될 수도 있다. 그와 같은 단절은 그렇게 하지 않으면 실제로 진정한 회심으로 나아가려는 용기를 꺾는 억압적인 영향력들로부터 그 사람을 벗어나게 해 준다. 물론 나중에 그 회심자가 공동체로 다시 통합되는 게 이상적이다.

몇 가지 함축적인 의미

이 모든 것들은 회심과 교회 생활을 우리가 어떻게 생각해야 하는지에 대하여 엄청난 함축적인 의미를 담고 있다. 이어지는 장에서는, 복음 전도는 새로운 신자들을 효과적으로 통합할 수 있는 신앙 공동체에서 일어날 때 가장 진정성이 있다고 강조할 것이다. 이 말은 공동체와 분리된 대규모 복음 전도와 텔레비전 복음 전도는 반드시 주의해야 한다는 뜻이다. 물론 새로운 신자가 진정한 사랑을 주고받는 기쁨을 경험할 수 있는롬 12:9-21 신앙 공동체의 일원이 되도록 격려하고 도와주어야 한다는 뜻이기도 하다. 또한 이러한 책임을 사람들을 신앙으로 이끌 때 생기는 단순한 결과나 이상적인 부산물이 아니라 진정한 복음 전도의 본질적인 부분으로 보아야 한다는 뜻이다.

그러므로 회심을 생각하면 우리는 그리스도인 공동체와 공식적으로 연결하는 것의 가치를 인정할 수밖에 없다. 교회 일원으로 동참하는 과정을 공개적으로 밟는 행위는 그리스도에 대한 헌신과 그리스도인의 제자도로 부르시는 주님의 부르심에 대한 반응을 나타내는 중요한 징표가 될 수 있다. 그래야 그리스도에 대한 헌신을 그리스도인들의 공동체에 대한 책임 있는 헌신으로 반드시 표현해야 하는 것으로 보게 된다.

앞으로 마지막 장에서 다시 강조하게 되겠지만, 대다수는 아니더라도 수많은 사람들에게, 그리스도께로 회심하는 일은 실제로 교회로 '회심' 하는 것에서부터 시작된다. 회심의 다른 요소들과 마찬가지로, 한 사람이 신앙을 가질 때 공동체적인 요소를 가장 먼저 경험할 수 있다. 사실상 우리는 그리스도인의 회심에서 이러한 공동체적 요소가 사람들의 회심 경험에서 일찍 시작된다는 사실을 점차 발견할 것이다. 다시 말해 어떤 사람이 먼저 신앙 공동체의 삶에 참여할 때에만, 공동체의 사랑스런 구성원으로서 진정한 그리스도인으로 성장하게 된다.

Beginning Well 3부

하나님의 경이로운 손길을
증거하라

9장 모태신앙 자녀들의 회심

    자녀들의 영적인 삶만큼 그리스도인 부모들의 마음과 관심을 집중시키는 것은 없을 것이다. 부모들은 자녀들이 예수님을 따르는 사람이 되겠다고 결단하길 바란다. 그러나 그리스도인 공동체 안에서 이와 같은 바람은 수많은 사람들을 곤경에 처하게 한다. 곧 그리스도인들의 자녀가 그리스도인이 된다는 게 무엇을 의미하는지에 대한 깊은 불확실성에 빠지게 된다. 복음주의 안에서 합의된 점은 전혀 없지만, 앞으로 다룰 내용이 모태신앙 자녀들의 신앙체험을 이해하기 위한 대화의 물꼬를 트고, 그리스도인 부모와 그 자녀들을 모두 격려할 수 있기를 바란다.

그리스도인 자녀들의 독특한 위치

우선 우리는 그리스도인 부모 세대와 모태신앙 자녀들의 회심이 동일하지 않다는 사실을 인정해야 한다. '신앙 가운데 자라나는 일'은 누구에게나 가능하다. 그럼에도 모태신앙 자녀들은 어른다운 신앙에 이르는 역동성이 주님 안에서 자녀들을 양육하려고 몸부림쳐 온 부모들과는 상당히 다르다.

그리스도인의 자녀들은, 바울의 말에 따르면, "깨끗하고 거룩하다"^{고전 7:14}. 그러나 이 자녀들이 하나님 앞에서 특별한 정체성을 가지고 있는데도 불구하고, 모든 기독교 전통은 저마다 자녀들이 스스로 부모의 신앙을 의식적으로 어른답게 체득해 나가야 한다고 말한다. 유아 세례를 지키는 전통에서조차 기독교 신앙을 어른답게 체득할 것을 요청한다. 심지어 이스라엘의 언약 공동체에서도, 하나님의 약속은 '믿는' 세대일 경우에만 다음 세대로 전달되었다. 그런 까닭에 신명기 1장 37~40절에서는 반역하는 자손은 이스라엘에게 약속된 땅으로 들어가지 못하게 하시는 하나님의 심판을 이야기하고 있다. 그러므로 우리는 믿는 부모의 신앙을 자기 것으로 받아들이는 게 무슨 의미인지를 잘 분별해야 한다. 부모들의 신앙이 자기 자신의 신앙이 되어야 한다.

그러나 각 개인이 의식적인 결단을 내려야 한다는 점을 강조하면서, 나는 자녀들의 회심에서는 전혀 다른 특징이 드러난다는 사실을 인정해야 한다고 아주 긴급하게 주장하려고 한다.

우리가 그리스도인 공동체 안에 있는 자녀들을 어떻게 다루고, 그들에게 어떻게 반응하느냐 하는 것은 엄청나게 중요하다. 우리가 자녀들을 대하는 태도는 자기 믿음의 수준과 더불어 자기 삶의 수준을 표시하는 중요한 척도다. 예수님은 어린아이들이 자기에게로 가까이 나아오는 것을 환영하면서, 우리 모두에게 어린아이의 눈으로 하나님 나라를 봄으로써 그 나라에 있는 게 무슨 의미인지를 기억하라고 하셨다. 그러므로 그리스도인 공동체는 어린이를 인정해 주는 장소여야 한다.

그러나 이와 같은 가르침이 우리 자녀들과 자녀들의 신앙 체험에 어떤 분위기로 반응해야 하는지를 결정해 주기는 하지만, 그렇다고 우리 공동체 안에서 자라나고 있는 자녀들에게 어른다운 신앙을 길러줘야 할 중대한 과업과 심지어 그와 같은 힘겨운 선택의 필요성이 사라지는 것은 아니다. 우리는 예수님의 말씀을 감상적으로 받아들여서는 안 된다. 어린 자녀들을 진지하게 다루기 위해서는 그 자녀들이 어른다운 신앙으로 나아오는 과정과 구조와 수단을 진지하게 고려해 보아야 한다.

성경에서는 믿는 부모의 자녀들을 어떤 식으로 그리스도인 공동체에서 완전하고 성숙한 모습으로 변화되게 할 것인지에 대하여 별다른 암시를 주지 않고 있다. 어떤 식으로 모태신앙 자녀들을 그리스도 안에서 온전한 어른다운 신앙으로 성장할 수 있도록 끌어안을 것인지에 대해서는 명시적인 가르침이 없다. 디모데는 분명히 신앙 안에서 자라났다. 바울은 먼저 디모데의 할머니 로이스와 어머니 유니게에게서 살아 움직이던 신실한 믿음에 대하여 이야기한다. 그런 다음에, 디모데에게 어릴 적부터 배우고 믿었던 것들을 계속해서 지키라고 촉구한다딤후 3:14-15. 그러나 디모데가 모태신앙의 한 가지 본보기는 될 수 있겠지만, 성경에서는 어떤 식으로 디모데에게 신앙이 전수되었는지 명확한 설명이 안 나와 있다.

잠언 22장 6절과 같은 본문에서도 지나친 교훈을 이끌어 내서는 안 된다. 비록 어떤 사람들은 확실한 결과를 약속하는 말씀으로 읽기는 하지만 말이다. "마땅히 행할 길을 아이에게 가르치라 그리하면 늙어도 그것을 떠나지 아니하리라." 이 말씀은 일반적인 진리를 명확하게 표현하고 있는 잠언이다. 이것은 잠언에 담긴 지혜를 보여 주기는 하지만, 젊은이들을 성숙한 신앙으로 이끌 방법을 찾는 그리스도인 공동체에 목회 지침을 제공하는 것은 아니다.

책임질 수 있는 나이

우리는 기독교적인 유산에 담긴 지혜를 깊이 고찰하여 교회의 다양한 흐름으로부터 배울 수 있다. 수많은 전통들은 '책임질 수 있는 나이'에 대해 이야기한다. 기독교에서는 한 젊은이가 자기 삶과 행동에 개인적으로 책임을 지는 특별한 시기나 전환기가 있다고 역사적으로 인정해 왔다. 여러 고대 문화에서는 그 시기를 12세나 13세 정도로 추정하였다. 고대 유대 공동체에서 한 젊은이가 신앙 공동체의 성인 구성원으로서 적절하게 자리매김을 할 수 있는 나이였다.

유아 세례를 시행하는 전통에서는, 역사적으로 '책임질 수 있는 나이'는 한 젊은이가 성인 의식을 치르고 처음으로 성만찬에 참여할 수 있다고 기대되는 시기였다. 청교도들 사이에서는 적어도 14세는 되어야 성만찬에 참여할 수 있었다. 최소한 그 나이는 되어야 '책임질 수 있는' 사람으로 일컬어질 수 있었기 때문이다. 다른 전통들에서는 훨씬 더 많은 유연성을 보이기는 하지만, 대체로 7세와 14세 사이를 '책임질 수 있는' 나이로 규정하였다.트렌트 종교회의에서는 그 기준을 7세와 12세 사이로 규정하였다. [1]

성인 세례 또는 그리스도인의 세례를 따르는 전통에 속한 사람들은 '책임질 수 있는 나이'를 한 개인이 인격적이고 진실하게 신앙을 고백할 수 있다고 여겨지는 시점이라고 말한다. 곧 진리를 알고, 진실한 회개를 하며, 그리스도의 제자가 된다는 의미를 제대로 이해할 수 있는 시점으로 본다. 다시 말해, 일반적으로 이것은 아주 빠르면 십대 초반에도 세례를 받을 수 있다는 의미가 될 수도 있을 것이다.

역사적으로, 자기를 책임지는 일이 십대 시절에도 일어날 수 있는 것으로 여겨지기는 했지만, 최근에 여러 침례교 진영과 침례교에 영향을 받은 교단에서는 아무런 확실한 성경적인 또는 신학적인 근거 없이 더 어린 자녀들에게 세례를 베푸는 경향이 점점 늘어나고 있다. 어떤 사람들은 이런 관행을 '걸음마 세례'라고 불렀는데, 전혀 틀린 말은 아니다.[2] 이것을 그리스도인의 세례나 성인 세례라고 부를 수는 없으며, 어른다운 책임을 감당할 수 있는 한 사람의 결정이라고 볼 수도 없다. 이런 관행의 문제점은 도덕적인 선택과 삶의 결정에 대한 진정한 성인의 책임을 전혀 이야기하지 않는다는 것이다.

일반적으로 '책임질 수 있는 나이'는 한 사람의 인생이 아동기에서 성인기로 넘어가는 중대한 전환기로 여겨졌다. 그러나 뚜렷한 '청소년기'가 발달함에 따라 문제가 상당히 복잡해지고 있다. 이 시기는 대다수 전통적인 사회에서는 생소한 개념으로, 유아기와 성인기 가운데 어디에도 속하지 않은 사람들에게 해당된다. 그리고 청소년기에 나타나는 현상이 아무튼 점차 확대되고 있기는 하지만, 분명한 경계선이 있는 것은 아니다. 실제로 일부 사회학자들은 성인기의 외모를 지니고 있지만 아직도 자기 삶에 대해 인격적인 책임을 감당하지 못하고 있는 20대 중·후반의 개인들을 지칭하려고 '후기-청소년기'를 이야기하기 시작했다. 수많은 사람들이 책임질 수 있는 특정한 나이를 결정하는 것을 훨씬 더 어렵게 만드는 성gender과 문화의 차이가 있다는 사실을 지적하고 싶어 한다. 어떤 문화에서는 젊은 여성들이 남자들보다 훨씬 더 일찍 성숙하여 개인적인 책임을 감당하고 산다.

복잡성과 신비

리처드 러브레이스는 다음과 같이 관찰하고 있다. "칼빈의 논평에 따르면, 세례 요한은 자기 어머니의 태 안에 있을 때조차 성령으로 충만했다. 그러므로 그리스도인의 삶에서, 특히 그리스도인의 자녀들에게서 중생이 일어나는 시기는 신비의 영역에 속한다."³⁾ 이것은 모태신앙 자녀들의 회심을 관리하거나 조정할 수 없다는 사실을 적절히 상기시켜 준다. 그리고 청소년기가 애매하고 불확실한 시기이기 때문에 그 자녀들의 회심 문제는 더욱 복잡해졌다. 하나님께서는 서로 다른 사람들의 삶 가운데서 다양한 방법으로 일하신다. 어떤 사람을 향한 하나님의 손길 또는 성령의 일하심을 강요할 수는 없다. 그리고 이 원칙은 모태신앙 자녀들에게도 곧바로 적용된다. 신학적인 이유뿐만 아니라 인간 발달 단계에 따른 이유가 있기 때문에, 젊은이들이 지적으로, 감정적으로, 사회적으로 충분히 준비되기도 전에 결단을 내리도록, 세례를 받도록, 또는 성인 신앙을 인정하도록 압박하지 말아야 한다.

젊은이들이 자기 자신에게 가장 적절한 시간에 반응하도록 도와야 한다. 그런데 믿음으로 나아올 때 가장 이상적인 때란 있을 수 없다. 이를수록 반드시 좋은 것은 아니다. 전환기를 좋은 기회로 만들고 진정한 회심이 되게 해 주는 요소는 다음과 같은 것들이다. 첫 번째 요소는 무엇보다 그들 자신의 명확한 신앙이다. 두 번째 요소는 그들의 경험이 인격적인 변화를 위한 기초를 제공한다는 사실이다. 하나님은 하나님의 시간에 하나님의 일을 행하신다. 자녀들을 목회적으로 잘 돌보면 그 아이들은 하나님께서 자기 삶에서 행하시는 일들에 민감해질 뿐만 아니라 적절히 반응할 수 있게 된다. 우리는 자녀들이 경험해야 하는 것들과 반드시 해야 할 일들에 관하여 충고하려고 하지 말아야 한다. 비록 그렇게 하고 싶은 마음은 충분히 이해하지만 말이다. 그 대신에 그 아이들의 삶에서 구체적으로 일어나고 있는 일들에 관하여 조심스럽게 대화를 나누어야 한다.

또래 집단의 압력, 부모의 기대, 목회자와 다른 신앙 지도자들의 의도적인 인도는 이 과정에서 별로 도움이 안 될 때가 많다. 우리는 개인의 믿음에 대한 결단이나 진술을 섣불리 요청하거나 재촉하지 말아야 한다. 「조카에게 보내는 편지」Letters to a Niece라는 책에서 프리드리히 폰 휘겔Friedrich Von Huegel은, 젊은 사람들이 아무리 빨라도 서른 살에 이를 때까지는 "종교, 곧 어떤 제한적이고 제도적인 종교에 관해 최종적으로 부정적인 결정을 내릴 준비가 안 되어 있다"고 하면서, 이것이 이 세상의 삶의 법칙이라고 말한다. 이것은 '젊은이들이 그와 같은 제한적이고 제도적인 종교에 반발하여 어떤 무차별적인 반응을 일으키지 않도록' 부모와 인생의 선배들이 할 수 있는 모든 일에 최선을 다해야 한다는 뜻이다.[4]

> 그러한 인생의 선배들은 제한적이고 제도적인 종교가 자기 삶에서 의미하는 바를 가장 깊이 경험했을 수도 있지만, 동시에 자기 자신에게 확신이 생기기까지는 시간이 걸렸다는 걸 분명히 해야 한다. 따라서 그들은 젊은 사람들도 그런 확신을 가져야 한다고, 명령을 하거나 신중하게 가르치면 그들에게 그런 확신을 간단히 전수할 수 있다고 전제해서는 안 된다.[5]

폰 휘겔은 신앙적인 가르침을 포기해야 한다는 뜻으로 말하는 것이 아니다. 휘겔의 의도는 한 세대에서 다른 세대로 종교적인 가르침을 전수하려고 할 때 원래부터 있었던 한계들을 관대하고 참을성 있게 받아들여야 한다는 것이다. 휘겔은 말한다.

"자녀들이 조금은 제한적인 종교라도 간직한 채, 그러나 지금까지 스스로 볼 수 있는 것보다 더 많은 것이 그 안에 들어있을 수 있다는 것을 알고 우리 손을 떠난다면, 우리는 큰 일을 한 셈이 될 것이다."[6]

성인기의 정체성

모태신앙 자녀들의 회심은 아마 성인기의 정체성과도 연결되어 있을 것이다. 왜냐하면, 회심은 흔히 한 사람이 어른으로 인정받는 행위이기 때문이다. 이것은 중대한 인생의 전환점이다. 부모의 권위에 순종하는 아이에서 하나님의 권위에 순종하는 어른으로, 부모를 통하여 전달받는 신앙에서 곧바로 하나님께 표현하는 신앙으로, 옳고 그름에 대하여 부모의 생각을 따랐던 삶에서 자기 자신의 인생에 도덕적인 책임을 지는 삶으로, 부모에게 충성하는 삶에서 하나님께 근본적인 충성을 다하는 삶으로 바뀌는 것이다.

부모들이 직접 자기 자녀들에게 세례를 베풀어서는 안 된다고 제안하고 싶다. 왜냐하면 그것은 부모의 역할과 그리스도인 공동체의 절대적인 매개 역할을 혼란스럽게 하기 때문이다. 세례는 가정 의식이 아니라 교회 의식이다. 모태신앙 자녀들에게 베푸는 세례의 강점은 부분적으로 부모와는 동떨어진 독립적이고 어른다운 신앙을 상징한다는 데 있다. 그리스도인 부모들의 자기 자녀들을 향한 목표는 자녀들이 자기만의 어른다운 신앙을 가질 수 있도록 이끄는 것이다. 그러므로 자녀들이 표현하는 것은 부모의 신앙이 아니라 자신들의 신앙이며, 그리스도인 공동체 안에서 받아들여지는 신앙이라는 사실을 강화하고 상징하도록 모든 일이 진행되어야 한다. 비록 부모가 그 교회의 목회자라고 할지라도, 부모가 아닌 사람이 세례 의식을 거행하는 것이 훨씬 더 현명하다고 나는 생각한다.

다음 장에서는 신앙 자서전과 회심 간증에 대해 상세하게 다룰 것이다. 그러나 여기서는 모태신앙 자녀들이 자신들의 회심 경험의 윤곽을 분명히 파악하는 것은 특별한 도전이 된다는 정도만 말하는 게 나을 것 같다. 그들의 이야기는 시작과 끝이 애매할 때가 많다. 나는 젊은 사람들이 "전 언제나 하나님을 믿고 있었어요"라거나 "전 언제나 예수님을 사랑했답니다"와 같은 식으로 말하는 소리를 종종 들었다. 그들은 자기들이 진정으로 회심을 했는지 의아하게 생각하면서 좌절감을 드러내고 있는지도 모른다.

그러나 아무리 모태신앙이라고 할지라도 자기들에게 미친 여러 가지 중요한 영향력, 곧 신앙적인 성장 배경의 특징, 영적인 깨달음에서 중요한 역할을 했던 사람들, 핵심적인 사건들을 비롯하여 여러 가지 영향력과 사건에 담긴 신학적인 의미들을 파악할 수는 있다. 모태신앙 그리스도인들에게 던질 수 있는 가장 중요한 질문은 실제로 아주 직접적인 것이다.

"언제 나는 내 인생에 대하여 어른다운 책임감을 느끼기 시작했는가?"

어른다운 책임감에는 세 가지 필수적인 표지가 있다. 정체성, 안정감, 충성심이 바로 그것이다. 어린아이는 부모에게서 자신의 정체성, 안정감, 충성심을 찾는다. 그리스도인으로서 어른다운 책임감을 느끼기 시작할 때, 우리는 그리스도 안에서 자기 정체성을 찾고, 그리스도 안에서 안정감을 찾으며, 궁극적으로 그리스도께 충성을 다 바친다. 부모에게 충성을 다하는 것과 그리스도께 충성을 다하는 것은 전혀 다른 문제라는 사실을 인식할 때에야 비로소 진실로 그리스도인이 된다.

지금까지 우리가 공부한 7가지 요소는 모두 본질적이며 그들이 완전한 성인 신앙으로 전환하는 과정에서 어떤 형태로든 표출될 것이다. 하나님께서는 서로 다른 삶의 상황에서 다양하게 일하시지만, 그럼에도 몇 가지 기본적인 공통점이 있게 마련이다. 7가지 공통적인 요소들은 자녀들의 회심에서 아주 다양한 모습으로 나타날 것이다. 이와 같은 요소들이 명확하게 드러나지 않을 수도 있으며, 그 회심이 극적이지 않을 수도 있다. 그 경험이 감정적으로 아주 '밋밋할' 수도 있지만, 그래도 그리스도인의 회심이요, 그리스도 안에서 인격적인 신앙을 뚜렷이 체득한 것이다. 그러한 인생 여정에서는 확실한 전환점을 분별해 내기가 무척 어려울 수도 있다. 그러나 믿는 부모의 자녀가 점차 그리스도인으로 바뀌고 있다면, 그 또는 그녀가 멋진 출발을 하려고 한다면, 그리스도인의 회심의 요소들을 여전히 경험해야 한다. 그리고 가장 핵심적인 측면은 어른으로 성장하는 과정일 것이다.

인내의 필요성

믿는 부모를 둔 수많은 자녀들에게, 자기들이 자라난 신앙 공동체는 하나님의 존재처럼 두루 편재하여 하나님과 실질적으로 동일한 의미를 지니고 있기 때문에, 어른다운 신앙으로 나아가고 있는 그들의 유일한 소망은 실제로 교회를 떠나는 것이다. 종종 부모들은 자기 자녀들이 10대 후반이나 20대 초반에 이르러 교회를 떠날 때 절망감을 느낀다. 그러나 역설적으로, 이것은 자녀들에게 중대하고도 필수적인 행동일 수도 있으며, 자기만의 어른다운 신앙으로 나아가는 데 본질적인 부분일 수도 있다. 부모들은 이와 같은 불안한 상태가 빨리 지나가기를 바란다. 자녀들이 성숙한 그리스도인의 신앙을 절대로 받아들이지 않을 수도 있다는 두려움에 휩싸이기도 한다. 그러나 자녀들이 적절한 때에 하나님께 반응할 수 있도록 인내하며 기다리는 수밖에 다른 대안이 없다. 서두르거나 강요한다고 해서 되는 것은 아무것도 없다. 부모가 자기 자녀들을 압박하거나 심지어 부모가 사는 그리스도인다운 삶을 좇아오도록 요구한다면 아무 것도 얻지 못할지도 모른다. 자녀들은 자신에게 가장 적절한 때에 어른다운 신앙으로 나아올 것이다. 흔히 자녀들은 아무도 생각하지 못하는 전혀 엉뚱한 통로를 통하여 교회로 돌아올 것이다.

 나도 십대 후반에 교회를 떠났다가 프란시스 쉐퍼를 비롯한 동료들의 사역을 통하여 교회로 돌아왔다. 그들은 나에게 회심과 신앙에 대한 신선한 언어들을 들려주었다. 또한 그 사람들은 어린 시절부터 내 안에 키워왔던 신앙을 받아들이기 위하여 내게 필요한 촉매제였다. 우리 부모님의 신앙을 그대로 전수 받기만 했다면, 나는 어린 시절의 신앙에서 나타나는 많은 요소를 인정하긴 했겠지만 거기에 상당히 많이 도전하기도 했을 것이다.

부모인 우리들은 너무나 쉽게 우리 자녀들을 우리 또래의 자녀들과 비교하는 경향이 있다. 또한 우리 자녀들의 영적인 삶에 대하여 진정으로 이야기를 나눌 수 있게 만드는 회심 언어와 신앙 언어가 우리에게는 거의 없다. 신앙 부흥 운동에서 물려받은 신앙 체험에 관한 언어는 완전히 흑백논리에 갇혀 있다. 어떤 사람이 거기에 속해 있거나 아니거나, '주님을 따르거나' 아니거나 둘 중 하나다. 어린 자녀들에게는 다른 어떤 것보다 중요한 삶의 양상이 있지만, 우리에게는 그것을 긍정적이고 희망적으로 이야기할 만한 방법이 거의 없다.

나중에 모태신앙 자녀들이 자신의 회심을 이야기할 때, 이들은 청소년기에 나타난 양상을 '내가 주님을 따르지 않았던' 시기라고 말할 수도 있다. 그러나 이런 식으로 말하는 것은, 교회와 긴밀한 관계를 맺고 있을 때뿐만 아니라 '방황'을 경험하는 시기에도 하나님께서는 우리와 함께 계신다는 사실을 인정하지 못하는 것이다.

만약 회심이 성인의 경험이라면, 어린이들에게는 어떤 신앙적인 잠재력이 있는가? 수많은 자녀들부모들이 믿지 않는 사람들을 포함하여은 아주 어렸을 때부터 의미심장한 영적인 경험들을 많이 했다. 우리는 이와 같은 순간들을 경축해야 한다. 이러한 경험들은 하나님께서 허락하시는 놀라운 선물이다. 그러나 '예수님을 마음속으로 받아들이기' 위하여 기도했던 어린 시절의 그 경험들을 뒤돌아볼 때, 실제로 그 경험들에 담긴 것보다 더 많은 의미를 부여해서는 안 된다. 많은 경우에, 이들의 기도와 영적인 행동은 자기 부모를 기쁘게 하려는 진심 어린 소망에서 나온 것이었다. 이런 식으로 말한다고 해서 그와 같은 경험들을 무시하는 것은 아니다. 단지 자녀들이 처한 상황 속에서 생각해 보자는 것이다.[7]

그러한 경험들은 나중에서야 우리 인생 가운데 임하신 하나님의 사랑과 임재, 그리고 하나님을 사랑하고 예수님을 따르겠다는 우리 자신의 소원을 나타내는 표지로 볼 수 있는 중요한 순간들이다. 그러나 그러한 경험들을 회심이라고 부를 수는 없다고 생각한다. 신약 성경에 나타난 회심 개념은 훨씬 더 복잡하다. 더구나 거기에는 자기 삶에 대하여 어른다운 책임을 감당하라는 요청이 있다.

청년 사역을 위한 제언

교회가 차세대 그리스도인들과 더불어 겪는 경험을 보면 어른다운 신앙으로 전환하는 일이 손쉬운 해결책을 허락하지 않는 복잡한 문제라는 사실을 끊임없이 떠올리게 된다. 믿음의 사람들은 이 문제를 끊임없이 고민하고 걱정한다. 우리는 자녀들을 나름대로 하도록 내버려 둘 수 없다. 그렇다고 해서 우리를 본받도록 그들의 삶을 조종할 수도 없다. 우리는 비판적으로, 그리고 담대하게 생각할 수밖에 없으며, 어쩌면 결국 이 문제는 우리가 관리하거나 조종할 수 없는 것이라는 사실을 받아들일 수밖에 없을 것이다.

그런데 우리가 할 수 있는 일들이 몇 가지 있다. 첫째, 우리는 공동체라는 환경을 조성하고 우리 젊은이들이 인정받고 격려받는 곳을 배우는 것을 교회의 우선순위로 삼아야 한다. 교회는 젊은이들에게 탐색과 발견과 학습을 위한 기회를 기꺼이 제공해야 하지만 언제나 '결단'에 대한 압력을 가하지는 말아야 한다. 이런 식의 청년 사역을 강조하는 것은 기독교 신앙의 본질과 신앙 경험의 성격에 관한 대화를 위한 것이다. 우리는 어른들이 젊은이들에게 일어나야 한다고 생각하는 것들보다 십대들과 청년들이 자기들에게 일어나고 있는 일들을 자유롭게 이야기하고 토론할 수 있는 분위기를 제공해야 한다. 젊은이들이 어른들에게 들어야 하는 만큼 많이 이야기할 수 있도록 대화의 기회를 자주 마련하는 것도 아주 바람직하다. 그러므로 청년 사역자는 영적인 감독의 위치에 서서 젊은이들로 하여금 자기들의 삶에서 어떤 일이 일어나야 한다고 말하는 것이 아니라, 현재 경험하고 있는 일들을 해석하면서 의미를 부여할 수 있도록 도와주는 사람이어야 한다. 무엇보다 먼저, 청년 사역자는 전체 교회를 대신하여 조건 없이 수용하는 자세를 보여야 한다.

랜달 발머Randall Balmer의 관찰에 따르면, 많은 교회가 청년 목회자들을 고용하여 젊은이들을 복음주의 진영에 꼭 붙어 있게 하라는 임무를 맡긴다. 그리고 이 목회자들은 얼마나 많은 사람들의 헌신을 이끌어냈느냐에 따라 사역을 평가받는다. 이것은 발머가 적절하게 표현한, '자기 자녀들이 자신들의 발자취를 따라오지 않을지도 모른다는 생각 때문에 복음주의 부모들을 늘 따라다니는 가장 커다란 두려움'에서 비롯된 것이다.[8] 문제는 수많은 교회에서 청년 사역자들이 '그와 같은 메시지를 전달받을 뿐만 아니라 전달해야' 한다고 생각한다는 것이다. 이처럼 중요한 과업을 표면적으로 책임지고 있는 청년 사역자들은 비교적 신앙이 어린데, 차세대 그리스도인들을 어른다운 신앙으로 전환시켜야 하는 영적·정서적·관계적인 무거운 짐을 안고 있다.

마이크 야코넬리Mike Yaconelli는 다음의 세 가지 모델은 대다수 회중들이 입 밖으로 내지 않은 기대감을 반영한다고 말한다. 곧 오락 모델프로그램 중심적인, 카리스마적인 청년 지도자 모델청년 목회자가 청년들을 돌보는 목회 책임을 혼자서 감당한다, 그리고 신앙적인 교훈에 초점을 맞추는 정보 중심적인 모델이 있다. 야코넬리는 이 세 가지 모델이 다 커다란 결점을 안고 있다고 주장한다. 각각의 모델이 그리스도인 공동체의 기본적인 장점을 토대로 하지 않고 있기 때문이다. 공동체는 영적인 실천에 다함께 참여하여 각 사람을 기독교적인 신앙 안에서 빚어내는 일을 해야 한다.[9]

어린 사람들을 회심시켜야 할 책임을 전적으로 부모와 청년 사역자들한테만 떠맡길 때가 많다. 그러나 젊은이들은 공동체적인 삶을 일상적으로 반복하고 실천하는 과정에서 변화될 것이고, 전체 교인들이 청년들의 영적인 성장에 대한 책임을 함께 떠맡아야 하며, 청년 사역자는 마치 미술관에서 다른 사람들과 함께 걸어다니면서, 실제로 어떤 일이 일어날 것이라고 확신하지 않고 현재 눈에 보이는 것들을 그들 스스로 해석할 수 있도록 묘사하고 도와주는 안내인과 같다는 점을 깨닫는 편이 훨씬 더 나을 것이다. 변화와 개혁, 변혁은 하나님의 손에 달려 있다. 하나님께서 오직 하나님만이 할 수 있는 일을 하나님의 시간에 하실 것이다. 다시 말해, 단순히 청년들을 위한 프로그램만이 아니라 그리스도인들의 삶 전체가 신학적인 변화와 탈바꿈을 위한 환경과 하나님께서 일하시는 배경이 된다. 우리는 자녀들의 영적 성장에 대한 책임이 전적으로 부모에게만 있는 것이 아니라는 사실을 부모들에게 확신시키고 격려해야 한다. 우리는 한 공동체로서 그 책임을 함께 져야 한다.

좀 더 구체적으로 내가 묻고 싶은 질문은 자기 자녀들을 신앙으로 나아오게 할 때 부모가 가장 중요한 역할자가 될 수 있느냐 하는 것이다. 분명히 부모는 자녀들의 발달과 성장에 엄청난 영향을 미친다. 말하자면 부모는 자녀들의 회심을 단계적으로 차분히 준비할 수는 있다. 어른다운 신앙을 고백하기 위한 구체적인 결단에 관한 것이라면, 부모가 든든한 배경이 되어주는 게 필요할 수도 있다. 그러나 부모가 당면한 가장 근본적인 문제, 즉 자기 부모의 신앙에서 빠져나와 자기만의 신앙을 가져야 할 필요성을 더욱 복잡하게 만들 수도 있다.

가르치는 사역을 하면서 내가 들은 대다수 회심 간증을 보면, 회심 과정의 결정적인 순간들에 필요한 가장 효과적인 촉매제는 부모나 또래 집단이 아니라 부모의 또래들, 곧 목회자, 교사나 감독, 주일학교 교사나 이웃이다. 다른 어른들의 축복과 격려와 도전은 젊은이로 하여금 어른다운 신앙을 생각하게 할 수 있다. 많은 경우에, 청년 사역자는 너무 어려서 이런 역할을 감당하기 어렵다. 대개 청년 사역자들 자신도 이제 겨우 청소년기를 지났기 때문이다.

그러므로 신앙 공동체 안에 있는 어른들이 또래의 자녀들 곁에 있는 게 중요하다는 것을 깨달아야 한다. 전 연령에 걸쳐서 특히 십대와 이십대 초반의 우리 자녀들에게, 우리의 축복과 격려를 대체할 만한 것은 아무 것도 없다.

결론적으로 교회의 성례전적인 행위에 대하여 두 가지 논평을 덧붙여야 되겠다. 첫째, 내가 제안하는 바는, 믿는 부모의 자녀들이 개인적으로 준비되기도 전에 그들에게 빨리 세례를 받았으면 좋겠다고 기대하거나 그렇게 하라고 압박하지 않고, 세례나 성인 의식을 베푸는 기회를 정기적으로 제공해야 한다. 우리는 교회의 젊은이들이 세례의 의미를 이해할 수 있도록 도와야 한다. 세례가 의미하는 것과 의미하지 않는 것을 정확히 가르쳐야 한다. 더 나아가, 설교와 대화 가운데 정기적으로 편안하게 세례를 언급하여 세례가 그리스도인의 경험에서 필수적인 동시에 생명을 부여하는 기준점이 된다는 것을 알려줘야 한다. 여기에는 그런 식으로 헌신할 준비가 되어 있는 사람들에게만 세례가 가능하다는 함축적인 의미가 늘 내포되어 있다. 예를 들어, 열네 살이 안 된 어린이가 세례에 대하여 질문할 때, 세례는 더 나이든 사람들을 위한 의식이며, 적어도 열네 살은 되어야지 누구든지 세례를 받게 된다고 설명할 수 있다. 세례를 서두른다고 해서 얻을 수 있는 것은 아무 것도 없다. 자녀들이 적어도 이 나이에 이를 때까지 기다림으로써 엄청나게 많은 것들을 얻을 수 있다. 이보다 더 오래 기다림으로써 더 많은 혜택을 누릴 수도 있을 것이다. 내 판단으로는 열네 살이 세례를 받기 위한 최소한의 나이다.

그러나 나는 한 사람이 자유롭게 성만찬에 참여할 수 있도록 특정한 나이 제한을 과감하게 뛰어넘으라고 제안하고 싶다. 가장 현명한 접근 방법은 열린 자세와 전체적인 참여인 것 같다는 생각을 점점 더 하게 된다. 우리 자녀들과 같은 젊은 사람들은 부모들의 헌신을 통하여 신앙 공동체에 함께 참여하게 된 중요한 구성원들이다. 성인 그리스도인들에게 세례를 베푸는 전통을 유지하면서도, 성만찬에는 열린 자세로 임하라고 말하는 이유는 자녀들이 언약 공동체의 일원이라는 사실을 인정하기 위함이다. 비록 우리 자녀들이 세례로 증명되는, 자기 삶에 대한 어른다운 책임을 아직은 감당할 수 없을지라도 말이다. 당분간 우리 자녀들은 부모라는 영적인 권위와 정체성 아래서 성만찬에 나오게 된다. 그러니까 얼마든지 환영받는다.

이런 접근 방법을 취한다고 해서 부모들이 자기 자녀들의 영적인 안녕에 대하여 느끼는 온갖 염려와 부담이 분명 줄어들지는 않을 것이다. 그러나 하나님께서 우리 자녀들의 삶에서 하나님의 시간에 하나님의 일을 행하실 뿐만 아니라, 우리 자녀들의 영적인 안녕이 단지 부모나 청년 사역자만이 아닌 신앙 공동체 전체의 책임이라는 사실을 확신한다면, 틀림없이 우리는 훨씬 더 커다란 은혜와 자유를 누리며 살게 될 것이다.

10장 우리 삶에 일하시는 하나님의 경이로운 손길

회심을 이렇게 광범위하게 성찰해 보는 데에는 이중적인 목적이 있다. 하나는 우리 자신의 회심 경험을 제대로 이해할 수 있도록 하기 위함이며, 또 다른 하나는 그리스도인들에게 능력을 부여하여 다른 사람들이 그리스도를 믿을 수 있도록 하기 위함이다. 첫 번째는 신앙 간증에 관한 이야기다. 두 번째는 교회 생활 가운데 복음 전도에 관한 이야기다. 두 경우 모두에서 우리는 하나님의 은혜로 말미암아, 특히 고전적인 장로교 표어인 "은혜의 고동소리"로 말미암아 깊은 인상을 받는다. 우리 이야기는 하나님의 선하심과 사랑에 관한 것이다. 우리 자신의 경험과 다른 사람들의 경험은 모두 하나님의 사랑,

은혜, 섭리에 따른 돌보심 아래 있다. 우리는 저마다 "나 같은 죄인 살리신 주 은혜 놀라와"를 노래할 수 있다.

회심은 오로지 부활하신 우리 주 예수 그리스도와의 만남일 뿐이다. 그리스도께서 하나님의 사랑의 인격적인 현현으로서 우리에게 다가오신다. 그러면 우리는 예수 그리스도 안에서 자신들이 '발견되었다'는 사실을 깨닫게 된다. 원래는 잃어버린 자들이었는데, 이제 하나님의 놀라운 은혜를 통하여 창조주께로 돌아오게 된 것이다. 이것은 모두 다 선물이다.

그리스도인들은 이 은혜를 자기 노력으로 얻은 게 아니며 자기 스스로 발견한 게 아니라는 사실을 잘 안다. 모든 회심 간증은 우리를 찾고 찾으시면서 자비하심 가운데 그분과의 교제로 우리를 초대하며 이끄시는 경이로운 하나님을 집중적으로 조명한다. 그리스도께서는 하나님의 사랑, 곧 인격적이고 희생적인 사랑을 우리에게 증명하시는 분이다.

또한 그리스도인들은 하나님의 은혜에 담긴 신비를 이야기한다. 이 책은 그리스도인의 회심을 의도적으로 분석한 것이다. 그러나 이와 같은 분석으로 신비를 설명할 수 있다는 뜻은 아니다. 하늘을 주시하며 별자리를 분석하는 천문학자들도 기껏해야 우주의 경이와 신비를 깨달을 뿐이다. 이와 같이, 본 연구도 자기 자녀들의 삶 가운데 행하시는 하나님의 일하심에 담긴 경이와 신비를 훨씬 더 많이 인정하도록 이끌어야 한다.

하나님의 자비하심과 선하심, 하나님의 놀라우신 은혜는 그리스도인의 삶의 원천이다. 사도 바울은 데살로니가에 사는 그리스도인들의 회심에 관하여 자기 자신이 말로 전한 복음의 열매보다 더 많은 열매가 있었다고 말한다. 곧 성령의 일하심으로 사람들이 바울의 말씀을 기쁨으로 받아들였다살전 1:5-6. 그리고 그 결과는 간단했다. 이 사람들이 은혜로 말미암아 변화되었다. 이 사람들은 환난과 박해 가운데서도 힘을 얻었으며, 다른 지역에 사는 그리스도인들에게 본을 보였으며, 복음의 능력을 말과 행동으로 증거하였다. 이것이 바로 우리가 말하는 회심의 의미다. 성령의 역사를 통하여 사람들이 말씀으로 변화된다. 깨어진 세상에 살면서도 기쁨과 평화를 만끽한다. 용감하게 십자가의 길을 걷는다. 또한 하나님의 은혜로 거둔 승리의 표시인 믿음과 소망과 사랑으로 살아가게 된다.

그러나 복음주의자들이 쉽게 부인하는 두 가지 사실을 받아들일 수 있도록 준비하지 않는다면, 하나님의 은혜에 담긴 경이로움을 온전히 인정하지 못할 것이다. 첫째는 하나님께서 천천히 일하신다는 점이며, 둘째는 하나님께서 사회적이고 문화적인 환경을 통하여 일하신다는 점이다. 복음주의자들은 회심이 극적이고 순간적일 때에 그것을 하나님의 은혜에 대한 강력한 표시로 보려는 경향이 있다. 어떤 이유로 여러 달 또는 여러 해에 걸쳐서 이어질 경우에는 회심을 덜 기적적인 것으로 보기도 한다. 간증을 해 달라고 하면, 흔히 "전 간증 같은 건 할 게 없어요"라고 반응하는데, 이 말은 자신에게는 믿음으로 나아올 때 극적인 이야기가 없었다는 뜻이다.

본 연구에서 보여준 것처럼, 하나님의 은혜에 담긴 경이로움이란 엄밀히 말하자면 하나님께서 아주 천천히 일하신다는 것이다. 이로 말미암아 우리는 하나님의 은혜와 자비에 담긴 경이감을 느끼게 된다. 하나님은 절대로 속도에 짓눌리는 분이 아니다. 하나님은 우리 마음의 속도에 맞춰 움직이면서 우리 삶 가운데에서 천천히 점진적으로 일하시는 경향이 있다. 요한복음에서 복음서 기자는 예수님의 말씀을 이렇게 인용하고 있다.

"내가 아직도 너희에게 이를 것이 많으나 지금은 너희가 감당하지 못하리라" 요 16:12.

이것이야말로 우리 삶 가운데 나타나는 하나님의 모든 역사에 담긴 특징이다. 하나님은 우리에게 귀를 기울이고 계시며, 제대로 감당할 수 있는 속도로 점점 가까이 우리를 그분에게로 이끄신다. 만약 하나님께서 우리를 억지로 이끄신다면, 그 이유는 억지로라도 그분을 따를 준비를 끝냈기 때문이다! 그러나 하나님께서 일하시는 속도와 관련하여 우리가 우선 알아야 할 것은 우리 영혼의 진보에 점진적으로 관심을 기울이신다는 것이다.

우리는 자기 인생의 초반기에 일어나는 여러 가지 일들에 대하여 의아하게 생각할 수도 있다. 교회와 멀어졌을 때 하나님께서는 어디에 계셨는지, 또는 하나님께서는 다른 사람들의 삶 가운데 어디에 계시는지 의아스러울 수도 있다. 어느 경우에든, 천천히 일하시는 하나님의 은혜를 경이롭게 바라보지 못할 수도 있다. 장기적이고 복잡한 회심은 순간적이고 극적인 회심과 마찬가지로 기적적이다. 하나님을 훨씬 더 잘 알게 되면, 하나님께서 천천히 일하신다는 사실도 깨닫게 될 것이다. 은혜가 경이로운 것은 정확하게 말하자면 그것이 미묘하고, 느리며, 점진적이기 때문이다.

둘째, 하나님께서는 우리가 살아가면서 활동하고 있는 일상적인 사회, 문화적인 환경을 통하여 일하신다. 복음주의자들은 중요한 사회적인 영향력을 규명하는 것은 어떤 식으로든 하나님의 역사를 최소화한다고 쉽게 생각하는 경향이 있다. 불행하게도, 중간에서 매개하는 명분이나 영향력을 전혀 간파해 내지 못하면, 기적적으로 하나님께서 한 인간의 삶에 개입하셨을 때의 신앙 체험만을 훨씬 더 진실하고 의미심장한 것으로 보게 된다.

성육신이 경이로운 것은 하나님께서 인간의 몸을 취하셨다는 놀라운 사실 때문이다. 오로지 하나님께서 우리 중에 한 사람과 같이 되셨기 때문에, 우리는 하나님을 알 수 있다. 그리스도의 인성이라는 실체는 하나님을 아는 지식을 가로막는 장애물이 아니라, 우리로 하여금 하나님을 알 수 있도록 도와주는 수단 그 자체다.

이와 마찬가지로, 우리는 하나님께서 역사적, 사회적, 문화적 환경 속에서 일하신다고 단언할 수 있다. 언제나! 하나님의 은혜가 경이로운 것은 우리가 누구인지를 결정하는 일상적인 힘과 영향력 가운데에서 은혜가 그 모양을 드러내기 때문이다. 우리를 빚어내는 영향력들 안에서 하나님께서 어떤 식으로 일하시는지 알고 나서야 우리는 우리 인생을 이해할 수 있게 된다. 좀 더 나아가자면, 인성을 입은 예수님을 알지 못하면 예수 그리스도를 모르는 것처럼 자신의 사회적, 문화적 환경을 충분히 이해하지 못하면 우리 삶 가운데 일하시는 성령의 역사를 이해할 수 없다. 자신의 상황에 더 많이 관심을 기울일수록, 성령께서 우리와 함께 하시는 특별한 방법을 더 많이 이해하게 된다.

신앙 체험은 사회적인 조건의 제약을 받는다. 신앙의 전통들은 신앙 체험을 형성하고 거기에 활기를 불어넣는다. 나는 지금 어떤 개인이 사회적인 영향력을 통하여 결정되는 존재라고 말하는 것이 아니다. 우리의 신앙 체험은 사회적인 제도의 영향을 받는다는 사실을 인정해야 한다는 것을 말하고 있다. 이 관계는 독재적이지 않다. 우리는 결코 사회, 문화적인 조건이나 종교 제도의 포로가 아니다.

결과적으로, 교회가 사람들이 살아가면서 활동하는 사회적인 역동성에 주의를 기울일 때, 교회는 사람들이 예수 그리스도를 주님으로 발견하는 곳이 될 것이다. 회심에 관한 신학적인 성찰은 언제나 신앙 체험에 영향을 미치는 사회, 문화, 심리적인 요인들에 관한 연구로 보완되어야 한다. 회심의 심리학에 관한 연구나 신앙 체험의 사회학에 관한 연구는 하나님의 은혜로운 일하심에 대한 경이감을 사그라뜨리지 않는다. 오히려 그와 같은 연구를 통해 상황 속에서 일하시는 하나님을 발견하게 된다. 하나님은 허공 속에서 일하시지 않는다. 이러한 인간적인 상황을 이해하면 우리는 하나님의 일하심을 보고 더 깊은 경이감을 느낄 수 있게 된다.

신앙 자서전_ 우리 이야기 말하기

사도 바울의 편지를 읽으면서, 바울 사도가 자유롭게 자신의 회심 이야기를 전하면서도 자기 독자들의 회심을 언급하는(또는 거기에 호소하는) 방식에 누구든 놀라움을 금하지 못할 것이다. 바울은 독자들이 자신의 회심이 영적인 성장과 발전을 위한 기준이자 출발점으로 작용할 수 있다는 사실을 충분히 깨닫고 있다고 가정한다. 스스로 이런 깨달음을 촉진시킬 수 있는 한 가지 방법은 영적인 훈련을 통하여, 곧 자신의 회심 간증을 기록하면서 자기 체험을 의도적으로 성찰하는 것이다.

신앙 자서전은 자신을 더 잘 이해하는 수단이 되며, 잠재적으로 중요한 영적 훈련 방법이다. 다시 말해, 신앙 체험에 대한 개인적, 사색적, 비판적인 재검토를 통하여 자신에 대한 지식을 얻게 된다. 훈련은 두 가지 방식으로 비판적인 사고를 촉진시킨다. 하나는 과거를 이해하기 위하여 자신을 뒤돌아보는 것이고, 다른 하나는 이러한 이해를 바탕으로 새롭게 자신을 세워가기 위하여 앞을 내다보는 것이다.

과거 이해하기

첫째, 신앙 자서전은 우리 과거를 이해하는 출발점이 된다. 왜냐하면 그것은 신앙적인 영향력을 집중적으로 조명하고 개인적인 동기와 삶의 형태를 조명하게 해 주기 때문이다. 또한 고전적인 영적 회상 훈련을 통하여 비판적인 분석을 할 수 있게 해 준다. 곧 경험을 재검토하고 해석할 뿐만 아니라 그것을 가능하게 만든 영향력들을 해석하게 된다.

신앙 자서전을 다시 기록하면서, 우리는 우리 삶 가운데에서 중요한 사건이나 표징들을 확인하고, 그런 다음에는 그것들에 대한 신학적인 해석을 명확하게 내릴 수 있다. 아무도 영적이고 신앙적인 진공 상태에서 성장하지 않는다는 사실을 깨닫는 게 성숙한 성찰이다. 수많은 경험과 영향력이 오늘날 우리의 모습을 만들어 왔다. 그러나 이 때 중요한 사건과 영향력을 파악하면서, 우리는 그것들을 해석한다. 성경에 나오는 말씀과 회심에 관한 교회의 이해에 비추어 그것들을 생각해 본다. 나는 존 웨슬리의 일기를 조심스럽게 읽으면서 나 자신의 경험을 점점 더 명쾌하게 이해하게 되었다. 웨슬리의 경험이 내 경험을 이해하는 데 도움이 된 것이다.

우리 삶에서 일어나는 사건과 영향력에 담긴 신학적인 의미를 찾으려고 애를 쓸 때, 성경과 영적 유산은 둘 다 필수적인 자원이 된다. 이러한 자원의 도움으로 우리는 갖가지 영향력과 사건을 비판적인 시각으로 성찰하여, 어느 정도 거리를 두고 살펴보는 동시에 거기에 대한 주인 의식을 갖게 된다.

또한 훈련은 우리 경험을 형성시킨 신앙 언어를 규명하는 수단이기도 하다. 수많은 사람들은 자신의 신앙 언어가 원래부터 자기에게 있는 것이라고 생각한다. 그러나 이 사람들은 판에 박은 신앙 언어 혹은 전문적인 신앙 용어가 자신들의 경험에서 얼마나 실제적인 의미를 띠지 못하는지 알지 못한다. 우리에게 끼친 신앙적인 영향력을 의도적으로 성찰하다 보면 이런 언어에서 어느 정도 거리를 둘 수 있을 뿐만 아니라 우리 경험을 설명할 수 있는 더욱 진실한 언어를 찾을 수 있게 된다.

결과적으로 아무도 다른 사람의 신앙 체험을 해석할 수 없기 때문에, 우리는 반드시 이런 작업을 혼자서 해야 한다. 이것은 목회자나 영적인 지도자나 친구가 우리 과거를 이해할 수 있도록 돕는 데 전혀 결정적인 역할을 할 수 없다는 뜻이 아니라, 우리 경험에 관한 유일한 한 사람의 권위 있는 해설자는 바로 나라는 뜻이다. 이런 훈련을 통하여, 우리는 스스로 "믿음의 분량대로 분수에 맞게 생각하라"롬 12:3는 명령에 적절히 반응할 수 있게 된다.

신앙 자서전의 가치는 부분적으로 우리가 모두 특수한 안경, 곧 우리 자신의 경험이라는 안경을 통하여 세상을 바라본다는 사실에 있다. 그러므로 각 사람은 실제로 자기 자신의 경험을 통하여 하나님의 구속 사역을 이해하는 유일한 관점을 얻게 된다.

그러나 놀랍게도, 자기 자신의 신앙 체험에 익숙해지면서, 우리는 자기 자신이 아주 독특하고 특별한 존재라는 사실을 이해할 뿐만 아니라, 어떤 식으로 분수에 맞게 생각하고 살아가야 하는지를 훨씬 더 분명하게 깨닫게 된다. 이것은 신앙 전기를 연구함으로써, 그리고 교회 생활에서 회심 간증을 나눔으로써 얻게 되는 유익이다. 다시 말해, 다른 사람의 회심 간증은 나 자신의 경험에 빛을 비추어 주기 때문에, 어떤 의미에서 내 경험은 단지 고전적인 그리스도인 이야기의 또 다른 복사판에 불과하다는 사실을 깨닫게 된다. 한 사람의 회심 경험담을 기록하는 것은 간증의 행위며, 하나님의 은혜를 입은 사람으로서 자기 정체성을 증거하는 행위다.

미래 내다보기

둘째, 신앙 자서전에는 과거를 이해할 뿐만 아니라 부르심을 받은 대로 살아가도록 우리를 도와주는 능력이 있다. 자기를 아는 지식은 인격적인 발달과 학습과 소명을 위한 발판이다. 또한 신앙 자서전은 우리의 영성 생활에 아주 중요한 기준점이 될 수 있다. 사도 바울은 자기 독자들에게 회심을 호소할 때, 그 사람들에게 신실함과 성숙함을 요구한다. 이와 유사하게, 과거를 재검토하는 일은 그리스도 안에 있다는 공통적인 정체성에 관한 의식을 강화시켜야 하며, 미래를 기꺼이 받아들이려는 용기와 이해를 증진시켜야 한다.

이것은 감상주의나 향수에 젖은 행동이 아니다. 과거를 되돌아보면서, 우리는 자신의 영적인 성장과 안녕에 대하여 더욱 커다란 책임을 질 수 있다. 그리고 우리가 누구인가, 하나님께서 우리 삶에서 어떻게 일하시는가, 성령께서 우리에게 어떻게 귀를 기울이시는가, 우리는 어떻게 성령께 귀를 기울여야 하는가에 대하여 더욱 명확한 관점을 얻게 된다. 우리의 영적인 출발점이 어떻게 영적인 성장을 강화하는가에 대해서도 훨씬 더 제대로 깨달을 수 있게 된다.

우리가 어디에서 왔는지를 알면 자기 삶에 대해 더 완벽하게 책임을 질 수 있게 된다. 그리하여 자기 자신을 과거의 특정한 영향력의 피해자라고 생각하는 경향도 줄어들게 되며, 우리를 형성시킨 긍정적인 영향력 위에 자신을 새롭게 세우게 된다. 수많은 사람들은 자신의 회심 이야기를 정리하다 보면 특정한 행동 방향으로 나아가게 된다는 사실을 발견하게 된다. 이 사람들은 영적 성장을 위한 의도적인 프로그램이 필요하다는 것을 깨닫게 될 수도 있다. 다른 사람들은 자신들에게 전문적인 상담이 필요하다는 결론을 내릴 수도 있다. 이런 과정을 거치면서 자기 이력, 사역, 소명에 대하여 훨씬 더 명확한 관점을 얻을 수도 있다. 이처럼 모든 사람들이 훨씬 더 명확한 자기 정체성과 자기 삶을 책임지게 하는 성숙하고 정확한 상황을 파악하게 된다.

신앙 자서전을 쓰는 것은 의미, 곧 개인적인 의미를 추구하는 것이다. 잘만 이루어진다면, 우리로 하여금 우리가 지금까지 하나님께 받은 선물, 그러한 긍정적인 영향력을 지속적으로 받아들일 수 있게 한다. 또한 자신에게 엄청난 책임과 한계가 있다는 사실을 깨닫게 된다. 이런 것들을 분명하게 보고 열거하면, 그것들이 우리 삶의 다음 장을 쉽게 조종할 수 없을 것이다. 자기 자신을 희생자로 보면서 이러한 영향력에 비난을 퍼붓기보다는, 그 가운데에서 최선을 다하면서 거기에서 배우는 동시에 계속하여 전진해 나갈 수 있게 된다.

회심 간증은 우리의 개인적인 정체성에서 핵심을 차지하는 것들을 드러내 준다. 다시 말해, 우리를 몰아가는 것, 우리를 현재와 같은 모습으로 만든 정서적, 지적 또는 영적인 갈망을 보여 준다. 내면의 깊은 갈망들을 하나씩 열거할 때, 우리는 무방비 상태로 공격받지 않을 것이고, 그것들에 휘둘리지도 않을 것이다. 그 대신에 이 갈망들을 잘 길들여서 건설적인 에너지원으로 삼아 새로운 방향을 찾을 수 있다.

자신의 회심 간증을 통해 자기 신앙 체험을 분명히 의식할 수 있는데, 이것은 잠재적으로는 매우 중요한 힘의 원천이 된다. 특히 그리스도인의 신앙을 키우지 못하는 문화적 상황에서 더욱 그러하다. 문화적, 신앙적 전통이 자기 신앙을 유지해 준다고 생각해서는 안 된다. 오히려 우리 과거를 이해하고 미래를 용감하게 받아들일 수 있도록 돕기 위해서 우리 자신의 경험을 들여다 봐야 한다. 효과적인 신앙 자서전을 쓰려면 단순한 추론과 다른 사람들의 경험과 일대일로 대응시키는 것을 피해야 한다. 웨슬리의 경험이 나 자신의 경험을 이해하는 데 도움이 되었지만, 내 경험은 웨슬리의 경험과는 분명히 다르다.

회심 간증을 쓰기 위한 지침

회심 간증에서는 될 수 있는 대로 판에 박은 신앙 언어 또는 단지 다른 사람의 이목을 끌기 위한 기발한 문구 등은 피해야 한다. 어떤 사람이 나에게 "난 일곱 살에 마음속으로 예수님을 받아들였어."라고 말한다면, 나는 그 사람에게 무엇이 그와 같은 행동에 영향을 미쳤는지, 도대체 어떤 상황에서 그런 일이 일어났는지 등과 같은 질문에 비추어 그 사건을 다시 자세히 말해 보라고 한다. 그 사람에게 구체적으로 무슨 일이 일어났는지 말하기를 원한다. 거기에는 실제로 부활하신 예수 그리스도에 대한 체험이 포함될 수도 있지만, 그 사람은 무슨 일이 일어났으며 거기에 어떤 의미가 담겨 있는지를 제대로 파악할 수 있는 언어를 찾아낼 필요가 있다.

진실한 회심 간증을 쓰기 위해서는, 애매모호하고 불확실한 시간들을 대충 얼버무리고 넘어가도 된다는 생각을 피해야 한다. 또한 매듭을 지어야 한다는 압박감에서 벗어날 때 가장 잘 쓸 수 있다. 이상적인 회심 간증을 쓰는 것이 아니다. 있는 그대로 우리 이야기를 풀어내는 것이다. 이것은 경험이나, 사건과 영향력에 담긴 중요한 의미들을 전혀 과장하지 않는다는 뜻이다. 천박한 저널리즘은 감상주의, 꾸며낸 이야기, 지나치게 각색한 사건들을 특징으로 한다. 진중한 저널리즘은 그 상황이 증거하는 것보다 더 많은 감정이나 긴장을 억지로 끌어 모으지 않은 채 있는 그대로 전달한다. 이와 마찬가지로, 훌륭한 신앙 자서전은 우리의 경험을 전달하기 위하여 체험 자체의 질을 신뢰한다. 모든 내용을 일일이 다 설명할 필요 없이 우리 이야기를 정확하게 전할 수 있다. 비록 여러 가지 사건들에 담긴 완전한 의미들을 제대로 알지 못할 때에라도 그 사건에 대해서 자세히 이야기할 수 있다. 결과적으로 자신의 과거를 형성시킨 사건과 영향력에 담긴 구체적인 의미를 훨씬 더 많이 알아차리게 되었다는 사실을 깨닫게 될 것이다.

신앙 자서전을 쓰면 다양한 사람들이 다양한 형태와 의미로 극적으로 회심을 경험한다는 사실을 알 수 있다. 여러 가지 요소를 경험하는 순서도 아주 다르다는 사실이 증명된다. 또한 여러 가지 요소가 중요하게 다가오는 정도도 각각의 독특한 환경과 이전 경험에 따라 매우 다르다.

물론 모든 회심 경험이 독특하고 특별하지만 모든 신앙 체험이 다 기독교적인 것은 아니라는 점을 기억해야 한다. 완벽한 간증이라면 비기독교적인 영향력을 간파하여 그것을 긍정적으로 묘사할 수도 있겠지만, 회심에 특정한 본질적인 요소나 성분이 없다면 그 회심은 기독교적이지 않다. 다시 말해, 어떤 축구 경기도 서로 동일하게 진행되지 않으며, 다른 어떤 것도 축구 경기와 동일하지 않다. 이와 마찬가지로, 모든 신앙 체험이 진실한 것은 아니며, 모든 그리스도인의 경험이 철저히 기독교적이어서 멋진 출발을 하게 하는 것은 아니다.

그러므로 자기 경험에 대해 향수에 젖어 감상적으로 접근해서는 안 된다. 영적 형성을 위한 신앙 자서전을 쓰려면 비판적으로 그리고 신학적으로 접근해야 한다. 자기 회심에 관한 이야기를 다 모은 뒤에, 회심의 성격에 대해 교회가 역사적으로 이해한 것을 바탕으로 비판적인 분석을 해야 한다.

앞에서 말한 회심의 모든 요소들이 각 사람들에게 다 동일하게 중요한 의미를 띠지는 않을 것이다. 어떤 독자들은 그리스도인의 회심에 7가지 요소가 있다는 사실에 동의하지 않을지도 모른다. 그러나 내가 규명한 각각의 요소들은 그리스도인의 회심에서 여러 가지 형태로 표현된다는 증거가 얼마든지 있다. 더군다나 그러한 요소들은 개인적인 경험과 교회의 경험을 비판적으로 성찰하기 위한 수단으로 제공된다.

루이스 람보Lewis Rambo가 구분해 놓은 것을 보면, 우리의 회심 경험에 필요한 환경을 조성하는 심리적, 사회적, 문화적인 요소들을 규명하려고 할 때 도움을 받을 수 있다.[1] 우리는 (1)거시 환경, 곧 우리를 형성시킨 문화적, 언어적인 환경, (2)미시 환경, 곧 가족, 신앙 공동체, 직장과 이웃, 그리고 (3)개인적인 환경을 살펴볼 수 있다. 회심이 역사적인 진공 상태에서 일어나는 것은 결코 아니지만, 우리 간증의 일차적인 초점은 세 번째 것이 되어야 한다. 우리가 개인적으로 경험한 사건들이 구체적으로 회심 간증을 구성한다. 자신의 경험에 내포된 사회적, 문화적, 종교적, 역사적인 영향에 마땅히 관심을 기울여야 하지만, 집중적으로 조명해야 할 것은 주변 환경이 아니라 실제로 일어난 일이다. 곧 우리가 구체적으로 경험한 것은 무엇인가, 현재 모습으로 우리를 변화시킨 전환점에는 어떤 것들이 있는가에 초점을 맞추어야 한다.

회심 간증은 어느 특정한 순간의 자신을 바라보는 방식을 찍은 스냅사진이다. 자기 이야기를 한 번쯤 쓴다고 해서 이것이 마지막 기록은 아니라는 점을 명심하는 게 중요하다. 자기 이야기를 쏟아내기는 하지만, 시간이 흐름에 따라 많은 것들을 전혀 다르게 볼 수도 있다는 것을 알아야 한다. 다른 영향들이 여전히 중요하다는 것을 의식하면서 자신의 경험을 다시 생각해 볼 수도 있다. 흔히 이것은 청년 시절의 종교적인 상황을 무시한 사람들의 경우다. 세월이 흐른 뒤에 자신들의 영적인 뿌리를 얼마든지 새롭게 이해할 수도 있다. 그러면 자신의 영적인 성장에 특정한 사람들이 얼마나 결정적인 역할을 했는지 훨씬 더 명확하게 바라보게 된다.

잘 짜여진 회심 간증은 어린 시절과 초기에 받은 기독교적인 영향에 대하여 지적으로나 감정적으로 거리를 둔다. 그래서 그것들을 새로운 시각에서 보게 된다. 이제 더는 당연한 것으로 여기거나 실제보다 부풀려서 생각하지 않게 된다. 우리가 신앙의 뿌리와 단절될 때 자기 자신과의 연관성을 상실하고 만다는 사실을 의식하게 된다. 과거를 비판적으로 이해하고 인정하게 될 때 우리는 그러한 영향력들을 무비판적으로 수용하거나 그것들에 과민하게 반응하지 않게 된다.

신앙 자서전은 사람들로 하여금 자기 삶에 끼친 다양한 영향을 이해하고 인정할 수 있도록 도와준다. 이 사람들은 어떻게 다양한 신앙적인 영향을 받았는지를 알게 되고 주변 상황 속에서 그 영향들을 살펴보는 동시에 자신들의 정체성을 형성시킨 방법들긍정적이든, 부정적이든에 주목할 수 있게 된다. 마리 테레사 쿰스Marie Theresa Coombs와 프랜시스 켈리 네멕Francis Kelly Nemeck은 가장 중요한 회심 경험을 일찍 할 수도 있지만, 그 경험의 효력은 훨씬 나중에 가서야 구체적으로 나타난다는 것을 알아야 한다고 말한다.[2]

더구나 우리는 전체적인 경험에 발단이 되는 사건들에 주의를 기울일 정도로 지혜로워야 한다.그 주변 사건들을 중심으로 회심 간증이 형성될 수도 있다. 그 당시에는 별로 중요하지 않게 보였던 어떤 경험이 하나의 중심축일 수 있다. 우리는 나중에 가서야 그 경험이 전체 경험에서 커다란 전환점이 되었다는 것을 깨닫는다.

핵심적인 사건들이 전체 경험을 완전히 둘러싸고 있는 것처럼 보일 수도 있지만, 나중에는 훨씬 더 넓은 차원에서 그 사건들을 바라보게 된다. 존 웨슬리는 알더스게이트 거리의 체험 직후에 그 상황을 기록하면서, 이 사건을 마치 자기 회심의 전부인 양 말하였다. 그러나 나중에 여러 해가 흐른 뒤에는 그 체험을 전체의 일부로서, 이전의 여러 가지 헌신에 비추어 볼 때라야 제대로 이해할 수 있는 것으로 보게 되었다. 그러므로 세월이 흐르고 난 뒤에 우리는 우리의 경험을 전체적으로 해석할 수 있게 되어 초기의 여러 가지 전환점에 비추어 나중의 사건들을 읽을 수 있게 된다. 각각의 사건들이 서로에게 의미와 중요성을 부여한다.

심리학자들은 종종 내적인 압박이나 혼란을 겪을 때 회심의 전환점이 발생한다고 한다. 어떤 사람들은 방향 감각을 상실하여 혼미한 상태를 경험한다. 이 사람들은 죄책감, 박탈감, 또는 소외감에 짓눌리다 열심히 해결책을 찾는다. 다른 사람들은 긴장이 아니라 갈망을 경험한다. 여러 가지 변화, 위기 또는 사건들은 갖가지 새로운 가능성의 문을 열어준다. 새로운 조명 아래서 자기 자신과 자신의 잠재력을 보기 때문이다. 이들의 회심은 과거에 대한 해결책이라기보다는 미래를 향한 새로운 가능성을 받아들이는 것이다. 수많은 사람들에게, 회심은 자기 정체성과 개인적인 책임의 표현이다. 회심 간증을 쓸 때 전체적인 회심 경험을 지탱하는 감정적인 에너지에 주의를 기울이는 것이 아주 유용하다.

마지막으로, 회심 간증을 쓸 때 우리를 신앙으로 이끌어주는 데 결정적인 역할을 한 개인들을 반드시 언급해야 한다. 단 한 사람이 결정적인 영향을 끼쳐서 '우리를 그리스도에게로 이끈' 경우는 거의 없다. 일반적으로 상당히 많은 사람들이 부분적으로 중요한 역할을 했다. 우리는 부모, 조부모, 신앙 지도자나 목회자, 동료, 친구, 심지어 의식적으로 그렇게 하지는 않았지만 나름대로 역할을 한 사람들을 인정해야 한다.

신앙 자서전을 대충 살펴보면 아주 개인적인 것으로 보일 수도 있다. 그리고 어떤 의미에서는 그렇기도 하다. 신앙 자서전은 특정 개인에게 펼쳐진 하나님의 은혜를 경축하는 것이다. 그러니까 이 이야기의 주인공은 간증을 서술하는 사람이 아니라 하나님이다. 어떤 회심 간증이든지 억지로 짜 맞추는 것이 아니다. 우리는 자기 자신이나 인생을 지어낼 수 없다. 오히려 하나님의 은혜에 반응하여 살아갈 뿐이다. 현재 우리의 모습은 하나님께서 주도적으로 일하신 섭리에 대한 간증일 뿐이다. 회심 간증은 이 세상이나 우리가 만든 세계에다 우리 인생의 기초를 두지 않고 하나님께 뿌리를 둔다는 증거다. 그러므로 이 간증은 감사와 겸손의 행위다.

회심의 산파로서의 교회

회심의 성격에 관한 비판적인 성찰은 우리로 하여금 자기 자신의 경험을 훨씬 더 잘 이해할 수 있도록 도와주어야 할 뿐만 아니라, 교회의 활동과 복음 전도에 대한 접근 방식을 다시 생각해 볼 기회를 제공해야 한다. 신앙 공동체는 그리스도를 향한 진정한 회심을, 그리스도인의 삶을 향한 멋진 출발점과 효과적인 토대를 제공하는 회심을 촉진시키라는 부르심을 받고 있다. 우리는 자기 자신을 위해서 사는 것이 아니라 다른 사람들을 그리스도께로 이끄는 수단으로 자신을 드리라는 부르심을 받는다. 그러나 이 책임은 다 함께 감당해야 하는 것이다. 또한 다른 사람들이 그리스도께로 나아와 신앙적으로 성숙할 수 있도록 다 함께 돕는 공동체가 되도록 노력해야 한다. 이것은 신앙 지도자나 전문 복음 전도자에게만 국한된 책임이 아니라 전체 공동체가 함께 져야 할 책임이다.

그러나 우리가 전하는 복음에 건전한 신학과 회심 경험이 반영되지 않는다면, 효과적으로 전할 수 없을 것이다. 복음 전도에 관한 우리의 접근 방식이 보통 사람들이 실제로 믿음으로 나아오는 방식과 일치하지 않을 때가 너무 많다. 복음 전도는 혼자서 사람들을 그리스도께로 '이끌기' 위하여 몸부림치는 전문가들의 일이 아니라 신앙 공동체의 가장 우선적이고 중요한 행동이다. 이것은 교회를 산파와 양육자로 본다는 뜻이다.

그리스도인이 되는 수많은 사람들은 이미 그리스도인 공동체의 일원으로 자리 잡고 있는 동안 믿음으로 나아온다. 수많은 그리스도인들은 이미 공동체적인 삶에 동참하고 있는 구도자들에게 조심스럽게 반응하면서 초기 신앙 생활에 대한 모델을 개발하고 있다. 이 모델들은 그리스도인의 믿음을 배우고 공동체 안에서 생활하면서 그리스도인들을 관찰하며 자기 자신의 삶에서 성령의 역사를 분별하고 예수님을 따르는 대가를 헤아려볼 수 있는 기회를 제공하게 된다.

그러나 이 모든 일들은 그리스도인이 되라는 공공연한 압력 없이 일어나는 게 중요하다. 공동체적인 삶에 동참하는 가운데 믿음으로 나아오는 사람들이 상당수아마 많이 있다는 사실을 기쁜 마음으로 인정하지만, 그것도 각 사람들에게 가장 적절한 때에 이루어져야 한다고 생각한다. 다만 교회는 참된 우정과 극진한 대접을 아끼지 말아야 한다. 개인들은 예배, 성경 공부, 봉사에 참여하라는 권면을 받는다. 그리하여 구도자들은 사랑과 관용을 베푸는 행위에 자원 봉사자들로서 그리스도인들과 나란히 서서 일하게 된다.

여기에 함축된 의미는 엄청나다. 복음 전도에 열정적인 그리스도인이 되게 하는 방법은 특별한 복음 전도 프로그램과 실천 계획들에 있는 것이 아니다. 그것보다는, 사람들이 그리스도인의 신앙, 이해, 헌신 방식에 순응하도록 갖가지 교회 활동을 조직하고 구상해야 한다. 모든 것들이 복음 전도는 아니다예를 들면, 이것은 예배의 두드러진 성격을 약화시킬 수도 있다. 예배는 예배일 뿐이다. 차라리 모든 것들이 복음 전도라는 목적을 섬긴다고 말할 수는 있다. 사람들에게 신앙 언어를 가르치고, 신앙과 이해와 헌신을 격려하면서 말이다.

이 모델에는 미리 계산된 계획이 없다. 사람들이 자유롭게 복음에 반응하거나 거절함으로써 마음대로 선택할 수 있다. 공동체는 정직한 추구, 솔직한 물음, 진지한 반응을 촉진시키려고 노력해야 한다. 우리 공동체의 젊은이들과 새로운 그리스도인들에게는 모두 이와 같은 끈기 있는 우정과 돌봄이 필요하다.

다시 말해, 이 모델에는 단지 복음 전도자, 목회자나 지도자로 임명된 사람들만이 아니라 전체 공동체가 포함된다. 카렌 워드Karen Ward가 주장하는 것처럼, 일상적이고 평범한 그리스도인의 삶이 사람들이 신앙생활을 시작할 수 있는 기초와 환경을 조성한다. 사역자와 평신도가 각 사람들로 하여금 복음에 정직하게 반응할 수 있도록 사랑을 주고받는 일에 똑같이 동참해야 한다.[3]

여러 가지 요소가 복음 전도에 관한 이와 같은 접근 방법을 구성한다.

증거는 예수 그리스도에 대해서다

우리의 일차적인 부르심은 예수 그리스도 자신을 증거하는 것이다. 사도 바울에게 이것은 그리스도를 전파하려는 열정을 의미했다. 진정한 복음 전파는 본질적으로 예수 그리스도를 선포하는 것이다. 그리고 진정한 복음 전파는 예수님을 따르는 사람이 된다는 것의 의미를 예배, 생활, 사역 안에서 구현하는 공동체를 통해 함께 함으로 일어난다. 복음 전파는 예배, 즉 십자가에서 돌아가시고 죽음에서 부활하신 그리스도를 향한 예배와 말과 행동으로 그리스도에 대한 증거를 하는 살아있는 공동체라는 상황 속에서 구현된다.

복음 전파는 우리로 하여금 그리스도를 믿는 믿음으로 나아오게 하는 본질적인 부분 중 하나이다. 회심의 수단은 하나님의 말씀이다. 우리는 진리로 말미암아약 1:18, 특히 말씀 전파로 말미암은 진리를 통하여벧전 1:25 다시 태어난다. 진리와 관련을 맺고 있는 지성, 의지, 마음은 회심을 가능하게 하는 성령의 증거와 역사를 결국 만나게 된다. 그러나 다음과 같은 사실을 다시 강조해야만 되겠다. 곧 이 진리는 전파된 말씀을 따라 살려고 몸부림치는 예배하는 공동체라는 상황 안에서 선포된다.

확신은 성령 안에 있다

우리에게 있는 확신은 우리의 방법과 행위와 말복음 전파에 있는 것이 아니라 성령 안에 있다. 레슬리 뉴비긴은 냉정하게 이렇게 관찰하고 있다. "복음 전도나 선교 사역을 행하는 교회의 조직적인 노력과 회심이라는 구체적인 사건 사이에는 아무런 직접적인 비례 관계가 없다."[4] 교회는 회심이 일어나고 촉진되는 현장이기는 하지만, 회심을 일어나게 하는 원인은 절대로 될 수 없다. 회심은 언제나 그 무엇으로도 대체할 수 없는 성령의 사역이다. 우리는 그리스도께로 영혼사람을 '거둔다'는 식의 말을 아예 쓰지 말아야 한다. 그것은 교회의 과제가 아니다. 그것은 성령의 사역이며, 오직 성령만의 일이다.

심지어 사도 바울도 자기 독자들의 삶에서 자신이 중추적인 사람으로 보이는 것을 단호히 거부하였다.

"그렇다면 아볼로는 무엇이고, 바울은 무엇입니까? 아볼로와 나는 여러분을 믿게 한 일꾼들이며, 주님께서 우리에게 각각 맡겨 주신 대로 일하였을 뿐입니다. 나는 심고, 아볼로는 물을 주었습니다. 그러나 하나님께서 자라게 하셨습니다. 그러므로 심는 사람이나 물 주는 사람은 아무것도 아니요, 자라게 하시는 분은 하나님이십니다"고전 3:5~7, 표준새번역.

우리는 '영혼을 거두는 자들'이 아니다. 오직 하나님만이 행하실 수 있는 일들을 조종하는 자들도 아니다. 사람들을 낚아 올려야 한다는 의미에서 '사람'을 낚는 어부도 아니다. 하나님께서 하나님의 때에 하나님의 일을 하신다.

그러므로 우리가 '거두어들인' 회심자의 숫자로 자기 자신이나 공동체적인 삶을 합리화 하려고 몸부림친다면 커다란 잘못을 저지르고 있는 것이다. 어떤 사람은 씨앗을 뿌리고, 어떤 사람은 물을 주고, 어떤 사람은 자연스럽게 성령을 도와 열매를 맺는다. 그러나 어떤 사람도 다른 사람을 그리스도께로 억지로 '거두어들인' 적은 없다. 어떤 회심도 단순히 어떤 사람의 말이나 행동만으로 열매를 맺은 적은 없다. 이것은 다른 사람의 신앙 체험에서 우리가 하는 역할을 최소화 하려는 뜻이 아니다. 그러나 사람들이 실제로 믿음으로 나아오게 되는 다양하고 놀라운 방식들을 이해하고 인정할 때, 우리는 성령님의 지휘 아래서만 이 일이 일어날 수 있다는 사실을 깨닫게 된다.[5]

하나님의 일하심에 반응하도록 다른 사람들을 도우라

복음 전도란 본질적으로 다른 사람들을 권면하여 자신들의 삶 가운데 일하시는 성령의 역사에 반응하도록 돕는 것이다. 신앙 공동체의 가장 일차적이고 중대한 책임은 하나님께서 우리 삶 가운데서 어떻게 일하시는지에 대한 대화를 독려하는 것이다. 우리는 어떻게 하면 성령께서 주도하시는 일에 잘 반응할 수 있을까 고민한다. 성령께서 우리 삶 가운데 개인적으로, 공동체적으로 일하시는, 미묘하지만 뚜렷한 여러 가지 방식을 깨닫기 위하여 다함께 노력한다. 그러므로 복음 전도에는 사람들이 자기들의 삶에서 하나님의 격려와 인도, 즉 은혜의 고동소리를 잘 분별하고 귀를 기울이도록 도와주는 영적인 지도가 포함된다.⁶⁾ 그 사람들이 실천하고 경험해야 하는 것들이 무엇인지를 알려주려고 하기보다, 오히려 옆으로 비켜서서 그 사람들이 경험하고 있는 것이 무엇인지 물어보고 지금 일어나고 있는 일들을 이해할 수 있도록 도와야 한다.

뉴비긴은 사람들이 성령의 증거와 부르심을 해석할 때 성령의 역사와 듣고 반응할 수 있는 사람들의 능력을 철저히 신뢰하라고 통찰력 있는 요청을 한다. 그리고 이것은 우리가 타문화권 전도와 선교를 이야기할 때 아주 특별한 함축적인 의미를 담고 있다. 조지 헌스버거가 훌륭하게 관찰한 대로, "뉴비긴은 회심에서 온갖 '성령의 신선한 역사'를 요청한다. 특히 문화적인 경계선을 뛰어넘어 전달된 복음을 들은 사람에게서 일어난 회심으로서, 그리스도인의 제자도에 관한 이전의 온갖 표현들이 들어간 필연적이고 '철저한 불연속성'을 경험하는 회심의 경우에 말이다."⁷⁾

그런 다음 우리는 복음 전도자들은 회심자 위에 군림하는 존재가 절대로 아니라고 주장할 수 있다. 오히려 복음 전도자들은 우리 주님 한 분을 함께 따라가는 사람들일 뿐이다. 양쪽 다 공동체 안에서 예수 그리스도에 관한 증거를 간직한 전통을 지키는 파수꾼이다. 양쪽 다 성령으로 말미암아 그리스도의 통치에 걸맞은 방식으로 이 세상에서 살아가도록 부르심을 받고 있다.

은혜의 공동체, 훈련의 공동체

한편으로 은혜의 공동체가 되는 것과 다른 한편으로 훈련의 공동체가 되는 것 사이에서 균형을 유지하는 일은 절대적으로 중요하다. 교회는 복음이 요구하는 것들을 소리 높여 외칠 때 분명한 태도를 취해야 하지만, 그와 동시에 다른 사람들을 판단하는 일을 거부해야 한다.

우리는 사람들을 단지 있는 그대로 받아들이는 은혜의 공동체가 될 수 있다. 그러기에 그 사람들이 자신에게 가장 적절한 때에 다시 말해, 성령께서 자기들의 삶에서 역사하시는 시기에 그리스도인의 정체성과 책임을 받아들일 것이라고 믿을 수 있다. 우리는 서로 끈기 있게 기다려야 한다. 그와 동시에, 복음이 요구하는 대로 자신의 삶을 살아간다는 사실을 자유롭게 선포해야 한다. 우리는 값싼 은혜를 선포하지 않는다. 오히려 서로에게 예수 그리스도의 철저한 제자가 되라고 서슴없이 요청한다.

공동체에 동참하라는 요청은 모든 사람들이 순순히 받아들이겠지만, 공동체 안에서 지도력을 발휘하는 것은 또 다른 문제다. 모든 사람을 환영하지만, 설교와 가르침에서, 예배와 봉사에서 지도력을 발휘하기 위해서는 반드시 명확한 기준들을 만족시켜야 한다. 공동체 안에는 또 다른 공동체가 있다. 내부 공동체가 엘리트주의나 분리주의에 빠져서는 안 되겠지만, 별다른 양해를 구하지 않고서도 우리는 지도자들에게 공동체의 다른 사람들에게는 요구하지 않을 수도 있는 일정 수준의 헌신을 요구한다.

교회의 예배 생활과 성례전 생활

　신앙 공동체의 성례전적인 행위는 교회에 속한 것이 아니다. 그와 같은 행위들은 교회를 통한 하나님의 사역이다. 그러나 이러한 행위들은 신앙을 유지하고 소망을 새롭게 하며 사랑을 더욱 완전하게 만들기 위한 필수적인 수단으로서 교회에 위임되었다.

　이러한 성례전적인 행위들은 예배하는 공동체가 된다는 사실이 의미하는 것에서 핵심을 차지한다. 우리는 사람들을 그리스도께로 데려올(그리스도께로 회복시킬) 뿐만 아니라 신앙 공동체에 참여하는 사람들로서 성숙하고 완전하며 역동적인 그리스도인의 삶 가운데로 들어갈 수 있도록 돕는 복음 전도 접근 방법을 갈망한다. 로버트 웨버Robert Webber는 이런 일이 일어나기 위해서는 예배 의식에 변화시키는 능력이 있다는 것을 깨달아야 하며, 따라서 복음주의에 가까우면서도 가톨릭에 가까운 복음 전도를 해야 한다고 말한다. 복음주의에 가까워야 한다는 말은 역사적 복음에 뿌리를 두어야 한다는 의미이고, 가톨릭에 가까워야 한다는 말은 보편 교회에서 만들어 놓은 선례들에 뿌리를 둔 관습을 지켜야 한다는 의미다. 웨버의 확신에 따르면, 보통 사람들은 '예배로 말미암아 조절될 뿐만 아니라 명령되기도 하는 회심을 통하여 그리스도와 그분의 교회 안으로' 부르심을 받는다.[8] 교회의 오래된 예배 관습을 반영하는 한에 있어서, 우리 예배는 그 자체로서 말과 행동으로 복음을 선포하는 행위다.

예배는 공동체의 중심적인 활동이지만, 또한 사람들이 그리스도를 알고, 사랑하고 섬기도록 힘을 부여하는 활동 가운데 하나다. 그리고 이것은 전부 시간이 걸리는 일이다. 언제나 시간이 걸리는 일이었지만, 특히 오늘날과 같은 사회 문화적인 상황에서는 더욱 그렇다.[9]

고대 본문인 성경을 전파하고 가르친 뒤에는 지적인 발견과 탐구를 주문하기도 할 것이며, 신앙 공동체가 서로 섬기고 사랑하는 과정에서 감정적이고 의지적인 발전을 촉구하기도 할 것이다. 그런데 양쪽 다 공예배를 통하여 뼈대를 잡게 될 것이다. 감정적으로, 지적으로 형성되기 위해서는 시간이 걸릴 것이다. 아마도 상당한 시간이 걸릴 것이다. 우리의 복음 전도는 사람들로 하여금 자기 자신의 때와 속도에 맞게 나아오도록 허락하는 것이어야 한다.

회심은 경이로운 손길이다

"회심을 위하여 열심히 공들이는 수고를 두려워하지 말라"고 키에르케고르는 적절히 권고한다.[10] 회심은 시간이 걸리는 일이다. 우리 자신의 경험을 되돌아보고 다른 사람들의 경험에 귀 기울여 보면 충분히 알 수 있을 것이다. 회심이라는 멋진 출발을 하려면 시간이 걸린다. 서둘러서는 아무 것도 이룰 수 없다.

글렌 틴더는 자신의 회심 간증에서, 크리스천 사이언스 운동에서 자라난 배경, 전쟁의 공포, 그 전쟁에서 도저히 용서받을 수 없는 행위를 저지른 일,

대학 교수로서 오랫동안 능력을 발휘한 일 등을 담담하게 묘사했다. 이 모든 과정들을 거치면서 틴더는 점차 하나님의 임재를 의식하게 만든 미묘한 방식에 주목하게 된다. 이분은 바로 은혜와 용서의 하나님, 모든 진리의 하나님이었다. 틴더는 이렇게 결론을 맺는다.

"나는 아직도 내가 그리스도인이 된 실제 사건을 묘사할 수 없다. 여기에는 그럴만한 합당한 이유가 있다. 왜냐하면 그런 사건이 전혀 일어나지 않았기 때문이다. 내가 대학원생 시절과 젊은 강사로 활동하던 시절에는 그리스도인이 아니었지만, 나이가 50줄에 접어들 때쯤에는 그리스도인이 되어 있었다는 사실만을 말할 수 있을 뿐이다."[11]

틴더는 자신의 경험에서 하나님의 은혜에 관한 아주 중요한 차원을 묘사하기 위하여 놀라운 이미지를 사용하고 있다. 한 친구는 종종 산山 사자의 발자국이 곳곳에 나타나는 시에라 산악 지대를 오른다. 그래서 틴더가 친구에게 커다란 고양이 같이 생긴 녀석을 보았는지 묻자, 친구는 실제로 한 번도 본 적이 없지만, 종종 돌아오는 길에 '내가 일찍이 낮 시간에 산을 오르면서 남긴 흔적을 따라 산 사자가 남긴 흔적'을 가로질러서 내려온 적은 있다고 대답하였다. 그러니까 그 친구는 산 사자가 눈앞에 직접 나타난 적은 없었지만, 산 사자가 가까이서 늘 그에게 주의를 기울이고 있었다는 것을 알았다. 틴더는 이렇게 말한다.

"친구의 경험은 내 삶에서 하나님을 만난 경험에 대한 좋은 비유가 될 수 있다. 나는 하나님을 흘긋이라도 보았다고 주장할 수 있는 사람이 아니다. 그러나 내 인생을 되돌아볼 때, 내가 머물렀던 곳마다 그분의 흔적을 찾아낼 수 있다."[12]

모든 게 선물이다. 그리스도인들은 하나님의 은혜는 획득하거나 조종할 수 없는 것이라고 알고 있다. 혼자 힘으로는 도저히 은혜를 발견할 수 없다는 것도 잘 안다. 모든 회심 간증은 우리를 찾고 찾으시며, 그분의 자비하심으로 그분의 교제 가운데 우리를 초대하고 인도하시는 하나님의 경이로운 손길을 집중적으로 조명한다. 우리는 인생을 되돌아볼 때마다 하나님께서 은혜 가운데 일하셨던 흔적을 곳곳에서 찾을 수 있다.

주

글을 시작하면서

1) 내가 복음주의(evangelical)라는 용어를 쓰는 까닭은, 특정한 신학적·영적 전통이 17세기와 18세기의 청교도와 경건주의자들에 그 뿌리를 두고 있음을 명시하기 위함이다. 이것은 2장에서 더 심도있게 다룰 것이다.
2) 베빙턴(D. W. Bebbington), 「현대 영국의 복음주의: 1730년대에서 1980년대까지의 역사」(*Evangelicalism in Modern Britain: A History from the 1730s to the 1980s*)(London: Unwin Hyman, 1989), p. 3.
3) 같은 책, p. 5.
4) 스탠리 그렌즈(Stanley J. Grenz), *Revisioning Evangelical Theology: A Fresh Agenda for the Twenty-first Century*(복음주의 신학을 다시 본다: 21세기를 향한 새로운 아젠다 ; Downers Grove, Ill.: InterVarsity Press, 1993), p. 24.
5) 조지 개리(George Garey), "성경적인 관점"(A Biblical Perspective), 「그 나라에 들어가기」(*Entering the Kingdom*), 모니카 힐(Monica Hill) 편집(British Church Growth Association/MARC Europe, 1986), p. 21n에서.
6) 버나드 로너건(Bernard Lonergan), "새로운 상황 속의 신학"(Theology in Its New Context), 「회심: 개인적이고 사회적인 변혁에 관한 조망」(*Conversion: Perspectives on Personal and Social Transformation*), 월터 콘(Walter Conn) 편집(New York: Alba House, 1978), p. 14에서.

1장_회심은 역동적 삶의 변화를 가져 온다

1) 내가 보기에 「신앙의 신비적인 영역과 이성적인 고찰: 현상학과 종교철학 여행」(*Religious Mystery and Rational Reflection: Excursions in the Phenomenology and Philosophy of*

Religion)(Grand Rapids, Mich.: Eerdmans, 1988)이라는 책에 모아놓은 글에 나타난 루이스 두프레(Louis Dupré)의 관점이 특히 유용하다. 두프레는 철학자들이 신앙 체험의 중요성을 점차적으로 인식하고 있다는 사실을 증명하면서 이렇게 주장한다. "신앙의 개념에 대한 분석은 신앙 체험에 관한 성찰을 통하여 보완되어야 한다"(p. vii).
2) 같은 책, pp. vii, 8.
3) 그러나 수많은 로마 가톨릭 신자들이 칭의라는 말을 직접 사용하지는 않더라도, 그리스도인의 삶을 시작할 수 있는 유일하고도 가능한 출발점은 하나님에게 사랑받고 받아들여진다는 확신을 품고 살아가는 것이라는 원리를 은연중에 지지한다. 이와 같은 관점은 공식적인 교리에서는 그렇지 않더라도 체험과 실천에서는 개신교의 칭의 개념과 놀랍게 일치한다.
4) 토저(A. W. Tozer), "신앙은 목적지가 아니라 여정이다"(Faith Is a Journey, Not a Destination), 〈The Alliance Weekly 92〉, 45호.(1957): 2.
5) 칼 라너(Karl Rahner), 「신학 탐구 III: 영성 신학」(Theological Investigation III: The Theology of the Spiritual Life), 칼 크루거(Karl H. Kruger)와 보니페이스 크루거(Boniface Kruger) 편집/번역 (London: Darton, Longman &Todd, 1967), pp. 141~57.

2장_ 예수님과의 인격적 만남이 없다면 회심도 없다

1) 이와 같은 유용한 구분은 프랑스(R. T. France), "회심과 성경"(Conversion and the Bible), 〈The Evangelical Quarterly 65〉, 제4호.(1993): 292에 개략적으로 설명되어 있다.
2) 버나드 로너건(Bernard Lonergan), "새로운 상황 속의 신학"(Theology in Its New Text), 「회심: 개인적이고 사회적인 변혁에 관한 조망」(Conversion: Perspectives on Personal and Social Transformation), 월터 콘(Walter Conn) 편집(New York: Alba House, 1978), p. 13.
3) 윌리엄 아브라함(William J. Abraham), 「복음 전도의 논리학」(The Logic of Evangelism)(Grand Rapids, Mich.: Eerdmans, 1989), p. 129.
4) 같은 책.
5) 존 칼빈(John Calvin), 「기독교 강요」(크리스챤다이제스트: 2003, 생명의말씀사: 2009)(Institute of the Christian Religion), 3.2.3.
6) 같은 책, 3.2.5.

7) 폴 히버트(Paul G. Hiebert), "선교 과업을 수행할 때 '기독교적인' 것의 범주"(The Category 'Christian' in the Mission Task), ⟨International Review of Mission 72⟩ (1983년 7월호): 421~27.
8) 같은 책.
9) 조지 헌스버거(George R. Hunsberger), 「성령에 관한 증거: 레슬리 뉴비긴의 문화 다원주의 신학」(Bearing the Witness of the Spirit: Lesslie Newbgin's Theology of Cultural Plurality)(Grand Rapids, Mich.: Eerdmans, 1998), p. 168.
10) 폴 헴(Paul Helm), 「출발점: 회심에서 말씀과 성령의 위치」(The Beginnings: Word and Spirit in Conversion)(Edinburgh: Banner of Truth, 1986), pp. 9~10.
11) 신앙 체험과 언어의 문제를 다룬, 루드비히 비트겐슈타인(Ludwig Wittgenstein)의 저서로는 「심미학 강좌와 토론」(Lectures and Conversation on Aesthetics), 「심리학과 종교 신앙」(Psychology and Religious Belief), 그리고 「문화와 가치」(책세상, 2006)(Culture and Value) 등이 있다. 앞으로 이어지는 내용의 상당 부분은 "그리스도인이 되는 법 배우기"(Learning to Become a Christian), ⟨Religious Education 82⟩, 제1호(1987년 겨울)에 나타난 딘 마틴(Dean M. Martin)의 통찰력에 많은 빚을 지고 있다. 또한 폴 호머(Paul Holmer), 「신앙의 문법」(The Grammar of Faith)(San Francisco: Harper & Row, 1978)을 참고하라.
12) 조지 린드벡(George Lindbeck), 「교리의 본질」(The Nature of Doctrine)(Philadelphia: Westminster Press, 1984), p. 35.
13) 딘 마틴(Dean M. Martin), "그리스도인이 되는 법 배우기"(Learning to Become a Christian), p. 99.
14) 같은 책, p. 100.
15) 같은 책, p. 110.
16) 회심 경험담을 조명하는 통찰력 있는 연구 결과를 참고하려면, 브루스 힌드마쉬(D. Bruce Hindmarsh)의 저서를 보라. "초기 복음주의 선교 역사의 빛으로 조명한 초기 복음주의 회심"(Early Evangelical Conversion in the Light of Early Evangelical Mission History), 「북대서양 선교학 프로젝트」(The North Atlantic Missiology Project), Position Paper 25(Cambridge, U.K.: Westminster College, 1997), p. 2.
17) 같은 책, pp. 16~17.
18) 같은 책, p. 19.

19) 같은 책.
20) 버지니아 리에슨 브레레톤(Virginia Lieson Brereton), 「죄에서 구원으로: 1800년대에서 현재에 이르는 여성들의 회심에 관한 이야기」(*From Sin to Salvation: Stories of Women's Conversion, 1800 to the Present*)(Indianapolis: Indiana University Press, 1991), pp. 54~55.
21) 같은 책, p. 55.
22) 같은 책, p. 56.
23) 같은 책, p. 57.
24) 로즈마리 하우톤(Rosemary Haughton), 「인간의 변화: 회심과 공동체에 관한 연구」(*The Transformation of Man: A Study of Conversion and Community*)(London: Geoffrey Chapman, 1968), p. 225.
25) 같은 책, p. 245.
26) 이와 같은 구분에 대해서는 루이스 람보(Lewis R. Lambo)의 "회심의 심리학"(The Psychology of Conversion), 「종교적인 회심에 관한 핸드북」(*Handbook of Religious Conversion*), 뉴턴 맬로니(Newton Malony)와 새뮤얼 사우스하드(Samuel Southhard) 편집(Birmingham, Ala.: Religious Education Press, 1992, pp. 163~65에 많은 빚을 졌다.
27) 크리스토퍼 라쉬(Christopher Lasch), 「자아도취의 문화」(*The Culture of Narcissism*)(New York: W. W. Norton, 1978).
28) 웨이드 클라크 루프(Wade Clark Roof), 「구도자의 세대」(*The Generation of Seekers*)(San Francisco: Harper, 1993). p. 133.
29) 같은 책, p. 184.

3장_ 영적 거장들의 회심 이야기

1) 그레고리 존스(L. Gregory Jones), "전 성도들을 위하여: 기독교 신학에서 자서전의 위치"(For All the Saints: Autobiography in Christian Theology), 〈The Asbury Theological Journal 47〉, 제1호(1992년 봄호): 35.
2) 같은 책, p. 34.
3) 말콤 머거릿지(Malcom Muggeridge), 「제3의 성경」(*A Third Testament*)(London, Brown, 1976).

p. 37.

4) 히포의 어거스틴(Augustine of Hippo), 「성 어거스틴의 고백록」(기독교문서선교회, 2004)(*The Confessions of St. Augustine*), 존 라이언(John K. Ryan) 번역(New York: Doubleday, 1960). 앞으로 이번 장에서 계속 등장하는 인용문은 이 책에서 발췌한 것이다.

5) 데이빗 웰즈(David Wells), 「하나님께로 돌아서라: 현대 세계의 성경적인 회심」(*Turning to God: Biblical Conversion in the Modern World*)(Grand Rapids, Mich.: Baker, 1989), chap. 4.

6) 이냐시오 데 로욜라(Ignatius de Loyola), 「성 이냐시오 로욜라의 자서전」(*The Autobiography of St. Ignatius Loyola*), 존 올린(John C. Olin) 편집, 조셉 오칼라간(Joseph F. O' Callaghan) 번역 (New York: Harper & Row, 1974).

7) 칸디도 드 달마세스(Candido de Dalmases), 「로욜라의 이냐시오, 예수회의 창설자」(*Ignatius of Loyola, Founder of the Jesuits*), 제롬 에이살라(Jerome Aixala) 번역(Anand, India: Gujarat Sahitya Prakash, 1985), pp. 20~23.

8) 메리 퍼셀(Mary Percell), 「최초의 예수회」(*The First Jesuit*)(Chicago: :oyola University Press, 1981), pp. 10~11.

9) 페드로 드 레투리아(Pedro de Leturia), *El gentilhombre Inigo Lopez de Loyola en su patria y en su siglo*, rev. ed.(Barcelona: Editorial Labor, 1979), pp. 49~50.

10) 휴고 라너(Hugo Rahner), 「이냐시오 로욜라의 영성」(*The Spirituality of St. Ignatius Loyola*), 프란시스 존 스미스(Francis John Smith) 번역(Westminster, Md.: Newman, 1953), pp. 10~14.

11) 달마세스(Dalmases), 「로욜라의 이냐시오」(*Ignatius of Loyola*), pp. 39~41.

12) 이냐시오(Ignatius), 「자서전」(Autobiography), p. 21.

13) 토마스 개넌(Thomas M. Gannon)과 조지 트라웁(George W. Traub), 「광야와 도시」(*The Desert and the City*)(London: Macmillan, 1969), p. 153.

14) 이냐시오, 「자서전」, pp. 22~23.

15) 조셉 틸렌다(Joseph N. Tylenda), 「순례 여행: 이냐시오 로욜라의 자서전」(*The Autobiography of Ignatius of Loyola*)(Wilminton, Del.: Michael Glazier, 1985), p. 15.

16) 퍼셀(Percell), 「최초의 예수회」(*The First Jesuit*), pp. 60~65.

17) 같은 책, pp. 66~68.

18) 이냐시오, 「자서전」, p. 39.

19) 같은 책, p. 26.
* 역주 - 고교회(高敎會, High Church). 중세 교회와의 연속성을 강조하고 교회의 권위와 역사적 주교제와 의식을 중시하는 교회를 일컫는 말이다. 고교회를 지지하는 영국 교회 가운데 한 분파를 고교회파라고 한다. 영국의 종교 개혁은 독일이나 스위스의 종교 개혁과는 아주 다른 양상을 띠고 있었으나, 신학적으로는 초기의 루터와 그 뒤를 이은 쯔빙글리, 칼빈 등과 같은 대륙 종교 개혁파의 영향을 강하게 받으면서 교의적 입장을 강하게 나타냈다. 영국에서 국교회가 확립된 엘리자베스 왕조 시대에는 대륙의 신학자, 특히 칼빈의 「교회론」, 「직제론」이 지배적이었으나, 16세기 말에는 반크로프트, 후커 등이 영국 국교회를 보편적 가톨릭 교회의 한 분파로서 위치를 살리기 위해서는 사도적 전통에 기초한 주교제가 필요하다고 주장했다. 그 후 고교회는 영국 성공회 안에서 가장 커다란 세력을 유지하면서, 16세기 종교개혁자들의 공헌을 부정하고 예배와 신앙생활에서 가톨릭의 관행을 대폭 부활시켰기 때문에 저교회파(低敎會派, Low Church)의 세찬 비난을 받았다.

오늘날 성공회 내에는 로마 가톨릭에 가까운 앵글로 가톨릭(Anglo Catholic) 전통의 고교회파, 개신교 전통을 중심으로 복음주의 노선인 저교회파, 그리고 양자 가운데 아무 것에도 속하지 않는 광교회파(廣敎會派, Broad Church)가 있다. 그러나 이들은 서로 간에 명확한 구별 없이 존재한다. 그래서 성공회는 세계 성공회가 하나로 연합되는 중앙 헌법이나 기구도 없고, 각자가 독립적이면서도 서로 유기적으로 연결되어 있다. '본질적인 것에 일치, 비본질적인 것에 다양성'이라는 전통을 이어오고 있다. 영국에서 전래된 대한 성공회는 고교회파에 속하며, 성사와 전례를 중시하는 고교회파 성공회는 건축 양식에서도 로마 가톨릭과 유사하다.

20) 브라지어 그린(J. Brazier Green), 「존 웨슬리와 윌리엄 로」(*John Wesley and William Law*)(London: Epworth, 1945). p. 21.
21) 로버트 터틀(Robert Turtle), 「존 웨슬리 : 그의 생애와 신학」(세복, 2001)((*John Wesley: His Life and Theology*)(Grand Rapids, Mich.: Zondervan, 1978), pp. 74~76.
22) 알버트 오틀러(Albert C. Outler), 「존 웨슬리」(*John Wesley*), 알버트 오틀러 편집(New York: Oxford University Press, 1964), p. 7.
23) 존 웨슬리(John Wesley), 「그리스도인의 완전에 관한 명료한 설명」(*Plain Account of Christian Perfection*)(재판, London: Epworth, 1952). p. 5.
24) 같은 책, p. 6.

25) 오틀러(Outler), 「존 웨슬리」, p. 7.
26) 존 웨슬리(John Wesley), 「존 웨슬리의 일기」(기독교대한감리회, 2007)(*The Journal of Rev. John Wesley, A.M.*), 느헤미야 쿠르낙(Nehemiah Curnock) 편집(London: Epworth, 1909), 1:476~77.
27) 금욕 생활은 웨슬리의 사상에 끼친 초기의 주요 영향력 가운데에서 드러나는 공통적인 요소며, 1725년 직후 여러 해 동안 웨슬리의 삶의 중심으로 자리 잡기는 했지만, 그것은 웨슬리가 추구한 기쁨과 확신을 결코 가져다 주지 못했다.
28) 도로시 데이(Dorothy Day), 「유니언 광장에서 로마까지」(*From Union Square to Rome*)(Silver Spring, Md.: Preservation of the Faith, 1938), p. 1.
29) 같은 책, p. 4.
30) 같은 책, p. 19.
31) 도로시 데이(Dorothy Day), 「고독 : 가난한 자들의 친구, 도로시 데이의 영적 순례기」(복있는 사람, 2010)(*The Long Loneliness: The Autobiography of Dorothy Day*)(San Francisco: Harper & Row, 1952), p. 29.
32) 데이(Day), 「유니언 광장에서 로마까지」, p. 7.
33) 같은 책, p. 18.
34) 같은 책.
35) 같은 책, pp. 10~11.
36) 같은 책, p. 10.
37) 같은 책, p. 12.
38) 같은 책, p. 13.
39) 같은 책, p. 96.
40) 같은 책, p. 16.
41) 같은 책, p. 127.
42) 같은 책, pp. 136~37.
43) 같은 책, p. 141.
44) 같은 책, p. 142.
45) 마우린의 영향력을 다룬 유용한 자료. 윌리엄 밀러(William D. Miller)의 「도로시 데이의 전

기」(*Dorothy Day: A Biography*)(San Francisco: Harper & Row, 1982), pp. 247~48.
46) 준 오코너(June O' Conner), "도로시 데이의 그리스도인으로의 회심"(Dorothy Day's Christian Conversion), 〈종교 윤리학 저널 18〉(The Journal of Religious Ethics 18), 제1호(1990년 봄호): 164.
47) 같은 책, pp. 162~63.
48) 같은 책, pp. 163~64.
49) 같은 책, p. 169.
50) 데이, 「유니언 광장에서 로마까지」, p. 17.
51) 같은 책, p. 169.
52) 루터의 체험과 그러한 경험이 루터의 신학을 형성한 방식을 좀더 광범위하게 연구하려면, 마릴린 하레이(Marilyn H. Harray)의 「루터의 회심: 초기 시절」(*Luther on Conversion: The Early Years*)(Ithaca, N.Y.: Cornell University Press, 1983), p. 178을 참고하라.

4장_ 복음주의에서 말하는 회심

1) 로즈마리 하우톤(Rosemary Haughton), 「인간의 변화: 회심과 공동체에 관한 연구」(*The Transformation of Man: A Study of Conversion and Community*)(London: Geoffrey Chapman, 1967).
2) 로마 가톨릭이 단 한 가지 획일적인 모습으로만 나타나는 것은 분명히 아니다. 그러므로 여러 가지 측면을 지닌 베네딕트 수도회의 전통을 전체 로마 가톨릭 교회와 연관시키는 것은 지나친 단순화일수도 있다. 그러나 이것은 가장 일관성 있게 로마 가톨릭과 관련을 맺고 있는 회심에 관한 이해다.
3) 패트릭 라이언스(Patrick Lyons), "베네딕트 수도회와 웨슬리안 전통에서의 회심"(Conversion in the Benedictine and Wesleyan Traditions), 〈애즈베리 신학 저널 50〉(Asbury Theological Journal 50), 제2호(1995)와 〈애즈베리 신학 저널 51〉, 제1호(1996): 84.에서 이 회심 모델을 잘 개관해 놓았다.
4) 복음주의의 경험에 대한 분석으로는 특히 두 책이 매우 유용하다는 사실을 발견하였다. 곧 리처드 러브레이스(Richard E. Lovelace), 「영성 생활의 역동성: 부흥에 관한 복음주의 신학」

(*Dynamics of Spiritual Life: An Evangelical Theology of Renewal*)(Downers Grove, Ill.: InterVarsity Press, 1979)와 빌 레오나르드(Bill Leonard), "미국에서 구원받는 것: 다원주의 문화에서의 회심 사건"(Getting Saved in America: Conversion Event in a Pluralistic Culture), 〈리뷰와 해설자 82〉(Review and Expositor 82), 제1호(1985년 겨울호) 등이다. 후자는 아주 훌륭한 논평으로서 미국 남침례교인 사이에 널리 퍼져 있는 회심에 관한 이해를 다루고 있다. 두 저자는 미국인들의 경험에 특별한 주의를 기울이고 있다. 또한 우리는 북미 복음주의의 특징적인 모습을 형성시킨 데에는 여러 가지 다른 영향력들이 있다는 사실에 주목해야 한다. 이를테면 대륙 루터교 경건주의, 재침례파 또는 메노나이트 전통 등이다. 나는 가장 폭넓은 영향력을 발휘하고 있다는 이유로 청교도와 웨슬리주의에 초점을 맞추었다.

5) 제럴드 브라우어(Jerald C. Brauer), "회심: 청교도에서 부흥 운동까지"(Conversion: From Puritan to Revivalism), 〈Journal of Religion〉, 58호(1978): 230.
6) 같은 책, p. 234.
7) 같은 책, p. 233.
8) 조나단 에드워즈(Jonathan Edwards), 「신앙과 정서」(지평서원, 2009, 부흥과개혁사에서는 「신앙 감정론」이라는 제목으로 출간됨) (*Religious Affections*), 존 스미스(John E. Smith) 편집(New Haven, Conn.: Yale University Press, 1959), pp. 381~82(pt. 3, sign. 11).
9) 레오나르드(Leonard), "미국에서 구원받는 것"(Getting Saved in America), p. 116.
10) 에드워즈(Jonathan Edwards), 「신앙 감정론」(*Religious Affections*), pp. 161~62(pt. 2, sign. 8).
11) 존 웨슬리(John Wesley), 「그리스도인의 완전에 관한 명료한 설명」(*Plain Account of Christian Perfection*), 「존 웨슬리의 작품들」(*The Works of John Wesley*), 제3판(Grand Rapids, Mich.: Baker, 1986), 11:380에서.
12) 브라우어(Brauer), "회심"(Conversion), p. 240.
13) 레오나르드, "미국에서 구원받는 것", pp. 120, 123.
14) 스탠리 그렌즈(Stanley J. Grenz), 「하나님의 공동체를 위한 신학」(*Theology for the Community of God*)(Nashville: Broadman & Holman, 1994), pp. 538~41.
15) 같은 책, p. 540.

5장_ 신약 성경의 회심 모델

1) 프랑스(R. T. France), "성경에서 말하는 회심"(Conversion in the Bible), 〈복음주의 계간〉(Evangelical Quarterly 65), 제4호.(1993): 302호.
2) 리처드 피스(Richard V. Peace), 「신약이 말하는 회심」(좋은씨앗, 2001)(Conversion in the New Testament: Paul and the Twelve)(Grand Rapids, Mich.: Eerdmans, 1999), p. 304.
3) 데살로니가전서 1장 4~6절에 관한 이러한 관찰은 고든 피(Gordon D. Fee)의 주석, 「하나님의 능력 넘치는 임재: 바울 서신에 나타난 성령」(God's Empowering Presence: The Holy Spirit in the Letters of Paul)(Peabody, Mass.: Hendrickson, 1994), pp. 41~47을 따른 것이다.
4) 비벌리 로버츠 가벤타(Beverly Roberts Gaventa), 「어둠에서 빛으로: 신약 성경에 나타난 회심의 양상들」(From Darkness to Lights: Aspects of Conversion in the New Testament)(Philadelphia: Fortress, 1986), pp. 133~34.
5) 오스카 브룩스(Oscar S. Brooks), 「결단의 드라마: 신약 성경의 세례」(The Drama of Decision: Baptism in the New Testament)(Peabody, Mass.: Hendrickson, 1987), p. 82.
6) 같은 책, p. 82.
7) 같은 책, p. 83.
8) 데이빗 포슨(David Pawson), 「정상적인 그리스도인의 탄생」(The Normal Christian Birth)(London: Hodder & Stoughton, n.d.).
9) 리처드 피스(Richard V. Peace), 「신약이 말하는 회심」(좋은씨앗, 2001)(Conversion in the New Testament). 대다수 사람들은 사도행전 9장의 기사를 바울의 회심이 즉각적인 사건이었다는 사실을 암시하는 것으로 취급한다. 그러나 바울의 회심에는 최소한 3일이 필요했다. 게다가 갈라디아서 1장 16~18절에서는 3년이라는 기간이 언급된다. 다시 말해, 틀림없이 바울의 회심은 완전히 즉각적인 것이 아닐 수도 있다. 바울의 회심은 아무데서도 회심의 모델로서 그려지고 있지 않다. 오히려 바울은 하나님의 자비하심으로 말미암은 자신의 변화와 이방인들에게 말씀을 전파하라는 자신의 부르심과 관련해서만 회심 경험을 묘사한다. 결과적으로, 우리는 바울의 전체 회심 이야기를 다 알지 못한다. 다만 앞에서 말한 특별한 목적을 위하여 우리에게 제시했을 가능성이 훨씬 크다. 다시 말해, 바울은 자기의 여러 경험 중에서 일부를 선택하여 묘사했고, 전부 다 묘사하지는 않았다는 뜻이다. 그러므로 우리는 바울의 회심을 그리스

도인의 회심 모델이라고 생각할 필요가 없다고 결론지을 수 있다.

그럼에도 불구하고, 피스는 바울의 회심을 하나의 모델로 사용하고 있으며, 실제로는 다른 회심들, 명백하게는 12제자의 회심(마가복음을 사용하여)을 해석하는 척도로 바울의 회심을 활용하기까지 한다. 이 때 누구든 자연스럽게 의문을 제기하게 된다. 왜 피스는 12제자가 아니라 바울로부터 논의를 시작했는가? 왜 피스는 12제자의 경험을 사도 바울의 경험을 해석하는 척도로 사용하지 않았는가? 바울의 경험으로 논의를 시작함으로써, 피스는 성경 본문에서 분명하게 언급하고 있지 않은 범주를 만들어 낸다(피스가 주장한 세 가지 요소, 곧 통찰과 돌아섬과 변화를 참고하라). 더구나 피스는 이 세 가지 사건이 다메섹으로 가는 도중에 한 순간에 일어난 것으로 본다. 그러나 바울이 바로 거기에서 통찰을 얻은 것은 분명한 사실이지만, 우리는 바울이 그 때 거기에서 회개하고 돌아섰다고 알고 있는가? 우리는 바울이 즉각적으로 변화되었다고 알고 있는가? 위에서 이미 살펴본 것처럼, 그 사건 이후 3일 동안(그리고 다음 3년 동안)에 걸쳐 실제로 일어난 일에 관한 바울의 직접적인 설명이 없다면, 다메섹 도상의 장면을 기존에 떠도는 이야기 이상으로 해석할 수 없을 것이다. 피스는 다른 이유가 아니라 겉으로 보기에 교회사를 통하여 여러 가지 측면에서 단지 그런 방식으로 보아왔다는 이유만으로 바울의 회심을 즉각적인 회심의 본보기로 사용하고 있다는 사실을 주목해야 한다.

10) 바울의 회심에 관하여 아주 유용한 두 자료로는 가벤타(Gaventa), 「어둠에서 빛으로」(*From Darkness to Light*), pp. 22~25와 리처드 롱게네커(Richard N. Longenecker), 「다메섹으로 가는 길: 바울의 생애와 사상과 사역에 회심이 미친 영향력」(*The Road from Damascus: The Impact of Paul's Conversion on His Life, Thought and Ministry*)(Grand Rapids, Mich.: Eerdmans, 1997), 특히 브루스 콜리(Bruce Corley), "바울의 회심에 관한 해석 - 그 때와 지금" (Interpreting Paul's Conversion - Then and Now), pp. 1~17 등이 있다. 또한 이 사람들과는 대조적으로, 다메섹 도상의 경험은 회심이라고 보기 힘들며, 오히려 바울은 그 당시에 유대인이었기 때문에, 이 만남은 바울의 유대주의를 더욱 확고하게 했을 뿐이라고 말하는 사람들도 있다는 사실을 언급해야 하겠다. 나는 여기에서 회심을 그리스도 중심의 삶을 살도록 새로운 방향으로 이끄는 그리스도와의 만남이라고 정의하고 있다. 그런데 바로 이 일이 바울에게서 분명히 일어났다. 그것은 그리스도를 경험한 신앙 체험이었으며, 그로 인해 바울의 삶의 방향이 철저하게 바뀌었다.

11) 래리 허타도(Larry W. Hurtado), "회심자, 변절자, 또는 열방의 사도: 최근의 학문적 시각으로

바라본 바울의 '회심'"(Convert, Apostate or Apostle to the Nations: The 'Conversion' of Paul in Recent Scholarship), 〈종교 연구〉(Studies in Religion 22), 제3호(1993): 281을 참고하라.
12) 콜리(Corley), "바울의 회심에 관한 해석 - 그 때와 지금"(Interpreting Paul's Conversion - Then and Now), p. 16.
13) 성 베네딕트의 계율(the Rule of St. Benedict) - 겸손의 12가지 단계(The Twelve Steps of Humility: 성 베네딕트 계율 7번(RB 7)); 패트릭 라이언스(Patrick Lyons), "베네딕트 전통과 웨슬리 전통에서의 회심"(Conversion in the Benedictine and Wesleyan Traditions), 〈애즈베리 신학 잡지〉(Asbury Theological Journal 50호.) 제2권(1995)과 51호 제1권(1996): 87.
14) 조셉 드 귀버트(Joseph De Guibert), 『영성 생활의 신학』(The Theology of the Spiritual Life), 폴 바레트(Paul Barrett) 옮김(New York: Sheed & Ward, 1953), pp. 279~80에서 인용.
15) 존 칼빈(John Calvin), 『기독교 강요』(Institute of the Christian Religion 2.2.11), 헨리 비버릿지(Henry Beveridge) 옮김(재판, Grand Rapids, Mich.: Eerdmans, 1979).
16) 같은 책, 3.12.6~7.
17) 토마스 머튼, 『새 명상의 씨』(가톨릭출판사, 1999)(New Seeds of Contemplation)(London: Burns & Oates), p. 140.
18) 아빌라의 테레사(Teresa of Avila), 『내면의 성』(The Interior Castle 7.4.8), 『성 아빌라의 테레사 작품 선집』(The Collected Works of St. Teresa of Avila), 키란 카바나우프(Kieran Kavanaugh)와 오틸리오 로드리게즈(Otilio Rodriguez) 옮김(Washington, D.C.: ICS, 1980), 2:447에서.

6장_ 온전한 회심, 그 7가지 얼굴

1) 루이스(C. S. Lewis), 『예기치 못한 기쁨』(Surprised by Joy)(London: Geoffrey Bels, 1955), p. 185. (홍성사, 2003년 역간.)
2) 폴 헴(Paul Helm), 『출발점: 회심에서 말씀과 성령의 위치』(The Beginnings: Word and Spirit in Conversion)(Edinburgh: Banner of Truth, 1986), p. 22.
3) 같은 책.
4) 같은 책.
5) 같은 책.

6) 리처드 피스(Richard V. Peace), 「신약이 말하는 회심」(좋은씨앗, 2001)(*Conversion in the New Testament: Paul and the Twelve*)(Grand Rapids, Mich.: Eerdmans, 1999), pp. 24~25.
7) 고든 피(Gordon D. Fee), 「복음과 성령: 신약 성경 해석의 문제들」(*Gospel and Spirit: Issues in New Testament Hermeneutics*)(Peaboy, Mass.: Hendrickson, 1991), p. 117.
8) 헴(Helm), 「출발점」(*The Beginnings*).
9) 존 스토트(John R. W. Stott), 「성령, 교회, 그리고 세상」(*The Spirit, the Church and the World*)(Downers Grove, Ill.: InterVarsity Press, 1990), p. 305.
10) 같은 책, p. 178.
11) 도널드 블뢰쉬(Donald Bloesch), 「경건의 위기」(*Crisis of Piety*)(Grand Rapids, Mich.: Eerdmans, 1968), pp. 80~81.
12) 헴(Helm), 「출발점」(*The Beginnings*), p. 88.
13) 도널드 겔피(Donald L. Gelpi), 「은사와 성례전: 그리스도인의 회심에 관한 신학」(*Charism and Sacrament: A Theology of Christian Conversion*)(London: SPCK, 1976), p. 21.
14) 앤 라모트(Anne Lamott), 「마음 가는 대로 산다는 것」(청림, 2008)(*Traveling Mercies: Some Thoughts on Faith*)(New York: Pantheon, 1999), p. 3.

7장_ 회심의 내면적 얼굴

1) 폴 히버트(Paul Hiebert), "회심과 세계관 변화"(Conversion and World View Transformation), 〈International Journal of Frontier Missions 14〉, 제2호.(1997): 83.
2) 같은 책, p. 84.
3) 같은 책.
4) 레슬리 뉴비긴(Lesslie Newbigin), 「헬라인에게는 미련한 것이요」(IVP, 2005)(*Foolishness to the Greeks: The Gospel and Western Culture*)(Grand Rapids, Mich.: Eerdmans, 1986), p. 94.
5) 뉴비긴의 회심에 관한 신학을 통찰력 있게 분석한 것으로는, 조지 헌스버거(George R. Hunsberger), 「성령의 증거를 간직하기: 레슬리 뉴비긴의 문화 다원주의 신학」(*Bearing the Witness of the Spirit: Lesslie Newbigin's Theology of Cultural Plurality*)(Grand Rapids: Eerdmans, 1998), pp. 159~61을 참고하라.

6) 히버트(Hiebert), "회심과 세계관 변화"(Conversion and World View Transformation), p. 83.
7) 레슬리 뉴비긴(Lesslie Newbigin), 「다원주의 사회에서의 복음」(IVP, 2007)(*The Gospel in a Pluralist Society*)(Grand Rapids: Eerdmans, 1989), p. 8.
8) 같은 책, pp. 8~9.
9) 같은 책, p. 12.
10) 윌리엄 아브라함(William J. Abraham), 「복음 전도의 논리학」(*The Logic of Evangelism*)(Grand Rapids: Eerdmans, 1989), p. 145.
11) 같은 책, p. 150.
12) 같은 책.
13) 회개와 회심에 관해서는, 존 칼빈(John Calvin), 「기독교 강요」(크리스챤다이제스트)(*Institutes of the Christian Religion*), 3.3.1을 참고하라.
14) 같은 책, 3.3.2.
15) 폴 헴(Paul Helm), 「회심, 하나님께로 돌아서다」(SFC, 2003)(*The Beginnings: Word and Spirit in Conversion*)(Edinburgh: Banner of Truth, 1986), p. 30.
16) 같은 책, p. 32.
17) 같은 책, p. 35.
18) 같은 책, p. 38.
19) 조나단 에드워즈(Jonathan Edwards), 「신앙과 정서」(지평서원, 2009, 부흥과개혁사에서는 「신앙 감정론」이라는 제목으로 출간됨)(*Religious Affections*), 존 스미스(John E. Smith) 편집 (New Haven, Conn.: Yale University Press, 1959), p. 342.
20) 헴(Helm), 「출발점」(The Beginnings), p. 39.
21) 같은 책, p. 40.
22) 레오 톨스토이(Leo Tolstoy), 「나의 고백, 나의 신앙: 복음과 믿음」(*My Confession, My Religion: The Gospel in Belief*)(New York: 1899), 「위대한 회심자들」(생명의말씀사, 1993) (Famous Conversions), 휴 커어(Hugh T. Kerr)와 존 멀더(John M. Mulder)(Grand Rapids, Mich.: Eerdmans, 1983), p. 134에서 인용.
23) 브루스 힌드마쉬(Bruce Hindmarsh), 「존 뉴턴과 영국의 복음주의 전통: 웨슬리와 윌버포스의 회심 사이에서」(*John Newton and the English Evangelical Tradition: Between the Conversion of*

Wesley and Wilberforce)(New York: Oxford University Press, 1996), p. 321.
24) 칼빈(Calvin), 「기독교 강요」(Institutes), 3.2.8.
25) 같은 책, 3.2.33.
26) 같은 책, 3.2.36.
27) 준 오코너(June O' Conner), "도로시 데이의 기독교적인 회심"(Dorothy Day's Christian Conversion), 〈Journal of Religious Ethics 18〉, 제1호(1990): 163.
28) 데이빗 레이(David Leigh), "체스터톤과 루이스의 자서전에 나타난 회심의 심리학"(The Psychology of Conversion in Chesterton's and Lewis's Autobiographies), 「체스터톤과 루이스: 기쁨에 관한 수수께끼」(G. K. Chesterton and C. S. Lewis: The Riddle of Joy), 마이클 맥도널드(Michael H. MacDonald)와 앤드류 타디(Andrew A. Tadie) 편집(Grand Rapids, Mich.: Eerdmans, 1989), p. 294에서.
29) 같은 책, pp. 302~4.
30) 존 웨슬리(John Wesley), 「존 웨슬리의 일기」(The Journal of the Rev. John Wesley, A. M.), 느헤미야 쿠르녹(Nehemiah Curnock) 편집(London: Epworth, 1909), 1:476~77.
31) 레슬리 뉴비긴(Lesslie Newbigin), 「공공연한 비밀: 선교 신학 촌평」(The Open Secret: Sketches for a Missionary Theology)(Grand Rapids: Eerdmans, 1978; 제2판, 1995), pp. 150~51.
32) 에드워즈(Edwards), 「신앙과 정서」(지평서원, 2009, 부흥과개혁사에서는 「신앙 감정론」이라는 제목으로 출간됨)(Religious Affections), p. 395.

8장_ 무엇이 회심을 가능하게 할까?

1) 루이스 두프레(Louis Dupré), 「신앙의 신비와 이성적인 성찰: 현상학과 종교 철학에서의 축사」(Religious Mystery and Rational Reflection: Excursions in the Phenomenology and Philosophy of Religion)(Grand Rapids, Mich.: Eerdmans, 1998), p. 7.
2) 같은 책, p. viii.
3) 같은 책, p. 7.
4) 같은 책, p. 82.
5) 같은 책, p. 8.

6) 같은 책, p. 13.
7) 같은 책, p. 82.
8) 같은 책, p. 81.
9) 심슨(A. B. Simpson), 「몸 되신 주님, 광대한 시간, 신적인 치유의 연속」(*Lord for the Body, Tracts for the Times, Divine Healing Series*)(New York: Christian Alliance Publishing, c. 1900).
10) 종종 그리스도인들은 그리스도와 함께 십자가에 달린 강도가 바로 그 날에 낙원에서 예수님을 만날 것이라는 보장을 받은 사실에 주목하면서 항변한다. 이러한 그리스도인들은 분명히 이것이 세례 받을 필요가 없는 사람을 뜻한다고 결론짓는다. 이런 유형의 사고 방식에 대한 한 가지 가능한 반응은 실제적으로 모든 사람들에게 한 가지 선택이 있다는 사실에 주목하는 것이다. 곧 세례를 받을 수도 있고, 아니면 십자가에 달려 죽을 수도 있다는 것이다. 내 생각에 그것은 쉽게 말해서 우리에게 달린 문제다. 토마스 아퀴나스(Thomas Aquinas)는 이 질문에 대하여 목회적인 시각에서 좀 더 민감하게 반응하였다. 아퀴나스의 주장에 따르면, 세례를 받고 싶어 하는 마음만으로도 충분하다는 것이다. 이런 자세는 세례가 꼭 필요한 것은 아니라고 말한다는 이유로 비난받을 수 없는 사람들에게서 나온다. 아퀴나스는 어떤 사람이 세례를 받고 싶어 하다가 죽더라도 그것으로 충분하다고 주장하였다. 더 나아가, 아퀴나스는 성인 회심자가 세례를 받기 전에 충분히 가르침을 받을 필요가 있다고 강조했을 것이다. 토마스 아퀴나스(Thomas Aquinas), 「신학대전」(*Summa Theologiae: A Concise Translation*), 티모시 맥더모트(Timothy McDermott)(Westminster, Md.: Christian Classics, 1989), p. 564.
11) 고든 피(Gordon D. Fee)는 이 본문에 대한 다양한 해석을 살펴본 뒤에 이렇게 결론짓는다. 비록 잠재적으로 5절에 나오는 '씻어주심'이 세례를 암시할 수도 있지만, 사실상 그것은 성령께서 정결하게 씻어주시는 것에 대한 은유라고 말이다. 이렇게 말하면서, 피는 문자적인 해석에 더 가까울수록 '중생과 새로워짐'이라는 말이 어떻게 사용되었는지를 훨씬 더 정상적으로 이해할 수 있을 것이라는 점을 인정한다. 그러나 피의 말에 따르면, 이것은 '전체적인 문맥에서 나오는 증거들보다 더 많이 세례를 강조' 하고 있다. 그러나 이 문맥은 분명히 중생을 이야기 하고 있는데, 이와 같은 언급이 왜 그다지도 문자적으로 취급되지 않는지 의아할 뿐이다(고든 피(Gordon D. Fee), 「디도데전후서, 디도서」, *New international Biblical Commentary* [Peabody, Mass.: Henrickson, 1984], p. 205). 프랑스(R. T. France)가 암시하는 것처럼, 최초의 독자들도 이러한 표현들을 세례에 대한 언급이 아니라고 생각했을까?

12) 프랑스(R. T. France), "성경에서 말하는 회심"(Conversion in the Bible), 〈The Evangelical Quarterly 65〉, 제4호(1993); 306.
13) 더글라스 무(Douglas Moo), 「로마서 1~8장」, *Wycliffe Exegetical Commentary*(Chicago: Moody Press, 1991), p. 371.
14) 윌리엄 아브라함(William J. Abraham), 「복음 전도의 논리학」(*The Logic of Evangelism*)(Grand Rapids: Eerdmans, 1984), p. 133.
15) 고든 피(Gordon D. Fee), 「능력으로 임하시는 하나님의 임재: 바울 서신에 나타난 성령」 (*God's Empowering Presence: The Holy Spirit in the Letters of Paul*)(Peabody, Mass.: Henrickson, 1984), p. 862.
16) 클라크 피노크(Clark H. Pinnock), 「사랑의 불꽃: 성령의 신학」(*Flame of Love: A Theology of the Holy Spirit*)(Downers Grove, Ill.: InerVarsity Press, 1996), pp. 164~65.
17) 제임스 던(James Dunn), 「성령의 세례」(*Baptism in the Holy Spirit*)(Philadelphia: Westminster Press, 1970), p. 90.
18) 고든 피(Gordon D. Fee), 「능력으로 임하시는 하나님의 임재」(*God's Empowering Presence*), p. 900.
19) 같은 책, p. 181.
20) 존 스토트(John Stott), 「성령, 교회, 그리고 세상」(*The Spirit, the Church and the World*)(Downers Grove, Ill.: InterVarsity Press, 1990); 두 가지 견해에 대한 스토트의 개관을 pp. 150~55에서 참고하라.
21) 만약 심슨이 지금도 가르치는 사역과 말씀 전파를 계속하고 있다면, 100년 전에 했던 방식과는 전혀 다른 모습으로 자기 신학을 형성하였을 것으로 확신한다. 나는 심슨이 웨슬리-성결 운동 패러다임에서 점차 다른 데로 옮겨갔을 것이라고 생각한다. 그 운동은 잠자는 교회를 부흥시키고 새롭게 활력을 불어넣을 필요를 긴급하게 느끼고 있었던 19세기 말에나 적절하였다. 내가 이런 결론을 내린 까닭은 심슨의 사상에서 두 가지 실마리를 발견했기 때문이다.
1. 심슨은 중생했으나 성화되지 않은 사람들의 상태에 관해 확실한 단서를 달았다. 심슨은 그런 사람들을 절반만 구원받은 자들이라고 불렀다. 칭의와 성화가, 비록 뚜렷이 구분되지만, 분리될 수는 없다는 사실을 인정하였다.
2. 심슨은 새로운 신자들은 적절하게 가르치지 않으면 이 사람들의 회심과 성령을 선물로 받

는 일 사이에 상당한 시간이 별 의미 없이 지나갈 것이라는 데 동의하였다. 심슨이 믿기로, 이상적으로는 이러한 경험들이 그리스도인의 인생에서 유일한 사건의 일부로 자리 잡는 것이었다. 심슨의 유일한 주장은 서로 분리되면서도 뚜렷이 구분되는 하나의 신앙 행위를 통하여 성령을 선물로 받아야 한다는 것이었다. 심슨의 논평은 두 가지 경험을 동일한 기도를 통하여 받게 된다고 하더라도 별다른 문제가 없다고 보는 관점에 대한 반응이었다. 중생과 성화를 받는 것과 같은 두 가지 뚜렷이 구분되는 신앙 행위가 있다고 본다면 말이다.

그리스도인의 신앙을 시작하는 데 있어서 물 세례의 위치에 대해 논평하면서, 심슨은 이렇게 썼다. "하나님의 계획에서, 성화는 칭의와 밀접하게 관련되어 있으며, 칭의에 즉각적으로 뒤따라오는 것으로 추정된다. 그런데 실제 그리스도인의 삶에서 나타나는 현실은 한참 뒤에 성화가 일어난다는 것이다. 그러나 이것은 하나님의 뜻이 아니다. 또한 그로 말미암아 성화가 최초의 신앙 행위에 수반된다거나 즉각적으로 뒤따른다는 사실을 머리 속으로만 가정하게 된다. … [로마서 6장에서는 성화가] 세례와 즉각적으로 연결되는 것으로 설명하고 있으며, 그와 같은 행위는 사람들에게 맡겨졌다"(심슨(A. B. Simpson), 「로마인들에게 보내는 편지」(*The Epistle to the Romans*)[Harrisburg, Penn.: Christian Publications, c. 1900], pp. 137~38).

또 다른 곳에서는 이렇게 말했다. "그러나 한 영혼이 회심하는 것과 동시에 성령 세례를 받을 수 있다는 사실을 기꺼이 인정한다. 한 시간 안에 회심, 성화, 구원을 다 해결한 사람을 알고 있는데, 그럼에도 각각의 경험은 본질상 서로 달랐으며, 그와 같은 특별한 축복을 받을 만한 분명한 믿음으로 말미암아 그런 일이 적절한 순서를 따라서 일어났다"(심슨(A. B. Simpson), "성령 세례: 발전의 위기"(The Baptism of Spirit: A Crisis of an Evolution [sic])〈Living Truth 5〉[1905]).

그런데, 이것을 토대로 심슨의 제자인 조지 파딩톤(George Pardington) 은 이렇게 결론을 내렸다. "실제로, 성경에 따라 올바르게 가르치는 곳에서는 회심 이후부터 성령을 받기 전까지 시간 간격이 있을 필요가 없다. 그러나 불행하게도 이런 경우는 거의 없다. 일반적으로, 시간 간격은 생기기 마련인데, 흔히 상당히 오랜 시간이 걸리기도 한다. … 하나님께서는 중생과 성화 사이의 그리스도인의 경험이 완전히 낭비되도록 계획하지는 않으셨다고 믿는다. 그러나 그 회심에는 내재하시는 그리스도와 연합하는 일과 성령을 선물로 받는 일을 통하여 죄를 이기는 승리의 삶이 즉각적으로 뒤따라야 한다"(조지 파딩톤(George Pardington), 「기독교 교리에 관한 개략적인 연구」(*Outline Studies in Christian Doctrine*)[New York: Christian Alliance

Publishing, 1916), p. 163).

그러므로 심슨 본인은 두 단계 패러다임, 곧 '회심에 이어지는' 위기를 주장하지는 않았다. 이런 점에서 우리는 심슨이 그리스도께로 나아와 그리스도를 영접하는 행위에서 본래부터 나타나는 성령을 받아들이는 것과 그리스도를 섬길 수 있도록 성별되는 것을 정확히 바라볼 수 있는 준비를 상당히 갖추고 있었다는 암시를 받게 된다. 그러니까 웨슬리-성결 패러다임 자체는 기독교 선교 연맹의 성화 교리에서 본질적인 요소가 아니다. 이 연맹의 유산의 본질적인 요소는 믿음과 회개와는 뚜렷이 구분되는 신앙 행위로서 성령을 선물로 받는다는 것이다.

9장_ 모태신앙 자녀들의 회심

1) 청교도들은 특별한 종류의 회심 간증을 지나치게 강조했는데, 이것이 2세대 그리스도인들의 회심 문제를 실제로 전혀 해결할 수 없었다는 뜻이었다. 언약 전통을 따르는 사람들은 자기 자녀들이 세례를 받을 경우에 언약 백성의 일부가 된다고 생각했으며, 훌륭한 가르침을 주기만 하면 자녀들이 궁극적으로 진정한 회심을 경험하여 적극적인 교회 구성원이 될 것이라고 추정하였다. 그러나 이런 일이 반드시 일어나지는 않았다. 그 결과 자녀들이 차례대로 세례를 받아야 하는지, 그렇다면 회심자를 얻지 못한 상황에서 얼마나 많은 세대들이 자녀들과 손자들에게 세례를 베풀 수 있을 것인지에 대해서도 커다란 논쟁이 벌어지게 되었다. 청교도들이 도달한 해결책은, 믿는 부모들의 자녀들과 손자들에게 세례를 베풀기는 하지만, 이들에게 분명한 회심 경험이 없다면 교회에서 부분적인 회원권만을 인정하여('반쪽 짜리 언약'을 규정한 조항에 따라) 주의 만찬에 참여하지 못하게 하는 것이었다. 제럴드 브라우어(Jerald C. Brauer), "회심: 청교도에서 신앙 부흥 운동에 이르기까지"(Conversion: From Puritanism to Revivalism), 〈Journal of Religion 58〉 (1978): 237.
2) 티모시 조지(Timothy George), "우리는 반드시 거듭나야 한다. 그런데 몇 살에 말인가?"(You Must Be Born Again - But at What Age?), 〈Christianity Today〉, 3월 1일자, 1999. p. 62.
3) 리처드 러브레이스(Richard Lovelace), 『영적인 삶의 역동성』(Dynamics of Spiritual Life)(Downers Grove, Ill.: InterVarsity Press, 1978), pp. 107~8.
4) 프리드리히 폰 휴겔(Friedrich Von Huegel), 『프리드리히 폰 휴겔 남작이 조카에게 보내는 편지』(Letters From Baron Friedrich Von Huegel to a Niece)(London: J. M. Dent, 1928), pp. 51~52.

5) 같은 책, pp. 52.
6) 같은 책.
7) 소피아 카발레티(Sofia Cavalletti), 「어린이의 신앙적인 잠재력」(*The Religious Potensial of the Child*), 파트리샤 코울터(Patricia M. Coulter)와 줄리 코울터(Julie M. Coulter) 옮김(New York: Paulist, 1979), 특히 제롬 베리만(Jerome Berryman)이 쓴 서문을 참고하라. 내가 카발레티의 작품을 읽는다는 것은 어린 시절의 영적인 경험을 살펴볼 때 어른의 자극에 반응하여 나타나는 경험보다는 자발적인 경험에 더 많은 무게를 두어야 한다는 점을 암시한다.
8) 랜달 발머(Randall Balmer), "아디론대족의 근본주의"(Adirondack Fundamentalism), 〈Reformed Journal〉, 1989년 6월, p. 15.
9) 마이크 야코넬리(Mike Yaconelli), "청년 사역: 관상적인 접근 방법"(Youth Ministry: A Contemplative Approach), 〈Christian Century〉, 1999년 4월 21~28일, pp. 450~53.

10장_ 우리 삶에 일하시는 하나님의 경이로운 손길

1) 루이스 람보(Lewis Rambo), "회심의 심리학"(The Psychology of Conversion), 「종교 회심에 대한 핸드북」(*Handbook of Religious Conversion*), 뉴톤 말로니(H. Newton Malony)와 사무엘 사우스하드(Samuel Southard) 편집(Birmingham, Ala.: REPress, 1992), pp. 163~65.
2) 마리 테레사 쿰스(Marie Theresa Coombs)와 프란시스 켈리 네멕(Francis Kelly Nemeck), 「영적인 여정: 성인 영성의 출발을 위한 결정적인 임계 상황과 단계들」(*The Spiritual Journey: Critical Thresholds and Stages of Adult Spiritual Genesis*)(Collegeville, Minn.: Liturgical Press, 1987), p. 135.
3) 카렌 워드(Karen Ward), "성인들을 제자 삼기: 우리 시대를 위한 예식"(Making Adult Disciples: Rite for Our Times), 〈Christian Century〉, 1999년 3월 24~31일, pp. 348~50.
4) 레슬리 뉴비긴(Lesslie Newbigin), 조지 헌스버거(George R. Hunsberger), 「성령에 관한 증거: 레슬리 뉴비긴의 문화 다원주의 신학」(*Bearing the Witness of the Spirit: Lesslie Newbgin's Theology of Cultural Plurality*)(Grand Rapids, Mich.: Eerdmans, 1998), p. 160에서 인용.
5) 조지 헌스버거, 「성령에 관한 증거」(Bearing the Witness of the Spirit), p. 170.
6) 벤 캠벨 존슨(Ben Campbell Johnson), 「하나님을 말하기: 초기의 영적인 안내로서 복음 전도」

(*Speaking of God: Evangelism as Initial Spiritual Guidance*)(Louisville, Ky.: Westminster John Knox, 1991).

7) 조지 헌스버거, 「성령에 관한 증거」(*Bearing the Witness of the Spirit*), p. 171.

8) 로버트 웨버(Robert Webber), 「우리 믿음을 경축하라: 예배를 통한 복음 전도」(*Celebrating Our Faith: Evangelism through Worship*)(San Francisco: Harper and Row, 1986), p. 1.

9) 더글라스 쿠플랜드(Douglas Coupland)는 밴쿠버에 기반을 둔 캐나다 작가로서, 최초로 'X 세대'라는 말을 일상 언어에 도입하였다. 쿠플랜드가 쓴 소설 「하나님 이후의 삶」(*Life After God*)에서는, 여러 등장 인물이 공통적인 특징을 보이는데, 종교적인 성장 배경을 가진 사람이 아무도 없다는 점이 특징이다. "너희는 하나님을 모른 채 자라난 최초의 세대다." 만약 우리 시대의 보통 사람들이 예수님을 아는 지식에 다가가려고 한다면, 그 가운데 수많은 사람들이 새로이 발견한 믿음을 보장받을 만한 아무런 영적인 체계 없이 시작하게 된다. 이런 사람들이 믿음으로 나아오는 데에는 상당한 시간이 걸릴 것이며, 그들에겐 안내와 은혜를 특징으로 하는 신앙 공동체도 당연히 필요할 것이다.

10) 쇠렌 키에르케고르(Søren Kierkegaard), 「기독교에서의 실천」(*Practice in Christianity*), 하워드 홍(Howard V. Hong)과 에드나 홍(Edna H. Hong) 편집, 번역(Princeton, N.J.: Princeton University Press, 1991).

11) 글렌 틴더(Glenn Tinder), "고민스런 양심의 탄생"(Birth of a Troubled Conscience), 〈Christianity Today〉, 1999년 4월 26일, p. 37.

12) 같은 책, p. 38.